다시 조선으로

— 해방된 조국, 돌아온 자들과 무너진 공동체

다시 조선으로 — 해방된 조국, 돌아온 자들과 무너진 공동체

3쇄 인쇄 2024년 12월 30일
1쇄 발행 2024년 10월 31일

지은이 이연식
펴낸이 정순구
책임편집 조원식
기획편집 정윤경 조수정
마케팅 황주영

출력 블루엔
용지 한서지업사
인쇄 한영문화사
제본 한영제책사

펴낸곳 (주) 역사비평사
등록 제300-2007-139호 (2007.9.20)
주소 10497 : 경기도 고양시 덕양구 화중로 100(비전타워21) 506호
전화 02-741-6123~5
팩스 02-741-6126
홈페이지 www.yukbi.com
이메일 yukbi88@naver.com

ⓒ 이연식, 2024

ISBN 978-89-7696-589-9   93910

이 도서는 2024 경기도 우수출판물 제작지원 사업 선정작입니다.

YES24 그래제본소 북펀딩에 참여해 주신 분들
강기훈 강진철 고선아 곽아름 곽철호 곽혜진 구본학 권근영 권미애 김거형 김경연 김경주 김계성 김규남 김남구 김동현 김민수 김성광 김성은 김세훈 김영균 김영선 김영숙 김은영 김인수 김정규 김지수 김태규 김현수 류재호 문미라 문 석 민경아 박금애 박미옥 박성조 박소해 박영근 박영미 박유진 박지숙 박헌영 방지경 배태숙 백동현 변지수 서광훈 설철수 성홍석 송재선 송진희 신목중학교 신연주 신현지 안균섭 양회광 여름비 염복규 오미옥 우소연 원용석 원종환 유봉근 유지현 윤덕중 윤연성 윤태옥 이광섭 이민섭 이상득 이상재 이재우 이재철 이재홍 이충근 이현우 이황민 이회곤 이회정 전세진 정미란 정윤선 조만형 조범성 조정호 조진석 주성건 지승미 채은석 최규진 최미옥 최상만 최우석 최은숙 최의성 최지은 최지현 한승모 행복한 코점이 허윤미 허인영 홍정근 홍지혜 황진상

이 밖에 이름을 밝히지 않으신 마흔세 분의 후원자들께도 감사드립니다.

다시 조선으로

| 해방된 조국, 돌아온 자들과 무너진 공동체 |

이연식 지음

역사비평사

프롤로그

2012년 크리스마스 무렵에 『조선을 떠나며』라는 책이 처음 나왔으니 어느 새 12년이 흘렀다. 작년 초에 역사비평사 대표님으로부터 '11쇄본'이 인쇄에 들어갔다는 말씀을 들었다. 따져보니 해마다 1쇄씩을 찍어낸 셈이다. 근대 이래 조선을 지배하다가 패망과 함께 자국으로 돌아간 일본 사람들 이야기가 그렇게들 궁금했을까? 글쓴이로서도 그저 신기할 따름이었다. 그 책은 애초부터 일본 독자들을 위해 집필했고 사실 국내에서는 다소 생소한 주제이기 때문에 그 정도로 반향이 있을 줄은 몰랐다. 솔직히 사람들이 굳이 알고 싶어 할 만한 이야기는 아니라고 생각했다. 또 그 책을 읽었다고 해서 딱히 어디 가서 뽐내기에도 그렇고, 책장을 넘길 때마다 폭발적인 도파민을 느낄 수 있는 내용도 분명 아니었다. 하지만 역사의 서사가 지닌 그 '슴슴한 이야기'의 맛을 즐기며 꾸준하게 이 책을 찾아준 독자들이 있었다. 또 그 뜻을 헤아려 해마다 종이책과 전자책을 내주신 역사비평사에 그저 감사드릴 따름이다.

물론 그 책을 읽은 독자들의 반응은 다양했다. 일본인들이 돌아가면서 마구 찍어낸 돈이 살인적인 물가고를 유발해 해방 후에도 오랫동안 민폐를 끼쳤다는 사실에 엄청난 분노와 스트레스를 느꼈다는 독자도 있었다. 또 북한에 억류되었던 일본인들이 소련군의 약탈과 폭행을 감수하며 집단으로 38도선을 넘어 탈출하는 내용에는 굳이 알 바 아니라거나 그래도 싸다는 반응이 있었다. 그리고 일본인들이 모국에 돌아가 받은 온갖 차별과 냉대에 대해서는 왜 궁금하지도 않은 일본인의 불쌍한 모습을 들춰내 공연히 동정을 자극하냐며 글쓴이의 '불순한 의도'를 운운하는 경우도 있었다. 어떤 감상이든 기꺼이 환영한다. 어차피 책은 글쓴이의 손을 떠난 순간 읽는 이들의 것이다. 영상이 5분만 넘어가도 건너뛰는 세상에 여전히 활자의 매력에 공감하고 책을 찾는 분들이 있다는 것만으로도 감사할 일이다.

『조선을 떠나며』가 출간되고 몇 년이 지나자 해방 후 해외에서 돌아온 우리 동포들에 관한 책은 언제 나오냐며 묻는 분들이 계셨다. 고맙기도 했고 부담스럽기도 했다. 이 주제는 글쓴이도 오래전부터 염두에 두고 있던 바였다. 조선에서 돌아가는 일본인에 관한 연구로 박사학위를 받기 십여 년 전에 해외에서 돌아오는 조선인에 관한 연구로 석사학위논문을 썼기 때문에 개인적으로는 '자식 같은' 연구 테마이기도 했다. 사실 구 일본제국 권역 외에도 제2차 세계대전이 끝나고 지구 곳곳에서는 돌아오고 돌아가는 '쌍방향' 이동이 동시다발로 나타났다. 즉 어느 곳이든 나가는 사람이 있는가 하면 새로 들어오는 사람이 있기 마련이었다. 또 이들 두 집단의 이동은 서로 영향을 미치며 연동했다. 따라서 이 두 가지의 이동을 함께 볼 때 비로소 전후 인구이동의 전체적인 모습을 큰 틀에서 조망할 수 있다고 생각해 왔다. 말하자면 『조선을 떠나며』는 이 땅에서 돌아가는 사람만 정리한 반쪽짜리 책인 셈이다. 그래서 언젠가는 나머지 반쪽을 채우려는 마음은 먹고 있었다. 다만 그것을 돌아오는 사람들만 다룰 것인지 아니면 들어오고 나가는 사람들을 한데 묶어낼지는 조금 생각할 시간이 필요했다.

그러던 차에 '가수는 노래 따라간다'는 말이 있지 않던가. 필자의 박사학위 논문과 『조선을 떠나며』가 일본학계에 소개되면서 조치대학上智大学의 아라

라기 신조蘭信三 선생님, 도쿄대학의 도노무라 마사루外村大 선생님 등과 함께 '종전 후 일본제국 내 인구이동'에 관한 대단위 공동 연구에 참여하게 되었다. 이를 계기로 연구의 대상 지역은 일본 본토, 중국·만주, 타이완·조선·오키나와, 태평양 지역으로 점점 확대되었다. 그리고 다시 이 공동 연구의 성과와 『조선을 떠나며』의 일본어판『朝鮮引揚げと日本人』(明石書店, 2015)이 뜻하지 않게 유럽과 북미 학계에 소개되면서 급기야 제2차 세계대전 종결 후 이주자와 국제 난민의 구술사 연구, 유럽·미주·동아시아 지역의 전후 인구이동 비교 등의 후속 공동 연구로 이어졌다. 그 덕분에 몇 년 전부터는 유럽의 하이델베르크대학·베네치아대학·옥스포드대학·루벤대학·야기엘론스키대학의 연구자와 함께 대단위 연구단을 만들어 공동 연구를 진행하게 되었다. 한반도 남단의 자그마한 지역에서 출발한 연구가 지난 30여 년 사이에 점점 더 넓은 지역을 다루게 되었다. 그리고 보니 글쓴이의 연구도 책 제목 그대로 '조선'을 떠나게 된 셈이다. 이러한 핑계로 나머지 반쪽, 즉 해방 후 남한으로 유입된 사람들에 관한 집필은 번번이 뒤로 미루게 되었다. 그렇게 미적거리는 동안 국내에서는 일제강점기 강제 동원 피해자에 관한 연구가 상당히 진전되었다. 책으로 엮으려면 이들의 귀환 문제도 추가로 다뤄야만 했다.

필자가 해방 후 해외 동포의 귀환 문제에 관심을 갖게 된 것은 1993년도에 대학원에 진학하면서부터였다. 올해로 어느새 31년이 지났다. 그새 사료 환경과 학계의 연구방법론은 물론이고 필자의 관점과 문제의식도 모든 게 달라졌다. 이것을 모두 반영하자면 과연 얼마나 많은 시간이 걸릴지 몰라 또 다시 미적대고 있던 차에, 역사비평사 대표님으로부터 더 이상 미루지 말고 딱『조선을 떠나며』분량의 '자매편'을 내자는 격려 및 제안 메일이 도착했다. 『조선을 떠나며』의 중국어판『離開朝鮮的返鄕船』(凌宇, 2022) '해외 출판 계약금' 및 '인세 지급 명세서' 첨부 파일과 함께 말이다. 참으로 기가 막힌 타이밍이었다. 사람의 마음은 그렇게 움직이나 보다. 별별 핑계로 미뤄오다가 하필이면 각종 논문 심사, 보고서 제출, 공저의 원고 마감이 몰아치는 와중에 그 '달콤한' 메일 하나에 용기를 내어 『다시 조선으로』라는 또 다른 책을 내게 되었다.

1장 「해방 조선의 민낯」에서는 고생 끝에 그리던 고국에 돌아왔으나 기대와 달리 해방의 혼란으로 몸살을 앓고 있던 남한 사회를 마주한 사람들의 다양한 삶의 모습을 다뤘다. 먹고살기 위해 사창가로 모여든 여성들, 주린 배를 채우고자 식량 창고를 터는 사람들, 옷차림과 말투가 달라 집단 따돌림을 당하는 어린이들, 노점상을 시작했지만 기존 상인의 텃세와 폭력배의 갈취로 맘에 상처를 입은 사람들, 그리고 끝도 없이 밀려드는 유입자들로 인해 집, 쌀, 일자리 등이 줄어들자 이내 싸늘하게 식어버린 기주민既住民(host society)들의 따가운 시선 등을 소개했다. 즉 새로 유입된 다소 결이 다른 사람들이 해방 공간에서 사회적 소외와 멸시를 당하며 '2등 국민'으로 전락하게 된 전체적인 구조를 가늠해 보도록 했다.

2장 「해방 후에도 이어진 지독한 인연」에서는 남한으로 돌아오는 조선인과 이곳을 떠나가는 일본인의 미묘한 관계에 초점을 맞추었다. 이 장에서는 해외 동포의 수용과 일본인의 송환 문제를 따로 분리해 생각하거나 두 사안의 관련성을 간과함에 따라 사장하게 되는 점들을 집중적으로 다루었다. 즉 돌아가는 일본인, 돌아오는 조선인, 그리고 이들을 관리 감독하던 미군정, 이 3자 간의 동상이몽을 살피고자 했다. 그 가운데 여기서는 주로 돌아오는 조선인과 돌아갈 일본인이 구체적으로 서로 어떤 상황에서 마주쳤고 둘 사이에 어떤 일이 벌어졌는지를 다뤘다. 아울러 일본에서 주류 사회에 성공적으로 입성한 가족과 식민 지배 말기에 강제 동원된 사람들의 귀환 과정을 대비함으로써 이동하는 집단 안에도 다양한 차이와 균열이 존재했다는 것을 말하고자 했다.

그 밖에 비상시국을 맞이한 조선총독부가 추진한 비밀 프로젝트의 내용, 송환이 지연되어 서로 마뜩잖은 '동거 기간'이 길어지며 나타난 다양한 갈등 양상과 일본인들의 태도 변화를 다뤘다. 모든 인간사가 그러하듯 '첫 만남'만큼이나 강렬한 기억으로 남는 것이 '헤어짐'이다. 따라서 헤어지는 국면에서 벌어지는 일들은 평생 잊히지 않는 각별한 기억으로 깊이 각인되므로 '헤어짐의 방식'은 그것이 사람이든 공간이든 아니면 애장품이든 매우 중요한 의미를 지닌다.

3장 「탐욕과 죄악의 판도라 상자, 적산 가옥과 고급 요정」에서는 일본인의 송환과 유입되는 조선인의 수용 국면에서 미군정의 잘못된 판단과 실정으로 얼마나 많은 사람이 고생하였는지를 다뤘다. 특히 구 일본인 재산의 섣부른 처리가 각종 편법을 동원한 투기와 사재기를 조장하고 사복만 채우려는 사회적 병리 현상을 자극하게 된 과정을 소개했다. 이것은 단순히 부의 편재를 심화할 뿐만 아니라 남한 사회의 체질을 왜곡시키고 공동체를 파괴하는 등 장기간에 걸쳐 후유증을 남겼다는 점에서 그 구조에 초점을 맞추었다. 독자들이 쉽게 접근할 수 있도록 해방 공간에서 비리의 온상이자 만악의 근원으로 지목된 고급 요정에서 벌어진 사건들을 소개했다. 특히 조선 제일의 명기들이 가득하다는 고급 요정의 상징인 명월관의 '포르노 상영 사건'이 몰고 온 엄청난 사회적 후폭풍을 중점적으로 다뤘다. 즉 요정에는 주로 어떤 사람이 모였고, 서로 무엇을 얻고자 했으며, 구체적으로 어떠한 행태를 보였는지를 다뤘다. 이러한 사건들을 통해 이들이 한사코 구 일본인 소유 가옥의 공익적 활용에 반대하고 요정과 유곽을 집 없는 귀환자, 월남민, 도시 빈민에게 개방하자는 사회적 요구를 애써 외면한 이유를 함께 생각해 보고자 했다.

4장 「해방 조선에서 출세를 하려면」에서는 해방 후 마지막 경성부윤이자 최초의 서울시장으로서 미군정기와 정부 수립 초기에 걸쳐 서울의 시정을 담당한 김형민을 집중 조명했다. 주된 내용은 익산의 작은 한약방 집 아들이 어떻게 미국에 유학하게 되었는지, 그리고 학교 영어 선생님이 어떻게 최연소 초대 서울시장이 되었는지를 상세하게 소개했다. 아울러 그가 퇴임한 후에야 밝혀진 구 일본인 부동산 투기 혐의 및 각종 비리 사건에 연루된 정황을 다뤘다. 그리고 그가 일본인 동장에게 구매한 10채의 청파동 가옥이 급매물로 나오게 된 역사적 배경과 매매 경위 등을 살폈다. 이를 통해 정작 사회적 구호와 지원이 절실했던 귀환자, 월남민, 도시 빈민들이 그로 인해 어떤 어려움을 겪게 되었는지를 함께 생각해 보고자 했다.

제5장「비정하기만 했던 나의 조국, 조선」에서는 각 장에서 등장한 개별적인 이야기들이 해방 공간에서 각기 어떤 의미가 있었는지를 되돌아볼 수 있도록 구성했다. 주로 구 일본인 소유 가옥을 비롯해 고급 요정 및 유곽의 개방이 실패할 수밖에 없었던 이유, 비난 여론에 떠밀려 미군정이 졸속으로 추진한 가주택 건설과 귀농 알선 사업의 결과 등을 다루었다. 그리고 해방 후 남한으로 돌아오거나 새로 유입된 사람들이 급기야 남한 사회의 냉대와 무관심에 실망한 나머지 어렵게 돌아온 길을 되짚어 만주로, 일본으로 다시 떠나가는 뒷모습을 다뤘다. 끝으로 이러한 해외 귀환자 및 월남민의 유입과 그로 인한 사회적 혼란은 제2차 세계대전을 경험한 지역에서는 정도와 맥락의 차이는 있지만 글로벌한 현상이었다는 점을 부기했다. 이를 통해 해방 후 귀환자와 월남민의 유입이라는 역사적 현상을 세계사적인 견지에서 생각해 봄으로써 전후 인구이동이 지닌 다양한 역동적인 특징들을 조금이나마 맛볼 수 있도록 했다.

「에필로그」에서는 본문에서 다루지는 않았으나 전후 인구이동에서 결코 간과할 수 없는 문제들을 정리해 보았다. 남한으로 돌아온 사람들과 달리 해방 후에도 여전히 타지에 '남은 자, 남겨진 자, 돌아오지 못한 자의 그림자'를 다

됐다. 즉 해방 후 왜 '60만 명'이나 되는 '재일동포'가 모국 귀환을 단념하게 되었는가, 또 그로부터 10여 년이나 지난 시점에 약 10만 명에 달하는 재일동포가 남한에 연고를 두고 있으면서도 북한으로 가게 되었는가(귀국 운동·북송 문제), 그리고 해방 후 최초의 귀국선이 될 수도 있었던 우키시마호가 침몰된 후에 제대로 된 진상 조사나 사후 처리가 이루어지지 않은 이유 등을 소개했다. 아울러 미군 점령 지구의 귀환 환경과는 전혀 달랐던 소련 점령 지구의 특징을 이해할 수 있도록 반세기 이상 집단 억류 상태에 있었던 '사할린 한인'의 이야기를 다루었다.

간혹 인문학이 무엇을 할 수 있느냐, 그것을 공부해서 뭐에 쓸 것이냐, 이런 류의 질문을 받곤 한다. 그래서 함께 공동 연구를 진행하고 있는 일본이나 유럽의 연구자들에게 물어보니 그곳도 크게 다를 바 없다고 하는 것으로 보아, 바로 '이것' 때문이라며 무언가를 딱 집어 말하기는 어려울 듯하다. 하지만 인간, 그리고 이들이 모여 사는 공동체에 대한 관심, 애정, 이해 등의 인문학적 소양이 부족한 사람들이 부와 권력을 독점할 때 그 사회가 어떻게 파괴되고 살풍경이 만연하게 되는지는 분명히 말할 수 있다. 멀리 갈 것도 없다. 지금 우리가 겪고 있는 대한민국의 현실이 그렇지 않은가. 현재 우리 사회를 어지럽히는 사람들의 모습을 그대로 박제한 것이 이 책의 3장과 4장이다. 그리고 이러한 사람들이 절대 권력을 휘두를 때 그 사회가 얼마나 처참하게 파괴되는지를 다룬 것이 5장이다. 만약 지금 당장 '역사'가 뭐냐고 묻는다면 곤혹스럽지만 '빌런들의 시간 여행'이라고 답할 수밖에 없을 듯하다. 연도만 바뀌었을 뿐 지금 대한민국에서 눈앞에 벌어지고 있는 일들과 똑같은 내용이 약 70~80년 전 해방 공간의 신문에 빼곡히 담겨 있기 때문이다.

최근 출생률 감소로 인구가 줄어 걱정이라고들 한다. 그렇게 보면 해방 직후 약 1,600만 명이 살던 남한에서 불과 1~2년 만에 약 100만 명의 일본인이 돌아가고 그 대신 약 250만 명의 귀환자와 한국전쟁 이전의 초기 월남민이 유입된 것을 돌이켜 보면 참으로 엄청난 변화였음을 실감하게 된다. 이러한 해방공간의 인구이동은 '국가'와 '국민'을 형성하는 과정이었다. 즉 새로운 공동체와 그 구성원을 만들어가는 과정이었다. 이때 가장 중요한 것이 '사회적 통합'이다. 내부적으로 다양한 '차이'를 지닌 공동체의 구성원 하나하나를 어떻게 끌어안을 것인가, 그리고 이들에게 개인적으로나 사회적으로 어떤 발전의 전망을 제시할 수 있는가, 이것이야말로 지속 가능한 공동체를 만들어 가는 유일한 해법이다. 그러나 지금 대한민국은 아쉽게도 남성과 여성으로, 또 각 지역으로, 심지어 그것도 모자라 각 세대별로 온갖 '혐오'와 '갈라치기'가 횡행하고 있고, 이 문제를 정작 해결해야 할 지도층은 오히려 그것을 더 조장하며 제 잇속만 챙기고 있다.

　지금 우리는 '중국 동포', '고려인', '새터민', 그리고 다양한 혈통과 지역 출신의 이주민과 함께 살아가고 있다. 여기에 더해 해외에는 외국 국적자를 포함해 약 700만 동포가 있다. 대한민국은 인구 규모로 세계 5위, 모국 인구 대비로는 이스라엘, 이탈리아에 이어 세계 3위의 대표적인 디아스포라 국가이다. 이들은 얼마든지 대한민국과 현지를 오가며 생활할 수 있는 사람들이다. 우리가 이들을 수용하는 과정에서 '사회적 통합'을 도모할 수 있는 충분한 능력을 보유하고 있다는 것을 분명히 보여줄 때 그들은 우리와 함께 할 수 있다. 현재 이주 노동자와 난민 등을 받아들인 유럽에서는 사회적 통합에 실패해 각 커뮤니티 간의 갈등이 증폭되고 있고, 백인 기주민(host society) 주류 사회를 중심으로 소수자를 배격하는 우익 세력이 득세하고 있다. 우리도 인구 감소 대책과 더불어 새로운 인구 유입에 따른 갈등 요소를 어떻게 소화할 것인지 심각하게 고민할 시점에 와 있다. 모쪼록 이 책을 통해서 근대 이래 가장 큰 규모의 인구

변동을 경험한 해방 공간을 되돌아보고 그것이 지금 우리에게 시사하는 바가 무엇인지를 함께 생각해 보면 좋겠다.

원고를 써내려 가며 마음이 아팠다 '조국'이란 이름의 무너진 공동체, '해방 조선'의 모습은 2024년 우리가 살아가고 있는 대한민국과 너무나도 닮아 있었기 때문이다. 결국 고르지 못한 공동체 안에서는 제아무리 힘이 세고 돈이 많아도 그 누구도 편안할 수 없다는 것을 역사가 말해주고 있다. 제대로 무너진 공동체, 만신창이가 된 대한민국이 부디 '사람'을 귀하게 여길 줄 아는 곳, 다소 나와 결이 다른 이웃일지라도 기꺼이 품을 수 있는 곳, 그래서 누구라도 맘 편하게 살 수 있는 곳으로 다시 태어나기를 바란다. 전작 『조선을 떠나며』에 이어 후속작 『다시 조선으로』를 애써 찾아주시고, 지은이의 이야기에 귀를 기울여주신 모든 독자분들께 감사의 말씀을 올린다.

차례

다시 조선으로

— 해방된 조국, 돌아온 자들과 무너진 공동체

1장 해방 조선의 민낯

여자 경찰대 발족, 귀환 부녀자들의 매음굴 소탕 작전

1947년 4월 14일, 새벽 4시. 추레한 행색을 한 여인이 을지로3가 초동에 사는 김순복의 집을 찾았다. 대문을 두드리자 한 남자가 조심스레 방문한 이유를 물었다. 그녀는 해방 후 중국 상해에서 돌아왔으나 도저히 먹고살 수가 없다며 자신을 부디 거두어달라고 간청했다. 그 남자는 이러한 상황이 익숙한 듯 선뜻 문을 열어주었다. 그러자 갑자기 사방에서 경찰들이 들이닥쳤다. 결국 밀매음 알선 혐의를 받고 있던 김순복과 내연남 조문삼은 그곳에서 손님을 기다리던 16세와 18세의 미성년 소녀들과 함께 긴급 체포되었다.[1] 미군정은 1946년 5월 조선 여성계의 압력과 여론에 못 이겨 공창제 폐지를 통해 성매매 영업을 법률로써 금지했다. 하지만 그 뒤로 사창이 늘어가자 급기야 여자 경찰대를 발족해 밀매음 현장을 단속하기 시작했다. 이때 체포된 김순복은 내연 관계에 있던 조문삼의 집을 사창으로 개조해 밀매음을 알선해 온 이름난 악덕 포주였다. 당시 그녀를 검거하고자 상해 귀환자로 가장해 추레한 몰골로 그곳을 찾은 묘령의 여인은 바로 경무부 소속의 여형사 서송신이었다. 김순복은 주로 해외에서 돌아와 구걸하거나 잡일로 겨우 연명하던 부녀자들을 사창으로 끌어들였다. 아울러 얼마 전 공창이 폐지되면서 겨우 매음굴에서 빠져나왔으나 정작 마땅한 일자리를 구할 수 없던 자들도 그녀의 손쉬운 먹잇감이었다. 왜 이런 일이 발생했을까.

조선의 공창제는 일본 유곽업의 근대적 재편 과정과 밀접한 관련이 있었다. 일본에서 전통적인 유곽은 근대로 접어들며 '직업소개'라는 방식을 통해서 양지로 확산되었다. 그 과정에서 업자들은 부녀자를 속이거나 겁박해 무리한 몸값('전차금')을 설정한 뒤 성매매 시설에 팔아넘기곤 했다. 그러자 일본 정부는 사기 행위를 단속하던 민법 조항과 유괴 행위를 금지하던 형법 조항

패전 후 일본 니시나리 경찰서의 경고문

"해가 지고도 이 근처에서 있거나 배회하는 여성은 '밤의 여인'으로 간주해 검거할 수 있으니 '선량한 부녀'는 주의 바랍니다." 니시나리경찰서. 출처 : 미조구치 겐조溝口健二 감독의 〈밤의 여인들〉(夜の女たち, 1948)의 한 장면.

을 조합해 직업소개법을 재정비하는 방식으로 이 문제에 서서히 개입하기 시작했다. 즉 성매매업은 법리적으로 보아도 '사기'와 '유괴'라는 반사회적이고 폭력적인 성격을 띠고 있었으므로 정부로서도 이 문제를 방관할 수만은 없었다. 하지만 섣불리 이 민감한 문제에 손을 댔다가는 국가권력이 곧 포주의 '뒷배'를 자처하려 한다는 오명을 뒤집어쓸 수도 있었다. 결국 일본 정부는 전근대적 인신매매는 근절하되 '등록제'를 통해 성매매 여성의 공적 관리를 표방하는 방식으로 이 문제를 풀어가고자 했다. 그 영향으로 조선총독부도 역시 공창을 통한 성매매의 경우 1916년 3월 경무총감부령 4호('대좌부취체규칙貸座敷取締規則')를 공포해 업자와 그곳의 창기는 모두 당국의 허가를 받도록 하였다.[2] 이로써 종래의 제2종 요리점은 드디어 국가로부터 공인받은 공창으로 변신할 수 있었고, 이렇게 '합법화된' 유곽은 고급 요정과 함께 조선에서 날로 번성해 갔다.

그러나 1945년 8월 패전을 계기로 조선에서 대규모 요정이나 유곽을 경영하던 일본인 업자를 비롯해 그곳에서 일하던 게이샤와 창기들은 하루아침에 된서리를 맞았다. 미군은 남한 진주와 함께 점령지의 치안 확보를 위해 일본 주둔군을 제일 먼저 일본 열도로 돌려보냈기 때문이다. 이로써 업계의 가장 큰 손님들이 일거에 사라진 것이다. 게다가 유곽업자들의 든든한 파수꾼으로 기능했던 경찰들도 식민 관료와 함께 우선적으로 송환됨으로써 영업의 안전성도 기대할 수 없었다. 사정은 대규모 고급 요정도 마찬가지였다. 주요 고객이었던 의사, 변호사 등의 전문직 종사자, 조선에 진출한 일본 대기업과 그 하청 기업 간부들은 공식 송환 계획이 시행되기도 전에 밀항 등을 통해 그 누구보다 먼저 일본으로 도망갔다. 이렇게 대규모 유곽과 고급 요정의 매상을 도맡아 온 단골손님들이 사라진 덕분에 미군정은 일손을 크게 덜 수 있었다. 그러잖아도 미군정은 일본인 유곽업자와 게이샤에 대한 조선인들의 반감이 워낙 강했기 때문에 민간인 중에서도 이들을 특별히 이른 시기에 송환하고자 고민하고 있던 참이었다. 그래서 1945년 12월 초 미군정은 패전 직후 총독부가 일본인의 안전한 모국 귀환을 도모하기 위해 만든 각 도의 '일본인세화회日本人世話会'를 미군정 송환 업무 외곽 조직으로 전환해 일본인 송환을 원호하던 '일본인세화회'에 유곽업자를 비롯해 게이샤 등을 빠짐없이 등록시켜 일괄 송환하고자 계획했다. 그런데 각 도의 잔류자 조사 결과 이들은 이미 일본으로 빠져나간 상황이었다.[3] 이렇게 쫓기듯이 돌아간 일본인 유곽업자, 게이샤, 창기들은 그 후 어떻게 되었을까. 뜻밖에도 모국 일본에서는 새로운 시장이 이들을 기다리고 있었다.

패전 직후 일본 내무성에서는 1945년 8월 18일 고매한 현모양처들의 정조를 점령군으로부터 지켜내고자 부랴부랴 파격적인 정책을 마련하였다. 즉 '점령군을 위한 매우 특별한 위안소(special and exclusive "comfort facilities" for the occupation army)'를 설치하도록 전국 경찰서에 지시한 것이다.[4] 이에 따라 1945년 8월 23일 도쿄에서 접객업 대표자 22명이 모여 특수위안시설협회(RAA: Recreation and Amusement Association)를 조직했다. 그리고 8월 27일 드디어 도쿄 시나가와구에 고마치엔小町園이라는 제1호 점령군 전용 '특수위안소'가 문을 열었다. 맥아더 사령관이 일본에 진주하기 바로 3일 전이었다. 참으로 절묘한 타이밍에 가동된 이 프로젝트는 외견상 민간의 외피를 두르고 있었다. 하지만 이 작업에는 내무성, 외무성, 대장성, 경시청, 도쿄도는 물론이고 심지어 황실 관계자까지 직간접적으로 관여했다. 이것은 그야말로 전후 일본 정부가 향후 국운을 걸고 필사적으로 추진한 패전 후 최초의 '국영 프로젝트'였다.

이렇게 일본 정부가 마련해 준 '특수위안소(RAA 위안소)'의 입장료는 단돈 1달러(현화로는 15엔)였다. 당연히 위안소 앞은 문전성시를 이루었다. 이 위안소가 전국적으로 설치되자 일본의 참한 요조숙녀('야마토 나데시코')를 보호하고 점령 치하에 놓인 국가를 위한다는 구실로 정부가 앞장서서 힘없고 가난한 여성들의 인권을 유린하고 있다는 비판이 거세게 일었다. 하지만 일본 정부는 사회 각계로부터 별의별 욕을 다 들어가면서도 전국적으로 재빠르게 위안소를 늘려가며 이 정책을 강력하게 밀어붙였다. 그런데 이 회심의 프로젝트는 뜻밖에도 미군들 사이에 성병이 급속히 번짐으로써 1946년 1월에 갑자기 폐지되었다. 그러자 일본 정부는 1946년 1월 21일 공창제를 폐지하되 매매춘 행위를 적당히 단속하는 시늉을 하면서 지도 위에 붉은 선으로 성매매 허용 특수 구역을 따로 설정해 그 안에서 변형된 형태의 집창촌을 운영하도록 정책을 교묘하게 수정하였다.[5] 이것이 '지도 위에 붉은 선으로 그은 구역'을 뜻하는 이른바 '아카센赤線 프로젝트'였다. 하지만 이곳에서는 항상 당국의 보건 관리와 경찰의 감시가 뒤따랐으므로, 이러한 번거로움을 피해 형사처벌을 감수하고서라도 몰래 성매매를 시도하려는 수요가 증가했고, 붉은 선 구역 밖의 사창은 날로 번성해 갔다.

이처럼 당국의 감시망을 피해 은밀하게 사창에서 불법적으로 몸을 파는 여성들을 '팡팡(パンパン)'이라고 불렀다. '팡팡'은 원래 무언가를 두드리는 소리이다. 즉 '탁탁', '톡톡', '똑똑' 정도의 의성어인 셈인데, 이것이 미군 점령기 사창가의 윤락 여성을 가리키는 속어로 정착된 유래에 관해서는 속어의 특성상 정확한 어원을 확인할 수 없다. 일본제국이 태평양 지역을 일시 점령하면서 차모로족 원주민 여성의 성을 착취할 때 일본 해군들이 이들 여성을 부르던 속어였다는 설을 비롯해, 패전 후 일본 정부가 설치한 특수위안소('RAA 위안소') 영업이 끝난 심야 시간대에 상륙한 미군들이 부두의 사창가로 몰려가 윤락업소의 문을 '팡팡' 두드리던 데서 유래했다는 설까지 다양하다. 그런데 이들 사창가 '팡팡'의 출신 배경은 종래 'RAA 위안소'에 모집·동원된 여성들보다

미조구치 겐조溝口健二 감독의 〈밤의 여인들〉(夜の女たち, 1948)
전쟁으로 남편과 자식까지 잃고 조선에 살던 친정 부모마저 사망하자 사창가로
흘러든 여성의 삶을 그렸다.

다양했다. 이들도 처음에는 여느 특수위안소의 여성들처럼 대개는 고아였거나 어린 나이에 가족을 부양해야만 했던 가난한 가정의 출신자가 수적으로 많았다. 하지만 점차 이들 외에도 패전의 궁상 속에서 보다 자유롭고 화려한 삶을 꿈꾸거나 단순한 호기심에서 이 일을 시작한 자도 늘어갔다. 심지어 이들 중에는 간단한 영어 대화가 가능한 대학 졸업자 등 고학력의 '팡팡'마저 등장하였다.[6] 이들 가운데는 단순한 성매매를 넘어 사창 밖에서 미군과 자유연애를 즐기는 자도 나타났다. 미군들은 이들이 구사하는 특유의 '교태 섞인 악센트'를 일컬어 '팡글리쉬(Panglish)'라고 불렀다.

공창 폐지 후 더욱 늘어난 사창, 그 뒷배의 실체

해방 후 남한에서는 일본인 유곽 및 요정 업주들이 이른 시기에 돌아간 덕분에 조선인 업자들이 이권을 쉽게 차지할 수 있었다. 서울의 경우 남산 아래의 묵정동과 용산 일대의 도원동 지구에 있던 대규모 유곽들이 그 대표적인 예이다.[7] 38도선을 넘어 유입된 중국·만주 귀환자와 초기 월남민, 그리고 부산항을 통해 들어온 일본·동남아·태평양 등지의 귀환자들은 일본인이 경영하던 대규모 공창과 요정을 거머쥔 조선인 업자들에게 영업이익을 극대화할 수 있는 더없이 고마운 '먹잇감'이었다. 당시 업자들은 서울과 부산 등 대도시로 귀환자가 모여들자 주로 해당 지역을 중심으로 영업장 수를 공격적으로 늘려갔다. 1947년 10월 현재 보건후생부 부녀국 조사에 따르면 전국에는 2,124개의 공창이 성업 중이었다. 그런데 이 가운데 서울이 34.5%, 경상남도가 28%를 차지했다.[8] 즉 해방 후 인구 유입이 가장 많았던 주요 도시에 남한 전체 공창의 70%가 집중된 셈이었다. 이처럼 살길이 막막한 도시 빈민, 해외 귀환자,

그리고 월남한 여성들이 이들 공창의 값싸고 풍부한 무한 공급원으로 부상하자 관련 업자들은 쾌재를 불렀다.

해방 후에도 이렇게 고급 요정과 유곽이 전국적으로 늘어가자 여성계에서는 식민지 시기부터 전개해 온 공창 및 사창제도 폐지 운동을 계승해 창기들의 발목을 잡고 있던 몸값(전차금)을 말소하고 여성의 공공연한 인신매매를 금지할 것을 강력히 요구했다. 이에 미군정은 1946년 5월 법령 제70호('부녀자의 매매 혹은 그 매매계약의 금지')를 공포했다.[9] 이에 따라 종래의 공창은 여관 등으로 업종을 변경하게 되었고, 그곳에서 일하던 창기도 법적으로는 해방되었다. 하지만 이들은 그곳을 나와도 달리 살아갈 방도가 없었으므로 변형된 형태의 공창과 사창으로 다시 흡수되기 일쑤였다. 이러한 현상을 지켜 본 한 기자는 "갈 길 없는 유곽의 창부들과 전재(귀환) 동포 부녀자들은 갱생의 길을 찾을 길이 없어 또다시 어두운 윤락의 길을 걸어가고 있다."라며 이것이야말로 '해방 후의 일대 통한사'라고 한탄했다.[10]

그러자 1946년 보건후생부 산하에 설치된 부인국과 폐업공창구제연맹 등의 좌우합작 여성 단체는 남조선과도입법의원에 각종 청원서를 제출함으로써 1947년 8월 드디어 '공창제도폐지령안'을 통과시켰다. 이 법안은 그해 11월에 법률 제7호, '공창제도 등 폐지령'으로 인준·공포되었다. 그러나 이러한 법제 정비에도 불구하고 미군 관료들은 물론이고 보건후생국의 조선인 관료라든가 과도입법의원들은 대개 '화류병' 예방 차원에서 창기의 성병 검사 등은 제도화하되 사창 기능은 유지되어야 한다는 인식이 강했다.[11] 즉 이들이 정작 보호하고자 한 것은 그곳에서 일하던 여성의 인권이 아니라 그 '병균 덩어리'로부터 성을 탐닉하던 미군과 조선인 남성들의 건강이었다. 이러한 당국의 속내를 훤히 꿰뚫고 있던 악덕업자와 포주 등은 공창 폐지법이 시행되면서 발각 시에는 강력하게 처벌하겠다고 아무리 겁박해도[12] 이를 무시하고 그대로 업을 이어가려고 하였다. 게다가 공창만 폐지했을 뿐 그곳에서 나온 종업원들을 위한 전업 대책이 전무했고 귀환이나 월남 후 생계유지를 위해 성매매업에 종사하려는 여성들이 늘어가자 사창은 더욱 번성하였다. 즉 공창제를 폐지하고 별도의 형사처벌 규정을 마련했다고는 하지만[13] 이러한 밀매음 환경이 조성됨으로써 미군 기지가 들어선 이태원, 부평, 인천, 부산진, 파주(문산), 동두천 등지에는 제법 큼지막한 사창가가 형성되었다. 특히 서울과 부산 등 해외 귀환자와 초기 월남민이 집중된 대도시에서는 도심은 물론이고 외곽 곳곳에 크고 작은 사창과 유사 업소들이 들어섰다.

이러한 해방 공간의 모습은 그 후로도 반세기 동안 이어졌다. 1961년 박정희 정부는 호기롭게 국민의 풍기 정화와 인권 존중을 표방하며 법률 제7771호, '윤락행위 방지법'을 제정 공포했으나 상황은 전혀 달라지지 않았다. 오히려 1965년 한일조약 체결을 계기로 일본 기업들의 남한 진출이 재개되자 단체 연수나 투자 협상을 구실로 한 일본인들의 '기생 관광'이 심지어 일본 국내에서도 큰 사회문제로 공론화되었다. 일례로 1970년대 초 일본 여성 단체 회원들은 하네다공항의 일본항공(JAL) 사무소 정면에 "기생 관광을 위한 한국 여행을 집어치우라!"라고 적은 플래카드를 내걸기도 하였다. 이들은 항의의 뜻으로 "섹스 침략 반대, 매춘 관광 반대!"라고 적힌 전단을 김포공항으로 향하는 비행기 출입구 앞에 늘어선 남성들에게 직접 배포하기도 하였다. 심지어 일부 회원은 여론을 환기하고자 공항 로비에서 폭죽을 터뜨리며 활주로가 내다보이는 대형 유리창에 "기생 관광 반대!"라고 붉은 스프레이로 대형 낙서를 시도한 혐의로 현장에서 공항경비대원에게 체포되기도 했다.[14]

같은 시기 한국에서도 이 기생 관광 문제는 매우 민감하게 다루어졌다. 한일 국교 재개 후 일본인 주재원이 서울 한남동의 유엔빌리지와 남산 외인아파트, 그리고 한강변 이촌지구 일대에 늘어가자 회현동 팔레스호텔 안에 해

해방 직전 경성 '빠'의 풍경
시미즈 히로시清水宏 감독이 만든 〈경성〉(1940)의 한 장면이다.

방 후 최초로 '긴자銀座'라는 일본 요리점이 들어섰다. 이 요리점에서는 기모노를 입은 일본 여성 호스티스가 매달 일본에서 '영업 지도' 명목으로 파견되어 샤미센을 연주했는데, 이 소식이 알려지자 노골적인 '일본 요정 게이샤의 부활'이라며 여론의 뭇매를 맞기도 했다. 그뿐만이 아니라 1972~1976년 박정희 정부는 관광객 유치와 '관광 입국' 실현을 위해 경주, 부여 등의 유적지와 동래온천, 유성온천, 수안보온천 등 휴양지를 중심으로 민자 유치를 통한 관광호텔 건립을 추진했다. 그런데 관에 등록된 이 관광호텔들이 당국의 암묵적인 비호 아래 기생 관광 장소로 활용되곤 하였다. 서울뿐만이 아니라 관부연락선을 통한 해로 입국이 많았던 부산에서는 관광호텔과 손잡은 악덕 여행사의 업주들이 성매매업에 종사하는 여성들에게 한복을 입히고 이들을 '동래권번' 출신의 명기라고 속여 온천을 찾은 일본 관광객들에게 성매매를 알선해 한바탕 소동이 벌어졌다. 그러자 순수한 마음으로 전통을 잇고자 한 부산민속국악학원 소속의 '동래기생조합원'들은 이러한 사회 풍조가 왜곡된 기생의 이미지를 양산한다며 울분을 토하기도 했다.[15] 이렇게 일본인의 기생 관광을 통렬하게 비난했던 한국인들이 1988년 올림픽 개최 직후 해외여행 자율화가 시행되면서 동남아시아 여러 나라로부터 섹스 관광, 도박 관광, 보신 관광 등의 행태로 '추한 한국인'이란 소리를 듣기까지는 고작 20년밖에 걸리지 않았다.[16] 나쁜 짓은 왜 이토록 빨리 배우는 것일까.

해방 직후 끊어내지 못한 공창제의 폐해는 이렇듯 '조국의 근대화와 경제개발', 그리고 '일본 기업의 신식민지 경제 침탈'이라는 상반된 시선이 공존했던 1965년 한일조약 체결과 일본인의 재입국을 계기로 '기생 관광'이라는 기괴한 형태로 이어졌다. 혹자는 이 시기 정부가 민자 유치를 통해 정책적으로 건립을 추진한 '관광호텔'을 경제개발에 목을 맨 박정희 정부의 '한국판 RAA'였다고 힐난하기도 했다. 다소 과한 감은 있지만 완전히 틀린 지적도 아니었다.

실제로 관에 등록된 각 지역의 관광호텔과 이들에게 관광객을 지속적으로 공급한 악덕 여행사들은 정부의 5개년 관광개발계획에 따라 각 사안별로 교통부, 재무부, 상공부, 전매청, 경찰청, 각 시도 관광과 및 관광협회의 공적인 관리 감독을 받았고, 이들 업주는 해당 기관에 유무형의 뇌물을 포함해 각종 명목의 상납금과 회비를 납부했기 때문이다. 그렇게 보자면 패전 직후 '민간'의 외피를 두른 채 정부가 '포주'를 자처한 일본의 'RAA 특수위안소'와 본질적으로 다를 바 없었다.

이렇게 해방 직후 미군의 진주, 한국전쟁, 그리고 한일 국교 정상화를 계기로 정부의 묵인 아래 온존·확산된 해방 공간의 섹스 산업 관행은 2004년 3월 법률 제7196호(성매매 알선행위 처벌)와 법률 제7196호(피해 여성의 보호) 제정 때까지 지속되었다. 즉 패전 직후 일본 정부가 조성한 특수위안소에 동원된 여성과 아카센 밖 사창가의 '팡팡'이 향후 고도경제성장과 성 풍속업의 재편에 따라 유사 성산업으로 온존·확산되었듯이, 한국에서도 미군 기지촌과 일본인 등의 외국인 집주 지역을 중심으로 '양공주', '양색시', '현지처' 등 폭력적인 멸칭으로 불리던 여성들이 오랫동안 온존하였다. 앞서 본 1947년 여형사 서송신이 귀환자로 가장해 여성들을 사창가로 끌어들인 악덕 포주 김순복을 검거한 것도 결국 이런 배경에서 벌어진 일이었다. 당시 미군정은 1946년 5월 경무부 산하에 여자 경찰과를 특별히 설치해 밀매음 단속에 혁혁한 공훈을 세우고 있다고 자랑스레 선전했다. 그러나 업자들은 다양한 방식으로 법망을 피해 갔다. 심지어 서울 명동의 고급 술집에서 일하던 여급은 경찰의 단속을 대놓고 조롱하듯 밤마다 포승줄을 옆에 차고 여경 행세를 하고 돌아다니다가 결국 호텔에서 성매매를 하던 중 현직 경찰에게 검거되기도 하였다.[17] 당국의 단속이 얼마나 형식적이고 허술했으면 그녀가 감히 여경 행세를 할 수 있었겠는가.

부둣가의 새 범죄자, 밀가루와 석탄 창고를 턴 고사리손

1947년 1월 공립통신의 한 기자가 부산 부둣가를 찾았다. 해외에서 돌아온 사람들이 동절기에 어떻게 생활하고 있는지를 취재하기 위해서였다.[18] 부산 시내에는 약 7만 명의 귀환자들이 생활하고 있는데 마땅한 거처도 없이 부둣가 시멘트 바닥 위에서 지내는 사람들이 있다는 소식이 들려왔기 때문이다. 취재 결과 부둣가에 모여 사는 대략 360명 중에는 약 70%가 영양실조에 걸려 있었다. 이들이 굳이 이곳에 모여 사는 이유는 감시원의 눈을 피해 부둣가에 쌓아 둔 밀을 훔쳐 그나마 죽이라도 쑤어 먹을 수 있기 때문이었다. 그런데 그 밀가루 서리를 도맡아 한 주인공은 바로 고사리손의 어린이들이었다. 그 아이들이 서리한 밀과 석탄으로 겨우 온 가족이 언 몸을 녹이고 죽을 쑤어먹는 모습을 지켜본 그는 "나이 어린 소년 소녀들이 부두의 새 범죄자로 화하고 있다."라며 이들이 바라는 것은 이 그저 혹한을 버텨낼 최소한의 옷과 쌀이라며 사회의 온정을 호소했다.

1943년도에 부산부 인구는 32만 5,312명이었는데 1946년 2월 해외에서 돌아온 사람 중 약 20만 명 정도가 그대로 부산에 눌러앉았다. 그로 인해 부산의 주택난과 식량난은 삽시간에 극에 달했고, 폭등한 물가는 그곳에서 살던 사람들은 물론이고 새로 들어온 사람들마저 괴롭혔다.[19] 그로부터 1년이 지난 1947년 1월 무렵에도 거처를 구하지 못한 채 여전히 부둣가에서 생활하는 자가 7만 명에 달했다는 것은 이들이 사실상 방치된 상황이었음을 뜻한다. 왜냐면 대부분의 해외동포는 1946년 3~4월까지 남한에 돌아왔고, 그 후에 들어온 사람들은 많이 잡아봐야 전체 귀환 인구의 10%를 넘지 않았기 때문이다. 해방 직후에는 남한으로 유입된 해외 귀환자라든가 한국전쟁 이전에 월남한 사람들을 한데 묶어 흔히 '전재민戰災民'이나 '전재동포戰災同胞'라고 불렀다.

1946년 12월 10일 대표적인 귀환자 및 월남민 구호 단체였던 전재동포원호회 중앙본부에서 조사한 바에 따르면[20] 일본, 중국과 만주, 태평양, 38도선 이북 등지에서 남한으로 유입된 총인구는 약 266만 명으로 추계되었다. 이들 중 당장 월동용 옷이 필요한 사람은 약 200만 명, 시급히 임시 주거를 제공해야 할 사람은 약 10만 세대, 즉 40~50만 명 정도로 추정되었다. 대략적인 추계이기는 하지만 이것을 보면 해방 후 약 1년 6개월이 지난 상황임에도 불구하고 해방 후 유입된 사람 중 최소한의 응급 구호조차 받지 못한 사람들이 전국적으로 상당수에 달했음을 알 수 있다.

이렇게 민생이 악화되자 각종 범죄도 늘어갔다.[21] 단편적인 자료이지만 1946년도 6월 경기도에서 한 달 동안 발생한 범죄 발생 통계를 보면 궁도窮盜 800건, 강도 150건, 폭행 46건, 교통사고 15건, 살인 7건, 방화 4건, 성범죄 2건으로 나타났다. 즉 치안이 확보됨에 따라 강력 범죄는 줄었다. 그러나 물가고와 생활난으로 인해 어쩔 수 없이 남의 물건을 훔친 궁도범이 압도적으로 많았다. 이것은 서울형무소와 마포형무소의 자료를 보아도 마찬가지였다. 1946년 1월 말 현재 강도·절도로 수감된 인원은 934명이었다. 그런데 같은 해 11월 말에는 같은 죄목으로 수감된 자가 3,121명으로 크게 늘었을 뿐만 아니라 소년범이 급증하였다.[22] 이 사실을 보도한 기자는 당국의 무성의한 민생 대책, 의지할 곳 없는 고아 및 귀환 아동에 대한 부족한 구호 실태를 지적하였다. 즉 미군정은 물론이고 남한의 각 사회단체도 정쟁만 일삼을 뿐 긴급한 사회문제를 도외시한 결과, 빈곤에 처한 사람들이 결국 범죄자가 되고 있다고 한탄한 것이다. 물론 위 통계 자료가 해외에서 유입된 귀환자만을 다룬 것은 아니었다. 하지만 물가고, 물자난, 실업 등으로 인한 빈곤이 각종 범죄의 증가를 유발했고, 귀환자들이 해방 후 빈곤층의 새로운 중핵 집단으로 대두한 만큼 이 상황을 예방하기 위해서는 당국의 적절한 구호가 절실했음을 엿볼 수 있다.

해외 귀환자들은 이처럼 초기 정착 단계부터 적절한 구호가 이루어지지 않자 기존의 빈민 집단에 더하여 해방 공간의 새로운 빈곤층으로 자리 잡았다. 그로 인해 이들은 모국 사회로부터 강한 경계와 배척의 대상이 되곤 했다. 이런 상황에서 특히 대규모 재해가 발생하거나 역병이라도 돌면 이들은 영락없이 애꿎은 천덕꾸러기 취급을 받았다. 실제로 남한 사회는 1946년도에 늦봄부터 여름에 걸쳐 풍수해와 역병이 겹치는 바람에 한국전쟁 이전까지 최악의 재난을 경험했다. 당시 보건후생부장 이용설은 뉴욕에서 열린 국제보건회의에 참석해 국내 수해 동포 구제를 위한 특별 원조를 부탁할 정도였다. 그러나 도착한 구호물품은 수재민들에게만 나눠주기에도 부족한 분량이었지만 그렇다고 귀환자들을 완전히 배제할 수는 없었다. 구호 당국 입장에서 보자면 이들은 여러모로 신경이 쓰이는 존재였다. 가뜩이나 이런 열악한 상황에서 해외 각지에서 도착한 귀환선에서 콜레라 환자가 발생하였고, 이를 계기로 전국적으로 역병이 도는 바람에 총 1만 181명의 사망자를 내었다. 그 바람에 한동안 배편을 통한 송환과 화물 운송 업무는 물론이고 기존 주민의 지역 간 열차 이동마저 통제되기도 하였다.[23) 귀환자들이 송환 대기 중이나 귀환선 안에서 감수해야 했던 비위생적인 환경을 고려할 때 콜레라는 귀환 당사자들이 어찌할 수 없는 문제였다. 하지만 그 역병의 시발점이 단지 '귀환선'이었다는 이유만으로 그전에 돌아온 사람들마저 '병균 덩어리' 취급을 감수해야만 했다. 기존 주민들은 이들이 해외나 타지에서 살아서 돌아온 것만으로도 천운으로 여길 만큼 귀환선에 오르기까지 얼마나 많은 고생을 했는가 따위에는 관심을 쏟을 여유가 없었다. 이들에게는 오로지 사람들이 해외에서 들어올수록 삶이 더욱 팍팍해져만 갔다는 자신이 피부로 느낀 불만과 부정적 경험만이 쌓여갈 뿐이었다.

해방 후 유입된 자들 가운데 억울한 사람은 한둘이 아니었지만 귀환 아동은 자신의 의지와 무관하게 부모를 따라 돌아왔을 뿐이었고, 어른들과는 또 다른 결의 상처를 입기도 하였다. 특히 일본이나 중국에서 출생했거나 유아기를 보낸 경우는 우리말이 서툴러 학교에 가더라도 한동안 교과 과정을 따라가기가 어려웠다. 또 이들의 남다른 말투나 옷차림은 곧 학우들의 조롱과 따돌림으로 이어졌다. 그 결과 등교를 거부하는 귀환 아동이 늘어가자 문교부에서는 1946년 4월 귀환자와 초기 월남민 가정 아이들에 대한 특별한 배려를 당부하는 한편, 학교를 배정받지 못한 아이들의 전입학 등록을 서둘러 실시하였다.[24] 그러나 당시 학교 건물은 물론이고 교원과 재원 등이 턱없이 부족해 귀환 아동은 절반밖에 수용할 수 없어 2부제나 야학을 운영하기도 했다.[25] 귀환 아동이 늘어가자 문교부에서는 1946년 9월 2학기부터 의무교육제도를 도입해 만 6세를 입학 연령으로 정했고 나이 많은 학생들은 2부로 편입하였다.

이처럼 부산 부둣가에서 어린이들이 고사리손으로 밀가루와 석탄을 훔쳐 연명하던 1946~1947년 동절기에 이르게 되면 해방 직후 잠시 반짝했던 귀환자에 대한 동정론이나 감성적인 동포 구제론 등의 사회적 정서는 이미 찾아볼 수가 없었다. 이들이 유입되면서 주택, 식량, 일자리 부족은 날로 심해졌고, 구호품 조달은 이루어지지 않는 상황에서 식민 지배 말기 전시 통제 경제 체제 아래서 비축된 각종 생필품마저 바닥을 보이기 시작하자 기주민들에게 이들은 그저 '가난하고 더럽고 성가신' 사람들로 치부되었다. 이런 상황에서 풍수해나 역병마저 겹치면 이들의 유입으로 인한 사회적 피로감은 극단으로 치달아 귀환자의 남한 유입 자체가 또 다른 '재난'으로 인식되기 시작했다. 하루가 멀다고 들려오는 귀환자와 월남민의 도난 사건은 기주민들의 이러한 인식을 더욱 단단하게 만들었다. 반면 당장 살아남기 위해서는 남의 것이라도 훔칠 수밖에 없었던 귀환자와 초기 월남민으로서는 애초 기대했던 동포들의 사회적 구호는커녕 일상화된 차가운 시선에 이미 고국에 대한 환상은 부서진 지

오래였다. 급기야 1946~1947년을 지나며 기주민 사회가 이제는 유입 집단에 대해 노골적인 경계와 배척의 정서를 드러내자 귀환자와 초기 월남민은 소외 감을 넘어 사회적 반감마저 품게 되었다. 이처럼 해방 조선은 외적인 남북 분단 외에도 사회 내적으로도 수많은 균열과 갈등으로 인해 극심한 몸살을 앓고 있었다.

어느새 사라진 귀환자 수용소의 비상식량과 약품들

1946년 8월 4일 해방 후 약 1주년을 앞두고 한 기자가 서울에서 가장 큰 장충단 귀환자 수용소('경성부전재자구호소')를 둘러보았다.[26] 소장의 설명에 따르면 구 일본군 병영(바라크) 자리에 조성한 이 수용소에는 현재 약 2,300여 명이 있는데, 많을 때는 약 5천 명까지도 수용했다고 한다. 안으로 들어가자 제일 먼저 눈에 들어온 것은 하나같이 해쓱한 귀환자들의 몰골과 코를 찌르는 퀴퀴한 냄새였다. 듣자 하니 아침은 국수 한 덩이를 제공하고, 점심은 건너뛰고, 저녁에야 비로소 보리 섞인 밥이 나온다고 했다.

그런데 약 6개월 후 이 장충단 수용소에 있던 귀환자 약 500명이 서울시청으로 몰려가 이러다가는 모두 얼어 죽겠다며 시장과의 면담을 요청했다.[27] 보도에 따르면 현재 수용소에는 약 2,000명가량이 있는데, 귀환자에게 지급할 장작을 사무원들이 빼돌리고, 지급된 약도 의사가 횡령했을 뿐만 아니라 겨울을 앞두고 약속했던 시설의 보수도 이루어지지 않았다고 항의했다. 아울러 귀환자들은 이 추위에 널빤지 위에서 생활하고 있다며 일전에 약속한 주택이나 유곽 시설을 하루빨리 제공해달라고 요청했다. 그러자 서울시장 김형민은 현재 구 일본인 소유 요릿집과 중국인이 해방 후 접수한 요릿집을 확보해 입주

열악한 장충단 전재민 수용소의 전경

(『동아일보』, 1947년 8월 3일)

하도록 알선하겠다며 조금만 기다려달라고 이들을 달랬다. 다만 요릿집의 이름은 구체적으로 밝힐 수 없다고 하였다. 이들이 돌아간 뒤 시장은 기자들을 상대로 현재 중국인 요릿집은 확보했지만 조선인이 접수한 요릿집이 말썽이라고 고민을 토로했다. 필요하다면 내년 3월까지는 강제라도 개방할 계획인데, 급한 대로 원효로의 서룡사 절과 서울역 앞의 이견여관二見旅館을 개방해 장충단 수용자 가운데 500명이라도 들이겠다고 밝혔다.[28]

본래 귀환자와 초기 월남민을 위한 구호소는 1945년 8월 해방 후 결성된 민간 단체들이 사찰, 빈집, 방공호 등을 조사해 임시 거처로 알선하거나 사설 수용소로 운영하고 있었다. 대표적인 것이 조선전재동포원호회 산하의 천금대 수용소로서 47개의 방을 확보해 약 2,000명가량을 수용했다. 이곳에서는 두 끼의 식사를 제공했고, 의사 1명에 간호사 2명이 응급 환자를 돌보는 영세한 시설이었는데, 하루 이틀 정도 단기 체류하는 사람들을 거두던 곳이었다.[29] 그런데 사설 임시 구호소가 난립하자 미군정은 1946년 3월 처음으로 서울 남산 기슭 구 일본 육군 병영터(장충단공원 자리)에 전재민구호연합회본부 수용소를 설치해 귀환자와 월남민을 들였다.[30] 그런데 수용된 사람들이 일자리를 구하지 못해 '5일'로 규정된 체류 기간을 어겨가며 버티는 바람에 불과 3개월 만에 수용 인원이 포화 상태에 이르렀다. 이에 미군정은 1946년 6월 마포구 대흥동에 약 400명 규모의 제2수용소를 증설했는데 이마저도 곧 포화 상태가 되었다.[31] 이렇게 유입 규모에 비해 수용소가 열악한 상황이었기 때문에 당시 장충단 수용소에 있던 사람들이 급기야 서울시청으로 몰려가 집단 민원을 제기하자, 서울시장이 부랴부랴 구 일본인 소유의 요릿집이라도 개방하겠다며 사람들을 달랜 것이다. 1947년으로 접어들자 해외 귀환자는 거의 늘지 않았지만, 6월경부터 38도선을 넘어 월남하는 사람이 급증하자 급한 대로 영등포와 청량리에 임시 수용소를 설치하기도 했다.[32] 그런데 이들이 서울에 자리를 잡으려고 하자, 당국에서는 포천과 의정부 등 38도선 부근의 경기 북부에 임시 수용소를 마련해 이들의 서울 집중을 방지하는 한편, 이들을 남한 각 도에 강제로 분산시켰다.[33]

만약 수용 시설이 이 정도로 부족했다면 이들이 임시 기거할 수 있는 건물이라도 급한 대로 활용하면 어땠을까. 그 가능성을 가늠해 보려면 일단 해방 후 남한에서 돌아간 일본인과 새로 유입된 조선인의 규모를 먼저 살펴야 할 것이다. 해방 후 남북한을 통틀어 한반도 전역에서 돌아간 일본인은 약 '91만 6,883명'이었다. 이 가운데 남한지역만 따로 떼어보자면 군인·군속은 18만 1,209명, 민간인은 41만 6,610명이었다. 즉 신분을 막론하고 남한에서 돌아간 일본인은 약 '60만 명'으로서 현재 북한 지역에서 귀환한 일본인보다 약 2배가 많았다.[34] 그러면 지금의 대한민국 영토를 기준으로 남한 지역으로 해방 후 유입된 규모는 얼마나 되었을까. 통계 자료에 따라 상당한 편차가 있기는 하지만 해방 후 유입 규모는 대략 '217만 명'에서 '237만 명' 사이로 추계하고 있다.[35] 당시 유입된 조선인 가운데 의지할 가족이나 친지 등 연고자가 전혀 없는 사람이 과연 얼마나 되었는지는 상세히 알 수 없다. 하지만 위에서 말한 전재민 수용소(구호소)를 이용할 수밖에 없던 사람들은 대개 무연고자였다고 가정한다면, 일본인들이 남기고 간 건물을 활용하면 위와 같은 혼란은 상당 부분 상쇄할 수 있었을 것이다. 왜냐면 남한에는 일본인 군인·군속이 사용하던 군부대 병영과 건물들, 그리고 민간인이 사용하던 개인주택과 점포, 회사의 사택, 그리고 각 시도의 공영주택(영단주택) 등이 많았기 때문이다. 북한의 경우는 소련군에 의해 일본인들이 약 1~2년 정도 억류된 후 38도선을 넘어 남한을 거쳐 일본으로 돌아갔다. 하지만 남한의 일본인들은 미군정의 계획 송환 정책에 따라 대략 1946년 2월말까지 일본으로 돌아갔으므로, 이들과 해외 유입 인구가 잠시 뒤섞였던 해방 후 반년 정도는 혼란을 감수할 수밖에 없었을 것이다. 하지만 적어도 미군정의 철퇴 지시에 따라 일본인들이 모두 돌아가고, 장충단에 제1호 귀환자 구호소가 설치된 1946년 3월 이후에는 이들이 남기고 간 건물에 귀환자나 초기 월남민을 얼마든지 수용할 수도 있었을 터인데 왜 그런 소동이 벌어졌을까. 그 해답의 단서는 김형민 서울시장이 기자회견에서 곧 요릿집을 개방할 예정이지만 '사정상' 이름은 구체적으로 밝힐 수 없다고 한 미묘한 답변에 숨어 있었다. 즉 이미 누군가가 그 건물들을 차지하고서는 내놓지 않으려고 한 것이다. 바로 이것이야말로 해방 후 해외 귀환자의 유입으로 인해 발생한 모든 사회적 갈등과 후유증의 시발점이자 기폭제였다고도 볼 수도 있다.

아울러 전재민 수용소 직원들의 상습적인 배급품 횡령과 착복 행위도 문제였다. 이것은 그만큼 해방 후 남한 사회가 식량과 생필품 부족에 시달렸고, 자신의 배만 채우려는 반사회적 집단의 몰염치한 행위가 사회 전반에 걸쳐 횡행했다는 것을 뜻한다. 가령 식량 부족 문제만 보더라도 1945년 말 현재 남한의 비축 식량은 210만 석이었다. 그런데 해방 후 총파업 등을 통해 노동자들이 요구한 '1인당 3홉'의 배급을 제공하려면 최소한 630만 석이 필요했다.[36] 이러한 식량 부족 상황은 일본제국이 해체되면서 만주·한반도·일본열도의 블록경제가 붕괴해 만주산 잡곡의 유입이 차단되었고, 남북 분단으로 인해 종래 북한 지역에서 조달하던 비료마저 끊기는 바람에 식량 증산은커녕 기존 경작지마저 줄었기 때문이었다. 아울러 미군정의 식량 정책 오류도 상황을 악화시킨 매우 중대한 요인이었다. 즉 점령 초기에 미군정이 섣부르게 미곡의 '자유매매'를 허가함으로써 쌀을 사재기한 투기꾼들로 인해 시중에 나와 있던 미곡마저도 자취를 감춘 것이다. 당시 사람들의 목숨을 담보로 쌀을 사재기한 사람들은 큰돈을 벌고자 이 쌀을 일본으로 밀수출하려고 움켜쥐고 있었기 때문에 보통 사람들은 암시장에서조차 쌀을 구경하기 어려웠다. 다급해진 미군정은 식민 지배 말기에 시행하던 배급제를 부활시켰다. 아울러 여론이 악화되자 당장 기아선상에 놓인 귀환자와 월남민을 비롯해 국영 및 귀속 기업(적산 기업) 종사자, 관에서 시행하는 공공사업 노동자에게는 특별 배급을 약속했다. 하지만 계속되는 유입 인구의 증가로 일반 배급 대상자의 배급량도 줄이던 상황이었으므로 이 계획은 공수표에 불과했다.[37]

반면에 미군정이 미곡의 자유 거래를 허가한 사이 쌀을 사재기해 일본으로 밀수출한 투기꾼들은 막대한 단기 수익을 올렸다.[38] 이들의 이기적인 행태는 일반 대중을 얼마든지 아사로 내몰 수도 있었기 때문에 사회적으로 엄청난 공분을 샀다. 더욱이 1945년은 전에 없던 풍년이었으므로 그 누구도 이러한 쌀 부족 사태를 예견하지 못했다. 바로 이러한 상황에서 시중에는 일본에서 몰래 들여온 감귤이 나돌기 시작했다. 즉 누군가가 일부 부유층의 입맛을 노리고 쌀을 밀수출한 대가로 일본에서 그 비싸다는 귤을 들여와 사복을 채우고 있던 것이다. 그러자 미군정의 허술한 식량 정책은 더욱 더 거센 비난에 직면했고, 급기야 사람들의 목숨을 담보로 개인의 배를 채운 양심 없는 자를 철저히 색출해 강력히 처벌해야 한다는 목소리가 불거졌다.[39]

생필품 부족은 가뜩이나 빈손으로 돌아온 사람들을 괴롭히는 또 다른 고민거리였다. 특히 1945년 여름에서 가을 사이에 돌아온 사람들은 동절기를 앞두고 침구는커녕 당장 입을 겨울옷조차 마련하지 못한 상황이었다. 하지만 물자 조달은 결코 쉬운 일이 아니었다. 해방 후 남한 산업의 생산 부진은 단지 제국 내 블록경제 해체로 인한 생산 중단뿐만이 아니라 일본인들이 본토로 돌아가면서 저지른 의도적인 산업 시설 파괴와 방매로 인해 가중되었다. 즉 일본인 중 눈치 빠른 자들은 본국으로 돌아가기에 앞서 패전의 분풀이로, 혹은 투자금을 단기간에 회수하고자, 회사 부지는 물론이고 그곳에 딸린 기계 설비 등도 닥치는 대로 팔아치웠다. 심지어 잘 안 팔리거나 지나치게 덩치가 큰 것들은 전부 해체해 중요 부품별로 산매하였다. 이것들은 어차피 가져갈 수도 없는 것들이었으니 어떻게든 팔아치운 뒤 가벼운 화폐, 귀금속, 골동품 등으로 바꾸어 미군의 감시를 피해 밀항선으로 돌아간 것이다.[40] 여기에 더하여 남북 간의 물자 및 교역 단절, 특히 생산 원료와 전력 공급의 단절은 산업 부진에 결정적인 타격을 입혔다.[41] 이런 상황에서 미군정은 초기에 '생필품 자유시장 설치건'을 공포해 전매품을 제외한 모든 물자의 자유 거래를 허가했다. 이것은 결과적으로 사재기를 부추겼고 그 결과는 앞서 본 식량 상황과 다를 바 없었다. 그로 인해 물자 부족과 인플레이션이 만성화되자 미군정은 뒤늦게 법령 제90호 '경제통제령'을 공포해 생필품 배급제와 가격 통제를 실시했다. 하지만 이 정책은 오히려 생산을 더욱 위축시켰을 뿐만 아니라 기존 비축 물자마저 암시장으로 퇴장시키는 부작용을 초래했다. 결과적으로 서민들의 생필품 획득은 더 어려워진 것이다.[42]

미군정은 생필품의 생산은커녕 외부에서 조달한 구호품의 관리조차 제대로 하지 못했다. 미군정 보건후생국에서는 노숙자와 도시 빈민, 그리고 해외 귀환자의 동사 방지를 위해 동절기 의류 등을 운라(UNRRA, 연합국국제부흥기구)에서 시급히 조달했지만 대규모 횡령 사건이 끊이지 않았다. 구호품은 결국 암시장으로 흘러 들어가 악덕 상인들의 배만 불리곤 하였다.[43] 또 석탄을 더 이상 조달할 수 없던 상황에서 온돌을 사용하는 문화적 특성상 그 대용품인 장작은 겨울을 앞두고 집중 관리가 필요한 품목이었다. 하지만 이것 또한 부정한 경로를 통해 암시장으로 흘러 들어갔다. 그 결과 규정 체류 기간을 넘겨 임시 귀환자 구호소에서 쫓겨난 사람들은 하나둘씩 지하 방공호나 산기슭에 토굴이나 토막을 짓기 시작하면서 주변의 나무를 남벌하기 시작했다. 이들은 당국의 단속을 피해 당장 필요한 연료를 조달하고 난방을 위해서, 혹은 암시장에 내다 팔기 위해서 점점 더 많은 나무를 베기 시작했다. 이 때문에 남산의 조선신궁 뒷자락이나 인왕산·북악산 일대는 벌거숭이가 될 지경이었다고 하니 당시 물자난이 얼마나 심각했는지를 미루어 짐작할 수 있을 듯하다.[44]

이러한 생필품 부족과 귀환자 구호소의 일상화된 배급품 횡령 사건은 패전 직후 일본에서도 비슷한 양상으로 나타났다. 가령 도쿄의 우라가浦賀 수용소의 사례를 보면 관리소장이 배급 식량을 빼돌려 귀환자들로부터 집단 구타를 당했다. 또 야마가타현山形縣의 배급 담당 공무원은 귀환자용으로 할당된 담배 60명분을 무려 두 달 동안이나 암시장으로 빼돌린 사실이 뒤늦게 발각되기도 하였다.[45] 이처럼 각기 해방과 패전을 맞이한 한일 양 지역은 극도의 재정난과 물자 부족, 그리고 악성 인플레와 만성적인 생필품 횡령 사건 등을 패망한 제국의 암울한 유산으로 공유하게 되었다.

경찰 트럭에 실려 내버려진 사람들

1947년 7월 무장한 경찰대가 예고도 없이 마포구 대흥동의 제2 전재민 수용소로 들이닥쳤다.[46] 규정 체류 기한을 넘긴 자들에게 퇴소를 명령했으나 귀환자들이 말을 듣지 않자 수용소장이 급기야 경찰을 부른 것이다. 어떻게든 버티려는 자들과 이들을 끌어내리려는 자들이 서로 옥신각신하는 사이 한 임산부가 경찰에게 폭행을 당했다. 그러자 눈이 뒤집힌 수용소의 귀환자들이 경찰들을 향해 한꺼번에 달려드는 바람에 한바탕 소동이 벌어졌다. 그로 인해 뼈가 부러지는 등 다수의 중환자가 발생해 서대문 적십자병원 응급실로 실려 간 사람이 50여 명에 달했다고 한다.

사건 당시 대흥동 수용소에는 157세대의 귀환자와 월남민 가족, 약 1,000여 명이 생활하고 있었다. 이곳은 본래 일제강점기 물류 운송권을 쥐고 있던 조

선해류운수주식회사의 경성운송점 분회 부지였다. 그 안에는 회사 건물 4개
동이 있어 1946년 6월 장충단 수용소가 귀환자로 넘쳐나자 제2 수용소로 지정
되었다. 이곳 역시 임시 구호소였기 때문에 일정 기간이 지나면 귀환자들은
그곳을 나와야만 했다.[47] 그러나 그곳을 나오면 살길이 막막한 사람들이 많
았기 때문에 이들이 막무가내로 버티는 가운데 수용 인원이 계속 적체되어 갔
다. 그러자 당국에서는 이 수용소를 소정의 월세를 받는 임대 시설로 변경해
운영해왔다. 다행히도 부근의 마포·용강 지역은 조선 시대 이래로 새우젓을
비롯해 삼남 지방의 세곡을 황포 돛배로 실어 나르던 포구가 있어, 이들은 그
곳에서 잡일을 하며 약 1년여를 버텨올 수 있었다.[48]

  그런데 언제부터인가 당국에서 이곳을 비우려고 한다는 소문이 나돌았다.
이에 불안해진 귀환 세입자들은 민정장관과 서울시 재산관리처 마포경찰서
장에게 진정서를 제출하고 답변을 기다리고 있었다. 그런데 1947년 6월 28일
갑자기 건물을 비우라는 '명도령明渡令'을 내리더니 경찰이 출동해 세입자들
을 강제로 내몰려고 한 것이다. 당시 한 기자가 하루아침에 날벼락을 맞은 수
용소의 세입자들을 취재했다. 당시 진정서를 제출한 대표자에 따르면, 얼마
전 숭문상업학교에서 이 수용소를 인수한다고 하여 관계 당국과 협의하고 있
었는데 경찰들이 들이닥쳐 "즉시 퇴거하지 않으면 체포한다!"라고 협박했다
고 한다. 그리고 귀환 세입자 대표를 포함해 42명을 파출소로 데려가 즉시 퇴
거하겠다고 적힌 서약서에 서명을 강요했다는 것이다. 그 일로 잠시 경찰 측
과 언쟁이 있었는데, 그다음 날 권총을 찬 형사 십여 명과 정복을 입은 경찰대
원 약 40여 명이 출동해 "당장 방에서 짐을 싸서 나가라!"라고 명령했다. 이에
부인들이 저항하며 못 나가겠다고 버티자 형사부장이 갑자기 김명호의 어머
니를 발로 차는 바람에 2층에서 아래층으로 떨어져 그대로 까무러쳤다고 한
다. 이것을 본 큰딸이 "이런 변이 세상에 어디 있소!" 하며 따지려는 순간 한 경

二百世帶收容所에
明渡令을 發布
一千餘戰災民當局에陳情

작년 중국으로부터 귀환한 동포二百여세대 一천여명을 서울시의 알선으로 시내마포구 대흥동(大興洞)조운(新營)창고에 수용하여 이래 一년간수용된 전재동포들도 각방면으로 활동하야 자력으로 생활의재건을꾀하고있는바 돌연지난二十八일 관재처로부터 二일까지 동건물을 명도하라고 통고하여왔다고한다

그런데 동전재동포집단수용소는 마포 중학에서 쓰기로하고 그대신 성동구 금호동(金湖洞)숭문상업중학자리로바꾸기로하려는것이나 그곳은좁아서 현재 마포에있는 전재동포들을 전부 수용할수가없다 이에 전재동포들은 관재처를비롯하야 서울시장 민정장관에게 그선처를요망하는 진정을하였는데 귀추가 주목된다

學生總聯盟
啓蒙隊組織

문맹퇴치와민족의식을고취시키기위하야 전국학생총연맹에서는 계몽대를조직하여七월二十三일부터 八월二十일까지에걸처 각도시 지방을 순회하여 강연 영화회등개최하기로하였다

敵產
農土二

長)이용설(李容卨)
五일발표에의하면조선
사에서는 홍수기를
구(大邱)청주(淸
(大田)저역의 수
업을 담당하리라하

신한공사(新韓公社
적산 산업기관을
처에 전부이관하고
산농토만을 관리하

숭문상업학교 이전에 따른 대흥동 전재민 수용소 입주민의 강제 퇴거 명령

('명도령', 『동아일보』, 1947년 7월 6일)

찰이 머리채를 휘어잡고 마구 폭행한 결과, 격분한 귀환 세입자들이 우르르 달려드는 바람에 이 사달이 났다는 것이었다.

숭문상업학교는 1906년에 중구 필동에서 경성야학교로 문을 연 유서 깊은 학교이다. 이 학교는 그 후 이전을 거듭하며 교명을 바꿔왔는데, 1937년 한 일본인의 기부로 금호동 산동네에 터를 잡고 총독부 학무국의 인가를 얻어 '경성상업실천학교'로 변신하였다. 해방 직전에는 을지로의 소화중등학원을 흡수해 '경성농상업실천학교'가 되었다.[49] 해방 후 일본인 이사장과 교장이 본국으로 돌아가자 조선인 동창회에서 경영권을 인수하면서 유명 인사를 이사장으로 영입해 새 출발을 하고자 했는데, 1946년 미군정청의 인가를 받아 이용직을 설립자로 추대하고 교명을 '숭문상업학교'로 바꾸었다. 하지만 그가 재정상의 이유로 곧 사퇴하자 방응모를 새 이사장으로 모시고 6년제의 '숭문상업중학교'로 교명을 바꾸었다. 그리고 1947년 교통이 불편한 금호동 산동네를 뒤로 하고 마포구 대흥동의 귀환자 제2 수용소 자리로 옮겨 지금에 이르고 있다.[50] 그런데 학교 이전 과정에 어떤 문제가 있었길래 경찰은 그곳에 세들어 살던 귀환자들을 그렇게도 폭력적인 방법으로 쫓아냈을까.

이 사건은 숭문상업학교의 새 교장 선정 과정에서 비롯되었다.[51] 해방 후 이 학교도 새 출발을 앞두고 좌우익 진영 간에 극심한 갈등을 겪고 있었다. 우익 성향의 학생과 교사들은 이 학교의 전신 구 경성상업실천학교의 교사 출신이자, 해방 후에 본국으로 돌아가는 일본인 설립자와 교장으로부터 경영권을 위임받은 서기원을 밀었다. 반면에 좌익 진영의 학생과 교사들은 식민 잔재 청산을 위해 해방 직전 흡수 통합한 소화중등학원 출신의 정문택 교사를 원했다. 결과적으로 동문회를 등에 업은 서기원이 교장에 취임하였다. 그는 1946년 8월 방응모를 이사장으로 모셔 오는 한편 당시 조선일보 대표이사이자 마포의 유력자인 김상돈에게 도움을 요청해 부지 및 교사 이전 문제를 신속하게 처리하고자 했다.

1947년 6월 14일 제2 수용소의 명도신청서를 제출한 사람은 바로 이사장 방응모였다. 그 사이 서기원 교장은 귀환자 수용소 자리에 숭문상업학교를 이전해 가뜩이나 부족한 마포 일대의 '중등교육 환경'을 개선하겠다는 논리를 지역사회에 널리 설파했다. 그리고 김상돈은 그 이듬해 마포구에서 제헌의회 국회의원 선거에 출마할 예정이었으므로, 학교 이전 과정에서 나온 잡음을 갈무리하는 역할을 맡았던 것으로 보인다. 그 결과 숭문상업학교 측에서 대흥동 수용소에 세 들어 살던 귀환자 및 월남민 135세대, 600명에게 이주비 30만 원을 지원함으로써 이 사건은 신속하게 마무리되었다.[52]

이 학교의 이사장 방응모는 잡지 『조광』의 발행인이자 조선일보 9대 사장을 지냈으나 2009년 『친일인명사전』에 등재되었다. 그는 친형의 둘째 아들 방재윤을 양자로 삼았다. 방재윤의 아들들이 바로 최근까지 조선일보 사주를 지낸 방일영과 방우영이다. 2010년에 방우영 전 조선일보 명예회장은 양할아버지 방응모의 친일반민족행위결정처분 취소소송을 제기하였고, 2016년에는 방상훈 조선일보 사장이 이 소송을 이어갔다.[53] 한편 김상돈 역시 일본 메이지 학원 졸업 후 1925년부터 조선일보에서 취재기자로 활동했다. 그 후 잠시 미국에서 재미대한인국민회 교육부장으로 활동하다가 다시 조선일보로 돌아와 1945년에 대표이사가 되었다. 1948년에는 무소속으로 제1대 제헌의회 선거에 출마해 국회의원에 당선된 인물이다. 그는 1948년 제1대 때부터 1960년 제5대까지 총 다섯 번 국회의원에 출마해 1950년을 제외하고 네 번 모두 당선되었다. 그의 소속 정당은 여러 차례 변경되었으나 선거구는 항상 '마포구 갑'이었다. 즉 해방 후 이 지역의 대표적인 유력 정치인이었다. 이처럼 숭문상업학교 교사 이전 과정에는 조선일보의 인맥이 결정적으로 작용했다. 그 영향으로 아래서 보듯이 조선일보 입사 시험은 으레 이 학교에서 치르곤 했다.

조선일보의 문을 두드리십시오.

– 지원서 교부: 본사 경비실

– 시험 장소: 숭문고등학교 (마포구 대흥동 소재,

지하철 이대입구역에서 서강대 후문 방향 500미터 지점)[54]

1945년 29세의 젊은 나이에 숭문상업학교 교장이 된 서기원은 이처럼 조선일보계 인맥을 효과적으로 활용함으로써 이 학교를 금호동 산동네에서 한강의 수운과 철도 교통이 모두 발달한 마포의 노른자위 땅으로 옮기는 과정에 큰 공을 세웠다. 그는 1939년 경성법학전문학교를 졸업한 뒤 이 학교에서 교편을 잡았고, 학생 모집조차 쉽지 않았던 학교를 마포 대흥동 이전을 통해 발전시킨 덕분에 재단과 동창회의 강력한 신임을 얻었다. 이를 바탕으로 그는 나중에 사립중등학교 윤리위원회 초대위원장과 서울특별시 교육위원회 부회장 등을 지냈다. 그의 평소 교육 이념은 "인간·의리·지성·친애에 두었고, 목숨을 버리더라도 의를 좇으라(捨生取義)라는 말을 자주 사용하였다."라고 한다.[55] 사실 여부는 알 길이 없다. 다만 학교 이전 과정에서도 그가 이러한 교육 이념을 살리고자 했다면 대흥동 수용소에서 세 들어 살던 귀환자와 월남민들의 팔다리가 부러지는 불상사는 막을 수 있지 않았을까 싶다. 현재 마포아트센터에서 서강대 후문 부지의 일부, 숭문중고등학교, 그리고 길을 따라 이대입구역에 이르는 일대가 한때 해방 직후 숭문상업학교 부지였다고 한다. 공교롭게도 이 영역은 조선일보사 입사 시험 장소 안내문에 나오는 경로와 일치한다. 이 부지와 그 안의 건물들이 바로 귀환자 제2 수용소였다. 당시 대흥동 수용소에 살던 귀환자들은 초기 정착 과정의 어려움 속에서도 마포 주민들의 따뜻한 관심과 도움이 마음에 큰 위로가 되었다고 한다.[56] 그런데 혹시 이곳에 학교가 들어온다는 소문이 지역 기주민들의 '교육열'을 자극함으로써 점차 그곳을 '혐오 시설'로 바라보게 만든 것은 아닌지 되돌아볼 필요가 있다.

강제 퇴거를 의미하는, 귀환자에 대한 이러한 명도 조치는 귀환자 수용소가 아닌 다른 곳에서도 빈발했다. 가령 1946년에는 6월 13일 하왕십리 영단주택 소유 건물에 거주하던, 만주에서 귀환한 180세대 약 1,500명이 성동경찰서에서 출동한 경찰들에 의해 쫓겨나는 사건이 발생했다.[57] 그러자 이 건물에 세 들어 살던 귀환자 차가인조합 대표 김명춘은 그다음 날 영단 본부를 찾아가 임차 계약 연장을 요구했다. 하지만 담당자는 "나는 군정청의 대리인일 따름이므로 재계약을 체결할 권한이 없다."라며 재계약을 거부했다. 그런데 문제는 차가인조합에서 항의할 때마다 영단 측의 말이 바뀌었다는 점이다. 처음에는 계약 연장 권한이 없다고 하더니, 나중에는 이미 다른 사람들과 계약이 체결되어 있으니 어쩔 수 없다는 식으로 얼버무렸다. 이에 차가인조합에서 성동경찰서 관계자에게 계약된 다른 사람이 누구인지를 확인해달라고 부탁하자, "아직 계약된 자는 없다."라며 또 말을 바꾸었다. 결국 이러한 주택영단 측의 태도는 이 주택을 노리는 누군가를 미리 염두에 둔 상황에서 귀환자들을 내쫓으려 했다는 의혹을 남겼다.

영단주택은 1930년대 말부터 관동주, 대만 등지에서도 건설되었다. 조선의 영단주택은 1941년 6월 제령 제23호, '조선주택영단령'에 따라 식민지 주택 부족 문제를 해결하기 위해 지은 것들이었다. 전시 체제기 재정 부족으로 인해 애초의 목표량은 달성할 수 없었지만, 서울만 해도 영등포, 신촌, 보문지구, 후암동, 한남동, 왕십리 등지에 많은 영단주택이 들어섰다.[58] 즉 총독부로서는 중일전쟁에서 태평양전쟁으로 전선이 확대되는 가운데 효과적인 전쟁 수행을 위해 후방을 안정시킬 필요가 있었고, 이를 위해서는 그동안 미뤄온 식민지 주택 부족 문제를 시급히 개선해야만 했다. 동시에 영단주택은 일본의 선진적인 주택 문화를 보급하려는 의도도 있었기 때문에 대체로 기존 주택보다 양질의 것이 많아 해방 후 이 건물들을 노리는 사람이 많았다. 미군정에서는 이들 영단주택을 적산('귀속재산')으로 접수한 뒤 주택영단을 관재 기관으로 지정해 대리 관리하고 있었다. 하왕십리 사례에서 보듯이 이들 주택은 주변에서 노리는 투기꾼들이 워낙 많았고, 미군정에서 지정한 관재인이 이를 부정하게 처리하는 일이 비일비재했다. 성동경찰서 경관을 대동해 귀환자들을 내쫓은 것도 그런 의혹을 사기 십상이었다.

그 밖에도 1948년 5월에는 미군정에 의해 정동 8번지 일대 28세대, 102명의 명도 조치가 이루어졌다.[59] 현재 덕수궁 미술관 뒤쪽의 구 미국공사관과 그 옆의 미국대사관저의 지번 주소가 바로 정동 8–1번지이다. 즉 이것은 미국대사관을 중심으로 현재 정동극장, 예원학교, 중명전 일대의 기주민 주택을 정리하는 과정에서 발생한 사건이었다. 이곳은 대한제국기 미국, 영국, 프랑스, 러시아, 독일 등의 외교 공관들이 모여 있던 공사관 거리(Legation Street)의 시작점이자 서양 공관 지구(Western Quarter)의 중심지였다.[60] 따라서 해방 후 외국 공사관 지구를 확대 조성하기 위해 철거를 단행한 조치는 어느 정도 이해할 수 있다. 문제는 그 방법이었다. 당국은 일방적으로 명도 시한을 발표하고 기한을 넘기자 주민들을 트럭에 실어 용두동 일대로 내다 버렸다. 이때 쫓겨난 정동의 기주민들은 해방 후 유입된 집단이 아니라 그 집을 직접 지었거나 구매한 사람들이었다. 이들이 중앙청을 찾아가 '쓰레기장 같은 곳'으로 강제 이주시킨 것에 대해 항의하자, 딘 소장은 이들이 살고 있던 정동 일대의 터가 구 일본인 소유지였으므로 일괄 철거를 명했다고 답했다. 이들이 당시 쫓겨난 '용두동 쓰레기장'은 그로부터 얼마 후 기존 도시 빈민, 귀환자, 초기 월남민을 위한 임시 주택 건설 예정지로 지정되었다.[61] 즉 기존 주민들이 보기에도 '쓰레기장과 다를 바 없는 열악한 곳'이 새로 유입된 사람들의 임시 정착

후보지로 선정된 것이다.

이처럼 귀환자들은 귀환자 수용소는 물론이고 미군정이 직접 혹은 관재인을 통해 간접 관리하던 건물이나 부지에서 언제든지 쫓겨날 수 있는 처지였으므로 항상 불안에 떨었다. 더욱이 당국의 명도 조치는 다른 거처를 제공한다든가 하는 대책도 없이 경찰을 동원해 퇴출하는 강압적인 방법을 사용했기 때문에 세간의 비난을 면할 수 없었다. 그러자 이러한 잡음을 없애기 위해서라도 구 일본인 소유 부동산을 우선적으로 개방하든지, 아니면 새 주택을 지어 공급하라는 사회적 압박이 고조되어 갔다.

자릿세 협박에 노점상마저도 언감생심

1947년 7월 42세의 정만수라는 남성이 영등포경찰서로 붙잡혀 왔다.[62] 죄목은 사기와 횡령이었다. 그는 시내 목 좋은 곳에 귀환자와 월남민들을 위한 시장('전재민 시장')을 만들어 노점을 하게 해주겠다며 약 1,500명에게서 100만 원을 끌어모았다. 그런데 얼마 후 그가 부하 직원 3명과 공모해 20만 원을 착복한 사실이 발각되었다. 뿐만이 아니라 운라(UNRRA, 연합국구제부흥기구)에서 귀환자와 월남민을 위해 지원한 구호품을 빼돌리는 과정에서 99개의 도장을 위조한 사실도 드러났다. 이에 피해자 약 1,000여 명이 모여 그를 성토하는 '총 궐기대회'를 개최하자 곧바로 은신에 들어갔으나 덜미를 잡혀 영등포경찰서로 잡혀 온 것이다. 그가 이렇게 많은 사람의 주머니를 손쉽게 털 수 있었던 데는 전재동포원호회 중앙본부 영등포지부장이라는 '완장'이 큰 역할을 했다. 미군정은 해방 후 난립한 귀환자 구호 단체를 정비한다는 명목으로 성실하게 귀환자 구호 활동을 하던(주로 좌익 계열의) 20여 개 단체들을 1946년 10월 조소

앙이 위원장으로 있던 전재동포원호회로 통폐합하였다. 그 결과 이 조직은 단순한 민간 구호 단체가 아니라 이제 미군정으로부터 공인된 보건후생부의 외곽 단체로 기능했으므로 영등포지부장 완장을 꿰찬 그는 상당한 권한을 행사할 수 있었다.

귀환자와 월남민의 피해가 이토록 컸던 배경에는 점점 더 강화되어 가는 경찰의 노점상 단속도 한몫했다.[63] 해방 후 새로 유입된 자들은 마땅한 일자리를 구할 수 없었기 때문에 노점을 통해 연명하는 사람이 많았다. 하지만 이미 터를 잡고 있던 기존 상인들의 구역을 '개척'하는 것은 결코 쉬운 일이 아니었다. 이에 서울로 유입된 귀환자와 월남민은 '전재민노상조합'을 결성해 시내 18개 시장에 흩어져 이제 막 노점을 시작한 사람들의 권익을 보호하고자 했다. 그러나 수도경찰청에서는 '무허가 경영'을 엄단하겠다고 발표한 뒤 점점 더 단속의 수위를 높여갔다. 이러한 상황에서 귀환자와 월남민 노점상은 단속의 피해를 줄이기 위해 무언가 방패가 될 만한 존재가 필요했다. 이때 정만수 같은 자가 바로 이러한 약한 고리를 공략한 것이다. 실제로 경찰의 단속이 강화될수록 불쌍한 귀환자와 월남민 노점상들을 돕겠다는 '노점후생회'가 곳곳에서 우후죽순처럼 생겨났다.[64] 이들은 관할 구역을 나누어 청계천후생회, 종로의 북부후생회, 중구의 노점관리처 등 번듯한 이름을 내걸고 '후생비' 명목으로 매일 같이 노점상들로부터 '자릿세'를 뜯어가기 시작했다. 이렇게 노점상들의 주머니를 턴 돈은 거액의 '경찰후원회비'로 둔갑했고, 나머지 자투리 돈은 이들 단체 간부의 유흥비로 사용되었다.

이들은 노점상으로부터 떡고물이나 뜯어가는 사실상 깡패나 다름없던 기생 룸펜 집단이었다. 이들에 대한 원성이 거세게 빗발치자 경무부 수사국에서도 어쩔 수 없이 이들 단체의 간부를 붙잡아 조사에 들어갔다. 취조 결과 최근 4개월 동안 청계천후생회가 노점상들로부터 뜯어낸 돈은 총 500만 원이었다.

이 가운데 360만 원은 동대문경찰서에 상납되었고, 노점을 돌며 사람들을 직접 협박한 말단 행동 대원들에게는 40만 원이 지급되었다. 그리고 나머지 100만 원은 우두머리의 개인 주머니로 들어갔다. 즉 이들이 노점상으로부터 갈취한 돈의 약 72%가 관할 경찰서로 흘러 들어간 셈이다. 이쯤 되면 이들 단체는 상납금을 매개로 경찰의 비호를 받고 있던 외곽 조직이었다고 볼 수 있을 것이다. 미군정에서는 1946년 이러한 민간단체의 사적 갈취를 방지한다는 명목으로 사설 구호 단체를 일괄 전재동포원호회 중앙본부 산하로 통폐합했지만, 약 1년 후의 모습은 이렇듯 경찰과 룸펜 조직의 부당한 야합과 관행적인 갈취를 부채질했을 뿐이었다.

이처럼 해외에서 돌아온 귀환자와 초기 월남민의 일상은 노골적인 자릿세 협박에 노점상마저도 녹록하지 않은 상황이었다. 하지만 이들이 처음부터 이렇게 무력하기만 했던 존재는 아니었다. 이들 가운데는 비록 소수였지만 새 나라에서 자신의 능력을 맘껏 펼치겠다는 포부를 지닌 엔지니어도 있었다. 이제 막 해외에서 돌아온 1945년 10월만 해도 이들 중 일부는 종로구 청진동에서 조선전재기술자협회를 결성하고, "기술은 상품이 아니라 새 나라의 3천만 민족을 위한 것이 되어야 한다."라고 외치며 '우리 100만 기술자와 기능자'가 앞장서야 한다고 신국가 건설에 대한 원대한 포부를 호기롭게 밝힌 바 있다.[65] 또 1945년 12월에는 약 2,000명의 자동차 엔지니어들이 해외전재자동차기술자동지회를 결성하고 미군정을 상대로 구 일본인 소유 자동차의 무상 대여라든가 귀환 기술자에 대한 재면허 시험 절차의 철폐를 요구할 정도로 당당한 모습을 보였다.[66]

이러한 귀환자와 월남민의 자립 의지를 존중하는 의미에서 1946년 10월 전재동포원호회 총무부장 김동순은 "지금 서울에만 약 20만 명의 귀환자와 월남민이 있는데, 이 가운데 자립 가능한 자는 절반가량이며 나머지는 호구를 위한 전재민 시장이라도 설치해야 한다."라고 주장했다. 그리고 1947년 1월에는 이들에 대한 생업 지원을 포함해 주택, 농원, 병원, 공장, 탁아소, 고아원 등을 제공함으로써 이들의 모국 정착을 적극 지원할 계획을 세우고 있다고 밝혔다.[67] 즉 1946년도만 해도 귀환자들은 물론이고 구호단체 역시 앞을 내다보며 새로운 '해방 조선 건설'에 참여하고자 하는 의지를 적극적으로 피력하였다. 또 이들 중 일부는 귀환 후 어떻게든 이곳에서 살아가고자 미군정을 상대로 외지에 두고 온 가재도구나 기계 반입 교섭을 요청하기도 했다. 즉 일본에서 돌아온 사람들 가운데 상공업에 종사했던 자들은 재일동포재산반입대책위원회를 조직해 러치 군정장관과 맥아더 연합국총사령부를 상대로 재외 재산 반입 방안을 적극 검토하도록 압박하였다.[68] 그러나 아쉽게도 이들의 요청은 한일 간의 재산 반출입 제한 조치로 인해 일단 신청 접수는 이루어졌지만, 반입은 대한민국 건국 이후로 보류되었다. 실제로 정부 수립 이후인 1949년에 금지 품목을 제외하고 전기기구, 타이어, 원동기, 방직기, 자동차, 전지, 바늘, 목공 기구 등 일부가 반입되기도 했다. 하지만 그 효과는 미미했다. 연합국총사령부는 섣불리 재일동포재산반입대책위원회의 요구를 들어주었다가는 일본 민간인도 역시 조선에 두고 온 사유재산의 반출을 요구할 것이 분명했기 때문에(이른바 '역청구권') 이 민감한 문제를 애써 회피하고자 했다. 이러한 현실적 제약으로 비록 이들의 요구는 관철되지 못했지만, 이처럼 귀환자들은 모국 정착을 위해서 구호에만 의지하지 않고 자신이 처한 상황에서 나름의 최선을 다했다고 볼 수 있다.

비록 소수이기는 했지만 열악한 모국의 정착 환경에도 불구하고 유의미한 결실을 거둔 사례도 있었다. 귀환자와 월남민의 전재민 노점 시장으로 시작한 낙원시장의 성공 사례가 대표적이다. 탑골공원 뒤에 자리 잡은 이 시장 터는 과거 총독부가 방공용 소개지로 지정했기 때문에 해방 초기만 해도 상권이 전혀 형성되지 않은 곳이었다. 그러나 유입 인구가 증가하면서 이곳이 전재민 시장 후보지로 선정되면서 기존의 도시 빈민, 해외 귀환자, 초기 월남민들이 모여들면서 번성하였다. 이곳의 노점상도 처음에는 하루 벌이로 연명하던 수준이었다. 하지만 이들은 1948년 상인 조합을 결성하였고, 1949년에는 조합원이 약 4,500명 규모로 증가하자 출자를 통해 인사동 고려청년회관에서 낙원시장주식회사 창립식을 거행하게 되었다.[69] 이 과정에서 기주민들 사이에 "해외 귀환자와 월남민은 하나같이 드세고, 억세다."라는 이미지가 각인되기도 했는데, 이들이 어떻게든 서울에 정착하려면 그토록 모질게 버텨내는 길밖에 없었을 것이다.

아사와 동사, 곁눈질마저 거둔 빙설氷雪 같은 동포애

1946년 12월 11일 종로5가 부근 효제동 골목 어귀에 얼어 죽은 한 여성의 주검이 거적에 덮인 채 방치되어 있었다.[70] 20대 초반으로 보이는 이 여성은 이미 3일 전 아침부터 그곳에 앉아 행인들에게 도움을 호소했다고 한다. 보도에 따르면 12월 9일 아침 신덕영이란 자는 출근길에 그 여성을 발견하고는 종로5가 전차 정거장 부근의 진평옥에서 설렁탕을 사다 먹이고 장작불까지 피워놓은 뒤 건너편에 보이는 종로5가 파출소와 동대문경찰서 보안계에 즉시 구호를 당부했다고 한다. 그런데 퇴근 후에도 여전히 그 여자가 그 자리에서 울고 있어 이번에는 경관 3명을 직접 데려가 인계한 뒤에 귀가했다. 하지만 그 여성은 그대로 방치된 채 길에서 얼어 죽고 말았다. 보도에 따라서는 여성이 서북 말투를 썼다고도 하고, 옷차림으로 보아 일본에서 온 귀환자로 보였다는 목격담도 있다. 그녀가 어디서 왔는지는 정확히 알 수 없었다. 오히려 이보다 더 중요한 문제는 이 여성이 동사한 시점이 수도경찰청의 지시로 각 경찰서에 의류 기증 권유반을 특별히 편성하고, "전재 동포(귀환자와 월남민)에게 옷을 나눠주자!"라며 캠페인을 벌이던 '경찰 친절 주간'이었다는 점이다. 이러한 상황에서 관할 경찰서에서 거적만 씌워둔 채 얼어붙은 그 주검을 길가에 그대로 방치했다는 소식이 알려지자 경찰의 매정한 구호 태도를 비난하는 목소리가 쇄도했다.[71]

그러면 같은 시기 서울시에서 직영으로 운영하고 있던 장충단 수용소의 상황은 어땠을까.[72] 1946년 12월 말 수용소에는 약 2,400명이 있었다. 그런데 전재동포원호회 중앙본부에서 직원을 파견해 실태를 조사한 결과, 그 가운데 약 1,700명이 영양실조와 동상을 안고 있었고, 겨울로 접어든 뒤로는 매일 평균 7~8명이 죽어 나갔다. 이런 사태를 이미 예견하고 있던 남한의 주요 정당 및 사회단체는 시내에 산재한 13개 대형 '적산 요정'이라도 시급히 개방해 이들의 동사를 막아야만 한다고 주장하였다. 하지만 서울시는 12월 23일까지 반드시 이들을 입주하게 하겠다고 약속만 해놓고 별다른 설명도 없이 개방을 연기하는 바람에 이토록 상황이 악화되었다. 당시 실태조사에 나선 전재동포원호회 간부 박인흡은 "수용소에는 관리 직원이 100여 명이나 되는데 구호품이 자꾸만 어디론가 사라지고 있다."라며 월동용 구호품 배급이 제대로 이루어지고 있는지를 시청 직원이 나와서 직접 확인해야 한다고 진언했다.

더 심각한 문제는 이러한 수용소의 도움조차 얻지 못하는 사람들이 많았다는 점이다. 1946년 12월 현재 전재동포원호회가 파악한 바에 따르면, 당장 아사와 동사에 직면한 노숙자가 서울 시내만 보아도 약 4,000명에 달할 것으로 보았다.[73] 이러한 상황은 해를 넘겨 1947년 말까지도 되풀이되었다. 가령 1947년 12월 만주에서 돌아온 전동률은 무려 3주일 동안이나 집을 구하지 못해 서울 시내 곳곳을 전전하고 있었다. 그러던 중 한파가 몰아친 어느 겨울날

젊은 女子의 凍死體
九日 밤 市內 孝悌洞 거리에

시내 孝悌洞 三百十번지두는 무성의 무책임한 매 ...

귀환 여성의 동사체를 골목길에 방치한 매정한 세태

(『독립신보』, 1946년 12월 12일)

남산공원에서 노숙을 하다가 다섯 살과 두 살 난 자식들을 그의 품에 안은 채 하늘로 떠나보내고 말았다.[74] 이들의 동사는 과연 막을 수 없는 일이었을까. 당시 신문의 한 사설은 이 문제를 아래와 같이 바라보고 있었다.

> 이 수많은 동포가 어찌하면 이 겨울에 동사하지 않고 과동過冬할 수 있을까가 급박한 일대 사회문제이다. 서울 시내의 25만 명의 전재동 포(귀환자와 월남민) 중에 노숙하는 전재민이 3,800여 명인데 이들은 대부분이 한강철교 아래서 움을 파고 살며 이곳에 내다 버리는 미군 의 쓰레기를 뒤져 먹으며, 혹은 빌어서 연명해가며, 그 이외에 방공 호 속, 공원, 정거장에서 살고 있다. 그들이 꽁꽁 어는 추운 밤에 얼어 떠는 참담한 광경이란 생각만 해도 애처롭고 답답하다. 해방 후 적산 敵産(일본인 소유 귀속재산)을 이중, 삼중으로 접수한 모리배謀利輩(투 기꾼)는 도의적인 정신을 발휘하여 이제라도 늦지 않으니 그들에게 집을 내주어야 할 것이다. 해방 후 모리(투기)로 졸부가 된 사람들은 이때 마음을 돌이켜 전재 동포(귀환자와 월남민)를 위하여 돈을 내놓 으라고 외치고 싶다.[75]

이처럼 남한에는 이들이 노숙을 피할 수 있는 건물들이 분명히 있었다. 하 지만 구 일본인 소유 건물을 두세 채씩이나 차지해 졸부가 된 사람들로 인해 낮에는 미군이 버린 잔반을 뒤지며 구걸하고, 밤에는 한강 다리 아래에 움집 을 파거나 거리를 전전했다. 이러한 현상은 이미 만성화되어 해방 후 약 3~4년 동안 겨울마다 되풀이된 귀환자와 월남민의 아사 및 동사 관련 보도는 시간, 장소, 인물만 바꿔도 또 다른 완벽한 기사가 될 정도였다. 앞서 효제동에서 동 사한 여성에 대한 후속 보도에는 "해외에 가서 고생하다가 고국이 해방되었다고 기쁘게 돌아오니 기다려주었으리라고 믿었던 고국에서 주는 선물은 주택 대신에 길 위의 거적과 방공호요, 따뜻한 음식 대신에 추위와 (굶)주림뿐이요, 따스한 동정 대신에 얼음 같은 학대와 멸시뿐이오. 그 말로가 참혹한 죽음이라는 오늘의 이 현실은 참으로 통한할 일"[76]이라며 아사와 동사로 내몰리기까지 이들을 매정하게 방치한 사회적 책임을 지적했다. 그런데 이러한 상황은 이미 1946년도 상반기부터 예견되었다. 급기야 1946년 8월경에는 남한의 치솟는 물가, 각종 생활난과 더불어 '빙설 같은' 이웃들의 싸늘한 시선을 견디지 못하고 일본으로 밀항했다가 현지에서 검거된 사람들 소식이 들려왔다.[77] 이렇게 1946년 봄부터 다시 고향을 등지는 자가 속출하는 가운데 어떻게든 이곳에서 살아보려고 한 사람들과 감히 이곳을 떠날 엄두를 낼 수 없는 사람들 가운데 가족, 친족, 지인, 사회로부터 전혀 도움을 받지 못한 사람들이 이처럼 매년 겨울마다 아사와 동사에 내몰린 것이다.

2장 해방 후에도 이어진 지독한 인연

돌아가는 일본인과 돌아오는 조선인

일본의 패망 소식을 접한 후 이케다 기요요시池田淸義 인천부윤은 좀처럼 일이 손에 잡히지 않았다. 얼마 전에는 25척의 미군 제7함대와 제7수륙양용 부대가 월미도에 상륙한다는 연락이 왔다. 과연 인천의 일본인들은 어떤 운명을 맞이할 것인지 하루하루 그저 마음만 심란할 따름이었다. 마침내 1945년 9월 8일 오후 1시, 하지(Hodge, John Rheed) 중장이 이끄는 미 육군 제24군단 전투부대가 상륙용주정에서 내리기 시작했다. 그런데 그로부터 약 한 시간 후 이 진기한 광경을 보기 위해 해안가로 모여든 조선인들을 통제하는 과정에서 그만 사망 사건이 발생하고야 말았다. 조선인들이 제한 경비 구역으로 진입하는 순간 인천경찰서 산하의 특별경찰대가 군중을 향해 발포하는 바람에 권평근 조선노동조합 인천중앙위원장과 이석우 건국준비위원회 인천지부 보안대원이 현장에서 즉사했고, 14명이 중경상을 입었다.[1] 그 밖에도 길가의 히로카네廣兼 이비인후과 건물 2층에서 사건 현장을 내려다보고 있던 일본인 병원장이 경찰이 하늘로 쏜 공포에 머리를 맞아 즉사했고, 옆에 있던 간호원 한 명도 부상을 입었다. 조선인 사망자의 장례는 그다음 날 답동성당에서 시민장으로 거행되었다. 사망자가 안치된 관에는 '건국 용사(建國の勇士)'라고 쓰여 있었다. 수천 명에 달하는 장례 행렬은 성조기, 소련기, 적기, 태극기 등을 흔들며 인천역 광장으로 모여들었다. 그때 건국준비위원회의 한 간부가 연설 도중 "일본인은 한 명도 살려두지 마라!"라고 외치자 이들은 어느새 시위대로 돌변했다.[2]

장례 후 건국준비위원회 인천지부에서는 미군 진주에 즈음하여 치안 유지를 돕기 위해 나선 조선인들을 사살한 일본인 경찰과 책임자의 처벌을 주장했다. 반면에 일본 측은 진주 당일 일반인의 환영 및 외출을 금지하라는 미군 측

해방 후 인천에서 일본 아오모리로 돌아간 사토 요네지로의 판화 작품, 〈소월미도〉

  인천의 일본인들은 모국 귀환 후 '인천회'를 조직했다. 이 판화는 인천회 멤버인 사토 요네지로
佐藤米次郎의 〈소월미도〉라는 작품이다. 그는 1940년에 인천으로 이주해 1946년 초에 고향으로 돌아
갔다. 귀국 후에는 일본미술가연맹회원으로 주로 목판화와 책 뒤에 붙이는 장서표 작가로 활동했다.
(小谷益次郎, 『仁川引揚誌: 元仁川在住者名簿』, 大起産業, 1952, 30쪽)

의 명령에 따랐을 뿐이며, 발포 시 사망 지점도 경찰의 통제선 안쪽이었으므로 책임이 없다고 응수했다. 그러자 건국준비위원회는 미군 군사재판부를 상대로 재심을 요구했다. 재판부는 미군방첩대 CIC의 사건 조사 결과를 바탕으로 9월 13일 "경찰 이외의 자가 경찰이나 그와 유사한 행동을 하는 것은 인정할 수 없다."라며 일본 경찰 측의 손을 들어주었다. 이 판결은 패전에 따라 그동안 조선에서 누려온 특권을 허망하게 내려놓아야 했던 '일본인', 해방을 계기로 이제는 우리 손으로 새 나라를 세울 수 있을 것으로 기대했던 '조선인', 그리고 남한 지역에서 일본인과 조선인의 운명은 지금부터 우리가 결정한다는 주한 미군정, 이 3자 간의 동상이몽과 치열한 기 싸움을 예고한 상징적인 사건이었다.[3]

인천부윤은 '미군의 호의' 덕분에 일단 큰불은 끌 수 있었다. 하지만 어쩐지 앞으로 이보다 난감한 일들이 끊이지 않을 것만 같은 불길한 생각이 뇌리에서 떠나지 않았다. 예감대로 조선인 사망 사건이 겨우 마무리되자, 9월부터는 식민 지배 말기에 일본을 비롯해 해외 각지로 강제 동원되었던 사람들이 인천으로 돌아와 일본인 사회를 뒤흔들기 시작했다. 이들은 강제 동원지에서 애써 참아왔던 설움과 울분을 토해내며 인천의 일본인들을 상대로 각종 요구 사항을 쏟아내기 시작했다. 인천에서는 1944년도 한 해에만 약 3천 명가량이 강제로 끌려갔다고 하는데, 이들은 고향에 돌아오자마자 자신에게 징용장을 발부한 인천부청으로 달려가 집단 농성을 벌이기 시작했다.[4]

이들은 '응징사應徵士'라는 이름으로 인천부청에서 발부한 징용장을 받아들고 가족의 품을 떠나 군인·군속 혹은 '집단 이입 노무자'로서 전쟁터는 물론이고 주요 군수공장 등지에서 비인간적 대우를 참아가며 강제 노동에 종사하였다고 주장했다. 그리고 전쟁이 끝난 후에는 동원된 부대나 군수회사로부터 밀린 임금과 퇴직금은 물론이고, 여비와 교통편조차 제공받지도 못한 채 내버려져 가까스로 조그만 밀선에 올라 목숨만 부지한 채 돌아왔다며 울분을 토했다.[5] 그런데 정작 인천으로 돌아와 보니 온갖 편법을 동원해 징용을 면한 자들은 해방의 혼란을 틈타 큰돈을 벌어 떵떵거리고 살고 있는데, 정작 고생했던 자신들은 실업자 신세가 되어 먹고살 수가 없으니 징용장을 발부한 인천부청에서 어떤 식으로든 책임을 지라는 것이었다.

인천부윤은 머리가 터질 듯했다. 이들의 주장대로 그는 조선인 강제 동원 정책이 급격히 강화된 태평양전쟁 발발 직후인 1942년도 초에 인천부윤이 되었다.[6] 또 1944년에는 국민징용령이 발령되자 인천 곳곳을 돌며, "가족은 관에서 모두 책임질 터이니 피징용자는 명예롭게 징용에 응하라."며 징용을 적극 독려한 당사자였기 때문이다.[7] 게다가 이들에게 전달한 징용장도 자신의 명의로 인천부청에서 발부했으니 도저히 발뺌할 길이 없었다. 이런 상황에서 미군 진주 후 무력해진 조선총독부는 마냥 손을 놓고서는 어떤 행정 지침도 내려주지 않았다. 게다가 부청사에는 이미 미군들이 상관으로 들어앉은 상황이었고, 10월 안으로 조선인 민선 부윤을 새로 선출한다고 하니 섣불리 일을 처리했다가는 나중에 큰 탈이 날 수도 있었다. 결국 그가 의지할 곳이라고는 본국으로 돌아갈 일본인들을 돕기 위해 부랴부랴 꾸린 인천일본인세화회라는 단체의 간부들, 그리고 예전부터 친분을 나눠온 인천의 '조선인 유지들'밖에 없었다. 그런데 막상 이러한 사태가 벌어지자, 예전에는 그렇게도 고분고분했던 조선인 유지들은 자신들도 원호회를 조직해 돌아온 '응징사'의 지원 방책을 강구하겠지만 나머지 책임은 거류 일본인 측에서 져야 한다는 일종의 책임 분담론을 꺼내들었다. 이에 조선인 유지 측의 의견을 인천일본인세화회 측에 전달했더니 하나같이 받아들일 수 없다는 반응을 보였다. 이들의 논리인즉, 징용은 관에서 국가 시책으로 시행한 일이므로 응징사의 구호비를 민간에서 갹출할 하등의 이유가 없으며, 징용에 응한 것은 조선인뿐만 아니라 일본인 주민도 마찬가지였다는 이야기였다.

한편 이 무렵 조선인 노동자들은 해방 후 가동을 멈춘 공장의 조업 재개와 생활 터전 확보라는 공동의 목표 아래 일본인 기업주들의 의도적 공장 폐쇄나 조업 단축으로 인한 실업 문제에 공동으로 대처하고자 했다.[8] 그 가운데 특히 인천에서는 일제히 공장 문을 닫는 바람에 약 '6만 명'이나 되는 노동자들이 대량 실업에 직면하자, 조선인 노동자들은 공장관리위원회를 결성하고 조업을 재개할 때까지 공장주와 기업주에게 생활비를 요구했다. 이 문제로 조선인 노동자와 일본인 회사 간부들 사이에 갈등이 고조되는 가운데 1945년 9월 25일 인천의 조선인 노동자들은 일제히 각 회사와 공장을 습격했다. 당시 인천에서 일본으로 돌아간 고타니 마스지로는 "(조선인 종업원은) 일본인 간부에게 협박하거나 폭행을 가했다. 어떤 공장에서는 이들을 방공호에 집어넣고 물을 퍼부었다. 또 종과 북을 하루 종일 두들겨서 잠을 재우지 않거나, 혹은 사택에 난입해 남성을 감금하고 그 가족들을 위협하는 등 온갖 방법을 다 동원했다. 종업원들의 요구액을 계산해 보니 인천 전체를 합산하면 약 1천만 엔에 달했다."라고 회고했다.[9] 이 무렵 세화회에는 조선인 노동자의 실업 문제를 둘러싼 이러한 흉흉한 소문이 매일 같이 실시간으로 접수되고 있었다.

이처럼 해방 전부터 인천에서 일하고 있던 노동자들조차 공장 폐쇄로 실업에 직면한 상황이었으니 해외에서 돌아온 징용 피해자들은 감히 취업할 엄두를 낼 수 없었다. 또한 강제 동원 과정에서 앞잡이 역할을 한 조선인 면장과 구장들은 이미 어디론가 사라진 상황이었다.[10] 이들은 결국 자신의 피해와 요구를 호소할 공적인 교섭 창구가 마땅치 않자 애초 이들에게 징용장을 발부한 인천부청을 찾아가 농성에 들어간 것이다. 사태가 이렇게 흘러가자 일본인세화회에서는 이들을 자극하지 않도록 '100만 엔'을 목표로 기부금 모집에 들어갔다. 하지만 일본인 업주들은 자신의 회사나 공장에서 일하지도 않은 조선인들을 위해서 돈을 낼 수는 없다고 거절했다. 그러자 이케다 인천부윤과 세화회는 고민 끝에 이 금액을 각 정회町숲(오늘날의 주민센터) 주민들에게 강제로 할당했는데, 곧바로 일본인 주민들로부터 불만의 목소리가 불거져 나왔다.

이번에도 결국 인천부윤을 구원해줄 구세주는 '인천 미군청'밖에 없었다. 그가 저간의 상황을 설명하자 미군 측에서는 징용 피해자 구제는 미군 당국에서 시행할 터이니 모금을 당장 중지하라고 했다. 그로서는 더없이 고마운 일이었지만 좀처럼 믿기지 않았다. 그런데 얼마 후 조선인 신문에 「응징사 가운데 빈곤자는 미군의 물자로 직접 구제하겠다」[11]라는 기사가 대문짝만하게 실려 있는 것이 아닌가. 덕분에 인천부윤은 더 이상 일본인 주민들에게 부담을 지우지 않아도 되었고, 그 사이에 걷힌 돈은 일본인의 안전한 모국 귀환을 위해 사용할 수 있었다. 그렇다면 과연 미군 측의 약속은 지켜졌을까.

- 징용된 동안에 가족에게 지급하기로 약속한 원조금을 약속대로
  줄 것.
- 응징사는 고향에 돌아와도 직업이 없어서 생활 방도가 묘연하다.
  취직할 때까지의 생활비를 지급할 것.
- 폐업된 공장 및 사업장에서 일을 시작하도록 하여 민중에게 도움
  이 되게 하는 동시에 우리에게도 일할 자리를 줄 것.
- 빈집이나 일본 사람의 주택을 집 없이 거리에서 헤매는 우리에게
  줄 것.
- 희생당한 응징사 가족에게 생활비를 줄 것.[12]

이것은 해외로 징용되었다가 돌아온 사람들이 결성한 '응징사동맹'이란 단체가 미군정을 상대로 요구한 사항들이었다. 당시 국내 혹은 국외로 강제 동

1945년 4월 조반탄전의 대일본탄광 나코소 작업장에 동원된 조선인들

동일본대지진의 피해를 입은 후쿠시마현에 위치한 조반탄전은 규슈, 홋카이도, 사할린과 함께 대표적인 탄전이었으나 기계화가 더디게 진행되어 육체노동이 극심했던 것으로 알려져 있다. 전쟁 막바지에 국가동원계획이 국민계획동원으로 변경되면서 조선에서도 미성년자의 강제 동원이 급증했다. 한눈에 봐도 앳된 모습의 동원자들이 사진 속에 빼곡하다.(2005년 신주쿠 고려박물관, 필자 촬영)

원된 사람들은 징용 기간에 겪은 혹독한 노동도 힘겨웠지만, 귀환 과정에서 동원 기관이나 회사의 방치로 인해 임금은 물론이고, 퇴직금과 귀환 여비조차 받지 못했다. 더욱이 자신은 비록 고생을 했더라도 고향의 가족들에게는 약속된 원호비가 지급되었을 것으로 믿었지만 이내 거짓임이 밝혀졌다. 또 고향으로 돌아와 열심히 일하면 다시 일상을 되찾으리라 기대했지만, 귀환은 곧 실업을 의미했다. 이러한 상황에서 주변을 둘러보면 구 일본인 가옥을 여러 채 거느리며 떵떵거리고 사는 사람들이 곳곳에 널려 있었다. 여기에 더하여 '응징사 가운데 빈곤에 처한 자'를 구호하겠다던 미군 측의 약속마저도 결국 이행되지 않았다. 미군정은 이들의 불만이 정치적으로 표출될 때만 잠시 도와주는 시늉을 했을 뿐, 이들을 오히려 점령지의 치안 유지를 방해할 수 있는 '요주의 집단'으로 지목해 항상 경계의 시선으로 집단적으로 관리·통제하고자 했다. 조선을 일본의 오랜 압제에서 구원해준 미군은 이렇듯 항상 두 얼굴을 하고 있었다.

전례 없는 인구이동과 대혼란

해방 공간에서 패망한 일본인을 돌려보내고 해외에서 돌아오는 조선인들 받아들이는 일은 보기와 달리 결코 단순한 문제가 아니었다. 거의 비슷한 시기에 이루어진 양 민족의 쌍방향 인구이동은 서로 영향을 미치며 밀접하게 연동하고 있었다. 그로 인해 그 안에는 '상호 인질' 효과로 인한 팽팽한 긴장감마저 감돌았다. 한일 양 지역의 인구이동을 총괄한 연합국총사령부와 주한 미군정 입장에서도 이 송환 문제는 여러모로 골치 아픈 전후 처리 업무이기도 했다. 즉 개인의 거주지 선택권(송환 거부 및 잔류 결정권)을 어느 정도로 인정할 것인가. 송환을 전후해 개인의 사유재산권 및 재산 반출을 어디까지 허용할 것인가. 단기간에 방대한 규모에 달하는 인구를 송환하기 위한 교통편은 어떻게 마련할 것인가. 일괄(집단) 송환한다면 어떤 사람, 혹은 어느 집단을 먼저 돌려보낼 것인가. 양 지역에서 사회적으로 미움을 사 추방이 불가피한 사람들을 맞송환한다면 그 규모와 시기를 어떻게 조정할 것인가. 특정 신분·직역이나 직업군의 이동은 결과적으로 양 지역에 어떤 정치·경제·사회적 변화를 초래할 것인가. 이렇듯 세분하자면 송환 당국이 고려할 사항은 셀 수 없이 많았다.

이렇듯 많은 변수가 존재하기는 했지만 종전 후 이루어진 대규모 인구이동은 본질적으로 뚜렷한 특징을 내포하고 있었다. 즉 이동하는 사람들의 송환과 수용 사이에는 이동 당사자의 개인적인 선택권보다는 조선인·일본인·점령군이라는 각 행위 주체의 집단적·민족적·국가적 이해관계가 압도적인 영향력을 발휘했다. 말하자면 이들 3자 간의 각기 다른 필요·욕망·지향이 서로 충돌하는 가운데 이것이 미세 조정되는 방식으로 전후 인구이동의 논리와 틀이 만들어진 셈이다. 결과적으로 구 일본제국 전역에 걸쳐 동시다발로 이루어진 다양한 집단 이동은 이러한 종합적인 송환 및 수용 환경 안에서 개인의 의사나 요구에 반하거나 제한된 형태로 이루어졌다. 왜냐면 해당 국면에서 지배적인 힘을 행사한 신흥 정치 세력이나 점령군의 판단에 따라 달면 삼키고 쓰면 뱉어버리는 '포섭과 배제', '억류와 추방'이라는 피도 눈물도 없는 냉정한 논리 위에서 이동의 규모·시기·조건이 결정되었기 때문이다.

그러면 해방 후 현재의 대한민국 영토인 남한 지역을 중심으로 한 인구이동은 어떻게 전개되었을까. 해방 직전인 1944~1945년 한반도의 인구는 대략 '2,500만 명'이었다. 이 가운데 북한 지역이 약 900만 명, 남한 지역이 약 1,600만 명으로 추산된다. 여기에 과거 해외 이주나 강제 동원으로 인해 한반도 밖에 있던 인구는 통상 약 500만 명에 달했다. 그래서 해방 전후 한민족 전체를 지칭할 때는 외지에 있던 조선인도 포함해 흔히들 '3천만 동포'라고 불렀다.[13] 이 가운데 해방 후 3년 사이에 남한으로 유입된 인구는 통계에 따라 약간의 편차가 있지만 해외 귀환자와 한국전쟁 이전에 남하한 초기 월남민을 합해 약 '250~260만 명'으로 추계하고 있다.[14] 이것은 1940~1944년 사이 한반도 전체의 연평균 자연증가율 1.7~2.5%로는 설명할 수 없는 결과로서 1945~1948년 사이 남한 지역의 연평균 인구 증가율이 매년 6.2% 정도로 높게 나타난 이유는 해외 귀환자와 월남민의 유입 때문이었다.[15] 즉 이 시기 남한에 살던 사람 가운데 '6명 중 1명'은 해방 직후 밖에서 들어온 사람이었다고 볼 수 있다.

이와 반대로 조선에서 살다가 해방 후 본국으로 돌아간 일본인은 얼마나 될까. 패전 당시 일본 본토의 인구는 약 7,200만 명이었다.[16] 그런데 일본 외무성에서 항복 조인 직전인 1945년 8월 초에 추계한 보고에 따르면 한반도에 살던 일본인 총수는 '97만 7,972명'[17]이었다. 한편 패전 직후부터 연합국 점령기에 일본으로 돌아온 자국민을 집계한 후생성 통계 자료를 보면 전체 귀환 인구 '629만 5,496명' 가운데 '91만 9,904명'이 한반도(남한과 북한)에서 돌아온 것으로 파악되었다. 이 가운데 남한에서 귀환한 군인·군속은 18만 1,209명, 민간인은 41만 6,610명이었다.[18] 즉 남한에서는 군인·군속·민간인을 모두 합해 약 '60만 명의 일본인'이 해방 후 돌아간 셈이다.

그렇다면 남한 지역을 기준으로 해방 후 한일 간에 쌍방향으로 '이동했던 사람들'은 새로 유입된 조선인 약 250~260만 명과 남한에서 돌아간 일본인 60만 명뿐이었을까. 당시 남한 사회가 해방 후 극심한 인구이동으로 겪은 실질적인 고통과 사회적 부담은 상기한 310~320만 명보다 많았다. 왜냐면 만주 국경 지대와 북한 지역에 있던 일본인도 대개는 육로나 해로를 통해 일단 38도선을 넘은 뒤 '남한 지역을 거쳐서' 일본으로 돌아갔기 때문이다. 실제로 해방

依支할곳없는戰災民

서울에만 十餘萬名

過冬救護策은 무엇?

隊旗獻納

國聯日記念

氏校生의美擧

講演會等開催

諸般稅制

金財

서울 등 대도시로 모여든 전재민

(『한성일보』, 1949년 10월 21일)

서울과 부산 등 각기 육로와 해로 귀환자들의 관문 역할을 한 대도시의 인구 집중은 해방 후 2·3년 동안 극에 달했다. 이들은 의지할 친족이나 연고자가 없는 경우 미군정과 지방행정기관의 유입 제한 및 강제 분산 조치에도 불구하고 그나마 배급 상황이 농촌보다 나았고, 상대적으로 호구할 수 있는 수단이 많은 대도시로 모여들었다.

전후 북한 지역에 있던 약 32만 명, 그리고 만주에서 북한 국경을 넘어온 관동군과 민간인 약 5~7만 명도 남한에 잠시 체류하면서 '구호의 부담'을 안긴 채 부산항을 통해 일본으로 돌아갔다. 따라서 대략 1,600만 명이 살고 있던 남한 지역에서는 불과 해방 후 약 2~3년 사이에 무려 '350~360만 명'이 현재의 대한민국 영토 안팎을 드나든 셈이다. 또한 이들의 이동은 귀환 후에도 도착지 안에서 계속되었다. 즉 이들은 본국이나 고향에 도착한 뒤 정착에 실패한 경우 호구가 그나마 용이한 대도시를 향해 끊임없이 이동했다. 이처럼 한일 양 지역을 포함해 구 일본제국 전역은 이들로 인해 전례 없는 대혼란을 경험하게 되었다.

해방 후 인구이동에서는 이러한 전체적인 이동 규모 외에도 이동의 양상·시기·조건이라든가 유입지별 인구 분포도 그로 인한 사회 변화를 이해할 때 매우 중요한 의미를 지닌다. 먼저 시기적으로 보자면 '1946년 2~3월'이 해방 후 한일 간 인구이동에서 거의 모든 중요한 결정이 이루어진 변곡점이었다. 일본인의 경우 미군 점령지였던 남한에서는 1946년 2월까지 연합국총사령부의 지시에 따라 '1946년 2월'까지 모두 송환되었다. 미군정이 지정한 극소수의 일본인이 점령 통치를 보조하기 위해 남았지만 수천 명 정도에 불과했다. 그리고 '1946년 3월'부터는 소련군에 의해 북한 지역에 억류되어 있던 일본인들이 해로와 육로로 탈출해 남한을 거쳐 일본으로 돌아갔다. 대략 30~35만 명 규모로 추산되는 이들의 탈출 행렬은 대략 1948년 초까지 이어졌다.

해방 후 약 3년 동안 남한으로 유입된 조선인은 시기별로 약간의 증감이 있었고, 통계 자료에 따라 상당한 편차가 존재하지만 대략 약 '250~260만 명'으로 추계하고 있다. 이들은 크게 중국·만주 귀환자, 일본 귀환자, 한국전쟁 이전의 초기 월남민, 그리고 일본이 잠시 점령했던 동남아시아나 태평양 지역에서 돌아온 기타 지역 귀환자로 나눌 수 있다. 그런데 해방 후 유입된 이들 해외 귀환자와 초기 월남민은 이들이 실제로 어디서 유입되었든 한데 묶어 시급한 구호가 필요하다는 의미에서 '전재민戰災民', '전재 동포', '이재민(이재 동포)'이라고 통칭했다. 왜냐면 이들은 재산이라고 해봐야 그나마 어렵게 챙겨온 봇짐 하나가 전부인 경우가 대부분이었으므로 그 행색이나 처지는 크게 다를 바 없었기 때문이다. 즉 사회적 구호가 필요한 집단이었다는 관점에서 보자면 수용 당국으로서는 이들이 어디서 왔는지는 사실상 구분의 의미가 없었다. 실제로 남한 사회는 초기 정착 과정에서 이들을 위해 시급히 주택, 식량, 일자리 등 응급 구호 대책을 마련해야 했다. 특히 당장 의지할 가족, 친척, 지인조차도 없던 무연고자의 처지는 심각했기 때문에 이들의 구호는 해방 후 남한에서 어떻게든 대응해야 할 긴급한 사회적 과제로 인식되었다.

그런데 해방 공간의 이들 '전재민' 집단은 도움이 시급한 사람들이었다는 점에서는 크게 다를 바 없었지만 실상 그 안에는 다양한 차이와 중요한 균열 요소가 존재했다. 즉 이들은 외지 거류의 역사적 배경은 물론이고, 남한으로 돌아오기까지 각 개인이 처한 환경과 귀환 과정의 체험도 달랐다. 또 귀환 후 삶에 대한 전망도 연령·성별·직업에 따라 다를 수밖에 없었다. 심지어는 한 가족 안에서도 구성원에 따라 귀환·모국에 대한 인식과 태도는 다르게 나타나기도 했다. 따라서 사회적 구호에만 의지하는 수동적인 '전재민'이라는 극히 일면적인 이미지로만 접근한다면 해방 후 인구이동이 지닌 매우 역동적이고 광범위한 정치·경제·사회·문화적 의미를 사장할 수 있다. 또 당시 이동했던 사람들 안에 존재하는 다양한 차이라든가 그것이 지닌 역사적 함의를 간과할 위험도 있다. 다만 이 모든 것을 기술하자면 또 한 권의 책이 필요할 터이니 여기서는 해방 전후 인구의 유출 및 유입 규모가 컸던 지역을 중심으로 이들이 남한에 유입된 과정과 귀환 후의 실태를 간략히 살펴보고자 한다.

전재민이란 낙인, 인재人ォ인가 인재人※인가

한국전쟁 이전의 '초기 월남민'은 해외 귀환자와 한데 묶어 통상 '전재민'이라고 부르곤 했다. 이들은 대략 50~60만 명으로서 1950~1953년 한국전쟁기의 월남민 45~65만 명과 비슷한 규모로 추계하고 있다.[19] 다만 이들의 규모는 해방 직후 북에서 남하한 집단이 자신의 정치적 세를 과시하고자 부풀린 경우가 많았다. 따라서 이들 초기 월남민 추계는 더 많은 식량 배급을 노린 허위 신고로 인한 '유령인구', 그리고 미군의 공식 송환 경로가 아닌 '밀항자' 규모와 함께 해방 후 인구통계를 교란한 주된 요인이었다는 점에 유념할 필요가 있다.

이들은 시기별로 각기 다른 남하 동기와 집단 구성을 보였다. 1945년 말까지는 과거 총독부의 병참기지화 정책에 따라 '북선개척北鮮開拓'을 위해 동원되었다가 다시 돌아온 본디 남한 출신의 귀향민(Returnee)과 생활난으로 남하한 사람들이 주를 이루었다.[20] 그러나 1946년에는 만주에서 유입된 사람은 줄어든 반면, 북한 통치 체제에 불만을 품은 반체제 집단의 유입이 급증하였다. 따라서 이들 중에는 고학력의 지주, 대상인, 의사, 법률가, 교사, 종교인, 친일파, 구 식민 관료 출신자들이 많았고, 남하 후에는 나름의 공동생활체를 꾸리기도 하였다. 신촌 일대의 안창호 마을이라든가 후암동 108계단 일대의 선천군 동향자 마을 등이 대표적인 사례이다.[21] 주로 이 시기에 월남한 사람들은 향후 남북 대결 국면에서 반공 이데올로기를 주도하며 정계, 사법계, 경찰계, 교육계, 종교계에서 두각을 나타냈다. 반면에 1947년에는 남북 교역 단절로 인해 식량난과 물자난을 배경으로 '보릿고개'를 해결하고자 잠시 남하했다가 38도선의 경계가 강화되는 바람에 그대로 눌러앉은 사람들이 많았다. 미군정에서 1947년 5~11월에 유입된 월남민 '9만 4,843명'의 전직을 조사한 결과 무직이 43%에 달했고, 농업이 14%, 탄광이나 대규모 공장 노동자가 약 18%

였다. 즉 이들은 1946년의 반체제 엘리트 월남 집단과 달리 유입과 동시에 실업자군 대열에 편입될 수밖에 없는 빈한한 집단이었다.

이처럼 1945~1947년 사이 시기별로 각기 다른 성격의 집단이 월남하는 가운데 북한에서는 1947년 7월부터 월남 행위를 불법으로 규정하고 위반자에게 실형을 구형하기 시작했다.[22] 1946년도만 해도 북한에서는 사회주의 개혁에 불만을 품은 지주, 반공 성향의 지식인, 친일파로 지목된 구 식민지 관료들의 자발적인 집단 남하를 '사회 정화' 차원에서 반겼다. 그러나 1947년 7월부터는 미소공동위원회가 난항을 겪는 등 남북 및 미소 간의 대립이 심화되는 가운데 '생활난'을 이유로 한 월남민 증가는 곧 남한 체제의 우월성을 반증하는 구실로 악용될 수도 있고, 이제 막 궤도에 오르기 시작한 사회주의 국가 건설의 인적자원이 누수된다는 판단에 따라 해방 이래 느슨했던 38도선을 굳게 잠그기 시작한 것이다.[23]

해방 후 귀향민·월남민과 함께 38도선을 넘어 유입된 중국 본토와 만주 방면의 귀환자도 결코 무시할 수 없는 규모였다. 특히 동북 지역으로 불리는 산해관山海關 넘어 구 만주 일대는 식민지 시기의 대표적인 인구 유출지로서 해방 전후에는 약 200만 명의 조선인이 거류했다. 이들은 농업 이민자가 많았으므로 토지 소유권이나 경작권만 주어진다면 해방 후에도 가급적 현지에 잔류하려는 경향이 강했다. 현재 연변 학계에서는 약 '80만 명'이 해방 후부터 조중 국경을 넘어 '한반도'로 유입되었다고 보고 있다.[24] 다만 이들 가운데 남한으로 유입된 인구가 얼마나 되는지에 관해서는 언급이 없는데, 남조선과도정부에서는 1947년 말 현재 중국 대륙과 만주에서 유입된 자를 '83만 9,816명'으로 발표한 바 있다.[25] 따라서 정확한 수를 추계하기는 어렵지만 당시의 연감과 통계 자료를 조합해 보면 38도선을 넘어 남하한 초기 월남민과 만주·중국 유입자를 합하면 약 '130~140만 명'에 달할 것으로 보인다.

이 가운데 만주 귀환자들은 해방 후 급격히 고조된 중국의 배타적 내셔널리즘으로 인해 현지에서 일군 토지와 재산을 몰수당한 채 추방당하거나 국공내전으로 불안해진 거류 환경 때문에 돌아온 사람이 많았다. 특히 1946년 가을무렵부터 장개석의 국민당 군대가 진출하면서 피해가 급증한 것으로 알려져있다.[26] 추방의 구실은 다양했다. 즉 조선인들이 과거 일본제국의 앞잡이 노릇을 하면서 중국인을 무시하였다거나, 조선인을 농지에 입식하는 과정에서중국인 사유지가 헐값에 몰수되었다거나, 대도시에서 조선인들이 아편을 밀매해 중국인을 타락시켰다는 등의 이유였다.[27] 결국 이러한 배한정서排韓情緖의 뿌리는 겉으로는 '오족협화'를 외치면서도 교묘히 조선인과 중국인을 서로 반목하게 만든 일본의 만주 식민정책에 있었다.[28] 따라서 공산당 점령 지역인 '해방구'에서는 비록 이중국적을 부여하고 토지개혁을 통해 농토를 분배함으로써 조선인의 정착을 적극 유도하고자 했지만, 국공내전 동안 전선이계속 이동하면서 발생한 치안의 공백은 결국 소수자였던 조선인의 피해로 이어졌다. 특히 1947~1948년 동절기에는 전란 속에서 아사와 동사의 위기까지겹쳤다.[29] 결국 배한정서와 이데올로기적 증상에 노출된 채 방치된 조선인에게 귀환은 곧 생환을 위한 유일한 선택지였던 셈이다.[30]

한편 부산항 등을 중심으로 한 해안 루트는 주로 일본과 태평양 방면으로동원된 사람들의 귀환이 이루어졌다. 연합국총사령부는 종전 직전 일본에 거류하던 조선인을 대략 200만 명으로 추산하였다.[31] 이 가운데 미군정의 인구집계가 이루어진 1948년 3월까지 남한으로 돌아온 자는 밀항선으로 유입된자를 포함하면 약 '140만 명'에 달했다.[32] 1947년 말 현재 연합국총사령부의외국인 등록 조치를 통해 파악된 일본에 남은 조선인은 약 '52만 9,907명'이었으므로 해방 전 인구의 약 3/4이 남한으로 돌아온 셈이다.[33] 이들은 대개 식민지배 말기에 징용 등의 '강제 동원'으로 인해 해외에 단기간 거류하던 사람들

차모로족 원주민의 스모 경기를 지켜보는 남양청 일본인 관료

일본은 1922년 위임통치령인 팔라우에 남양청을 설치한 후 사이판, 괌, 티니안, 로타 등의 태평양 섬들을 관할했다. 태평양전쟁을 전후해 조선인도 군인·군속으로 동원하기 시작했고, 수재가 발생하면 늘 여름을 즐길 수 있는 파라다이스('常夏の島')가 있다고 속여 삼남 지방의 수재민을 태평양 지역의 식량 증산을 위해 입식하기도 했다. 조선총독부 입장에서는 수재민 구호재정도 아낄 수 있었고, 점령지의 인력 보충 및 식량 증산에 이들을 활용함으로써 일석이조의 효과를 노릴 수 있었다. 수재민의 경우는 가족이 통째로 입식되어 어린이를 비롯해 청장년층에 이르기까지 다양한 연령대의 동원자들을 남양 입식자관련 명부 및 미군포로수용소 명부를 통해 확인할 수 있다.(2007년 벨라우국립박물관에서 필자 촬영)

이 많았다. 따라서 이들은 해방 직전부터 밀항을 시도할 만큼 모국 귀환에 적극적이었기 때문에 해방 후 불과 두세 달 사이에 대거 유입되었다. 반면에 이른 시기에 취업, 사업, 유학 등의 이유로 일본에 건너가 가족을 이루고 어느 정도 생활 기반을 확보한 사람들은 1946년 3~4월을 기점으로 연합국총사령부가 재산 반입 규제를 강화하고, 일화예금령을 통해 기존에 발행된 일화 사용을 금지하자, 대거 귀환을 보류하거나 단념하였다.[34] 해방 후 유입 인구의 증감 추이를 보면 1946년 3~4월을 기점으로 급격히 증가세가 둔화된 것은 바로 이러한 귀환 환경의 악화 때문이었다. 여기에 더해 5~6월에는 대규모 송환이 이루어진 동아시아 전역에 콜레라가 창궐하자 연합국사령부는 모든 국내외 이동을 중지하였고, 가을부터 송환 업무를 재개했으나 귀환자는 거의 늘지 않았다.

그러면 해방 전 '국가총동원계획'에 따라 식민 지배 말기에 강제 동원된 조선인은 얼마나 되었을까. 한국 정부는 2016년도에 군인으로 동원된 자는 국내외 합계 20만 9,279명, 군속(군무원)은 6만 668명이었고, '집단 이입 노무자(응징사)'는 한반도 안에서 동원된 자가 648만 8,467명, 국외 동원자가 '104만 5,962명'이라고 밝힌 바 있다.[35] 이것은 같은 사람이 여러 번 동원된 '건수'의 총합이므로 정확한 인원은 알 수 없으나, 일본 본토가 강제 동원된 조선인의 가장 큰 유출지였고 이들이 부산 등 해안 루트를 통한 유입 인구의 중핵을 이뤘다는 사실은 부정할 수 없을 듯하다. 그 밖에 지역적으로 남태평양, 동남아시아 등지에서 돌아온 사람들은 대개 전쟁터로 동원된 사람들로서 사망자나 행불자가 많았으므로 상기한 군인·군속 추계보다는 적었을 것으로 보인다. 아울러 이들 외에 남사할린을 비롯해서 태평양 오지라든가 시베리아 등지에는 다양한 연유로 억류된 자가 귀환을 바라고 있었는데 대략 3만 명 내외로 추정된다.[36]

이처럼 국공내전 속에서 농토마저 빼앗긴 채 살기 위해 돌아와야만 했던 자, 위험천만한 밀선에 올라 고향으로 돌아왔지만 의탁할 가족이나 친족이 없던 자, 강제 동원지에서 구사일생으로 살아 돌아왔으나 귀환과 동시에 실업에 직면한 자, 그리고 초기 월남민 가운데 이른바 '생계형 남하 집단' 등이 바로 해방 공간의 '전재민' 집단이었다. 이들의 귀환 과정을 돌이켜보면 하나같이 울컥해지는 그들만의 아픔이 있었다. 그러나 그 사실을 알 길 없는 남한의 기주민 입장에서 보자면 밖에서 사람들이 몰려올 때마다 집값이 올랐고 쌀이 부족해졌다. 게다가 도둑이 넘쳐났고 역병이 창궐했다. 설령 머리로는 그들의 잘못이 아님을 이해한다고는 해도 당장 이들이 늘어 갈수록 자신의 일상이 피폐해져 감을 피부로 느꼈기 때문에 '끝도 없이 밀려오는' 이 사람들을 언제까지 마냥 반길 수만은 없었다.

이러한 유입 인구의 증가로 가중된 사회적 피로 현상은 해방 직후 귀환자의 응급 구호와 생활 실태를 다룬 사회면 신문 기사로도 확인할 수 있다. 해방 직후인 1945년 8~10월경에만 해도 보도 내용은 주로 귀환자이든 월남민이든 이제 함께 새 나라를 건설해 보자는 환영 분위기가 지배했다. 즉 '포섭·포용·동정·구호'라는 키워드가 강조되었다. 그러나 1945년 12월에서 1946년 2월 동절기를 지나면서 이들의 계속된 유입으로 기주민의 생활난이 심화되자 보도 논조가 서서히 '배제·경계·소외·방치·조롱'의 담론으로 변질되어 갔다. 이들은 어느새 해방 이전부터 존재한 토막민의 계보를 잇는 해방 후 유입된 새로운 '이등 국민'이라는 오명을 안게 되었다. 이들의 계속된 유입은 기주민 사회의 객관적 체험을 통해 곧 '인재人災'로 인식되었다. 따라서 '전재민'이란 용어도 사회 일반의 동정을 촉구하는 본래의 취지와 달리 거꾸로 혐오를 더 깊이 각인시키는 사회적 낙인 기제로 작용했다. 해방 후 신문에서 '전재민'과 항상 함께 등장하는 키워드의 빈도수가 이를 객관적으로 보여준다. 아사·동사·

전염병·빈궁·궁도窮盜·범죄·소요騷擾·걸식·토막土幕·방공호 등이 '전재민'을 다룬 신문 기사에서 최상위를 점했다.[37] 즉 동포라고는 하지만 이들은 그저 가난하고, 전염병을 퍼뜨리고, 식량과 물건을 훔치고, 토굴·토막·방공호에 살면서 도시의 풍광을 해치며 온갖 범죄를 저지르는 '사회적 민폐 집단'일 뿐 남들의 도움 없이는 하루도 버티지 못하고 얼어 죽거나 굶어 죽을 사람들이었다.

강물 위를 걸어가는 도인의 숨겨진 과거

1993년 어느 날 KBS 9시 뉴스에 90세의 할아버지가 마치 수상스키를 타듯이 직접 만든 '물신'을 신고 강릉 남대천을 건너고 있는 모습이 방영된 바 있다.[38] 흰 수염에 멋쟁이 베레모, 그리고 붉은 넥타이까지 그 연배에 예사롭지 않은 패션만으로도 도인의 풍모를 풍겼다. 이 할아버지는 한강과 낙동강에서도 이미 이 기발한 퍼포먼스를 여러 번 선보였다고 한다. 그는 바로 일제강점기부터 '고아들의 아버지'로 유명했던 '향린원'의 설립자 방수원이었다. 그는 1904년 평안북도 정주 태생으로서 일제강점기에도, 한국전쟁기에도, 그리고 심지어는 태어난 지 90년이 지난 뒤에도 이토록 화제를 몰고 다녔다. 그는 1960년대에 한때 계룡산에 들어가 신흥종교를 창시하고 간디 기념관을 세워 주한 외국 대사들을 초대하기도 했다. 하산 후에는 물신을 신고 '한강을 건너가는 할아버지'로 얻은 유명세 덕분에 후쿠오카 페스티벌에도 초대된 바 있다.[39] 은퇴 후 이런 당혹스런 행보로 인해 '기인'으로 인구에 회자되었지만, 적어도 한국전쟁기까지 그는 한국 기독교사, 사회복지사, 그리고 영화사에서도 결코 빼놓을 수 없는 인물이었다.[40]

2004년 11월 한국영상자료원에서는 중국전영자료관을 방문해 그가 설립한 향린원을 모델로 한 〈집 없는 천사〉(1941, 최인규 감독) 등의 일제강점기 필름들을 수집했다. 이 영화는 경성다카라즈카극장京城宝塚劇場(해방 후 국도극장, 현재 베스트웨스턴 프리미어 국도호텔) 시사회 때부터 엄청난 관객 몰이를 하였다. 덕분에 조선군 보도부와 문부성의 추천으로 조선 영화로는 드물게 일본으로 수출되었을 정도로 화제를 불러 모았다. 비록 검열 과정에서 원작의 8분가량이 잘려 나갔지만, 연구자와 마니아들 사이에서는 시나리오만으로도 1940년대 조선 영화 중 '단연 수작'이라는 평가를 받았다.[41] 그런데 2004년 이 필름이 공개되자 당시 세태를 매우 세밀하고 정교하게 잘 반영했다는 평가와 더불어, 어린이들이 일장기 앞에서 황국신민의 서사를 암송하는 장면 등으로 인해 작품의 친일성 논란이 벌어지기도 했다.[42]

그는 1904년 평안북도 정주 태생으로 다석 류영모의 제자인 함석헌, 현동완 등과 교유하였다. 기독교계의 원로이자 오산학교 교장을 지낸 류영모는 함석헌에게 '씨알 정신'을 전수해 1970년대 민주화운동의 한 축을 담당하도록 했다. 또 현동완은 미국 유학 후 류영모를 YMCA 연경반으로 모셔와 35년 동안이나 기독교의 가르침을 전파하도록 보좌했다. 정부 수립 후에는 이승만이 제안한 농림·보사부장관 자리도 마다한 채 한국전쟁을 전후해 삼동부녀회관을 지어 전쟁 미망인과 윤락 여성을 거두었다. 특히 난지도에는 '보이즈 타운'이라는 삼동소년촌을 설립해 전쟁고아를 평생 돌보다가 그곳에서 생을 마감했다.[43] 이런 훌륭한 지인들과 사교한 덕분에 방수원도 기독교적 공동체와 사회적 실천의 중요성을 깨닫고 경성과 일본에서 조선인을 대상으로 야학을 열고 도덕재무장운동(MRA)에도 참여한 바 있다. 일본 유학 후 그는 우연히 경성역 부근에서 고아들의 비참한 모습을 접하고 1939년 지금 홍제동 포방터시장 부근의 초가집을 빌려 향린원이란 고아원을 차렸다. 아이들이 늘어나자 잠시

향린원을 모델로 한 영화 〈집 없는 천사〉(1941, 최인규 감독)의 한 장면

옥수동 산비탈로 고아원을 옮겼다가 종로6가의 부활사(현재 서울복음교회 자리) 주인 김재형의 기부로 평창동(세검정)에 2층 석조 건물의 번듯한 고아원을 운영하게 되었다.[44] 바로 이 무렵의 향린원이 〈집 없는 천사〉라는 영화의 모티브가 되었다. 이 영화가 잡지 『삼천리』에 소개되고 마침내 대박을 터뜨리자 그는 조선 사회사업계의 유명 인사가 되었다.[45]

태평양전쟁기 엄혹한 검열 속에 제작된 〈집 없는 천사〉를 두고 친일 논란이 벌어지기도 했다. 하지만 이것은 향린원을 소재로 한 '시국 영화'의 한계일 뿐, 해방 전후 사회적 소외 계층에 대한 관심이나 실천 과정을 통해 본 그의 행보는 '친일'과는 거리가 멀었다. 오히려 그는 1941~1942년 사이 조선 기독교계의 황민화 과정에서 장로교파에 이어 감리교파마저 신사참배를 설파하려고 하자 조선총독부의 사주를 받은 교단 지도부에 강력히 저항하였다. 또 태평양전쟁이 발발하자 총독부가 민간 고아원을 공영화함으로써 부모 없는 원아들을 외지로 동원할 조짐을 보이자 아이들을 보호하고자 노력했다. 당시 총독부는 전황이 악화되고 성인 남성이 고갈되자 국민동원계획을 강화함으로써 여성에 이어 미성년 노동력까지 동원해 식량과 긴급 물자의 증산, 국방 시설 및 수송력 증강 사업에 투입하고자 하였다. 그러자 그는 식량 증산에 이바지하고자 제주 서귀포에 농장을 만들겠다며 1942년 1월 원아들 35명을 '남진개척대'로 데려갔다.[46] 이듬해 퇴소 연령이 지난 향린원 아이들이 만주 신경의 철공장으로 징용된 것을 보면[47] 이것은 그 나름대로 아이들을 보호하기 위한 조치였음을 알 수 있다.

해방 후에도 그는 해외에서 돌아왔거나 월남한 고아들을 성심껏 거두었다. 그뿐만이 아니라 나중에 국민대 교수, 국회의원, 에스페란토회 회장을 지낸 정인소와 함께 부녀자의 해방을 위해 공창제 폐지를 주장했다.[48] 또 한국전쟁으로 인한 피난기에는 가덕도 우측 낙동강 어귀에 있는 작은 모래섬에 '참된 친구'라는 뜻으로 진우도라는 이름을 붙이고 향린원을 서울에서 이곳으로 옮겨와 전쟁고아들을 돌보았다.[49] 이 고아원은 1955년 감리교단에서 인수해 진우원으로 개명했고, 1959년 사라호 태풍으로 큰 피해를 입은 뒤에는 김해 진영으로 옮겨 지금에 이르고 있다.

그는 해방 직후에 '전재자(해외 귀환자) 구호론'을 선도적으로 실천한 인물이었다는 점에서도 주목할 필요가 있다. 그는 해방 후 일본에서 귀환자들이 부산항으로 몰려오자 조선재외전재동포구제회 위원으로서 장기간 부산에 체류하며 '전재자 수용소', '전재고아 수용소', '전재 동포 무료 병원 동산원', '나병자 수용소' 등을 설치하였다. 또 귀환자들이 위험천만한 조그만 밀선에 의지해 조류도 빠르고 풍랑도 거센 현해탄을 건너오는 것을 보고는 지역 유지들로부터 모금을 통해 구호선을 여러 척 일본으로 보냈다. 그가 앞장서 부산 조흥상회 김정렬의 기부금으로 무려 180톤 규모의 배를 오사카로 보낸 일화는 당시 신문에도 크게 보도된 바 있다.[50] 그는 그 후 경성으로 돌아와 30여 개의 기독교 사회사업 단체와 통일적인 구호 사업을 도모하고자 총회 준비위원으로 참여했다.[51] 또 김구의 건국실천원양성소에서 해외 귀환자 및 월남민에 대한 사회적 구호의 필요성을 강연하였고,[52] 부모 없이 돌아온 고아들을 위한 계몽 영화인 〈천사의 마음〉(1947, 김정환 감독)을 직접 제작하기도 하였다.[53] 그리고 1948년 말 정부 수립 후에는 유입 인구의 증가로 식량 사정이 악화되자 전국의 무직자, 귀환자, 월남민을 강원도의 농경 개발 예정지에 입식하고자 계획한 '구국농축개발대' 사업에 이사로 참여해 나중에는 직접 개발대장을 맡기도 했다.[54]

이처럼 그는 기독교계의 오랜 인맥과 향린원으로 얻은 유명세를 바탕으로 해방 후부터 한국전쟁기에 걸쳐 다양한 구호 활동에 앞장섰다. 특히 해방 직후 새로 유입된 사람들의 구호 시스템이 제대로 정비되지도 않은 상황에서 그가 해외에서 부모를 잃고 고아가 된 조선 아이들을 위해서 구호선까지 파견한 것은 오랜 사회사업의 경험과 기독교 네트워크의 활용이 뒷받침되지 않았다면 불가능한 일이었다는 점에서 높이 평가할 만하다.

도쿄 태생 아씨의 '낙향'

식민 지배 말기 징용·징병 등 총동원 체제 아래서 해외로 강제 동원된 조선인과 그에 앞서 일찍이 일본에 건너가 삶의 기반을 닦은 사람들은 해방 후 모국 및 귀환에 대한 인식은 물론이고 귀환 및 정착 과정의 체험도 다를 수밖에 없었다. 그렇다면 이른바 '자발적 이주민'으로서 이른 시기에 도일하여 일본 주류 사회에 당당히 입성한 최상위 계층의 귀환 및 초기 정착 과정은 어떠했을까. 한 소녀의 기억을 뒤따라가 보자.[55]

한 씨는 1945년 12월 말경에 부모를 따라 돌아온 15세 소녀로서 일본 도쿄의 도심 간다神田에서 태어나 간다 세쓰코神田世津子라는 일본 이름으로 지냈다. 그녀의 아버지는 선대에 이르러 가세가 기울기는 했지만 의령에서 대대로 유명했던 양반집 자제로서 부산제2공립상업학교와 일본 와세다대학 상과를 나와 일본금융조합에 다니던 유망한 엘리트였다. 반면에 어머니는 어릴 적 금강산에 놀러 갔을 때 하인들이 그녀를 가마에 태워 산봉우리를 유람했고, "그집 땅을 밟지 않고서는 군북역까지 나갈 수 없다."라는 말이 돌 정도로 의령에서 내로라하는 대지주의 막내딸이었다. 모두가 부러워하는 거부였지만 외조부를 괴롭힌 유일한 콤플렉스는 그가 바로 중인 가문 출신이란 점이었다.

따라서 그녀의 어머니와 아버지의 절묘한 만남은 이러한 양가의 단점과 결핍을 메워주고 장점을 극대화함으로써 서로에게 무한한 가능성을 열어주었다. 즉 가난했던 아버지로서는 처가로부터 학비와 생활비 일체를 지원받았기 때문에 결혼 후에도 진학과 취업 등을 통해 사회적 자아실현이 가능했다. 반면에 그녀의 어머니는 양반의 후손이며 부산의 제2공립상업학교와 도쿄의 와세다대학이라는 든든한 소셜네트워크를 보유한 엘리트 남편을 만나 드디어 고리타분하고 보수적인 고향 의령 땅을 떠나 일본에서도 '사모님'으로 대접받아가며 주류 문화를 흡수해 나갈 수 있었다. 그 덕분에 장녀인 한 씨는 '전근대와 근대'를 넘나들고, '식민지 조선과 식민 모국 일본'을 오가며 양 지역에서 각기 통용될 수 있는 여러 종류의 유용한 카드를 물려받게 되었다.

한 씨는 일본제국이 만주로 꿈을 펼치던 1931년 도쿄의 한복판 간다에서 태어났다. 그녀는 어릴 때부터 스포츠를 좋아한 아버지를 따라 럭비장과 야구장에서 경기를 관람했고, 주일이면 집 앞 교회에서 키가 크고 유난히 눈이 파랗던 서양인 목사가 건네준 달콤한 초콜릿을 즐겼으며, 유성기에서 흘러나오는 음악에 맞추어 사교춤을 배웠다. 초등학교 시절에 이미 만요슈万葉集, 타이코시太古史, 하이쿠俳句 등을 탐독했던 이 문학소녀가 펄 벅의 『대지』를 읽고 감상문을 적어내자 교장 선생님은 "그 나이에 어쩌면 이렇게 수려하고 조숙한 글을 쓸 수 있니?"라며 학생들 앞에서 칭찬을 아끼지 않았다. 이렇듯 그녀는 어느 일본 가정에서도 누리지 못한 근대 문명의 혜택을 듬뿍 받고 자란, 그야말로 상류 도쿄 토박이("生っ粋の江戸っ子")의 감성을 지닌 '아씨'였다. '간다 세쓰코'는 단지 그녀의 일본 이름이었을 뿐만 아니라 노년에 이르기까지 그녀의 의제적 정체성을 뿌리 깊게 규정했으며 자의식의 실체적 근거이기도 했다.

실제로 그녀는 귀환하기 전까지 집에서조차 부모님이 아이들 앞에서 조선말을 사용하지 않았기 때문에 자신이 조선 혈통임을 의식하지 못하고 자랐다. 이것은 특히 어머니의 영향이 컸다. 어머니는 전통적인 조선 상류층의 "마님"처럼 체면을 중시하는 권위적인 여성이었다. 동시에 그녀는 철저히 일본

문화를 체화한 이중적인 모습도 보였다. 즉 기모노를 손수 지어 입었고, 설날에 손님들이 오면 떡국이 아니라 으레 일본 전통 요리 중에서도 번거롭고 까다로운 축에 속하는 명절 음식 "오세찌요리御節料理"를 대접하였다. 그녀의 초밥은 단연 일품이었고, 철 따라 재료를 바꿔가며 담근 매실장아찌(우메보시, 梅干し)와 각종 절임(즈케모노, 漬物)도 수준급이었다고 한다. 어머니는 이런 요리를 할 때면 언제나 장녀인 한 씨를 불러 거들게 하였다.

그녀가 소학교에 들어가자 아버지는 지방 발령으로 인해 가족과 떨어져 지내는 경우가 많았다. 그래서 간다의 집은 세주고, 어머니와 한 씨 형제들은 친할아버지가 오사카에서 한약방을 운영하고 있었기 때문에 친가 쪽 친척들이 모여 살던 관서 지방으로 이사했다. 그녀는 오사카의 히라카타시립야마다소학교枚方市立山田小学校로 전학하였다. 그리고 태평양전쟁이 장기화되자 비교적 안전한 지역을 택해 중학교 과정은 교토의 여자상업학교로 진학하였다. 그녀는 오사카로 이사한 뒤에 비로소 자신이 조선 혈통임을 확실히 인지하게 되었다. 하지만 그녀의 친척들은 조선인들이 많이 모여 사는 쓰루하시鶴橋나 이쿠노生野 등지에서 멀리 떨어진 곳에서 생활하였다. 게다가 어머니는 그녀가 조선인 친구와 어울리는 것을 마뜩잖게 여겼다. 그래서 조선인 아이들과 사귈 기회가 거의 없었던 그녀는 그저 친척들의 오사카 사투리(간사이벤, 関西弁)가 더 흥미로웠을 뿐 조선말을 따로 배울 생각은 하지 못했다. 이것은 아마도 자녀들이 일본에서 커가며 정체성의 혼란을 겪거나 혹여 일본인들로부터 차별받지는 않을까 하는 어머니의 교육적 배려 때문이었을 것이다. 하지만 그 이면에는 일본 주류 사회에서 살아남기 위해서는 혹여 방심한 틈에라도 조선어가 튀어나오면 안 된다는 일상의 강박과 긴장이 어머니를 옥죈 결과이기도 했을 것이다. 아무튼 그녀는 태평양전쟁 발발 후 관제기가 추락해 일본군 포로가 된 미군 조종사를 가리키며 "미국과 영국을 격멸하자(米英撃滅)!"라고 외치는 등 어머니의 욕망을 대리해 채워가며 동시에 제국이 그토록 바라던 충량한 황민으로 자라났다.

교토의 중학교에 입학하자 폭격이 날로 심해졌다. 1944년부터는 교실보다는 아예 방공호에서 보내는 날이 더 많아졌다. 이에 가족이 모두 다시 본래의 집으로 이사 갈 채비를 하던 중 때마침 아버지도 도쿄로 발령이 나서 1945년에 간다로 돌아왔다. 하지만 그곳도 공습으로 불안에 떨기는 마찬가지였다. 그래서 아버지만 도쿄에 남고 나머지는 둘째 이모가 군수공장 작업장에서 '함바집(인부들의 지정 식당)'을 운영하고 있던 사이타마현과 도쿄 경계의 가와고에川越라는 산골 마을로 소개(피난)하였다. 그녀는 덕분에 식량의 어려움은 겪지 않았는데, 그곳에서 약 200명 남짓한 조선인 노동자들의 모습을 매일 같이 지켜보며 처음으로 '조선'과 마주하게 되었다. 그녀가 보기에 그곳의 조선인 노동자들은 거의 농촌 출신들이었고 "마치 서로 싸우는 듯한 말투"였다. 이렇게 시작된 조선 및 조선인에 대한 그녀의 이문화 체험은 언어에서 시작해 점차 다양한 습속과 문화로 확대되어 갔다. 한번은 조선인 노동자들 사이에 설사병이 돈 적이 있었다. 그런데 위장약 대신에 야생 부추를 숭숭 썰더니만 고추장을 듬뿍 넣은 뒤 뜨거운 밥에 비벼 "입이 터져라" 먹는 것이 아닌가. 그녀가 목격한 이야기를 들려주었더니 어머니는 앞으로 다시는 이모 집에 가지 말라고 말씀하셨다. 그 대신에 그렇게 심심하면 아버지와 오빠들이 군인으로 징병된 바람에 할아버지와 함께 사는, 이웃의 오카타 요시코岡田良子(19세) 언니와 함께 놀라고 하셨다.

그러던 어느 날 동네 어른들이 통곡하는 모습을 목격했다. 요시코 언니에게 이유를 물었더니 "어제 마을 촌장님이 할복하였다."라는 이야기를 들었다. 이것이 그녀가 체험한 패전의 순간이었다. 그리고 1945년 9월 초 조선의 평양에서 높은 자리에 있던 사람이 고향으로 돌아와 소련군, 중공군, 조선인민군에 대해 온갖 욕설을 해대고 "조선인들은 모두 죽여야 한다."라며 온 마을을 헤집고 다닌 뒤로 그녀는 완전히 다른 세상을 접하게 되었다. 천황의 항복 선언이 있고 나서 약 한 달 뒤에 아버지는 돌연 회사에 사표를 내고 가와고에로 달려왔다. 그로부터 연일 어머니와 아버지의 부부 싸움이 그치지 않았다. 해방된 조국에서 주인으로 살자며 귀국을 주장하는 아버지와 "언제부터 자기가 그렇게 애국자였냐!"라며 조선행을 한사코 반대하는 어머니의 의견 대립 때문이었다. 마을에서 일하던 조선인 노동자들도 어느새 자취를 감췄다. 이제 조선인이라곤 한 씨 가족과 이모 집만 남게 되었다. 그러자 어머니도 더 이상 귀환을 반대할 수만은 없게 되었다.

도쿄로 돌아간 한 씨 가족은 상황을 살피며 조선으로 돌아갈 준비를 시작했다. 식량 배급이 중단되자 일단 옷부터 내다 팔았다. 옷 보따리 하나는 쌀 한 되, 리어카에 한가득 실은 책들은 쌀 다섯 되와 맞교환되었다. 아버지가 평소에 분신처럼 아끼던 책들을 리어카에 싣고 무려 십 리 길이나 떨어진 암시장에 내다 팔고 겨우 쌀을 구해온 뒤에 하늘을 보며 허탈해하던 모습이, 그녀는 칠순이 넘도록 잊히지 않는다고 회고하였다. 그런데 어머니는 생활 기반이 일본에 있고 재산도 들고 갈 수 없다고 하니 일단 눌러앉아 상황을 지켜보자며 여전히 귀환을 반대하고 있었다. 반면에 아버지는 엊그제만 해도 다소곳했던 부녀자들이 '양색시'로 돌변하는 마당에 우리 아이들을 생각해서라도 더 이상 일본에 있을 수는 없다고 하였다. 한 씨도 귀환 직전에 놀기 좋아하는 이모 집의 이종 오빠를 따라 제국극장에 공연 구경을 갔다가 화들짝 놀란 기억이 있었다. 당시 극장에서는 스트립쇼(하다카오도리, 裸踊)를 하고 있었는데 나뭇잎으로 아슬아슬하게 몸을 가린 일본인 무희가 요염하게 춤추는 모습에 놀랐고, 여기저기서 휘파람으로 환호하는 객석의 백인과 흑인 병사들 모습에 또 한 번 기겁했다고 한다.

1911년 개장 당시의 제국극장

1911년 외빈들을 위해 개장한 최초의 서양식 극장으로서 르네상스 양식의 4층 건물로 되어 있다.
1923년 관동대지진으로 골조만 남은 것을 1924년에 다시 지었다.

[『帝国劇場写真帖(Album of the Theatre)』,

일본국립국회도서관 마이크로 소장 자료, ID: 000000492609]

아버지의 책과 가재도구에서 시작된 재산 방매는 어머니의 기모노까지 이어졌다. 모든 재산을 헐값에 정리한 뒤 푼돈이라도 건지자는 심산으로 아버지는 아이디어를 내었다. 즉 일화 반출은 1,000엔으로 제한되었으니, 가벼운 붓대 안에 지폐를 대롱처럼 말아서 가져가자는 것이었다. 한 씨가 기억하기에 귀환 준비는 곧 '붓대와의 씨름'이요, 수하물 무게 제한으로 인한 '저울과의 전쟁'이었다. 이렇게 채비를 마친 한 씨 가족과 둘째 이모 댁은 1945년 12월 초 귀환항 시모노세키로 향했다. 관부연락선 대기소에는 귀국선을 기다리는 조선인들로 북적댔다. 그녀의 기억에 따르면 대기소는 가건물이라고 부르기에도 민망한 '피난민 수용소' 같은 곳이었다. 배가 언제 뜰지 몰라 집집마다 홑이불로 구획을 나눠 밥을 지었고, 한기를 막으려고 더러운 가마니를 깔고 그 위에서 허름한 이불을 덮고 있는 모습을 보자니 마치 '거지 소굴'과 같았다.

약 보름 동안의 대기소 생활 끝에 한 씨 가족은 1945년 12월 마지막 귀환선을 타고 부산항에 도착하였다. 그러나 바로 내리지 못하고 DDT 방역과 소지품 검사로 인해 약 6시간 이상을 바다에 떠 있어야 했다. 한 씨는 미군들이 뿌려대는 하얀 가루를 맞으며 "마치 동물 취급을 받는 듯했다."라고 회상하였다. 그런데 그보다 더욱 당혹스러운 기억은 초라하기 짝이 없던 부산항의 모습이었다. 그녀가 듣기에 부산항은 만주 대륙과 일본 열도를 잇는 조선 제일의 항구였다. 하지만 그녀가 목도한 부산항은 사세보佐世保 등의 일본 군항은 고사하고 일본의 여느 시골 항구만도 못한 모습이었다. 그녀는 당시의 감회를 "마치 타임머신을 타고 시계를 수십 년 뒤로 돌려놓은 듯한" 느낌이었다고 회고하였다. 그녀는 그리도 유명한 부산이 이런 정도라면 부모님의 고향이라는 "의령은 과연 얼마나 더 낙후된 곳일까?" 하는 생각에 앞이 캄캄했다고 한다.

그렇게 시작된 조선에 대한 실망은 진주행 기차표를 구하려고 여장을 푼 부산역 부근 여관에서도 계속되었다. 그녀는 여관이라고 하면 학교에서 수학여행 때 갔던 그런 곳을 상상했다. 하지만 그곳은 너무나도 누추하고 더러웠다. 한 씨 가족은 기차표를 구할 때까지 약 5일간 그곳에서 숙박하였는데, 부모님은 한 씨 형제들에게 절대 밖으로 나가지 못하게 하였다. 조선말도 못 하는 아이들이 밖에 나가 혹여 길이나 잃지 않을까 걱정되었기 때문이었다. 한 씨 형제들은 이렇게 알아들을 수도 없는 조선어가 마치 '잡음'처럼 난무하는 '조선인들의 공간'으로 내던져진 것이다. 게다가 진주행 기차는 이제 막 도착한 조선에 오만 정이 떨어지게 만든 공간이었다. 어렵사리 오른 기차 속 풍경은 그야말로 '아비규환'이었다. 각지에서 몰려든 귀환자들이 석탄으로 운행하는 기관차의 화통 위에까지 올라탔고, 한겨울인데도 유리창은 절반이나 깨져 있었다. 승객들의 면면을 보면 하나같이 찌들고 지쳐 보이는 가난한 이들뿐이었다. 이들은 모두 외국에서 가난하게 살다가 어쩔 수 없이 고향으로 돌아오는 사람들로 보였고, 해방된 조국을 그리워하며 돌아온 사람은 과연 얼마나 될지 의심스러웠다. 같은 귀환자 신세이건만 기차에 동승한 귀환 동포들은 자신과는 전혀 다른 부류의 사람들로 여겨졌다. 다른 이들의 눈에도 자신의 행색이 그렇게 보일 수 있다는 사실을 인식하기까지는 상당한 시간이 필요했다. 가뜩이나 시무룩해 있던 한 씨가 고향행 기차에서 당한 첫 번째 사건은 수하물 도난이었다. 어머니가 한 씨를 시집보내기 위해 준비한 기모노 옷감과 금사, 은사로 짠 허리띠(오비, 带) 등을 담은 트렁크를 '붉은 모자'를 쓴 직원이 운반해주겠다고 속이고 그대로 가져간 것이다. 그 트렁크는 아버지가 도쿄에서 상하이로 출장을 갈 때 항상 애용하던 것이었다. 한 씨에게 조선은 단순히 낙후된 곳만이 아니라 이제는 사람도 믿을 수 없고, 법도 질서도 없는 그저 '야만의 땅'으로 비쳤다.

한 씨는 의령의 큰외삼촌 집과 작은 이모 집에서 1년간 더부살이를 하다가

1946년 부산 서대신동의 적산 건물을 개조한 금융조합 사택으로 이사하였다. 그녀는 아버지의 권유로 동주여상으로 편입한 뒤 상과대학에 진학했지만, 대학을 졸업하기 직전에 어머니가 병원에서 시한부 선고를 받는 바람에 서둘러 결혼했다. 그런데 그 시댁은 해방 후 갑자기 돈벼락을 맞은 졸부였다. 시아버지는 이미 오래전에 사망했고, 시어머니가 집안을 좌지우지하였다. 처음에 시어머니는 돌아가는 일본인들의 가옥을 여러 채 매수하는 방법으로 부를 축적했다. 1951년 결혼 당시 시댁은 부산에서 크라이슬러, 닷지, 포드, 폰티악, 짚 등의 외제 차를 가지고 남포동에서 마산을 오가는 운수업을 하였다고 한다. 당시 시댁의 경제권을 쥐고 있던 시어머니는 며느리들을 하나같이 못살게 굴었다. 막내며느리였던 한 씨는 조선말도 서툰 '귀환자'인 데다가 공부를 많이 하였다는 이유로 더욱 혹독한 시집살이를 감내해야만 했다. 게다가 남편은 똑똑하고 영리한 한 씨에 대한 콤플렉스로 인해 돈만 믿고 당대의 유명 여배우들과 바람을 피우던 영락없는 '한량'이었다고 한다. 그래서 한 씨의 아버지는 처음부터 가문의 차이가 많이 난다며 이 결혼을 반대하였다. 하지만 어머니는 자신이 죽기 전 큰딸을 시집보낼 요량으로 혼사를 서둘렀다. 그녀는 시댁이 독실한 기독교 집안이라는 말만 믿고 내키지 않는 결혼을 했지만, 이렇듯 "사기 결혼"으로 드러나자 해방 후 귀환한 것을 후회하게 되었다. 그럴 때마다 그녀는 마음을 달래기 위해 일본어로 일기를 썼을 뿐인데, 시어머니는 당신이 모르는 말로 욕을 잔뜩 써놓았다고 억지를 부리며 그녀를 못살게 굴었다고 한다. 더욱이 울산 '방어진' 사람이었던 시어머니는 그녀가 부산에서 학업을 위해 그토록 조선어를 열심히 익혔건만 "어디서 조선말을 이상하게 배웠다!"라며 구박했다. 그로 인해 도쿄 토박이 간다 세쓰코는 의령, 부산, 서울로 이사할 때마다 평생을 각기 다른 조선어 악센트와 씨름하며 어렵게 조선 사람이 되어 갔다.

그녀의 아버지는 귀환을 원했던 반면 친정 의령에 엄청난 땅을 보유한 어머니는 왜 귀환을 망설였을까. 한 씨의 어머니는 친정아버지가 소실(젊은 첩)만 감싸고 돌았고, 이복동생이 태어나자 '새어머니'가 정실(본처)의 막내딸인 자신을 노골적으로 구박했기 때문에 고향으로 돌아가기 싫었던 것이다. 게다가 이미 도쿄에서 도회적인 생활을 경험한 마당에 일본의 패전이라는 생각지도 못한 이유로 다시 고리타분한 시골로 돌아가는 것도 내키지 않았다. 반면에 아버지는 일본에서 와세다대학교의 인맥을 활용해 일본금융조합이라는 탄탄한 직장을 얻었듯이, 조선에 돌아오면 부산제2공립상업학교라는 명문 학교의 인적 네트워크를 활용할 수 있다고 믿었다. 부산의 토착 자본가로서 유명 정치인이기도 한 김지태(1908~1882)가 아버지의 고등학교 2년 선배였다. 그가 귀환 후 불과 두 달 만에 부산금융조합에 취직한 것도, 부산 서대신동의 구 일본인 소유 비밀 요정을 개조해 방이 5개나 달린 사택에 입주한 것도 이러한 인적 네트워크 덕분이었다. 김지태는 해방 전 동양척식회사에 입사한 후 부동산을 통해서 꾸준히 자본을 축적하였고, 섬유 직물, 제지업 등의 분야로 발을 넓혀 해방 후에는 부산상공회의소의 초대 회장을 지냈다. 또 1949년 7월에는 지역의 대표적인 신문사인 부산일보까지 인수해 이를 발판으로 정계로 진출한 인물이었다. 한 씨가 한국전쟁 발발 직후 부업 삼아 부산일보와 협약을 맺고 있던 일본의 통신사 및 신문사에 전쟁 관련 일본어 기사 초고를 실시간으로 작성한 것도 아버지의 이러한 인맥 덕분이었다. 그뿐만이 아니라 그녀가 출산 후에도 전공을 살려 회계사로서 노년에 이르기까지 직장 생활을 할 수 있던 것도 아버지의 도움이 컸다.

험난하기 그지없던 탄광 갱부들의 '귀향'

　해외로 강제 동원되어 열악한 환경에서 노동을 강요당한 사람들의 귀환 과정은 어땠을까. 당시 강제 동원된 사람들의 회고에 따르면 패전 직후 이들은 대개 해방이 되었다는 사실은 인지했던 것으로 보인다. 그러나 동원 해제 후 조선행 선박에 승선하기까지 식량 배급, 미지급금 지불, 귀환 여비의 보조 등은 전혀 기대할 수도 없었다. 또한 이들의 수송과 관련해 일본 정부나 지방 행정기구의 체계적인 원호도 이루어지지 않았다. 특히 1945년 8월 24일 최초의 귀국선으로 알려진 '우키시마호浮島丸'가 폭침당했다는 소문으로 인해 큰 철선을 탔다가는 고향 땅을 밟지도 못하고 죽을 수도 있다는 이야기가 공공연히 돌았다. 그렇다고 일본 정부나 연합국총사령부가 후속 선편을 배정할 때까지 마냥 기다릴 수도 없어, 이들은 대개 조그만 목선 등을 개조한 밀선에 올라 물살이 거세기로 유명한 현해탄을 건넜다고들 한다. 강제 동원지 가운데 일도 고되고 환경도 열악하기로 유명했던 탄광, 조선소, 금속 광산, 군수공장 등에서 돌아온 사람들은 자신의 귀환 과정을 어떻게 회고하였을까.

　1927년생으로 충남 서산에서 일본 규슈九州 소재 탄광에 동원된 박용식은 1945년 음력 7월경에 살포된 '전단(삐라)'을 통해 해방 소식을 접했다고 한다. 덕분에 일본인들의 구타는 멈추었지만 당장 먹을 것을 걱정해야만 했기 때문에 탄광 동료들과 함께 인근 농가에서 일을 도와주며 조선으로 돌아갈 여비를 마련했다. 항구에서 소정의 승선비를 갹출해 밀선에 올랐는데, 출항 후 8일 만인 1945년 9월 7일 부산에 도착했다. 고향 서산에 돌아가 보니 형님은 지병이 악화되어 어느새 '절름발이'가 되었고, 동생도 학업을 중단한 상태였다. 가족의 생계는 농사로 겨우 연명하던 상황이었다.[56]

　1923년생으로 전남 고흥에서 나가사키長崎 소재 고야키조선소香焼造船所

에 동원된 장순배는 작업장 식당에서 라디오 방송을 통해 해방된 것을 알게되었다. 얼마 후 일본인들은 식당에 여유분의 쌀만 놓아둔 채 어디론가 사라졌다. 해방 후 약 두 달 동안 돌아갈 선편을 알아보던 중 고향으로 돌아가던 철선(우키시마호로 추정: 필자)이 '폭파'되었다는 소문이 퍼져 모두 큰 배를 기피했다. 그 결과 나무배를 겨우 수배했는데, 선주는 '300엔'의 요금을 요구했다. 그는 조선에서 가져온 옷가지와 소지품을 모두 팔고도 돈이 모자라 조선인 동료에게 빌려서 충당했다. 고향에 도착한 뒤 몇 달이 지나자 홋카이도北海道로 끌려갔던 친형도 돌아왔다. 분풀이하고자 몇 년 전 동네에서 자신을 끌어간 사람들을 수소문했지만 다들 어디론가 사라진 뒤였다.[57]

1925년생으로 강원도 춘천에서 나가사키의 부도광산葡萄鑛山에 동원되었다가 돌아온 박태준은 한동안 해방된 사실도 모른 채 작업장에 계속 나갔다. 한참 후 작업장 부근의 신사에 갔다가 우연히 전쟁이 끝났다는 소리를 듣게 되어 그때부터는 작업을 거부했다. 그랬더니 작업 감독이 쌀 배급을 줄이길래 탄광사무소를 습격해 집기를 닥치는 대로 부수자 일본 직원들이 모두 도망갔다. 다음 날 경찰관 세 명이 오더니 조금만 기다려 달라고 했는데, 약 한 달쯤 지나자 경찰서에서 알선한 석탄 나르는 배를 알선해줘 부산으로 돌아왔다.

1927년생으로 충남 서산에서 사가현佐賀縣의 다테야마광산立山炭鑛에 동원되었다가 돌아온 김현구는 해방된 사실은 알고 있었으나 당분간 갱내 작업을 계속하라고 하여 한 달 정도 더 일을 했고 여비로 200엔을 받았다. 탄광 측에서 인솔자가 나와 뱃삯으로 200엔을 내고 오르고 보니, 배 안에는 강제 노동으로 끌려온 것이 아니라 일본에서 살림살이를 하던 조선인도 여럿이 타고 있었다. 그런데 항해 도중에 강풍으로 인해 돛이 부러지는 바람에 팔을 다쳐 5개월 동안이나 움직일 수 없었다. 고향에 돌아와 보니 자신이 일본으로 끌려간 뒤로 일손이 부족해 가족들의 생활은 더 어려워진 상황이었다.[58]

1920년생으로 충남 서산에서 니이가타전기화학의 오미공장青海工場에 동원된 김청송은 특이하게도 미군 포로가 지나가는데 일본인들이 경례를 올리는 모습을 보고 해방된 것을 직감했다. 그가 시모노세키에 도착하자 공식 송환선을 기다리는 조선 사람들이 너무 많아서 어쩔 수 없이 밀선을 타려고 다시 하카타로 이동하였다. 당시 쌀 한 말이 1원 40전이었는데 150원을 뱃삯으로 받았다. 항해 도중에 태풍이 불어 대마도에 잠시 들렀는데, 정박하고 보니 그 작은 배 안에 무려 500명이나 승선하고 있었다. 선주가 갑자기 추가로 50엔을 더 내라고 하였으며, 대마도에서 이틀을 보낸 뒤에 부산에 도착했다. 고향에 돌아오니 먼저 도착한 강제 동원 피해자들이 칼과 몽둥이를 들고 자신들을 끌어간 조선인 구장에게 덤벼들었다는 소문이 자자했다.[59]

1928년생으로 춘천에서 일본내연기주식회사日本內燃機株式會社 철도국에 동원된 이윤주는 라디오 방송 후 일본 사람들이 울고 있는 모습을 보고 해방이 되었음을 알았다. 라디오 방송 직후 모든 작업을 중지하고 고향으로 돌아갈 준비를 하였는데, 철도국에서는 조선인 노동자들에게 쌀 1가마니를 내주었고, 철도국에서 기차 1칸을 대절해줘 시모노세키까지 이동했다. 1945년 8월 27일 항구에 도착했으나 조선 사람들이 너무 많아 이틀 후에야 겨우 조선인 작업장 대표가 고깃배를 구해왔다. 배에는 약 50~60명이 승선하였는데, 부산 위쪽의 기장 월내포구에 도착하였다. 그는 다행히 다른 사람들보다 비교적 이른 시기에 고향으로 돌아갈 수 있었고, 가족들도 어린 나이에 끌려간 것을 안타까워했는데 무사히 돌아와 안심할 수 있었다.[60]

이처럼 강제 동원 피해자들의 이야기를 종합해 보면, 조선인 송환과 관련해 일본 정부는 부처 간 협의가 충분히 이루어지지 않았고, 각 지역별 귀환 일정의 조정이나 귀환 선편의 알선도 부실했음을 알 수 있다. 현재까지 확인된 일본 정부의 가시적인 조치는 우키시마호가 침몰하자 1945년 8월 28일 부산 –

센자키항에서 고향으로 돌아가는 배로 향하는 조선인들

기뢰 제거 작업으로 시모노세키 및 하카타 항로의 대안 항구로 지정된 센자키항.
(2007년 센자키 나가토시長門市 인양기념자료관에서 필자 촬영)

센자키 항로에 고안호興安丸와 도쿠주호德壽丸의 운항 허가를 연합국총사령부에 요청한 정도이다. 그리고 후생성과 내무성에서는 '토목과 건축' 분야의 노무자를 제일 먼저 송환하되 '석탄' 노무자는 맨 나중에 송환하도록 결정하였다.[61] 즉 강제 동원된 조선인 가운데 치안 유지에 직접적인 위협이 될 만한 토목과 건축 분야의 노무자들은 제일 먼저 보내고, 석탄 분야의 경우는 적당히 달래가며 해외로부터 일본인이 돌아와 인력을 대체할 때까지 에너지 생산을 계속하기 위해 조선인들을 최대한 붙잡아두고자 한 것이다.

　강제 동원 피해자들의 귀환 과정에서 눈에 띄는 특징 가운데 하나는 조그만 밀선에 의지해 현해탄을 건넌 사람들이 많았다는 점이다. 이것은 귀환 과정에서 해난 사고로 인해 사망자, 부상자, 미귀환자가 대거 발생한 직접적인 원인이 되었다.[62] 특히 점령군의 송환 체제가 가동되기 이전이었던 1945년 8~9월 사이에는 태풍, 풍랑, 기상 악화 등으로 인한 조난 사고가 빈발했다. 이들이 이런 위험을 무릅쓰게 된 이유는 일본 정부와 이들을 동원한 회사의 무성의한 귀환 원호와 배편의 절대 부족 때문이었다. 그런데 이들은 한 씨 가족과 같이 일본에서 생활 기반을 마련한 사람들과 달리 그곳에 굳이 있을 이유도 없었다. 또 작업장에서 밀린 임금은 물론이고 여비도 지급되지 않는 경우가 많아 공식 송환선에 오르기 위해 한두 달이나 대기하는 동안 버텨낼 돈도 없었다. 즉 더 이상 잃을 것도 없던 이들에게 밀선행은 위험천만했지만 그나마 선택 가능한 방법이었다.

　이렇게 비교적 일찍 돌아온 사람들이 일본 현지의 열악한 구호 행정과 주요 송환항 주변의 비참한 대기자 실태를 고발하자, 건국준비위원회 중앙본부는 1945년 9월 21일 연합국총사령부의 인가를 받아 대표 3명을 파견해 일본 정부와 일본에 체류 중인 동포의 생명 및 이권 보호에 관한 협의를 시도했다.[63] 그리고 경남본부에서는 9월 19일 조사단을 파견해 귀환 대기 중인 동포들의 참상을 둘러보고 진남호鎭南丸 등 4척의 배로 '일본이재동포구호선단'을 꾸려 9월 30일 센자키에 대기 중인 350여 명을 구호하였다. 당시 진남호에 승선한 간부는 현해탄의 파도가 워낙 거세 항해가 어려웠다고 전하며, 센자키항에 도착해 보니 아사와 병사 직전에 있던 동포들이 곳곳에 쓰러져 있어 안타깝다며 시급한 구호를 당부했다.[64] 또한 조선이재동포구제회라는 단체에서는 1945년 9월 20일 구호선을 시모노세키로 보냈는데,[65] 당시 구호대 인솔 책임자 이석배는 동포들의 모습이 그야말로 '목불인견'이라며, 폭격으로 다 무너진 건물에 거적을 깔고 있거나 옷·양말·구두까지 팔아가며 쌀을 구하려고 하지만, 시모노세키의 경찰들은 어떠한 보호 조치도 취하지 않았다고 전했다. 이러한 소식이 전해지자 1945년 12월 경상남도구호연맹이란 단체에서는 하카타항이 있는 후쿠오카 시장에게 "당신들은 조선인의 숙박과 식량에 관하여 전혀 배려하지 않는다고 들었다. 우리는 조선에서 돌아가는 일본인의 숙박과 식량과 관련해 우리가 취할 수 있는 '모든 조치'를 다 강구하고 있다. 만일 그러한 태도가 조금도 변하지 않는다면 여기 조선에 있는 일본인들에게 상당한 '악영향'이 있을 것이다."[66]라며 경고성 서신을 보내기도 했다.

이에 반해 시모노세키를 시찰하고 돌아온 주한 미군정 외무국장 앤더스(Gardon B. Anders) 소령은 "조선인들의 고초는 심하다. 그러나 여기서 생각한 것보다는 안심되는 터이다. 시모노세키에는 선편을 기다리고 있는 조선인이 20만(명)이나 되는데, 식량 문제는 비교적 좋은 편이고 사망률도 사람 수효가 많은 것으로 따져보면 '보통률'보다 지나치다고 볼 수는 없다."[67]라며 사뭇 다른 시찰 소감을 전했다. 비슷한 시기에 같은 곳을 시찰했는데 왜 이렇게 다른 이야기가 나왔을까. 이것은 조선인 귀환 문제를 바라보는 양자 간의 근본적인 인식 차이를 시사한다. 미군정 입장에서 보자면 이들은 제한된 행정력으로 38도선의 육로와 부산항 등의 해로를 통해 조선인과 일본인이 함께 드나드는 가운데 무려 '350만 명'의 이동을 통제해야 했고 귀환자들에게는 응급 구호도 베풀어야 했다. 동시에 38도선 이북의 소련 점령 지구로부터 잠입하는 스파이를 경계하면서 점령지 주요 도시의 치안 유지를 도모해야 했다. 따라서 조선의 주요 단체들이 요구하는 실질적인 구호 교섭이나 유입자에 대한 구호는 사실상 기대하기 어려웠다. 게다가 위에서 언급한, 후쿠오카 시장에게 보낸 '경고 서신'에서 보듯이 남한에는 여전히 많은 일본인들이 남아 있었다. 이 상황에서 조선인에 대한 일본 현지의 무성의한 구호 실태가 알려지면 그 불만이 곧바로 재조 일본인에게 투사될 것이 뻔한 상황이었으므로, 이러한 부정적인 정보는 의도적으로 통제하고자 했다.

조선총독부의 '음험한' 프로젝트

이처럼 미군의 공식 송환선이 운행되기도 전에 해외로 동원된 자들은 밀선을 통해 돌아오기 시작했다. 이들은 그동안 외지에서 겪은 비인간적 처우와 미지급 임금 등에 대한 보상을 해당 지역의 일본인 부윤(지방장관)이나 본토 귀환을 준비하고 있던 일본인에게 요구하기 시작했다. 가령 목포의 경우는 징용 갔던 사람들이 목포부윤 사노 고사쿠佐野吾作를 찾아가 1인당 3,000엔의 위자료를 요구했다. 이에 부윤은 상부인 전라남도에 재정 지원을 여러 차례 요청했으나 반응이 없자 결국 사재를 털어야 했다.[68] 이처럼 강제 동원 피해자들은 자신을 데려가는 데 앞장선 조선인 면장이나 구장에게 사적 보복을 가하는 한편, 동원을 지시한 행정 책임자인 해당 지역의 부윤이나 그 지역에 남은 일본인을 지목해 사죄와 보상을 요구하곤 했다.

이처럼 식민 지배로 인해 복잡하게 얽힌 일본인과 조선인 사이의 '가해와 피해', 그에 따른 '원죄에 대한 보복'이란 악순환 고리가 해방·패전 후 양 지역 간의 쌍방향 인구이동을 통해 이어지고 있었다. 그런데 이렇게 보복을 당한 일본인도 본토로 돌아가면 그곳에 남아 있거나 귀환 대기 중인 조선인들을 괴롭힐 것이 분명했다. 구원舊怨에서 비롯된 '사적 보복'이 반복된다면 미군정으로서도 치안 유지 차원에서 곤혹스러웠을 것이다. 그런데 그에 앞서 조선인의 강제 동원을 지시한 원죄가 있는 조선총독부는 패전 후 이런 사태를 충분히 예견했을 텐데 과연 어떤 대책을 세웠을까. 조선총독부는 두 가지 조치에 주력했다. 하나는 조선인들의 불만을 달래기 위한 임시 위무기구로서 '조선근로동원원호회'를 재활용하는 것이었고, 또 다른 하나는 조선총독부와 지방행정기구가 무력화된 후에도 잔류 중인 일본인을 원호하도록 각 지역에 사는 퇴직한 관료, 군인, 경찰, 그리고 명망 높은 인사 등을 모아, 겉으로는 자생적인 민간단체의 형태를 띤 사실상 반관반민의 '일본인세화회'를 조직하는 것이었다.

근로동원원호회라는 조직은 본래 전시 동원 체제의 핵심 부서인 조선총독부 '광공국' 산하의 외곽 단체였다. 즉 해방 직전에는 한반도와 일본 등지의 주요 군사시설 및 군수회사에 노동력 공급을 강화하기 위해 만든 조직이었다.[69] 총독부는 이 단체를 해방 후 징용된 조선인들이 곧 돌아올 것에 대비해, 조선인 유명 인사를 내세워 이들의 불만이 폭력적인 방식으로 표출되지 않도록 일종의 구호·위무 단체로 전용하고자 했다.[70] 그러나 이러한 미봉책으로는 징용 피해자들의 불만을 달랠 수 없었다. 1945년 9월 9일 조선근로동원원호회가 '귀선 응징사' 등을 원호하고자 부산으로 직원을 파견했다는 단편적인 보도가 있을 뿐이다.[71] 또 아베 노부유키阿部信行 총독의 상소문에서 돌아오는 조선인들을 위해 조선근로동원원호회를 '구호 단체'로 활용하고 있다는 보고 내용 외에는 별다른 활동의 실체도 보이지 않았다. 당시 각 도의 일본인

세화회가 하나같이 '응징사'의 보상·원호 요구 문제로 전전긍긍했던 것으로 미루어 볼 때 이것은 유명무실한 조직이었을 가능성이 높다.[72] 즉 미군의 진주와 함께 총독부가 무력화되었고 조선근로동원원호회도 기능을 하지 못한 결과, 강제 동원 피해자들이 요구한 보상의 부담은 결국 각 도의 일본인세화회와 지역의 일본인에게 전가된 셈이다.

그렇다면 미군의 진주가 임박해 오는 가운데 총독부와 각 지역 세화회는 어떻게 위기에 대응하고자 했을까.[73] 1944년부터 광공국장으로서 조선의 자원과 노동력 동원을 총괄하였고 조선근로동원위원회의 산파역을 담당한 시오타 마사히로塩田正洪는 미군이 진주하기 4일 전 방송과 지면을 통해 자신의 의견을 피력했다.[74] 그 내용을 보면 당시 총독부는 일본 정부가 1945년 8월 14일 외지의 일본인들은 최대한 '현지에' 잔류 및 정착하도록 지도하라는 지시에 따라,[75] 일단 '조선 잔류'에 무게를 두고 향후 사태에 대응하고자 대략 다음의 세 가지 시나리오를 고민한 것으로 보인다.[76]

첫째, 남한에 '친일 정부'를 수립할 수 있다면 외국인으로서 일본인들이 영주권을 가지고 안전하게 잔류할 수 있다.

둘째, 점령군이나 남한에 수립될 정부가 일본인을 '선별 송환'을 한다면 점령 통치에 협력함으로써 가급적 많은 사람이 잔류하도록 하여 본국의 부담을 줄인다.

셋째, 점령군이나 남한에 수립될 정부가 일본인을 '일괄 송환'을 한다면 안전한 본토 귀환과 개인 재산의 반출을 도모할 수 있도록 각 지역에 민간 원호 조직을 꾸려 총독부를 대신할 교섭 창구로서 기능하도록 한다.

총독부가 이러한 고민 끝에 추진한 조치가 바로 미쓰코시백화점 경성지점에 '국제문화사'라는 댄스홀을 설치하는 것과 재조 일본인의 귀환원호단체로서 각도 세화회를 결성하는 것이었다.

　국제문화사는 1945년 11월 19일 배구자 명의로 신문에 첫 광고를 게재했다.[77] 배구자는 최승희와 더불어 조선, 아니 일본제국을 대표하는 당대 최고의 무용가이자 연예인이었다. 최승희는 명문가 출신에 숙명여학교를 나왔고 미모까지 출중했다. 그녀는 신비롭고 고혹스러운 '춤선' 하나로 일본의 제국극장을 제패한 후, 멀리 지구 반대편으로 날아가 헤밍웨이, 찰리 채플린, 피카소까지 매료시키는 등 압도적인 예술성을 바탕으로 인텔리적 감성에 호소한 무용가였다. 하지만 그녀는 일본, 중국을 거쳐 유럽과 남미까지 진출하며 승승장구했으나, 일본이 태평양전쟁을 도발함으로써 할리우드 진출이 무산되었고, 해방 후에는 남편을 따라 월북한 후에 결국 숙청되었다. 반면에 배구자는 춤·노래·연기에 두루 능했고, 대중성과 흥행성을 겸비한 만능 예인藝人이었다.[78] 게다가 그녀는 대한제국 왕실의 기밀을 빼내어 일본에 갖다 바친 '한국의 마타하리'로 불리던 배정자의 조카라는 이유로 항상 입소문을 달고 살았다. 특히 고모인 배정자가 이토 히로부미의 수양딸이라든가 내연녀였다는 '풍문'으로 인해 그 둘 사이에서 나온 사생아라는 루머까지 뒤따랐다. 사실 그녀는 배정자의 바로 손위 오빠인 배석태의 딸로서 전설의 덴카쓰곡예단天勝曲藝團에 들어가 조선인으로서는 처음으로 신무용을 무대에 올린 인물이었다.[79] 그녀는 여러 차례 떠들썩한 결혼과 이혼으로 세상을 놀라게 했는가 하면, '배구자악극단'을 창단해 후배를 양성했고, 최첨단 시설을 갖춘 동양극장[80]과 국제문화사를 경영한 해방 전 엔터테인먼트 산업의 선구자이기도 했다. 심지어 그녀는 각종 인터뷰에서 자신이 '메이지 천황'의 열 번째 딸이자 '명성황후'의 손녀라고 밝혀 거의 100년 동안이나 화제를 몰고 다녔다.[81]

그런데 국제문화사는 해방 직후 그녀가 '간첩 혐의'로 입건된 문제의 댄스홀이었다. 즉 그녀는 친일 광산업자인 세 번째 남편 김계조와 함께 구 총독부의 주요 국장급 관료들과 짜고서 댄스홀을 가장해 이곳을 '기밀 장소'로 삼아 친미파를 암살함으로써 친일 정부 수립을 도모했다는 혐의를 받았다.[82] 당시이 사건을 맡았던 김홍섭 검사는 "취조가 정지된 후에 미즈타(재무국장) 등은 의회 참가를 빙자해 일본으로 탈주한 사실이 판명되었다."라며 사실상 '외압'에 의해서 관련자들을 처벌하지 못했다는 아쉬움을 토로한 바 있다.[83] 그는이 사건에 연루된 총독부 주요 관료들이 슬그머니 일본으로 돌아간 상황에서 1946년 3월 12일 김계조에게 횡령 및 장물 수수 혐의로 징역 3년에 추징금 310만 원을 구형했고, 19일 오승근 판사는 여기에 '예비 간첩죄'를 추가해 징역 5년에 추징금 301만 원을 언도했다. 그러나 김계조의 항소로 1946년 10월 열린 재판에서는 배임 혐의만 인정해 징역 10개월을 언도했다.[84] 결국 이 사건은 장차 수립될 조선 정부 요로에 친일파를 잠입시켜 친일적인 국정을 도모하고, 친미파를 암살해 조선과 미국 사이를 이간하려 하였다는 혐의는 끝내 밝혀내지 못한 채 싱겁게 끝나고 말았다. 그리고 국제문화사 외에 남촌 일대 유수의 백화점에도 댄스홀을 열어 무용수를 추가 고용하려고 했던 '조선 신무용의 효시' 배구자는 결국 김계조를 버리고 일본계 미국인과 함께 조선을 떠났다.[85] 대한제국 왕실의 기밀들을 일본공사 하야시 곤스케와 이토 히로부미에게 갖다 바친 요화妖花 배정자의 그림자가 소환되는 순간이었다.

여기서 눈여겨볼 대목은 니시히로 다다오西宏忠雄 경무국장, 배구자, 김계조 등이 일관되게 주장한 국제문화사라는 댄스홀을 만든 명분과 목적, 그리고 설치를 구상한 시기이다. 이들은 심문조서에서 조선의 부녀자와 조선에 남아 있는 일본 여성을 미군으로부터 보호하기 위해 댄스홀을 열어 직업여성과 무희들을 미군 접대에 활용하고자 했다고 답변했다. 그런데 시오타는 이 사건이

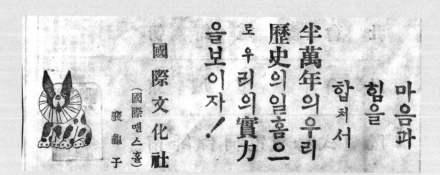

배구자의 유명세를 활용한 국제문화사의 개장 광고

(『신조선보』, 1946월 1월 1일)

배구자의 국제문화사 광고는 그 후로 조선총독부 일본인 관료, 남편 김계조에 대한 미군정과 검찰의 조사가 시작되고, 배구자도 공범으로 용의선상에 오르면서 중단되었다. 심문조사 과정에서 배구자와 김계조는 동화백화점(구 경성 미쓰코시 백화점, 현재 신세계백화점 본점)의 국제문화사와 같은 '댄스홀'을 가장한 '미군용 향응오락시설'을 명동과 충무로 일대의 주요 빌딩 건물에도 여러 곳 개설할 계획이었다는 사실이 밝혀졌다.

문제가 되기도 전에 "미군 진주에 대비한 위안 시설을(국제문화사 설치를) 종전에 따른 전시 비상조치로서 조양광업사장 나카무라 가즈오中村一夫(김계조)가 준비하고 있다."라고 1945년 9월 9일 신문에 발표한 바 있다.[86] 이것은 시기적으로 일본 중앙정부가 점령군을 위한 '특수위안소(RAA) 설치 프로젝트'의 일환으로 민간 업자들을 앞세워 1945년 8월 27일 도쿄에 제1호 위안소를 설치한 지 약 보름이 지난 시점이었다. 이것은 과연 우연의 일치일까.

그런데 비슷한 시기 각 도 일본인세화회 기록에 따르면 남한 전역에 걸쳐 거의 유사한 조치가 시행되고 있었다. 가령 전라북도에서는 '1945년 9월 4일' 도내 경찰주임회의에서 경양식점 요시미야吉見屋, 일식집 하카타케博多家와 더불어 미군을 위한 위안소로서 당국의 통제로 휴업 중이던 상생정相生町 유곽을 다시 부활시키기로 결정했다.[87] 현재 전주 태평동에 있던 상생정 유곽거리는 1906년에 조성되기 시작해 1930년대에는 5개로 늘었고, 조선인과 일본인 창기가 함께 일하던 곳이다. 미군을 위한 위안소 설치와 그로 인한 잡음은 각 도 세화회 기록 외에도 패전 후 일본으로 돌아간 사람들의 개인 회고록에서도 공통적으로 발견된다. 38도선 부근의 춘천에서도 소련군과 미군 중 어느 쪽이 진주할지 몰라 우왕좌왕하는 사이에 1945년 9월 18일 임시 열차로 미군이 진주하자 부랴부랴 통역진과 함께 '여자 위안대'를 모집하였다.[88]

이러한 '음험한' 프로젝트는 결국 잡음이 나기 마련이었다. 인천은 이러한 '미군 위안소' 준비가 지역 일본인 사회에 어떤 영향을 끼쳤는지를 적나라하게 보여준다.[89] 미군이 상륙한다는 소식이 들려오자 인천의 일본인 중 특히 부녀자들이 불안에 떨었다. 이에 이케다 인천부윤은 정회장들을 소집해 부녀자 대책을 논의하면서 일단 시키시마유곽敷島遊廓(현재 인천의 신흥시장 부근)을 정비하자고 제안했다. 인천은 개항장 가운데 부산과 달리 각국 조계지가 있어 체면상 유곽 영업을 허가하지 않았던 곳이었으나, 1883년 거류민 사이에 급속히 매독이 퍼지자 인천영사가 본국에 유곽설치를 건의했다. 이렇게 1902년에 16개 업소(貸座敷)로 시작한 공창이 이 시키시마유곽이었다. 문제는 이곳에서 일할 여성을 어떻게 조달할 것인가 하는 점이었다. 부윤은 일본인 브로커('부인업자')와 유사 업종 종사자들에게 유곽에서 미군을 상대할 여성 모집에 힘써달라고 당부했다. 이 소문이 퍼지자 "어디 우리(일본) 부녀자를 그런 곳으로 내보내냐."라며 비난이 빗발치는 가운데 부녀자들도 모두 전전긍긍하였다. 당시 부윤의 의도는 '최소한도'의 피해로 이 재난 상황을 막아보자는 것이었다. 미군이 상륙한 날이 9월 8일이었으므로 인천은 다른 벽지보다도 비교적 이른 시기에 이 문제가 불거졌을 뿐 이 문제로부터 자유로운 곳은 없었다. 이처럼 남한 전역에 걸쳐 진행된 이 음험한 프로젝트는 총독부 경무국을 비롯해 각 도에서 주로 전시 통제 시기의 경제경찰이나 대소·대미 방첩 등에 종사한 경무계 관료, 그리고 지방행정관과 해당 지역 세화회 간부들에 의해 수행되었던 것으로 보인다. 종전 직후의 일본과 마찬가지로 미군의 진주는 남한에서도 이렇게 해방 전 전시 통제로 인해 위축되었던 공창의 부활을 앞당겼다. 그리고 서두에 보았듯이 공창 폐지 후에도 사창은 날로 번성해 '팡팡(사창의 직업여성)'을 양산하는 기폭제가 되었다.[90]

　이 같은 상황은 38도선 이북에서도 벌어졌다. 하지만 양상은 더욱 거친 방식으로 전개되었다. 소련군의 이동 금지 명령으로 집단 억류 상태에 놓였던 38도선 이북의 일본인 집단 안에서 강요된 이러한 '음험한' 작업은 공동체를 완전히 붕괴시켰다. 17세의 아카오 아키코赤尾章子는 변호사의 딸로 태어나 경성제일고등여학교에 다니다가 1945년 8월 9일 강원도 고성 별장으로 피난을 갔는데, 얼마 후 38도선이 가로막히자 일본인 집단 수용소에서 지내게 되었다. 그녀는 그곳에서 체험한 내용을 1945년 9월 5일부터 일기에 적었다.[91] 그 가운데 1945년 9월 중순 사이의 내용을 살펴보면 이것이 당하는 입장에서는 얼마나 잔인한 경험이었는지 생생하게 엿볼 수 있다. 즉 소련군 진주에 앞서 북한의 치안기구가 주요 건물들을 접수하기 시작하면서, 일본인들은 집단 수용소로 지정된 건물에서 함께 지내게 되었다. 집단 수용소 안에서는 대개 장년의 남성을 일본인회장으로 뽑아 식량 배급이나 생필품 조달 등의 교섭하도록 하였다. 회장으로 선출된 남성이 제일 먼저 받아든 과제는 바로 수용자의 명부 작성이었다. 그런데 이때 명부에는 노역에 내보낼 남성과 '소련군 위안대'로 보낼 여성을 표시해서 치안부 담당자에게 제출해야만 했다. 이 '음험한 과제'는 거부할 수 없다는 점에서는 아포리아(aporia)였고, 반드시 누군가를 선택해야만 한다는 점에서는 딜레마(dilemma)이기도 했다. 그는 과거에 '물장사' 경력이 있어 보이는 나이 든 직업여성(구로토, 玄人), 남편 없이 혼자된 기혼 여성, 결혼했지만 아직 아이가 없는 여성, 그리고 어린 소녀들 가운데 고심하였다. 하지만 아무리 생각해도 '버려도 좋을' 사람은 없었다. 그가 명단 제출을 미적거리자 결국 치안부에서 명부와 얼굴을 직접 대조하고 임의로 8명을 데려갔다. 그러자 그날 밤 끌려간 어느 처자의 부모가 살기를 띠며 일본인회장에게 달려들었다. 소련군 진주가 다가오자 이런 일은 몇 번이고 되풀이되었다. 그러던 어느 날 그렇게 끌려간 한 여자가 자살을 시도했는데, 치안부에서는 부엌칼을 비롯해 집 안의 모든 도검류를 몰수해갔다. 그 후로 일본인 집단 수용소의 젊은 여자들은 모두 머리를 빡빡 밀고 옷에 오물을 묻히기 시작했다.

국제문화사 댄스홀 설치를 주도한 니시히로 경무국장, 고성 일본인 수용소의 일본인회장, 시키시마유곽을 정비하고자 한 인천부윤은 과연 어떤 생각을 했을까. 또 그것은 1945년 8월 18일 점령군을 위한 특수위안소(RAA) 설치를 지시한 일본 정부의 구상과는 어떤 관련이 있을까. 결국 패전한 마당에 '소수'의 희생으로 적군을 '위안'함으로써 '모두'의 안전을 도모하겠다는 발상이란 점에서 본질적으로 다를 바 없었다. 그 사회(집단) 안에서 가장 힘없는 사람들에게 희생을 강요한 집단·사회·국가의 폭력이었다는 점 또한 마찬가지였다. 다만 본토에 있던 사람들에 비해 외지에 있던 사람들은 자신을 지금껏 보호해준 식민 기구가 패전 후 무력화되었기 때문에 점령군에 대한 두려움은 터 크게 다가왔고, 그로 인해 지도층 인사들은 이러한 '음험한' 프로젝트에 더 필사적일 수밖에 없었을 것이다. 하지만 인천의 사례에서 보듯이 이 작업은 일본인 사회에 더 큰 내분과 갈등을 조장했고, 특히 집단 억류라는 최악의 상황에 놓여 있던 북한 지역의 일본인들은 그로 인해 저마다 지옥을 경험하게 되었다. 하지만 그러한 상황을 만든 것은 결국 일본제국, 식민 기구, 그리고 외지의 일본인들이었으니 어떤 식으로든 감내해야만 했다. 다만 안타까운 점은 이들 가운데 고위 관료나 대기업 간부, 그리고 고급 정보를 먼저 입수한 약삭빠른 사람들은 어떻게든 육로나 해로로 돌아간 상황에서, 대개는 일본인 사회 안에서도 가장 힘없고 불쌍한 사람들이 희생양이 되었다는 것이다.

뜻하지 않은 양 민족의 불편한 동거

1945년 9월 11일 하지 중장은 남한에 진주한 후 3일 만에 첫 기자회견을 열었다.[92] 그는 맥아더 연합국총사령관의 포고문을 전하며 자신은 '조선총독'을 대체하는 남한 점령 지구 총책임자로서 '치안 유지'에 힘쓸 것이라고 강조한 뒤 기자들의 질문을 받았다. 수많은 현안 가운데 첫 번째 질문은 다름 아닌 해외 거류 조선인의 구호 및 수송 계획에 관한 것이었다. 이에 하지는 조선인들이 비참한 상황에 있다는 소식을 익히 들어 맥아더 사령관에게 이들이 빨리 돌아올 수 있도록 부탁했지만, 이 문제는 "하루 이틀에 끝날 일이 아니다."

라고 잘라 말했다. 이유를 묻자 현재 미군의 가용 선박은 아시아에 제한적으로 투입되고 있어 당장 사람을 실어 나르기에는 한계가 있기 때문이라고 밝혔다. 또한 주요 항로에는 아직 기뢰 등의 장애물이 많아 이것을 제거한 뒤에야 항만 업무를 재개할 수 있으므로, 우선 긴급한 식량과 의료품 등을 먼저 운송한 뒤에 사람을 실어 나를 계획이라고 밝혔다.

하지 중장의 첫 기자회견에서 '해외 동포의 수송 계획'을 제일 먼저 질문한 이유는 무얼까. 이것은 그만큼 해방 직후 남한 사람들이 해외 조선인의 모국 귀환 문제를 중요하게 생각했고, 이 무렵만 해도 이들에 대한 '구호론' 내지 '동정론'이 사회적으로 힘을 얻고 있었다는 것을 시사한다. 아울러 그 이면에는 깊은 우려가 함께 공존했다. 즉 송환 대기 기간이 길어지면 이들을 송출하는 일본은 물론이고 이들을 수용해야 할 남한도 구호 체제가 갖추어져 있지 않아 여러모로 고생할 것이 분명했기 때문이었다. 또 이렇게 많은 사람들이 빈손으로 돌아온다면 이들이 정착하는 과정에서 남한 사회의 부담이 가중될 것이 눈에 보였다.

이 질문이 중요했던 또 다른 이유는 해외 조선인의 수송이 지연된다면 당연히 조선에 있던 '일본인의 송환'도 그만큼 미뤄져 해방 후에도 일정 기간 조선인과 일본인의 '불편한 동거'가 불가피해지기 때문이었다. 문제는 그 기간이 길어질수록 서로 '불쾌한 경험'들이 늘어갈 수 있다는 점이다. 해외에서 돌아온 조선인을 어떻게 끌어안을 것인가, 그리고 조선에 거류하던 일본인을 어떻게 돌려보낼 것인가 하는 문제는 두 가지 측면에서 매우 중요한 의미를 지닌 사안이었다. 일국사적 맥락에서 보자면 이것은 종전 후 대한민국(북조선인민민주주의공화국)과 제국을 상실한 일본국('전후 일본')이라는 동아시아의 국민국가 재편 및 새로운 국민 형성 과정과 직결된 사안이었다. 동시에 향후 전개될 한일 관계라는 관점에서 보자면 이 불편한 동거 기간에 양 민족이 체험한 사건과 기억은 장기적으로 상대방에 대한 인식이나 현실 외교에도 영향을 미칠 수 있다는 점이다. 모든 인간사가 그러하듯 '첫 만남'만큼이나 강렬하게 각인되는 것이 바로 '헤어짐'의 기억일 것이다. 개인의 경우는 손절하면 그만이지만 국가 간의 관계는 현실적으로 그것이 어렵기 때문에 해방 국면에서 양민족이 "어떻게 헤어질 것인가"라는 문제는 매우 중대한 사안이었다. 특히 선박 부족과 그에 따른 송환 지연으로 인해 불가피한 동거가 장기화되는 가운데 불거진 충돌이나 불미스러운 사건은 더 깊이 집단적으로 각인되기 마련이므로 양 민족의 지도층과 점령군의 역할은 매우 중요했다.

그러면 당시 한일 간의 해상운송 환경은 어떠했을까.[93] 해방 직후 주요 항로에 부설된 기뢰와 선박 부족은 양 지역의 송환 지연은 물론이고 그로 인해 다양한 문제를 파생시킨 시발점이었다. 패전을 전후해 조선인들은 서일본의 시모노세키下関, 센자키仙崎, 하카타博多 등지의 주요 항구로 모여들었고, 그 주변에는 만성적으로 장기 노숙을 하며 배편을 기다리는 사람들로 넘쳐났다. 왜냐면 부산 – 시모노세키(부관항로) 노선이 미군의 대공습과 기뢰 부설로 인해 1945년 6월부터 폐쇄되어 보조 항로로서 잠시 하카타를 활용하기는 했지만, 대규모 선박의 안전 운항을 위해서는 상당한 규모의 소해 작업이 필요했기 때문이다. 해방 후 최초의 귀국선이 될 수도 있었던 우키시마호가 1945년 8월 24일 교토 마이즈루 입항 직전에 침몰한 원인을 두고 의도적 폭침설과 촉뢰설触雷說이 팽팽히 맞선 가운데, 일본 정부는 사건 발생 약 2주 전에 미군이 그 일대에 대량으로 투하한 기뢰를 사건의 근거로 제시하고 있다.[94] 그 사실 여부는 아직 단정할 수 없지만 이 사건 전후로도 일본 해상에서는 대형 선박이 기뢰에 부딪혀 침몰한 경우가 많았다. 그 결과 해방 후 제일 먼저 가동된 주요 대체 항로는 부산 – 센자키였고, 최초의 귀국선은 1945년 8월 31일 센자키항을 떠나 부산항에 도착한 고안호興安丸가 되었다.[95]

당시 선박 부족은 매우 심각해 공식 송환선들은 관행적으로 정원의 3~4배를 태웠다. 평시 정원이 2,600명이던 고안호도 송환선으로 개조한 뒤에는 적게는 7,000명에서 많게는 9,000명까지 사람을 태웠다. 문제는 고안호를 제외하면 그 밖에 투입된 선박의 수용 인원은 이것의 1/6에 불과했다는 점이다.[96] 게다가 하절기에는 태풍 등의 불안정한 기상 조건으로 인해 매일 운행할 수도 없었고, 한일 간 노선에 가용할 수 있는 2,000톤 이상의 선박은 손꼽을 지경이 었으니, 이렇게 사람을 나르다가는 향후 몇 년이 걸릴지도 알 수 없는 노릇이 었다. 이러한 송환 지연과 무리한 정원 초과 상황은 연합국총사령부가 중국, 타이완, 남태평양의 일본인 송환을 위해서 수륙양용 상륙함(LST)을 동아시아에 전격적으로 투입하는 1946년 1월 국면까지 계속되었다.[97]

그러면 송환 작업의 지연으로 해방 후에도 한동안 조선인과 함께 부대끼며 잔류와 귀환의 기로에서 고민해야만 했던 일본인들은 이러한 상황에 어떻게 대응했을까. 천황의 항복 방송이 나오고 대략 2주 정도 지난 시점에 나온 『경성일보』의 한 사설을 보면 당시 총독부 관료 등 일본인 지도층의 속내와 태도 변화를 엿볼 수 있다.[98] 내용을 보면 만주에는 100여 만 명의 일본인 외에도 무려 200만 명이 넘는 조선인이 있는데, 이들 '대륙의 동포'는 모두 시급한 구호가 필요한 '전재자' 신세로서 이들이 추레한 몰골로 돌아와 경성역 식당 앞을 서성이는 모습을 보면 가슴이 시리다. 따라서 이들을 도우려면 당장 강력한 구호 조직을 설치해야 한다는 것이었다. 즉 만주의 일본인과 조선인을 '시급히 구제해야 할 동포'라며 은근슬쩍 동일선상에 올려놓고 사회적 동정을 호소했다. 만주의 조선인은 과거 총독부의 식민 농정으로 인해 조선에서 농경지를 잃고 떠났거나, 만주국 건설 과정에서 정책적으로 입식(집단 이민)한 사람들이 아니던가. 그런데 왜 새삼 낯간지럽게 이들을 양 민족이 힘을 합해 시급히 구제해야 할 '동포'라고 불렀을까. 이것은 미군 진주 후 총독부와 군부대가 무력화된 상황에서 일본인들이 그나마 거류의 안전을 확보하려면 조선인들의 해묵은 감정을 함부로 건드려서는 안 된다는 메시지를 전하기 위함이었다. 해방 후에도 여전히 조선인을 함부로 대했다가는 아직 일본으로 돌아가지 못한 사람들이 집단으로 험한 꼴을 당할 수도 있다는 위기감의 발로인 셈이다.

남한 거류 일본인의 이러한 급격한 '태세 전환'은 도처에서 확인된다. 이들은 거주지 선택권, 재산 처리, 송환에 따른 제반 의무 사항 등 주요 관심 사안과 관련해 미군정의 정책이 발표될 때마다 시시각각으로 표변하는 모습을 보였다. 또 같은 일본인 집단 안에서도 개인마다 이들이 조선에서 지낸 기간과 연혁, 거류 장소, 재산과 인적 네트워크, 직업과 직역, 귀환과 잔류에 대한 입장, 그리고 귀환 후 삶의 전망 등에 따라 다양한 대응 양태를 보였다. 그러면 1946년 2월 말 미군정의 명령으로 남한을 모두 떠날 때까지 잔류와 송환의 기로에 놓였던 일본인들은 어떤 모습을 보였을까. 해방 후 이들의 행적은 해방후 총독부가 해체될 것에 대비해 조선에 남아 있는 일본인들을 원호하고자 조직한 각 도 일본인세화회의 기록물에 빼곡히 담겨 있다. 그러면 각 시기별로 일본인들의 태도 변화 과정을 매우 상세히 살필 수 있는 『경성일본인세화회 회보』와 『경성일보』의 내용을 바탕으로 이들의 모습을 살펴보자.

낯부끄러운 태세 전환

천황의 항복 방송 이후 1945년 9월 초순 미군이 진주하기까지 일본인들의 동향은 '뱅크런'과 '집단 패닉'이란 키워드로 집약할 수 있다. 이 무렵 일본인들은 너나 할 것 없이 은행으로 달려가 예금부터 찾고 가재도구까지 급하게 팔아치운 뒤 모두들 먼저 돌아가겠다며 밀선을 섭외할 수 있는 부산항 일대로 몰려갔다. 이렇게 한바탕 소동이 벌어진 뒤 어수선한 분위기가 잦아들 무렵 『경성일본인세화회회보』 창간호가 나왔다.[99] 발간사는 "우리들의 친구 조선의 기쁨을 우리의 기쁨으로 받아들이고, 동아시아의 발전을 위해 우리도 협력하자."라는 말로 시작된다.[100] 이것은 당시 일본인 사회가 조선인들의 존재를 의식하면서 새삼 느끼게 된 '긴장감'을 반영한다. 동시에 '공생'을 모토로 한 내용들이 많았다. 이것은 내심 이들이 조선에 '잔류'하려는 마음이 강했다는 것을 반증한다. 그래서 초기에 세화회에서는 잔류 쪽에 무게를 두면서 영주를 바라는 사람들을 위한 특별 프로그램을 가동하기도 하였다. 수강 신청자가 몰려 대박을 터뜨린 'YMCA 조선어 강좌'가 그 대표적인 예이다. 9월 12일 개강 때 오간 기념사에는 "조선을 사랑하고 조선을 위해 일하고자 하는 자는 우선 언어를 습득해야 한다."라고 하거나, 패전 후 무기력하게 망연자실해 있느니 차라리 조선어를 배워 "신조선에서 새롭게 협력해야 한다."라는 내용이 담겨 있었다.[101] 세화회에서 조선어 강좌를 기획한 이유는 일본인들이 향후 남한에서 '외국인'으로 살아가려면 '조선어'를 구사해야만 더 많은 삶의 기회를 포착할 수 있을 것으로 내다보았기 때문이었다.

1945년 9월에 대두한 또 다른 중심 화두는 아이들의 교육 문제였다. 9월 하순부터는 일본인 교직원이 면직되었고, 교실에서는 조선어를 사용하도록 하였다. 또 종래 일본인 전용 학교도 조선인에게 개방되었고, 교육 내용도 바뀌는 바람에 일본어로 교육받기 위해서는 상당한 통학 거리를 감수해야 했다. 그 결과 집에서 노는 아이가 늘어가자, 일본 본토에 못지않게 교육열이 높았던 경성의 부모들로서는 이 사태를 좌시할 수 없었다. 이에 1930년대 중반부터 조선 최고의 학군지로 부상해, 방학만 되면 웃돈을 주고 도쿄 등 일본 본토에서 유명 학원 선생과 과외 선생을 모셔 오느라 치맛바람이 대단했던 명동

일대에는 메이지주쿠明治塾를 비롯해 9개의 학원이 임시로 개설되었다. 물론 예전같이 본토의 제국대학 등 명문대 진학을 목표로 한 선행 학습까지는 기대할 수 없었다. 하지만 부모들은 남한에서 당장 쫓겨나더라도 일단 아이들이 놀고 있는 꼴은 차마 볼 수 없던 것이다. 아울러 대학생들이 그룹 과외를 하기도 했는데, 1945년 9월 29일에는 경성제국대학과 경성의전 학생들이 학도대 안에 교육반을 만들어 아이들을 가르쳤다. 다만 조선인을 자극하지 않도록 '우호적인 교육 내용'을 다루기로 했다.[102] 한편 세화회에서는 교육 문제 전반을 규정한 군정법령 6호[103]를 위반하지 않을 터이니 히노데소학교日の出小學校를 비롯해 일부 학교라도 개방해 일본어로 교육할 수 있도록 허가해달라고 청원하였다.[104] 하지만 군정 당국의 교육 내용 검열과 간섭은 계속되었고, 10월 20일에는 38도선을 넘어 북에서 탈출한 일본인이 급증하자 이들 건물을 임시 수용소로 징발했다. 이러한 가운데 임시 학교와 학원도 얼마 후 가르칠 아이들이 줄어들자 곧 문을 닫게 되었다.[105]

1945년 10월에는 군정 당국의 일본인 공식 송환 계획이 발표되었다.[106] 그러자 일본인 가운데 잔류에 무게를 두고 있던 사람들('잔류파') 사이에는 불안과 긴장이 급격히 고조된 반면, 귀환을 바라는 사람들('귀환파')은 당장 필요한 실용적인 정보를 원하기 시작했다. 즉 송환 열차 시각표를 비롯해 거주지별 열차 편성, 승차 증명서 발부 방법, 그리고 승선 전 예방접종 의무 등에 관한 내용이 눈에 띄게 늘었다.[107] 이처럼 잔류 가능성이 희박해지자 이제는 '재산 처리'가 최대의 관심사로 부상했다. 이제는 한가하게 조선어를 공부하거나 아이들 교육 문제 따위를 걱정할 때가 아니었다. 어른들은 미군의 간섭과 단속이 더 강화되기 전에 밀선이라도 구해서 조선에서 어렵게 일군 돈과 재산을 최대한 안전하게 반출할 수 있는 방법을 찾느라 여념이 없었다. 오죽했으면 이 시기 회보에 "부모는 사유재산이나 저금통장보다도 아이들 문제를 중시해

야 한다."라거나 "일본 밀항을 중지하라." 등의 기사가 등장했겠는가.[108) 이
것은 그만큼 일본인 집단 안에서 "어차피 돌아가야 한다면 재산이라도 챙겨
가자."라는 사람들이 크게 늘었다는 것을 시사한다. 이러한 관심을 반영하듯
세화회 소식지도 10월 중순부터는 일본인 사유재산 처리에 관한 내용들을 늘
어갔다. 즉 해방 후 두 달이 지나서야 경성의 일본인들은 비로소 조선을 '이국'
내지 '타지'로서 냉정하게 인식하게 된 것이다.[109)

　재산 상실에 대한 일본인들의 공포는 실로 엄청났다. 1945년 9월경만 해도
미군은 진주 후 일본인의 사유재산권을 존중할 것이며 재산의 자유 매매도 허
가하겠다고 발표했다. 또한 총독부도 역시 미군에게 행정권을 이양하는 과정
에서 일본인들의 예금을 비롯해 주식, 채권, 보험증 등의 유가증권은 '통장과
증서'만 있으면 본토로 돌아간 뒤에라도 중앙정부가 '지불 보증'을 할 터이니
안심하고, 괜히 거액을 인출했다가 도난·강도 등의 화를 입지 않도록 하라며
주의를 당부했다. 그런데 갑자기 10월 들어 일본 군부대원과 경찰의 송환이
끝나고 '민간인' 차례가 다가오자, 미군정 당국은 한일 간의 모든 재산 반출을
금지할 것이며 송환 예정자에게는 '현금 1,000엔(원)'과 '손에 든 수화물'만 허
용하겠다고 발표했으니 불안할 수밖에 없었다. 이 시기까지 남아 있던 사람들
은 대개 조선에서 몇 대에 걸쳐 생활한 중산층이 많았다. 그런데 천황의 항복
방송을 듣자마자 눈치 빠른 총독부의 고관대작과 의사·변호사, 기업가와 대
기업 간부들은 몰래 재산을 처분하고 이것을 귀금속과 문화재로 바꾼 뒤 밀항
단을 이루어 미군이 진주하기 전에 기어코 빠져나가는 모습을 이들은 직접 목
격했다. 이 때문에 혹시 "이러다가는 나만 얼거지가 되는 것은 아닐까?" 하는
걱정을 안게 된 것이다. 이를 반영하듯 『경성일보』 등 일본어 신문에는 송환
예정 일본인의 사유재산권은 반드시 "일본 정부가 보호해 주어야 한다."라며
본토 귀환 후 혹시 발생할지도 모르는 '외지 재산권 박탈'에 대한 책임 소재를

미리 암시한 기사가 많았다.[110] 이것은 향후 이들의 재산과 관련해 발생하는 모든 일련의 사태는 전후 일본 정부의 '국가 책임'이라는 사실을 미리 확실하게 짚어두겠다는 '재조 일본인'의 욕망과 기대가 반영된 보도인 셈이다. 이것이 이른바 전후 일본에서 '재외 재산 처리 문제'라고 부르던 것이다. 결국 이것이 말썽이 되어 일본인 귀환자들이 왜 국가가 자신들의 허락도 없이 개인 재산을 대일 배상 과정에 처리했냐고 문제를 제기해 일본 정부의 국가배상 책임 문제가 불거졌다.[111]

반면 남한에서는 총독부와 일본 군대 등 식민 기구가 관리하던 국공유 재산은 물론이고 개인과 법인의 민간인 재산을 '귀속재산(적산)'이라고 불렀다. 해방 후 그 처리를 둘러싸고 이것은 '조선'에서 '조선인'의 고혈을 짜낸 결과이니 해방 후 신국가 출범을 앞두고 사회 전체가 공유하고 공익적으로 활용해야 한다는 주장과, 그 재산을 임차하거나 구매하기를 원하는 개인이나 법인에게 불하해야 한다는 입장으로 양분되었다. 이 문제는 결국 한일 양 지역의 미군 점령 통치 아래서 발생한 만큼 남한의 주한 미군정과 일본의 연합국총사령부가 일찍이 정리했어야만 할 문제였다. 하지만 점령군은 이 문제를 단독으로 처리할 권한이 없었고, 최종적으로 미국 정부는 남한에 정부가 수립되면 한일 양국이 알아서 처리하라고 발을 뺐다. 그 결과 이것이 불씨가 되어 해방 후 양국이 국교를 재개하는 과정에서 각기 '청구권'과 '역청구권'을 주장함으로써 한일조약 체결이 지연되는 주된 요인 중 하나로 작용한 것이다.

이어서 1945년 11월에는 이렇게 송환 예정자의 재산 처리 문제가 최대의 관심사로 부각된 가운데 이제 '잔류'라는 선택지가 확실하게 배제되면서 송환에 따른 제반 의무 사항들이 공지되었다. 가령 "세금을 완납하지 않는 자는 돌아갈 수 없으며, 통장은 승선항에서 반드시 당국에 반납할 것" 등의 내용이 대종을 이뤘다.[112] 일본인들 입장에서는 당혹스러울 수밖에 없었다. 잔류라는 선택지도 사라진 마당에 각종 의무 사항을 이행하지 않으면 열차나 선박도 이용할 수도 없다고 하니 '우는 아이 뺨 때리는 격'이었다. 이것은 경성일본인세화회 소식지와 함께 오랫동안 경성 일본인들의 눈과 귀가 되어주었던 『경성일보』편집진이 11월 1일부터 조선인으로 전격 교체된 결과였다. 즉 이때부터 『경성일보』의 논조도 최대한 빨리 일본인을 내보내려는 조선인들의 바람, 미군정의 송환 압박 내용이 행간에 본격적으로 담기기 시작했다. 가령 11월 중순의 기사를 보면 심지어 경성일본인세화회 간부가 "지금 38도선 이북에서 탈출해 내려온 일본인 피난민들은 맨몸으로라도 좋으니 하루빨리 보내달라고 애원하는 상황"이라며 경성의 일본인도 엄동이 오기 전에 귀환할 것을 권고하는 기사를 싣고 있다. 또 이미 본토로 돌아간 후 일본에서 거꾸로 조선으로 밀입국(경)을 시도하다가 체포당한 일본인들이 최근에 늘고 있다며, '조선 밀항 금지령'이 내려지기 전에 귀환 후 다시 돌아오려는 무모한 시도를 자제할 것을 당부하는 기사마저 실렸다.[113] 조선인들이 언론을 완전히 장악하면서 '권고'를 가장한 '경고' 기사로 도배되기 시작한 셈이다. 이에 따라 경성일본인세화회 소식지도 송환 예정자가 미리 알고 있어야 할 일본 본토 상황에 관한 정보들이 늘어났다. 가령 일본의 석탄 사정이 최악으로 치닫고 있으니 광산 관계자들은 우선적으로 귀국하기를 바란다거나,[114] 귀환항 하카타博多에 도착하면 세관원들이 매우 불친절하니 고국에 대한 기대를 접으라는 현실적인 정보가 대종을 이뤘다.[115] 11월 말에는 급기야 "개척민의 심정으로 귀국하자!"라는 기사가 실렸다. 이것은 이 무렵 일본인들의 집단 정서가 그대로 투영된 결과로서 일본 땅에 발을 내딛는 순간 이제부터는 맨몸으로 다시 시작한다는 마음으로 새로운 각오를 촉구한 것이다.[116] 11월에는 일본에 돌아가면 어떻게든 되겠지 하는 안이한 '허상'을 경계한 기사가 많았던 데 비해서, 12월부터는 당장 본토에 도착했다고 가정했을 때 직접적으로 도움이 될 만한 매우 실용적인 정보를 전했다. 가령 본토의 석탄 상황에 관한 보도 역시 지금 탄광 노동자를 대거 모집하고 있으니 필요한 자는 적극 '응모'하라는 방식으로 취업 정보를 제시한다든가, 우유나 버터 등 본토 유제품 가격의 실시간 동향 등을 소개하였다.[117] 즉 귀환항에 도착한 후에 급격한 환경 변화로 인해 당황하는 일이 없도록 하고자 한 것이다. 그리고 1946년 1월 말에는 미군정 관리가 직접 세화회를 방문해 일본인의 최종 귀환 시한을 '1946년 3월 말일'로 통보했으므로 당국의 명령에 따라 한 명도 빠짐없이 귀환 신청 등록을 마치자는 내용을 전하며 곧 종간하게 된다.[118]

安민정장판은 취임이 래관공리의자숙을거듭 청하였고서울시에서는수 도의치안을확보하기위 야간통행금지시간을

오후十시부터다음날오 전六시까지로단속하는 동시에一반시민의편의 를도모하기위하야 행금지시간의 고쩨이렌까진울리며 반자에게는九十九원의과 묘까지를 반기료되어있

惡質警官

3장 탐욕과 죄악의 판도라 상자, 적산 가옥과 고급요정

미군정, 말리는 시누이가 더 밉더라

아베 총독은 외지 일본인의 본토 귀환을 최대한 '저지'하라는 일본 중앙정부의 지시가 내심 부담스러웠다.[1] 그는 조선에서 일본인을 하루라도 빨리 돌려보내 행정적인 부담을 덜고 싶었다. 미군이 진주하면 총독부는 곧 무력화될 것이 뻔한 마당에 조선에 남은 일본인들이 만일 '사고'라도 친다면 해방을 맞이한 조선인들이 가만히 있을 리가 없었기 때문이다. 당시 총독부와 일본인세화회는 1944년도 인구를 바탕으로 군인·군속을 제외한 조선 내 일본 민간인 규모 약 '85만 명' 가운데 약 '65만 명'이 귀환을 희망할 것으로 예상하였다. 그리고 소련군을 피해 조만 국경을 넘어 조선으로 피난 온 일본인을 약 '6만 명' 정도로 추산해 도합 '71만 명'의 민간인을 조선 내 송환 대상자로 잡았다. 여기에 약 '130만 명'의 만주 거류 일본인도 결국에는 한반도를 거쳐 돌아갈 것으로 보고, 총 '200만 명'을 향후 10개월에 걸쳐 매달 20만 명씩 본국으로 송환할 계획이었다. 그리고 총독부의 저하된 행정 및 치안 유지 능력을 고려해 조선군사령부의 도움으로 마지막까지 물리력을 유지함으로써 잔류를 선택한 일본인은 물론이고 귀환 대기 중인 일본인의 안전과 심리적 안정을 꾀하고자 하였다.[2]

이 야무진 꿈은 미군의 진주와 함께 한순간에 부서졌다. 미군은 1945년 9월 초 남한에 진주하자마자 용산에 출장소만 남기고 조선군사령부를 대전으로 이전시킨 뒤, 9월 23일부터 군부대 강제 송환을 개시했다.[3] 완벽을 기하고자 조선군('구 일본제국 17방면군') 산하 부대에서 제대한 모든 일본인에게 재입대를 지시했고,[4] 무장 해제된 군인에 대해서는 10일 치의 비상식량과 의료품 외에는 일절 휴대를 금지하였다.[5] 이로써 10월 말까지는 반드시 해외 주둔 일본군을 본토로 송환하겠다는 연합국총사령부(GHQ)와 미군정의 강력한 의지를 천명하였다.[6] 아울러 민간인으로 가장해 조선에 남으려는 자를 예방하고자 휴가 중이거나 해방 후 갓 제대한 자도 10월 16일까지 조선군 연락부 출장소에 부대 복귀 신고를 마친 후 가족과 따로 떨어져 본래의 소속 부대별로 송환 절차를 밟도록 했다.[7] 이처럼 일본군의 본토 송환은 모든 민간인의 국내외 이동을 전면 통제한 상황에서 사실상 군사작전의 일환으로 신속히 추진하였다. 이를 위해 특별열차까지 편성함으로써 대략 1945년 11월 초순까지 이들의 송환을 조기에 마무리하였다. 그 결과 1945년 10월 10일 공식 계획 발표 이래 지지부진했던 민간인 송환도 11월 중순부터는 본격적으로 이루어져, 1946년 2~3월 무렵까지 일단 남한 내 약 60만 명의 일본인은 미군이 업무 보조를 위해 지정한 극소수를 제외하고는 모두 돌아갔다. 그 뒤로는 38도선을 넘어 북에서 탈출해온 25~30만 명의 일본인이 남한에 잠시 체류한 후 일본으로 돌아갔다.

　당시 건국준비위원회(건준, 후에 인민공화국)는 비록 미군정이 승인을 거부하여 10월 초순에 해체된 단명했던 정치조직이었지만, 이들의 활동은 해방 전후에 조선인들이 애초에 일본인 송환 문제를 어떻게 인식했는지를 잘 보여 준다.[8] 즉 미군의 결정 여부에 따라 일본인의 남한 잔류(영주 허가) 가능성을 조금이나마 열어두고 있던 총독부와 달리, 건준은 향후 일본인의 송환(추방)은 이미 국제적으로 합의된 '거스를 수 없는 확정적 사실'로 인식하였다. 다만 이들을 모두 송환하기까지는 얼마나 많은 시간이 걸릴지 아직 가늠할 수 없는 상황이었고, 결정적으로 조선에 있던 일본인에 비해 몇 배나 더 많은 수의 동포가 일본을 비롯해 해외에 체류 중이라는 상황을 고려해야만 했다. 즉 아무리 괘씸하다고 한들 적진에 아군 포로가 더 많은 상황에서 당장 눈앞에 보이는 적장의 목을 벨 수는 없는 노릇이었다. 그래서 해외에 거류 중인 조선인의 안전한 귀환을 위해서라도 총독부로부터 행정권 및 치안 유지권을 이양받게 되면 양 민족의 불필요한 충돌을 예방함으로써 일본인이 모두 돌아갈 때까지 최소한의 안전을 보장해줄 계획이었다. 이것이 재조 일본인 송환과 해외에 거류 중인 조선인 수용에 관한 건준의 기본 입장('자주호양론')이었다. 이것은 아직 미군정의 송환 및 수용 정책이 구체화되기 이전 단계에서 건준과 총독부가 서로의 입장을 조율하는 과정에서 만들어진 상호 간의 현실적인 필요와 지향이 응축된 타협안이었다. 그러나 미군 진주 후 총독부의 초기 송환 계획 구상이 부정되었듯이 건준과 그 후신인 인민공화국은 미군정이 이들의 치안 활동과 정부 조직의 승인을 거부함으로써 일본인 송환 문제에 공식적으로 관여할 기회를 잡지 못했다.

해방 직후 이러한 조선인(건준)·일본인(총독부)·점령군(미군정)이라는 3자 간의 동상이몽에 따른 팽팽한 기 싸움에서 결국 미군정이 독점적인 영향력을 행사하자, 일본인 송환 정책을 둘러싸고 남한의 제 정당 및 사회단체는 불만을 품게 되었다. 왜냐면 미군정은 오랜 식민 지배로 인한 일본인에 대한 조선인의 반감은 물론이고 해방 후 신국가 건설에 대한 기대와 전망 등을 무시한 채, 오로지 승전국의 국익 확보와 점령 지구의 '치안 유지'라는 관점에서 일본인 송환 문제를 풀어가려고 했기 때문이다. 이러한 상황에서 남한의 일본인들이 해방 후부터 1946년 2~3월에 모두 송환될 때까지 저지른 각종 사건·사고, 그리고 도무지 이해할 수 없는 미군정의 일본인 송환 정책 및 세부 방침은 급기야 건드리지 말았어야 할 조선인의 역린을 자극하고 말았다.

일본인의 어떤 행동이 그토록 남한 사람들의 심기를 건드렸을까. 해방 직후부터 미군이 진주한 전후에는 치안 공백으로 인한 조선인 살상 사건이 많았다. 범인은 대개 갓 제대한 군인이나 헌병, 그리고 경찰 등이었다. 이런 사건은 미군이 조선의 일본군을 우선 송환하기로 결정하고 1945년 9월 16일 일본인 경찰관의 '면직'을 단행한 뒤로 줄어들기는 했으나, 불씨는 여전히 남아 있

思想警察の『惡魔』
最期は之れだ
齊賀七郎が路上で射殺さる

軍國主義敎育者一掃
日本交部省各大學に通達

구 종로경찰서 사상경찰 사찰주임 사이가 시치로齋賀七郎의 사살 사건 보도

(『경성일보』, 1945년 11월 5일)

가족을 먼저 일본으로 돌려보내고 재산 정리를 위해 남았던 사이가는 원남동 로터리 우체국 부근에서
오른쪽 가슴과 머리에 총상을 입고 사망했다. 일본어 신문인 『경성일보』에 이 사건이 보도되자 아직
아직 서울에 남아 있던 일본인들은 충격을 받고 귀환을 서두르게 되었다.

었다. 왜냐면 서울의 경우 남산 주변이나 용산구 일대의 오래된 일본인 집주 지역에는 아직 일본인들이 많이 남아 있었으므로 '예외적으로' 일본인 경관의 무장과 치안 유지 활동을 인정해주었기 때문이다. 5~6천 명이나 되는 경찰관을 새로 채용해 모두 조선인으로 교체하기에는 시간이 부족했다.[9] 이러한 상황에서 1945년 10월 18일 용산경찰서의 현직 일본인 경찰관이 황건종이라는 구세군 목사를 살해하려다 서대문경찰서원에게 체포된 사건이 발생했다. 범인 시모다 요시아키下田良明는 목사를 찾아가 "일본이 패전한 것은 너희들과 같은 미군의 스파이 때문"이라며 목사와 그 가족들을 향해 일본도를 휘둘렀다.[10] 이것은 해방 직전 전시 체제기에 몸에 밴 황민화된 전장의 감성을 버리지 못한 사람들이 여전히 남아 있었다는 것을 시사한다. 범인들은 대개 '일본의 패전'과 관련해 이렇듯 왜곡된 역사 인식을 지닌 경우가 많았고, 개인의 불안한 정서나 패전에 대한 불만을 애꿎은 조선인에게 충동적으로 투사하였다. 말하자면 이들은 해방 후 약 두어 달이 지나도록 뒤바뀐 세상을 여전히 받아들이지 못하거나 애써 부정하려는 인지 부조화 상태에 있었다. 이러한 살상 및 폭력 사건은 1945년 11월 12일 도경찰부, 본정서本町署, 용산서 3곳에 예외적으로 남아 있던 약 300여 명의 일본인 현직 경찰이 '조선 건국에 장해가 된다'는 이유로 파면 후 송환될 때까지 이어졌다.[11]

남한 사회는 미군 측에 이러한 말썽을 일으킨 일본인에 대해 강력한 처벌과 철저한 단속을 요구했다. 하지만 사건을 처리할 때마다 미군정이 보인 미지근한 태도는 전혀 성에 차지 않았다. 때리는 시어머니보다 말리는 시누이가 더 밉다고 하지 않던가. 그러자 조선인도 미군정의 엄중 경고에도 불구하고 '사적 제재와 보복'으로 맞대응하기 시작했다.[12] 1945년 11월 2일 해방 전부터 사상경찰로 악명 높았던 사이가 시치로斎賀七郎(59세)의 사살은 상징적인 사건이었다.[13] 그는 1930년대 조선으로 건너와 사상경찰로서 1936년 '군관학교

학생사건,[14] 1942년 '조선어학회사건', 1942~1943년 '경성방송국 단파도청사건'[15] 등 굵직한 사건의 용의자를 검거하는 과정에서 혁혁한 공을 세웠다. 현재 남아 있는 총 5회에 걸친 안재홍 심문조서의 내용을 보면, 그는 '총독정치'에 대한 평소 생각을 묻는 등 집요한 사상 검증과 전향을 강요했고, 김구·김원봉·김두봉 등 주요 독립운동가들의 최근 동향이라든가 이들이 관여한 지하단체 등에 대한 정보를 치밀하게 수집하고 있었다.[16] 조선인의 이러한 맞대응 테러는 아직 남아 있던 일본인 사회의 위기감을 증폭시켜 '본토 귀환'을 서두르게 하는 일종의 충격요법으로서 이들의 조속한 송환을 촉구하는 강력한 의사 표현이기도 했다. 송환이 여러 차례 지연되는 가운데 일본인들이 자꾸만 말썽을 일으키자 세간에는 "일본인 팔에 완장을 채우든가 가슴에 표식을 달아 이들의 행동을 감시하자."라는 주장까지 나올 정도였다.[17]

첫 단추부터 잘못 끼운 미군정의 위기관리

이러한 남한 사회의 '응징·추방론'은 종잡을 수 없는 미군정의 일본인 송환 및 사유재산 관련 조치, 각종 위법행위에 대한 허술한 단속 및 처벌과 밀접하게 연동하면서 일본인 범죄의 양태와 성격이 바뀜에 따라 급격히 확산되었다. 특히 1945년 10월 초순에 일본 민간인 송환 계획이 공포된 직후에는 생산 시설의 파괴와 원료 및 비상식량 등 비축 물자의 폐기, 국공유 재산의 횡령과 밀반출, 조선인 브로커를 통한 사유재산의 부정 매매, 귀금속 및 문화재의 불법 반출을 시도하는 일본인이 급증했다. 이들은 대개 해방 전 자신이 부리던 부하 직원이었거나 평소에 친분을 유지해온 친일적 성향의 조선인, 그리고 돌아가는 일본인의 재산 방매를 일확천금의 기회로 삼고자 하는 투기꾼('모리배')에게 도움을 요청했다. 즉 이들 조선인에게 '급행료' 조로 웃돈을 떼주거나 자산 처분 대금의 일부를 제공하는 조건으로 재산의 위탁 처분, 공사문서 위조, 물품 은닉과 운반, 밀선 알선 등의 도움을 받아 대규모 밀항단을 꾸려 당국의 감시를 피해 몰래 빠져나갔다. 말하자면 이것은 미군정의 허술한 행정을 틈타 일본인과 친일파, 그리고 해방의 혼란 속에서 등장한 신흥 투기꾼이 결탁해서 치밀하게 꾸민 대규모 조직범죄였다. 이러한 사건이 발생할 때마다 과거 총독부의 고관과 친일파들이 드나들던 고급 요정에서 밀회를 나눈 일부 미군과 조선인 관료, 그리고 친일 경찰이 이들의 뒷배를 봐주고 있는 것이 아니냐는 '의혹'이 제기되어 사회적 공분을 사곤 했다.

해방 후 이러한 사건은 세간에 알려지지 않았을 뿐 일본인들이 1946년 2~3월에 돌아갈 때까지, 아니 이들이 일본으로 돌아간 뒤에도 변형된 형태로 이어졌다. '조선유지인천화약공장 폭파 사건'은 당시 일본인이 저지른 생산 시설 파괴 실태를 적나라하게 보여 준다. 해방 후 생산 시설의 가동이 줄어들면서 품귀 현상으로 공산품 가격이 천정부지로 오르자, 조선산업건설협회 부위원장 최두선 등은 1945년 11월 30일 미군정의 허가 아래 공장 가동 현황을 둘러보고자 서울과 인천 일대를 시찰하고 있었다. 그런데 이 화약 공장을 조사하러 방문한 순간 '이유를 알 수 없는 폭발'로 12명의 종업원이 현장에서 즉사하고 6명이 부상을 당했다. 최두선은 보성전문학교를 나온 전문 엔지니어로서 해방 후 서울과 인천 일대의 멈춰 선 공장의 재가동을 위해 노력하고 있었다. 그런데 후속 보도에 따르면 이 회사 '화약 실험실'에서 일본인들이 폭약을 고의로 터뜨려 조사 업무를 방해했다고 한다.[18] 하지만 이 사건의 범인은 결국 밝혀지지도 못한 채 최두선 등의 장례만 치르고 마무리되었다. 그의 아들 최의연(당시 13세)은 성인이 된 후에야 비로소 이 사건의 진상 규명을 위해 유족 18명의 소재를 수소문하였고, 도쿄지방재판소에 소송을 제기하고자 관련 자료를 수십 년째 수집했다고 한다.[19] 이 회사는 총독부의 병참기지화정책에 따라 인천과 부평 일대에 군수 및 화학 공장을 건설하면서 1939년 9월 25일 인천 남동구에 조성한 것으로서 해방 후 남한에서 유일하게 가동 중인 대규모 화약 공장이었다. 한국전쟁기에 폭격으로 멈춘 것을 1955년 한국화약주식회사가 인수해 1957년부터 다이너마이트를 생산했다고 한다.[20] 즉 이 공장은 현 한화그룹의 뿌리인 셈이다.

송환을 앞둔 일본인들이 생산 시설을 파괴하고 원료나 재고품 등의 물자를 빼돌리거나 폐기한 배경에는 우선 조선인 노동자들이 전개한 '자주관리운동'에 대한 반감이 강하게 작용했다. 이들은 미군의 송환 계획 발표로 인해 어차피 조선에 남을 수도 없었고, 화학 공장과 같은 대규모 생산 시설은 잘게 해체해 가지고 갈 수도 없었으니, 그대로 이것을 조선인에게 넘겨주느니 차라리 분풀이 차원에서 망가뜨리고자 했다. 2장에서 인천의 일본인 공장장과 사업주를 상대로 종업원들이 요구한 내용에서 보듯이, 조선인 노동자들은 일본인 엔지니어와 사업주가 본토로 돌아가면서 조업이 중단되자 곧바로 실업에 직면했다.[21] 이에 이들은 공장관리위원회를 조직해 자체적으로 회사와 공장을 인수해 어떻게든 생산을 복구하고자 했다. 즉 생산 시설을 재가동해야 자신의 일자리를 지키고 극심한 물자 부족 사태도 완화할 수 있던 것이다.

아울러 이러한 기계 및 생산 시설의 파괴, 원료 및 재고품 등의 불법 횡령과 폐기 행위는 조선에 자본과 기술을 투자한 일본인 자본가 입장에서 보면 패전이라는 비상사태를 맞이해 그나마 영업 손실을 줄여보고자 한 '자본 철수' 및 '물품 회수'라는 측면이 공존했다. 해방 후 미군정이 한일 간에는 소지금 1,000엔 이외의 여타 화폐나 유가증권 그리고 모든 물자의 이동을 금지하자, 이들의 최대 관심사는 당연히 자신의 자본, 즉 자금·재고품·원료를 어떻게 하면 몰래 가져갈 수 있을까 하는 것이었다. 부산 등 항만 지역의 경우는 어업 종사자가 많았는데, 가령 남선수산 사장은 패전 소식을 듣자마자 어선과 어구를 가지고 그대로 일본으로 돌아갔다고 한다. 하지만 생산 시설을 갖추고 기업 활동을 하던 사람들은 그럴 수가 없었다. 결국 조선방직 전무는 창고에서 광목을, 삼화고무 사장은 고무신을 내다 팔아 수십 가마니의 돈을 챙겨 밀항선으로 돌아갔다. 여기에 일반인들이 급하게 내다 판 각종 물품이 한데 모여 현재 국제시장의 원류인 '도떼기시장'이 형성된 것이다. 그런데 이러한 물자의 횡령·방매는 시설 파괴를 동반하기도 했다. 가령 금천알미늄공업소에서는 아직 원료가 남아 있음에도 불구하고 멀쩡한 기계를 부수어서 가정용 솥을 만들어 팔았다. 이처럼 현금 확보를 위한 자산 처분과 물품의 방매는 기계 등 생산 시설의 파괴와 원료 및 제품의 망실로 이어졌으므로, 해방 후 적산 기업(귀속 기업)은 만성적인 자금난과 원료난에 직면했다.[22] 물론 여기에 더하여 남북 간의 교역 단절 및 일본제국의 붕괴로 인한 만주 - 조선 - 일본으로 이어지는 제국 내 원료 조달 및 생산 연계 시스템의 파괴, 그리고 미군정과 해방 후 수립된 정부의 부당한 관재인 선정과 적산 불하도 생산 부진의 한 원인이 되었다.

이처럼 민간 자본가의 생산 시설 파괴와 재산 밀반출, 일본 군부대가 퇴각 직전 분풀이로 자행한 비상식량과 일용품의 폐기,[23] 인천 화약 공장에서 보듯이 군수·화학·전력 등 군수동원법, 군수회사법, 군수생산책임제 등에 따라 국가(총독부)가 자금 운용 및 생산에 직접 관여한 국책기간산업시설의 파괴[24] 등은 해방 초기에 빈발한 충동적인 살상 사건과는 비교도 할 수 없는 심각한 범죄로 인식되었다. 즉 당시 남한 사회는 이러한 행위를 일종의 건국 방해 행위로 받아들였다. 왜냐면 이러한 생산시설 등은 해방 후 신국가 건설 과정에서 적산(귀속재산)으로 엄격히 관리해 반드시 공익적 차원에서 재활용되어야만 하는 사회적 자산인데, 이렇게 일본인들이 자국으로 돌아가는 과정에서 재산 밀반출을 위해 의도적 파괴를 일삼았기 때문이다. 1940년 현재 자본금 100만 원 이상 공장의 자본금 총액 중 일본인 자본은 무려 94%에 달했고, 금속·기계·화학·방직·인쇄·토목 부문의 조선인 엔지니어는 2할에 불과했다.[25] 게다가 전력을 비롯해 금속 및 중화학공업의 8~9할이 북한 지역에 편재됨으로써 남북 분단으로 인한 산업 간 연계가 제한된 상황에서 남한에 남은 경공업 생산 시설마저 이렇게 파괴된다면 공업 생산의 감소로 인한 노동자의 대량 실업은 예정된 결과였다. 아울러 이러한 재생산 시스템의 붕괴와 함께 그나마 확보된 원료 및 완제품의 불법 횡령과 방매는 이것들을 노리던 투기꾼들을 양산해냈다는 점에서 신국가 건설을 앞두고 출발부터 남한 사회의 기강과 체질을 왜곡시켰다. 특히 미군정의 핵심 권력 및 구 친일파 세력과 결탁한 권력형 정상배('모리배') 집단은 국공유 및 사유 부동산·기업체의 불법 매수, 구호품의 횡령, 식량 등 생필품의 사재기와 밀수를 일삼았다. 따라서 이들의 부정 축재는 총독부가 패전 후 모라토리움과 뱅크런 사태, 즉 파산을 방지하고 일본인 송환에 필요한 공작 자금을 마련하고자 마구 찍어내고 본토에서 공수한 돈과 함께, 사회적 부의 극단적인 편재와 만성적인 인플레이션을 유발했다. 이것은 일본인들이 돌아간 뒤에도 장기간에 걸쳐 남한 사회에 악영향을 미치고 사회적 병리 현상을 심화시킨 주된 요인으로 지목되었다.

그렇다면 이러한 사태는 단지 일본인 송환이 지연되었기 때문에 피할 수 없는 문제였을까. 결코 아니다. 남한의 제 정당 및 사회단체, 그리고 학계에서는 일본인들이 항복 방송을 듣자마자 벌인 일련의 행동을 지켜본 뒤, 이러한 끔찍한 사태를 예상하고 다양한 경로로 일본인 소유 재산을 당장 '동결'해 자유 매매를 금지하고, 이들이 보유한 화폐를 공공 기관에 '등록·예탁'시켜 국가(남한에 수립될 임시정부나 군정 당국)가 철저히 '관리'할 것을 강력히 요구했다. 하지만 미군은 진주 후 이러한 남한 사회의 권고를 무시한 채 1945년 9월 25일

일본인 사유-재산의 매매(미군정법령 제2호)를 허용함으로써 도저히 수습할 수 없는 탐욕과 죄악의 판도라 상자를 기어코 열고야 말았다.[26]

　당시 남한 사회는 미군정을 상대로 어떠한 방안을 제시했을까. 1945년 8월 16일 백남운을 위원장으로 발족한 조선학술원에서는 10월 9일에 남한의 총 화폐 보유량 '61억 8천만 원' 중 일본인이 소유하고 있는 화폐량을 대략 '46억 원' 정도로 추계 발표하였다. 그리고 이 데이터를 근거로 당면한 경제문제를 진단하였다. 이를 통해 일본인이 보유하고 있는 화폐량을 정확히 조사해 방출을 최대한 억제하거나 무력화하는 것이 무엇보다도 급선무임을 지적했다. 그리고 아울러 이를 위한 구체적인 실행 방안으로는 "1) 일본인 및 이들 회사가 보유하고 있는 조선은행권을 등록시킬 것. 2) 일본인 소유 재산을 동결시킬 것. 3) 등록 후 재류 일본인이 화폐를 필요로 할 경우에는 군정 당국이나 정부의 허가를 얻도록 할 것. 4) 해외 귀환자가 소유한 외국 화폐는 일정량에 한해 지정된 교환소에서 조선은행권 혹은 국폐로 교환해 줄 것"을 제안했다. 아울러 등록된 일본인 보유 화폐에 대해서는 "1) 기일을 정할 것. 2) '신국폐'와 조선은행권의 교환을 암시할 것. 3) 등록자에 한해서 퇴거(본국 송환) 전까지 생활을 보장할 것. 4) 부정 등록자는 가택수색을 통해 처벌할 것. 5) 출항지에서 신체검사를 실시할 것"을 권고했다.[27] 이처럼 백남운의 조선학술원 보고서에서는 송환 국면에서 일본인의 재산 방매가 광범위하게 발생할 것을 정확히 예견하였다. 또 이것이 급속한 통화량 팽창으로 이어져 악성 인플레이션을 유발함으로써 향후 민생과 국가 재정에 직접적인 타격을 가할 것으로 내다보았다. 따라서 일본인 보유 화폐를 관리하되 최악의 경우에 대비해 일본인 보유고에 대해서는 특별히 "신국폐와 조선은행권의 교환을 암시할 것"이라며 일종의 '화폐개혁' 효과를 통해서 인플레이션을 억제할 안전장치를 마련하도록 권고한 것이다.

아울러 남한 사회는 긴급한 사회문제로서 일본인의 불법적인 재산 처분과 밀항에 대한 단속을 강력히 요구했다. 특히 군부대 집단 송환에 이어 민간인 송환 작업이 본격화된 1945년 10월 중순부터 11월 중순 사이에는 한겨울이 되기 전에 서둘러 돌아가려는 일본인의 불법 재산 처분과 밀반출 관련 범죄가 급증했기 때문이다. 한 예로 1945년 10월 25과 11월 9일에는 한강에서 일본인이 조선식 목선에 수화물을 가득 싣고 몰래 출발하려다가 적발되는 사건이 연이어 발생했다.[28] 약 70여 명의 밀항단을 꾸린 주모자는 전 경성부 총무부장 바바 마사요시馬場政義와 경제과장 아베 세이이치安部成一, 그리고 전 종연방직의 간부 도리오 구니사부로鳥尾国三朗 등이었다. 이들은 조선인 브로커에게 웃돈을 주고 밀항선을 마련해 무려 700건에 달하는 수화물을 반출하려다 용산경찰서원에게 체포되었다. 이들이 빼돌리려 한 돈에는 당연히 국고와 경성부민의 세금, 종연방직의 법인 재산이 포함되어 있었고, 수화물 중에는 현금, 귀중품, 문화재 외에도 각종 호신용 무기까지 포함되어 있었다. 즉 여차하면 밀항을 제재하는 당국자에 대한 살상도 마다하지 않겠다는 심산이었다. 이에 미군정에서도 사태의 심각성을 인정하고 일본인의 밀항을 철저히 단속하겠다고 밝혔다. 하지만 언제나 말로만 그칠 뿐 그로부터 채 보름도 지나지 않은 11월 7일 똑같은 방식으로 목선 6척에 현금과 귀중품을 가득 싣고 한강에서 인천을 통해 몰래 돌아가려 한 일본인 밀항단이 검거되었다.

미군정은 1945년 10월 초 법령 제10호를 발표해 일본인은 당국의 허가 없이는 자신이 등록된 정회町숲로부터 반경 10킬로미터 이상의 이동을 금지했지만, 이를 어겨도 이처럼 단속할 의지나 여력이 없었다.[29] 이에 미군정의 허술한 단속을 비난하는 목소리가 불거지자 미군정 당국자는 도리어 '돈에 눈이 먼 의식 없는 조선인' 탓이라며 일본인을 도와 밀항을 알선한 브로커를 비난했고, 혹시 단속할 방법이 있다면 가르쳐 달라며 거꾸로 기자들에게 억울함을 하소연하였다.[30] 이것은 미군정이 스스로 자초한 업보였다. 왜냐면 이러한 상황을 차마 보다 못한 조선인들이 일본인의 조직적인 밀항과 재산 반출을 막고자 자체적으로 치안대나 청년대를 조직해 밀선이 자주 오가던 남한의 각 항구와 해안가에서 수화물 단속에 나서자, 이것을 '사적 제재'라며 금지했기 때문이었다. 즉 강력한 '통역진'과 '융숭한 접대'로 무장한 각 도 일본인세화회의 건의가 기막히게 먹힌 것이다.[31] 덕분에 당국의 허술한 단속망을 비웃듯 일본인의 밀항과 재산 반출은 훨씬 더 교묘한 방식으로 발전해 갔다.

이 모든 사태는 미군정이 남한 사회의 거듭된 요청과 권고를 무시하고 '첫 단추'를 잘못 끼운 데서 비롯된 결과였다. 즉 미군정 법령 제2호 「패전국 소속 재산 동결 및 이관 제한의 건(敗戦国所属財産の凍結および移轉制限の件, Concerning Property Transfers, 1945.9.25)」을 공포해 일본인 재산의 자유 매매를 허가함으로써 남한 사회를 이렇듯 도저히 손을 쓸 수조차 없는 대혼란에 빠뜨린 것이다.[32]

'모리배'와 '간상배', 드디어 날개를 달다

첫 단추를 잘못 끼우면 제아무리 좋은 옷도 삐뚤어지듯이 법령 제2호로 일본인의 사유재산 매매를 허가함으로써, 미군정은 일본인의 송환 및 조선인의 수용과 관련된 주요 사안이 대두할 때마다 연쇄적으로 실정을 거듭하며 남한 사회를 혼돈과 갈등으로 몰아갔다. 공교롭게도 이러한 대혼란은 해방 후 새로운 권력에 기대어 일확천금의 꿈을 이뤄보겠다는 '모리배'와 '간상배'에게는 더 없는 기회가 되었다. 즉 미군정의 섣부른 판단과 조선인을 무시한 독선에서 비롯된 실정이 계속될수록 제 세상을 만난 자들은 맘껏 활개 짓하며 거침

없이 날아오를 수 있었다.

하지는 남한 진주 이래로 제반 사안을 함께 상의할 만한 파트너를 찾고 있었다. 그는 행정권을 이양받는 과정에서 총독부 고관들로부터 조선의 신망 있는 인물로서 이승만과 김구 등 해외 독립운동가 외에 국내 세력으로는 여운형, 안재홍 등의 건준·인민공화국 그룹과 보수적인 엘리트 집단의 리더로서 송진우에 대해 인물평을 청취한 바 있었다. 이 가운데 고하 송진우는 점령통치에 호의적인 자세를 취했기 때문에 하지는 그를 신뢰했고 중요한 사안에 대해 흉금을 털어놓기도 했다. 한 예로 하지는 경찰 조직을 재정비하면서 인선에 어려움을 겪었는데, 조병옥, 장택상 등을 적임자로 추천한 송진우와 만나 이들을 설득할 방법에 대해 장시간 의견을 나누기도 했다.

1945년 10월 31일 송진우는 한국민주당 수석총무 자격으로 하지를 만났다. 왜냐하면 미군이 일본인 재산의 자유 매매를 허가한 이래로 세간에 잡음이 끊이지 않고, 사유재산 외에도 국공유 재산의 횡령과 계획적인 밀반출 사건마저 빈발했기 때문이다. 그 자리에서 하지는 "일본인 재산의 매매는 '민주주의(자본주의: 필자)' 입장에서 허가하지 않을 수 없다. 그러나 조선인들이 결속하고 불매하면 그들은 그대로 두고 가지 않을 것인가. 조선인 친일파가 일본인에게 쫓아다니며 사니까 그들은 배를 튕기고 있다. 우리는 정작 일본인들이 1,000원(엔) 이상을 가져가지 못하게 하고 물품 하나도 못 가져가게 하는데, 조선인은 이것을 사러 다니느라고 주머니가 비고 옷은 추레하게 입고 있다."[33]라며 사태의 책임을 조선인 탓으로 돌렸다. 즉 이러한 사달의 시발점으로서 조선학술원을 비롯해 남한의 제 정당 및 사회단체가 누차에 걸쳐 '일본인 재산 매매 허가'의 위험성을 경고했음에도 불구하고 하지 사령관은 '민주주의'를 지향하는 입장에서 '사유재산권 존중'은 버릴 수 없는 가치라고 잘라 말했다. 즉 일본인 재산의 매매를 허가한 미군정 법령 제2호는 상식적으로 하등의 문제가 없다는 생각을 재차 표명한 것이다.

그러면 법령 제2호가 발표된 뒤 남한 사회에서는 어떤 일이 벌어졌을까. 당시 한 신문은 법령 제2호 발표 후 일련의 사태를 지켜보며 독자들에게 '일인 재산 불매운동'에 동참할 것을 강력히 호소하였다.[34] 내용인 즉 첫째 "일인 재산을 둘러싸고 동포상극同胞相剋이 벌어지고 있다."라고 개탄하며 미군정의 일인 재산의 매매 허가 후 구매 열기가 급격히 고조되었음을 지적하였다. 둘째, 이러한 행위를 '반민족 행위'로 간주한 뒤 이를 방지하기 위해 제도적으로는 '자치관리위원회' 등을 설치해 '공공 관리'를 실시하고, 그 분배는 차후 '사회적 합의'와 '정당한 절차'를 밟아 행할 것을 제안하였다. 셋째, 군정 당국의 법령 제2호 발표는 결코 조선인에게 일인 재산을 사라고 권하는 취지가 아니다. 이것은 향후 대일강화조약 체결 후에 발생할지도 모를 '사유재산(해외 귀환자의 재외 재산) 보상 문제'에 대비하기 위한 행정적 조치이므로 일반의 구매 자제를 권고하였다. 아울러 현재 '일인재산불매동맹' 등의 단체 활동을 소개하면서 이에 독자들도 동참할 것을 독려하였다. 이것은 당시 일본인 재산을 둘러싼 남한 사회와 미군정 사이의 극명한 인식의 차이를 시사하는 동시에, 이 문제의 해결 방향을 큰 틀에서 제시한 사설이었다고 볼 수 있다.

그러면 1945년 9월의 일본인 재산 매매 허가 조치는 하지 사령관 개인의 결정이었을까. 주한 미군정은 기본적으로 포츠담선언(1945.7.26) 제12조에 근거해 1945년 8월 14일 취임한 더글러스 맥아더 연합국최고사령관(약칭 SCAP)이 이끄는 도쿄의 연합국총사령부(약칭 GHQ)의 지시에 따라 움직일 따름이었다. 그리고 맥아더 역시 워싱턴 미국 중앙정부의 국무부·육군부·해군부로 구성된 3부조정위원회(SWNCC)의 정책 결정에 따라 구 일본제국 내 연합국 점령지구를 총괄할 따름이었다.[35] 이러한 명령 체계 안에서 권한 밖의 민감한 문제로서 신속하게 결정할 수 없거나, 점령 통치의 관점에서 비교적 사소하거나

미군정의 일본인 재산 처리 관련 법령 및 보완 세칙, 1945년 9월~12월

1945.9.7	포고 제1호 「조선인민에게 고함」을 통해 주민의 소유권을 존중할 것임을 표명. 동시에 이 주민의 범위에 일본인을 포함시킴.
1945.9.25	[법령 제2호] 「패전국 소속 재산의 동결 및 이전 제한의 건」를 통하여 **조선인은 물론 미국인의 일인 사유재산 구매를 허가**함. 단, 구매 절차와 관련하여 정당한 수속을 요구.
1945.10.23	법령 제2호의 세칙으로 일본인 재산 양도에 관한 제1항 발표. 일인 사유재산 구입 시 매입대금은 이를 매각한 일본인 개인이 아닌, 국내의 은행 혹은 우편국 군정청 재산관리관 구좌로 예금할 것을 언명.
1945.10.25	법령 제2호의 세칙 제2항 발표. 일본인 재산을 포함하여 타인의 개인 소유물을 존중할 것. 일인재산을 관리하던 조선인은 이를 가까운 경찰서에 양도할 것.
1945.10.27	법령 제2호의 세칙 제3항 발표. 일본인 주택은 물론 영업기관 및 토지의 매매·대차사용을 허가함.
1945.10.30	법령 제2호의 세칙 제4항 발표. 개인의 소규모 재산 외에 토지 건물, 공장, 광산 등 대규모 재산을 포함. 일본인 사유재산의 매입시 일본인과 조선인 사이에 정식매매계약서를 작성하면, 개인 재산의 경우는 그 즉시 회사나 조합 등 법인의 재산은 군정청의 허가 후 소유권을 인정하기로 함.
1945.12.6	[법령 제33호] 「조선에 있어 일본인 재산 취득에 관한 건」 발표. 법령 제2호에서 보장한 사유재산권 보호와 그간 체결된 계약에 대한 일체 무효화 선언.
1945.12.15	아놀드 군정장관, 38도선 이남에 있는 구 일본국에 소속된 공·사유 재산과 이권은 그 형태와 내용을 불문하고 전부 군정청에서 접수하였음을 발표.

출전: 『미군정청 관보』 Vol. No. 1, 원주문화사, 1993, 28-168쪽 발췌.

덜 시급한 사안으로 간주된 경우, 관련 정책은 대개 그 일이 벌어지고 한참이 지나서야 하달되는 경우가 많았다. 대표적으로 송환 예정자의 잔류(영주)를 허용할 것인가, 일본에 거류 중인 조선인은 승전 국민인가 패전 국민인가, 송환 예정 민간인의 사유재산권을 인정할 것인가, 사유재산권을 인정한다면 재산 반출을 어디까지 허용할 것인가 등은 항상 관련 지시가 뒤늦게 하달된 사안으로서, 상황에 따라 관련 방침이 '조변석개'하는 바람에 관련자는 물론이고 당국자 또한 실무 처리에 어려움이 많이 따랐다. 따라서 미군정 관재 당국도 상부의 지시가 내려올 때까지는 '일반적인 상식'에 입각해 가장 '무난한 결정'을 내리거나, 모호한 경우에는 판단 자체를 유보하는 경우가 많았다. 문제는 조선인·일본인·점령군이 각기 다른 '입장'과 '상식'을 주장했다는 점이다. 특히 일본인 사유재산 처리 문제를 둘러싼 3자 간의 갈등과 기 싸움은 상상을 초월했다.

미군정은 1945년 9월 25일 법령 제2호로 남한 거류 일본인의 재산 매매를 허가하였다가 이들 재산을 둘러싼 잡음이 끊이지 않자, 급한 대로 보완 세칙을 4~5차례 발표했다. 하지만 효과는커녕 민간인 송환이 본격화되자 일본인의 재산 매매는 더 광범위하게 이뤄졌다. 심지어는 명의 도용과 문서위조 등을 통해 한 사람이 여러 건의 구 일본인 소유 가옥·점포·토지를 싹쓸이하는 '부동산 투기'가 극에 달했다. 그로 인해 당국의 어설픈 관재 행정을 성토하는 비난이 곳곳에서 빗발치자 미군정은 결국 법령 제2호를 철회하고, 법령 제33호「조선 내 일본인 재산의 권리 귀속에 관한 건(朝鮮內日本人財産の權利歸屬に関する件, Vesting title to Japanese Property within Korea, 1945.12.6.)」과 「관재령 제2호(管財令第2号, Custody Order No.2)」를 공포해 기존에 체결된 모든 매매계약을 무효화하고, 모든 일본인 재산 매매 거래의 금지 및 일본국 공·사유 재산에 대한 미군정청의 일괄 접수를 선언하였다.[36)]

미군정의 관재 행정이 오락가락하게 된 흐름을 보면, 점령 직후만 해도 구 일본제국 안에서 해외 거류민의 송환과 재산에 관한 처리 방침은 아직 구체적인 상부의 지시가 없었기 때문에 '사유재산권 존중'이라는 자본주의 대원칙에 따라 재산권 행사 차원의 매매 행위를 인정하는 법령 제2호를 발표했다. 당시 구 총독부와 일본인세화회는 거류 일본인의 안전과 사유재산권 보호를 당연한 권리로서 주장하였다.[37] 반면에 남한의 주요 정당 및 사회단체는 "조선에 남은 구 일본국의 국공유 및 사유재산은 조선을 지배하는 동안 조선인을 착취해 이룬 것이므로, 해방 조선이 정부 수립 후 「사회적 공유」 내지 「국유」의 형태로 관리할 재산"이므로 모든 매매와 개인 간 거래를 금지해야 한다며 이를 정면으로 반박하였다.[38] 양자 사이에서 줄곧 모호한 입장을 견지해 온 미군정은 워싱턴과 연합국총사령부의 뒤늦은 지시에 따라 모든 '귀속재산'의 처리는 일본과 구 식민지에 향후 수립될 '정부 간 협의'를 통해 마무리할 문제라며 슬그머니 발을 뺐다. 결국 미군정은 이 복잡한 문제를 1948년에 수립된 한국 정부 측에 떠넘긴 것이다.

1장에서도 보았듯이 미군정의 대표적인 실정이라면 흔히 식량과 생필품의 자유 거래를 허가한 정책이 도마 위에 오르곤 한다. 즉 섣부른 판단으로 민생과 직결된 이러한 품목들을 자유시장경제에 맡긴 결과 투기꾼들의 배만 불리고 서민들은 기아선상을 헤매게 되었다는 것이다. 그런데 이것은 곧 해방 후 새로 유입된 귀환자와 초기 월남민의 응급 구호물자가 극소수의 '모리배'와 '간상배'에 의해 독점되어 이들의 모국 정착을 어렵게 했다는 이야기로 연결된다. 이들이 기거할 집 문제도 마찬가지였다. 새로 유입된 사람 가운데 의지할 자가 없는 경우는 전재민 수용소에서 나오면 갈 곳이 없어 사찰·빈집·토막을 전전하거나 심지어 노숙을 감수해야만 했다. 요행히 집을 구했다고 하더라도 집주인이나 관재인(구 일본인 가옥이나 점포의 경우 미군정이 지정한 관리인)이 맘대로 임대차 계약을 해지하는 경우가 많아 거주의 안정을 기할 수도 없었다.

그런데 문제는 이들 중 상당수가 송환 국면에서 돌아가는 일본인과 계약서를 위조하거나 명의를 도용해 건물의 소유권이나 점유권(사용권)을 독차지한 자들이었다. 이들은 대개 구 일본인 부동산의 매매를 비롯해 식량 등 생필품의 사재기, 반출입 금지 품목의 밀수 등을 통해서 갑자기 떼돈을 번 사람들이었다. 이들이 도량하게 된 주된 원인은 미군정의 일본인 사유재산 매매 허가와 그 뒤를 감당할 수 없었던 허술한 관재 행정에 있었다. 미군정이 비록 법령 제33호를 통해 뒤늦게나마 기존의 매매 거래를 무효화했다고는 하지만, 두세 달 사이에 이미 광범위하게 이루어진 부정 거래를 적발하는 것은 불가능했다. 왜냐면 당시 미군정 관재 당국은 뒤늦게나마 구 일본인 부동산을 조사해 각 물건별로 임대차계약 체결을 통한 공정 관리를 표방했으나 해당 물건의 수효조차도 파악하지 못한 상황이었다. 법령 제33호가 아니라 그보다 더한 조치로도 수습할 수 없는 지경이었다. 일본인 재산의 매매 거래를 허가한 것 자체가 욕망과 죄악의 판도라 상자를 열어버린 것이다. 이 상황에서 극대화된 인간의 탐욕을 감히 점령군의 법령 따위로 통제할 수 있다는 생각은 지나친 만용이었다. 애초부터 그 상자는 열어보지도 말라고 신신당부한 조선학술원 백남운의 경고를 무시한 대가는 생각보다 너무 컸다.

해방군의 선물, 포르노와 극한의 도파민

1946년 봄 언저리부터 미군정 고위 관료들과 해방 후 돈 좀 만져봤다는 사람들 사이에서는 "모 고급 요정에 가면 한 남정네가 두 명의 요부妖婦와 숨 막히는 정사를 나누는 기막힌 영화를 볼 수 있다."라는 솔깃한 소문이 돌기 시작했다.[39] 태평양전쟁이 시작되고 나서는 죄다 군복 입은 국책 선전 영화들밖에 없었으니 이 얼마나 가슴 뛰는 소식이었겠는가.

사실 일본이 하와이 진주만을 공격하기 전까지만 해도 충무로 일대 극장가에서는 카우보이 서부극의 인기가 대단했다. 일본에서는 1930년대 중반 중일전쟁을 전후해 할리우드 서부극이 크게 유행했다. '만주 개척'에 이어 이제는 중국 대륙으로 뻗어나가는 대일본제국의 장엄한 대동아공영권 서사가 미국의 서부 개척 내러티브와 친화성을 띠고 있었고, 활극 특유의 스펙터클한 호쾌함과 대리 만족감은 제국과 대중의 욕망을 한데 묶어내기에 충분했기 때문이다. 만주와 대륙의 군벌, 마적단을 무찌르고 오족협화·오족공화를 통해 '야만의 땅'에 '문명의 질서'를 이식해 파라다이스(대동아공영권)를 건설하겠다는 대일본제국의 꿈, 그것은 흡사 미국 서부개척 시대에 등장하는 열차 강도와 악당, 금맥을 찾아 몰려든 사기꾼과 협잡꾼, 머리에 화려한 깃털을 꽂고 독침과 활을 쏘며 덤벼드는 원주민이 득실거리는 무법천지를 권총 한 자루로 깔끔하게 평정하는 보안관의 영웅서사와 맞닿아 있었다.

1930년대 일본에서 시작된 서부극 열풍은 곧 경성으로 넘어왔다. 덕분에 존 포드 감독이나 게리 쿠퍼, 존 웨인 등의 배우 이름 정도는 일반인에게도 알려져 있었다. 〈평원아〉(The Plainsman, 1936년작 1937년 개봉), 〈신천지〉(Wells Fargo, 1937년작 1939년 개봉), 〈대평원〉(Union Pacific, 1939년작 1940년 개봉) 등 파라마운트 계열의 서부극은 태평양전쟁 발발 직전까지만 해도 엄청난 인기를 끌었다.[40] 특히 링컨 대통령의 명령으로 미국을 동서로 연결하는 대륙횡단철도 건설 과정을 그린 〈대평원〉의 경우는 『경성일보』 문화부에서도 "군중을 배경으로 한 장엄하고 입체적인 연출, 대반전의 트릭을 잘 살린 수작"이라며 칭찬을 아끼지 않았다. 스티븐 스필버그는 최고의 인생작이 무엇이냐는 질문에

新映画評　大平原　大掛りな力作　バラマウント社作品

パラマウント作品大平原―ア
メリカ大陸を横断するユニオン・
パシフィック鐵道鋪設の史實に取
材したアーネスト・ヘイコックス
の原作で「平原兒」に「遥驅」につ
ゞく、デミル監督としては大いなる
B・C……

いかにもデミル好みの大きなスケ
ールと主題を持つた作品である。

…リンカーン大統領の命により米
國の東西を結ぶユニオン・パシ
フィック鐵道は…を勞とし…

…主演のジョエル・マクリー（ジ
ェフ）バーバラ・スタンウイック
（モリー）ロバート・プレスト
ン（ディック）いづれも適役…
助演のアイキム・タミロフ…

…（約二時間半、若草上映
中）

경성일보 문화팀의 서부극 〈대평원〉 호평 기사

(『경성일보』, 1939년 2월 23일)
미국 파라마운트사의 서부극 시리즈는 태평양전쟁 발발 직전까지 일본에 이어 조선에서도 연일 관객 몰이를 하였다.

어릴 때 처음 본 서커스 극단의 곡예사와 코끼리 조련사가 나오는 〈지상 최대의 쇼〉(The Greatest Show on Earth, 1952년작)라고 말한 바 있다. 그는 이 작품의 감독 세실 블라운트 드밀(Cecil B. DeMille)이야말로 오래도록 자신에게 영감을 준 인생의 멘토라고 했다. 세실은 〈십계〉, 〈삼손과 데릴라〉 등의 작품으로 널리 알려져 있으나 초기에는 서부극을 많이 만들었다. 덕분에 1930년대 경성에서도 그의 서부극들은 탄탄한 마니아층을 확보하고 있었다. 그러나 1941년 태평양전쟁이 발발하자 '미영격멸'이란 구호와 함께 서부 활극은 하루아침에 자취를 감췄다. 그저 볼 수 있는 것이라곤 무자비한 검열을 거친 따분하고 칙칙한 전시 체제기의 선전 영화나 국책영화뿐이었다.[41]

이러한 상황에서 해방이 되자 이제는 고급 요정에만 가면 더 '혹하는 영화'를 볼 수 있다고 하니 그 얼마나 솔깃했겠는가. 그것도 세상에 백인 남정네와 두 요부의 실사판 영화라니 말이다. 미군이 진주하자 우키요에의 일본풍 도색 춘화도 어느새 구시대의 유물이 되어버렸다. 더 자극적인 것을 원하는 새 시대가 열린 것이다. 소문은 꼬리에 꼬리를 물고 빠르게 퍼져나갔다. 장안의 호사가들은 그 영화에 나온 '백인'을 두고 "러시아 사람일 것이다, 아니 미국 사람이다." 혹은 "만주에서 밀수한 필름이다. 아니, 미군 부대를 통해 들어 왔을 것이다."라며 부산을 떨었다. 그러한 가운데 1946년 12월 2일 소문만 무성했던 도색영화 상영 사건의 진상이 마침내 베일을 벗기 시작했다. 해방의 선물로 점령군이 전해준 포르노를 통해서 전시 체제기에는 상상조차 할 수 없었던 '극한의 도파민'을 맛본 일당의 윤곽이 드러난 것이다.[42]

이미 일본에서는 19세기 말부터 구미의 포르노가 수입되었고, 1920년대에는 자체 제작도 시작되었다. 1930년대에는 만주 침략 이래로 사회통제가 강화되자, 주로 요정의 밀실에서 단속을 피해 극히 '제한된 귀빈'만 모시고 비밀리에 포르노를 상영하는 '음지 문화'가 퍼져나갔다. 그리고 패전 후에는 다시 점령군을 위한 포르노 필름이 쏟아져 들어오기 시작했으며, 한국전쟁기에는 전쟁 특수 덕분에 영세한 영상제작소를 중심으로 8밀리나 16밀리의 이른바 '블루필름'으로 불리는 일본의 성인용 '풍속 영화(AV)' 제작이 크게 붐을 이루었다.[43]

그런데 이제 해방과 더불어 남한에서도 식민 지배의 유산으로 물려받은 요정의 밀실 정치 문화를 자양분 삼아 내로라하는 고급 요정에서 '도색영화 상영'이 시작된 것이다. 달라진 점이 있다면 총독부 고관 대신에 미군정 관료와 통역관이 그 자리를 함께하게 되었다는 것이다. 이 문제의 포르노 상영 소문은 그 판을 익히 잘 알고 있던 영화계 쪽에서 먼저 새어 나왔다. 그리고 얼마 후 특종을 잡기 위해 주요 일간지들이 일제히 달려들어 거의 두 달 동안이나 매일 같이 속보 경쟁을 벌였다. 그만큼 사람들의 관심이 집중되었다는 뜻이리라.[44] 처음에 이 사건은 사람들의 호기심과 말초신경을 자극하는 가벼운 가십 거리로 인구에 회자되었다. 하지만 사건의 진상이 더 구체적으로 밝혀질 때마다 사회적 공분은 더욱 커져만 갔다. 특히 경찰의 대응과 사법부의 판결이 모두 일반인의 상식으로는 전혀 이해할 수 없는 석연찮은 구석이 많았다.

고급 요정이라는 전근대와 근대를 아우르는 이 특수한 공간과 '해방군'이 전해준 포르노라는 새로운 장르의 기괴한 에로티카, 이 둘의 오묘한 조합 안에는 해방 전후로 증폭된 남한 사회의 혼란과 모순, 그리고 이것을 교묘히 악용한 신흥 집단의 온갖 탐욕·악업·죄악이 고밀도로 한데 응축돼 있었다. 이 사건의 진상이 한 꺼풀씩 벗겨질 때마다 서민들의 억장은 무너져 내렸고, 이 땅에 돌아온 이래로 이웃들의 노골적인 멸시를 간신히 참아온 귀환자와 월남민의 분노는 폭발 직전의 임계치까지 차올랐다.

명월관의 도색영화 상영, 마침내 분노의 쓰나미를 부르다

이 사건의 내막인 즉, 서울 돈의동 명월관에서 1946년 11월 20일 저녁 8시경에 종로구 사직동에 사는 김린이金麟伊라는 자칭 '사업가'가 최선이라는 기생 등 4-5명을 거느린 가운데 20여 명의 '신사 숙녀'와 함께 질펀하게 술판을 벌이다가, 취기가 오르자 모종의 경로로 들어온 포르노를 틀어놓고 향락의 끝을 맛보았다는 것이다. 이들은 바로 돈 많고 한가한 경성 시대 이래의 '유한마담(有閑madame)'과 '모던 뽀이' 출신들이었다. 경성이 이제는 서울이 되었으니 이들도 어느새 '신사와 숙녀'가 되어 당대 최고의 요정인 명월관의 앵실櫻室에서 그들만의 야회를 즐긴 것이다.

대개 이러한 모임의 물주는 바로 해방 후 쌀과 생필품을 사재기해 큰돈을 당겼거나, 돌아가는 일본인으로부터 여러 채의 집이나 점포, 각종 기자재와 애장품 등을 값싸게 손에 넣은 사람들, 혹은 국가(미군정)가 지정한 '관재인'으로서 적당히 구 일본인 공장, 극장, 병원, 백화점 등의 운영권을 따내 떼돈을 번 사람들이었다. 후속 보도에 따르면 종로의 국일관을 비롯해 해방 전 경성의 '긴자銀座'로 불리던 진고개 일대의 청향원, 난정 등에서도 포르노를 틀어놓고 질펀하게 주지육림에 젖어 있던 패거리가 목격된 일이 한두 번이 아니었다는 의혹이 제기되었다. 그리고 그 자리에는 예외 없이 미군과 통역원들이 함께 자리한 경우가 많았다고 한다. 그렇게 보자면 명월관의 '신사 숙녀'는 그저 운이 없었을 따름이었다.

경찰은 먼저 최선 등 4명의 기생을 불러 술자리에 있던 사람들, 필름과 영사기를 가져온 사람들, 그리고 그 술자리의 주재자를 조사했다. 그리고 '모리배 수사대'를 각 경찰서에 설치해 용의자를 추적했다. 수도경찰청은 "해방 후 온갖 불법과 계략으로 돈을 끌어모으는 '모리배謀利輩'를 처단"하고자 이번에는

해방 직전 요정의 술자리 문화를 엿볼 수 있는 영화 〈경성〉(1940, 시미즈 히로시淸水廣 감독)의 한 장면

이 영화는 조선총독부 철도국 의뢰로 제작된 24분짜리 '문화영화'이다. 문화영화는 본영화 상영 전에 국정홍보 차원에서 틀어주는 것인데, 이 작품은 유독 조선인의 일상적인 모습을 집중 조명해 사료적 가치가 높다.

특별히 강력한 수사대를 꾸려 검거에 최선의 노력을 다할 것이며, "도색영화를 상영한 명월관과 국일관의 영업을 당장 폐쇄하고 청향원과 난정도 혐의가 입증되는 대로 신속히 처리하겠다."라며 강한 결의를 밝혔다. 그런데 수도경찰총장 장택상이 기자들 앞에서 엄정 수사를 천명한 지 얼마 지나지 않아 수배 중이던 김린이가 1945년 12월 6일 '치안관'을 마치 자신의 호위병처럼 대동하고 제 발로 당당하게 경찰서를 찾았다.[45]

그가 '치안관'을 대동한 이유는 무엇일까. 본래 치안관 제도는 1910년 조선총독부 제령 '범죄즉결례'에서 유래한 것으로 1956년에 폐지되었다. 해방 전에는 관할 경찰서장이나 헌병분대장이 가벼운 범죄의 경우 즉결처분권을 행사할 수 있도록 보장했다. 그러나 근대적 인권이란 관점에서 재판도 보장되지 않는 이러한 '자의적 처벌'의 문제점이 많아 줄곧 폐지론이 대두했으나, 해방 후에도 법관이 부족하다는 이유로 온존되었다. 다만 1946년 1월부터는 일부 조항을 보완해 미군정법령 제41호, 치안관제도('특별심판원제도')로 운용했다. 즉 '경미한 범죄'의 즉결심판은 관할 법원 수석 판사의 추천, 법무국장의 임명을 통해 '치안관'이 판사의 직무를 대행하도록 하였다. 따라서 미군정 법령 제41호가 시행되기 이전에 김린이가 자수를 하면서 '치안관'을 대동했다는 것은, 어차피 '윗선'과 이야기가 마무리되어 '가벼운 범죄'로 다루어질 터이니 일선 경찰들은 공연히 애쓰지 말라는 의미였다. 사건 초기 인천 등지로 도망 다니던 그를 붙잡으려 노력한 말단의 일선 경찰들 입장에는 수배자가 도리어 이렇게 나오니 허탈할 수밖에 없었을 것이다.

그 밖에도 이 사건의 처리는 누가 봐도 이상한 방향으로 흘러갔다.[46] 1946년 12월 9일 명월관은 손님들이 포르노를 즐기고 있는 것을 알고도 묵인한 혐의로 영업정지 처분을 받았다. 그리고 이틀 후 미군정 관리와 조선인 통역원들이 모인 술자리에서 또 다른 포르노의 상영을 묵인한 혐의로 종로의 국일관도 같은 처분을 받았다. 그러나 청향원과 난정은 증거가 불충분하다며 아무런 제재도 받지 않았다. 이것을 수상하게 여긴 한 기자는 "명월관과 국일관에서 증거를 잡은 현명한 경찰이 어찌 하야 유독 청향원과 난정에서만 증거를 잡지 못할 만큼 우둔하였든가?"라며 강한 의혹을 제기하였다. 그는 심층 취재 결과 청향원에서 기생이 이 요정에 투숙하였고 분명히 도색영화를 상영했다는 증언을 확보하였고, 아울러 경찰 수뇌부는 이미 1945년도 말부터 시내 여러 고급 요정에서 도색영화를 상영하고 있다는 것을 인지하고 있었다는 사실을 확인했다. 결국 경찰 수뇌부는 이것을 내내 묵인해오다가 누구나 다 아는 명월관이 먼저 언론에 보도되는 바람에 어쩔 수 없이 영업정지 처분을 내린 것이라고 보았다. 이 기자는 당시 거론된 고급 요정들은 하나같이 상당한 뒷배를 등에 업고 있다고 확신했다.[47]

기자의 촉은 정확히 들어맞았다. 수도경찰청장이 반드시 엄벌하겠다고 기자들 앞에서 분명히 결의를 밝혔음에도 불구하고 무기 영업정지 처분을 받았던 명월관과 국일관이 12월 17일부터 다시 영업을 개시했다는 소문이 돌았다. 그때까지 영업 재개에 관해서는 경찰 당국으로부터 어떠한 사전 설명도 없었다.[48] 이에 경찰청 출입 기자들은 명월관과 국일관은 "폐쇄도 불사"하겠다고 말해놓고서 이제 와 벌금 500원에 고작 1주일 영업정지 처분을 내린 게 말이 되느냐며 따지듯이 장택상 수도경찰청장에게 물었다. 그러자 장택상은 "이번 처분은 관할 경찰서장의 직권으로 행한 것인데 현행 법규로는 '벌금 오백 원 이하, 또는 일주일 이내의 영업정지' 처분에 해당"한다며, 그나마 '최고 수위의 벌칙'을 적용했다고 답했다. 이쯤 되면 아무리 둔감한 사람일지라도 "짬짜미"를 의심하지 않을 수 없을 듯하다. 게다가 당시 수도경찰청에서는 명월관 도색영화 상영 사건으로 세상이 시끄러워지자, 갑자기 '풍기상 상서롭지 못한 풍설'이 도는 곳들을 일제히 단속하겠다며 12월 9일부터 정복 및 사복 경찰을 총동원해, 무허가 음식점, 무허가 여급 고용주, 일반 음식점 면허로 속이고 여급을 두어 술을 판 업주, 밀주 양조 유통업자, 기생의 요정 투숙, 기생의 음식점 운영 등 이른바 무허가 및 불법 변칙 영업점들을 대대적으로 단속하였다.[49] 당시의 기세라면 이참에 해방 후 문란해진 '풍기'를 제대로 바로잡을 것처럼 보였다. 이러한 상황에서 청장이 '법제의 한계' 운운하면서 '최고 수위의 벌칙'을 내렸다고 궁색하게 해명한 것은 누구라도 납득할 수 없었을 것이다.

사건 관련자의 조사와 재판도 졸속으로 처리되었다. 김린이는 자수 후 일관되게 자신은 그저 그날 모인 손님 중 한 명이었을 뿐이라고 발뺌하고 있었다.[50] 이러한 가운데 12월 28일 세밑을 앞두고 신향악기점 주인 김재영(구 본정2정목, 36세)과 사진기사 정화세(구 신당정, 30세)가 검찰로 넘겨져 구속 조사를 받았고, 1947년 1월 6일부터 현장에 있던 기생 최선, 이자인, 안해정, 임백희가 추가 조사를 받게 되었다.[51] 그리고 그날 술자리에 참석한 상업은행 지점장 이영우 등이 불구속으로 조사를 받았고, 그다음 날 드디어 고압적인 자세로 수사에 응했던 김린이도 '구속 수사'를 받게 되었다. 모든 조사가 종료된 후 1947년 1월 14일 김재영과 김린이 2명이 주범으로 기소되었다. 김재영은 일본인 관정희(간 마사요시, 菅政喜)로부터 1945년 12월경 무상으로 받은, "남자 1명과 여자 2명이 나체로 추잡한 실연을 하야 관람자에게 성욕을 충동케 하는" 영화를 상영한 풍기문란죄로 재판을 받게 되었다. 그런데 구형 공판을 하루 앞두고 이 두 명 가운데 김린이가 2월 3일 보석으로 석방되어 공판이 연기되었다.[52] 당연히 기자들이 몰려들었다. 2월 5일 법조 기자들이 김린이를 보석한 이유를 이인 대검찰총장에게 질문하자 "3명의 재판관 전원이 항의서를 검찰 측에 제출했고, 보석심리관들이 모두 구속에 반대했다."라며 검찰 측과 재판부 사이에 갈등이 있었음을 시인했다.[53] 즉 재판부는 김린이가 주모자가 아닌 단순 구경꾼이었다고 본 것이다.

우여곡절 끝에 2월 7일에 이들의 1차 공판이 서울재판소에서 열렸다.[54] 당시 이들을 취조한 강석복 검찰관은 "지금 밖에서는 전재민(귀환자와 월남민)들이 먹지도 못하고 입지도 못하여 울고 있는 한편에, 불야성을 이루는 모리배의 소굴인 요릿집에서 민족적 양심을 잃어버리고 그러한 추태를 연출한 피고들은 도저히 용서할 수 없다."라며 김린이에게는 징역 3개월에 벌금 3만 원, 김재영에게는 징역 4개월에 벌금 3만 원을 구형했다. 또 재판 과정을 취재한 기자는 피고인 측 변호인 조기열과 조산의 '안쓰러운' 무죄 변론을 지켜본 뒤 방청객들의 '낯을 붉히게 하였다'고 적었다.[55] 즉 어떤 법리로도 이들의 행동은 사회적으로 용서할 수 없다는 정서가 객석을 지배한 것이다. 그 결과 2월 11일 선고 공판에서는 시작 전부터 방청석 쪽에서 욕설이 난무했다. 할 수 없이 방청객을 내보낸 채 진행된 재판에서 방순원 주심은 '외설죄'로 김재영에게 벌금 1만 원, 김린이에게 벌금 5천 원을 언도했다.[56] 그러자 김린이는 그마저도 억울하다며 1947년 2월 23일 다시 불복의 뜻을 밝히고 상고하였다.[57] 그 후로 관련 보도는 찾을 수 없다. 1946년 12월부터 1947년 2월에 걸쳐 장안을 뜨겁게 달궜던 도색영화 사건은 이렇게 싱겁게 끝났다.

사건은 비록 마무리되었다지만 세간의 분노는 전혀 식지 않았다. 아니 오히려 재판을 지켜본 방청객들의 반응이라든가 기자들의 보도 논조를 보건대 솜방망이 처벌로 인해 사건 관련자에 대한 사회적 공분은 물론이고, 경찰 및 사법기관에 대한 불신도 최악으로 치달았다. 당시 한 신문은 이 사건의 처리 과정을 지켜보며 느낀 바를 아래와 같이 적고 있다.

"아는가, 모르는가. 도탄에 든 민생고

하룻밤 기생을 데리고 네다섯 명이 술 한 잔 요정에서 먹으려면 최소

한도 육칠천 원이 필요한 이 세상에 매일 밤 요정은 예약 없이는 갈 수 없는 어마어마한 요정 경기라는데 도대체 이러한 요정에서 기생들의 소리를 들어가며 매일 밤 출입하는 손님들은 어떤 계급에 속하는 손님들일까? **요정 문전에다 차를 대어놓고 불룩한 기름진 배를 끌며 자동차에서 나(내)리는가** 하면, 뒤에는 아무리 보아도 장사꾼 같지는 않은 신사가 내리게 되는데 8·15(해방) 전이라면 목에 부친(붙인)「마크」(전시 체제기 공무원이나 관변단체 직원이 착용하던 국민복 목깃의 관등 표시 : 필자)로 무엇인지 정체를 명확히 알겠으나, 요즘 불행 중 다행으로 군정 관리들은 정복이 없어 약간 분별하기 곤란하나, **역시 군정 관리의 독특한 타입을 알 수 있어 이를 미뤄본다면 군정 관리를 중심으로 내일을 모른다는 악덕 모리배들의 출입이 단연 제일 번**이요, **그다음으로는 신진상들이 누구 덕에 돈을 벌었는지?** 이들의 출입을 빼위는다면(빼면) 요정은 문 닫을 지경에 이를 것이다. 이러구(고) 보니 땀을 흘리는 근로대중은 감히 생각지도 못할 일이지만 **요정을 도맡아 출입하는 손(님)들은 역이(또한) 모리(謀利)로 건국을 방해하는 그들뿐이요 요정은 이들을 위하여 제공하는 사교장**이라 안이(아니) 생각할 수 없다."[58]

(이하 **인용문의 굵은 서체**는 지은이의 강조)

이처럼 4~5명이 모여 고급 요정에서 즐기면 대략 6~7천 원이 들었는데, 명월관에서는 20여 명이나 어울렸으니 김린이에게 부과된 벌금 5천 원은 한차례 술값보다도 훨씬 적은 돈이었다. 이 사건을 계기로 고급 요정은 군정 관료, 해방의 혼란을 틈타 돈을 번 신흥 자산가, 그리고 정치 브로커 등 건국을 방해

하는 '매국노들의 소굴'로서 깊이 각인되었다. 이것은 근대 이래 만연한 에로(エロ, erotic), 구로(グロ, grotesque), 넌센스(ナンセンス, nonsense)가 고급 요정과 포르노를 매개로 해방 공간에서 새로운 형태로 재현된 상징적인 사건이었다. 말 그대로 어찌 이보다 더 '선정적이고, 기괴하며, 지각없는 처사'가 있겠는가. 일련의 사태를 지켜본 서민들의 분노는 마침내 쓰나미처럼 번져갔다. 즉 처음에는 일본인이 소유했던 고급 요정과 대형 유곽 등으로 국한되었던 개방 운동의 압력이 이 사건을 계기로 조선인 소유 요정은 물론이고 여타 중소 규모의 유흥업소 전반으로 퍼져나간 것이다.

도색 야회의 현장에서 덜미를 잡힌 수도경찰청장

요즘도 정관계 및 재계의 고위층 인사들이 고급 술집에서 '은밀한' 만남을 가졌다는 이야기가 들려오곤 한다. 그럴 때면 으레 소문의 당사자로 지목된 자들은 한사코 사실을 부정한다. 물론 이러한 스캔들은 단순한 '의혹'으로 끝나기도 하고, 갈등 관계에 있던 개인이나 특정 세력의 '중상'으로 밝혀지기도 하며, 내부 고발이나 목격자의 양심선언 등으로 뜻하지 않게 '진상'이 알려지기도 한다. 과거의 기록 속에서 우연이라고 하기에는 너무나도 똑같은 일이 반복되는 것을 볼 때면, '역사란 결국 시공간을 넘나드는 도플갱어들의 재현'이 아닐까 하는 생각이 들기도 한다. 다만 아쉬운 것은 주로 선한 사람들보다는 역사 속의 악인들이 마치 오래된 유럽 건물 꼭대기의 빙글빙글 도는 시계탑 인형들처럼 주기적으로 나타난다는 점이다. 왜 정권이 교체되거나 시대가 바뀌는 국면에서는 항상 전생에 제 머리만 믿고 싸움질만 해대던 아수라, 제 욕심만 부리던 아귀, 그리고 줄곧 못된 악업만 쌓은 축생들이 한꺼번에 등장

밤늦게 料理店서?
도라가는 者누구

惡質警官
金品詐取

통행금지 시간에 명월관에서 술을 마시다가 덜미를 잡힌 박충식과 장택상 보도 기사

(『독립신보』, 1947년 2월 21일)

하는 것일까. 당시 서민들을 비롯해 귀환자나 월남민에게 해방 공간의 고급 요정은 '인간계'를 괴롭히기 위해 무간지옥에서 환생한 아수라, 아귀, 축생들이 밀회를 나누던 '만악의 근원지'로 비치지는 않았을까.

다시 명월관 이야기로 돌아가 보자. 수도경찰청장 장택상이 엄하게 처벌하겠다고 호기롭게 공언했다가 고작 벌금 500원만 내고 불과 1주일 만에 보란 듯이 영업을 재개한 명월관에서는 그 후 어떤 일이 벌어졌을까. 이 사건의 공판이 끝나고 경찰과 사법부를 향한 여론이 여전히 곱지 않은 가운데 얼마 전 물의를 빚은 명월관에서 이번에는 서빙을 하던 사환이 야밤에 손님으로부터 폭행당했다는 제보가 신문사에 접수되었다.[59] 기자가 확인한 결과 명월관에서 직원을 폭행한 자는 박충식이고, 그 자리에는 수도경찰총장 장택상이 함께 있었다는 것이다. 그런데 공교롭게도 이때는 안재홍이 민정장관에 취임하면서 관료들의 '자중'을 특별히 강조한 시기였다. 그뿐만 아니라 서울의 경우는 오후 10시부터 다음 날 새벽 6시까지 통행금지(통금)를 이제 막 시행한 때였다.[60] 통금 위반자를 단속해야 할 서울 경찰의 최고 책임자가 문제의 명월관에서 야밤에 술을 마셨고 동석한 사람이 폭행까지 저질렀으니 장택상 입장에서는 상당히 곤혹스러웠을 것이다. 당시 통금 위반자에게는 99원의 과료를 부과했지만, 고급 요정 앞에는 여전히 고관들의 자동차가 항상 밤늦게까지 주차되어 사람들로부터 따가운 시선을 받고 있던 시기였다. 그러던 차에 3월 15일 심야에 장택상과 함께 자리한 박충식이 명월관에서 종업원을 폭행했고, 그것도 모자라 이틀 후에도 두 사람은 다른 요정에서 늦게까지 술을 마셨다는 의혹마저 제기되었다.

고급 요정은 고관들에게 일상적인 만남의 장소였고 어떤 의미에서는 '도색 야회'는 공직 생활의 연장이기도 했다. 그가 3개월 전 기자들 앞에서 포르노를 상영한 명월관을 엄벌에 처하겠다며 공언한 것은 화난 민심을 잠재우기 위한 정치적 제스처에 불과했다. 예전부터 그를 지켜본 사람은 그가 해방 전부터 유수 요정들의 단골손님이었다는 사실을 이미 잘 알고 있었다. 그의 이러한 이중적인 태도는 이번 한 번이 아니었다. 1952년 그가 국무총리가 되었을 때도 '요정 출입 엄금'이란 말을 자주 입에 올렸다. 또 1958년 12월 국회 반공투위 위원장 시절에도, 고급 요정을 드나드는 공무원들은 철저히 내사해 '명단과 직업을 일반에 공개'하겠다고 으름장을 놓았다.[61] 즉 해방 후 그를 포함해 정치가와 고관들에게 요정은 자연스러운 만남의 공간이었다. 당시 장택상의 기자회견장에 있던 한 기자는 "일전에 모 의원이란 자가 'D' 요정에 갔다가 평소에 '요정 폐지론'을 주장했다며 기생 아가씨에게 야료(생트집)를 받아 술상을 뒤집어엎은 일이 있는지라 … ."라며 정치인들이 말하는 '요정 출입 엄금'이라든가 '요정 폐지론' 등은 전혀 믿을 말이 못 된다는 의미로 "아마 웬만한 요정 뒤에는 다들 쟁쟁한 기둥서방이 계실걸?"이라며 비꼬았다.[62]

　그러면 1947년 3월 장택상과 박충식은 평소에 어떤 사이였고 명월관에서는 야밤에 과연 무슨 이야기를 나눴을까. 박충식은 장택상이 1958년 국회 반공투위 위원장 시절에 총무간사를 맡은 자로서 오랫동안 정치적 행보를 함께했다.[63] 이들이 명월관에서 만난 1947년 3월 중순 무렵에는 장택상이 경찰을 돕겠다는 명목으로 '보경회'라는 임의단체를 몰래 만들어 한창 기부금을 모집하던 시기였다. 박충식은 이 단체를 후원할 거물급 유지들을 단체의 간부로 끌어들이는 역할을 맡고 있었다. 그런데 이 보경회의 '기부금'은 사실상 자발적인 모금이 아니라 일반 시민을 상대로 거의 '갈취'하는 수준이라는 민원이 제기되었다. 그러자 안재홍 민정장관은 사실 확인 후 재고하도록 조치하겠다고 답했다.[64] 아울러 경찰의 모금 행위가 사회적으로 물의를 빚자 수도경찰청의 상부 기관인 미군정 경무부도 사태의 심각성을 깨닫고 엄중히 경고하였다.[65] 조병옥 경무부장은 함부로 국립경찰의 '경警' 자를 사용하지 말라고 지시했다. 경무부에서 내사한 결과 수도경찰청 안에 '보경회'라는 단체가 각 경찰서 관할 동회(구 정회)를 통해 돈 많은 '유지'들을 상대로 어렵게 사는 경찰과 그 가족을 도와달라며 '천 원 이상'의 가입비를 요구한 사실을 확인했다. 사람들은 '경찰복'을 입고 모금 행위를 했기 때문에 지레 겁을 먹고 기부하기는 했지만 곳곳에서 불만의 목소리가 불거져 나왔다.[66] 한번 가입비를 내면 계속해서 돈을 내야만 했기 때문이다.

보경회는 경무부의 경고 조치 후 '보강회'로 이름을 바꾸었을 뿐 서울의 경찰들은 여전히 각 동네를 돌며 '기부금'을 강요했다. 사람들의 시선은 자연스레 장택상에게 향했지만 그는 모르는 일이라고 발뺌했다. 하지만 유지들 가운데 정기적으로 보강회를 통해 경찰들의 생활비를 원조하고 있다는 증언이 다수 확보되었다. 이에 안재홍 민정장관은 1947년 6월 10일부로 '보강회'의 해산을 명령하고 그동안 모은 돈을 압수하도록 지시했다. 그러자 조병옥은, 단체는 해산하되 일단 좋은 취지에서 시작한 일이니만큼 경찰의 '체면'을 생각해서라도 돈은 몰수하지 않는 선에서, 이 문제를 처리했다.[67] 조병옥(1894~1960)과 장택상(1893~1969)은 연배도 비슷했고 해방 전에는 독립운동도 함께 한 바 있다. 또한 각기 미국과 스코틀랜드 등지에서 유학한 엘리트로서 고하 송진우의 진언으로 경찰계에 몸담은 수뇌부였다. 다만 서로 기질이 맞지 않아 해방 전에도 인간적인 교분은 깊지 않았다고 전한다. 해방 직후에는 각자의 방식으로 정치적 행보를 이어갔기 때문에 라이벌 관계라는 소문도 돌았고, 직위상 경무부장 조병옥이 상관이었으나 기본적으로 둘은 서로를 존중하는 사이였다. 그러나 장택상이 1947년 봄부터 무리하게 보경회(후에 보강회)를 조직해 경무부의 지시를 무시하고 수도경찰청을 자의적으로 운영하면서 둘 사이의 관계는 급격히 틀어졌다. 그 결과 주요 치안 사건의 처리 과정에서 두 사람은 노골적으로 대립하기도 했을 뿐만 아니라 미군정 경무부와 수도경찰청장 산하의 주요 간부와 말단 경찰도 덩달아 서로 기 싸움을 벌이기도 했다. 이러한 앙금은 1948년 정부 수립 이후까지도 이어졌다고 한다.

그러면 장택상이 수도경찰청을 효과적으로 장악하고 향후 개인적인 정치 행보를 위해 임의로 만든 이 보경회(보강회, 서울보강회로 개칭)는 어떤 사람들로 꾸려졌을까. 또 이 단체에 '거물급 물주'를 끌어들이는 과정에 박충식이 수행한 역할은 무엇이었을까. '보강회'는 1947년 6월에 미군정 경무부와 공보부를 통해 공식적으로 해산 명령을 받았다. 하지만 그 후로도 '서울보강회'라는 이름으로 활동을 지속해, 기어코 기금 3천만 원을 조성한 뒤 수도경찰청 산하 경찰관에게 1인당 500원을 지급하고, 수재민들에게 20만 원의 위문금을 전한 바 있다.[68] 이 단체의 주요 구성원은 1947년 4월 2일 안재홍 민정장관의 출입기자단 정례회견 과정에서 기자들의 입을 통해 거론되었다.[69] 신문마다 지목한 인물은 약간씩 달랐다. 다만 여러 언론에서 공통적으로 지목한 인물은 장택상의 친형인 장직상을 비롯해 박흥식, 안동원, 민규식, 박충식 등이었다. 장택상과 박충식이 명월관과 여러 요정을 옮겨가며 술을 마신 1947년 3월 중순 무렵에도 보경회 이사진 구성 현황을 언급한 보도가 있었다.[70] 당시 사조직이나 임의단체의 공개 명단은 이름만 올린 경우가 많아 액면 그대로 믿을 수는 없지만, 일단 회장은 흥사단계 인사로서 송진우·김성수 등과 함께 활동한 안동원이 맡았다. 그는 평양숭실, 니혼대학, 웨슬리언대학을 거쳐 이화여전 및 연희전문에서 교편을 잡았다. 해방 후에는 과도입법의원으로 활동하면서 조선민족청년단(족청) 및 서북청년단(서청) 후원회장, 한민당 중앙위원 등을 지낸 서북계 우익 인사였다. 이사진으로는 각 구별로 복수의 이사를 두었는데, 지역 통합 이사로는 화신그룹 및 조선비행기 사장 박흥식, 전 경북도지사 이창근 등이 이름을 올렸다. 이창근은 평안남도 출신으로 니혼대학을 졸업하고 고등문관시험에 합격해 해방 직전에 경북도지사를 지냈다. 해방 후에는 박흥식의 화신무역 상무, 그리고 경찰후원회장을 지낸 바 있다. 해방 직전에는 무자비한 공출 강요로 인해 몇 되지도 않는 조선인 도지사 가운데 엄청나게 욕을 얻어먹은 인물이었다. 실제로 이들이 활동했는지 여부는 알 수 없지만, 당시 보도된 30여 명의 이사진 가운데는 서북 계열의 극우 인사, 장택상의 고향인 경북 지역에 연고를 둔 인사가 많이 포진하고 있었다. 또한 각 구 단위에는 친일적인 고등경찰 출신자가 상당수 포함되어 있어, 일각에서는 도대체 무엇을 위한 조직이냐는 비판이 제기되기도 했다.

그러면 박충식은 어떤 역할을 했을까. 그는 일본 메이지대학과 호세이대학을 거쳐 경성법전을 나온 인물로서 충북도청에서 근무하다가 박흥식의 화신산업 간부로 발탁된 뒤에 중앙신문사 사장, 태창산업 이사, 경성전기 임원을 지냈다. 해방 후에는 미군정 자문 기구인 민주의원 의장 비서국 외사과장과 차장으로 활동하였다. 당시 의장은 바로 이승만이었다. 즉 장택상이 그와 명월관 등의 요정에서 어울린 주된 이유는 이승만과의 유대 관계를 강화하고 보경회의 핵심 물주로서 박흥식을 영입하기 위한 적임자로 보았기 때문이었다.

'박흥식 반민족행위특별조사위원회 자료'[71) 안에는 박충식과의 관계를 엿볼 수 있는 중요한 내용이 담겨 있다. 박흥식은 피의자 조사에서 우가키 가즈시게宇垣一成 총독이 남면북양南綿北羊 정책을 내걸었을 때 조선에서 처음 재배한 양모로 양복을 지어 입었는데, 그 재봉 작업을 당시 화신에서 맡게 되었다. 그때 총독에게 '주문'을 받아온 자가 바로 박충식이었다고 회고했다. 한편, 한 달 먼저 증인 조사를 받은 박충식은 충북도청에서 근무할 때 박흥식의 선광인쇄소와 인쇄물 납품 건으로 인연을 맺었고, 공직을 그만둔 뒤에는 인쇄소 지배인을 거쳐 화신 본사의 영업과장으로 발탁되었다고 말했다. 또 조사관이 조선비행기회사에서 박흥식의 비서로 일하면서 총독부나 일본인 은행 간부와는 어떤 교섭을 했냐고 묻자, 자신은 단지 '징용'을 피하고자 비서로 일했을 뿐이라고 답했다. 박충식이 선을 긋는 모습을 보이자, 조사관은 "사적으로는 (박흥식이) 가장 가까운 분의 한 분이시라지요?"라고 돌직구를 던졌다. 그러자 박충식은 "가깝다기보다 그에게 신세도 많이 졌고 해서 항상 존경했습니다."라며 속내를 드러내기도 했다. 이처럼 장택상은 보경회의 든 든한 물주로서 박흥식이 필요했고, 그를 끌어들이기 위해서는 박충식이 필 요했던 것이다.

그 밖에도 이 자료 안에는 1946년 12월 명월관과 국일관이 영업정지를 당했 을 때 청향원이 처벌을 피해 갈 수 있었던 정황이 자세히 적혀 있다. 당시 조사 관은 박충식의 개인 신상을 물어보는 과정에서 첫 질문으로 "청향원을 경영 하지 않습니까?"라고 물었다. 즉 반민특위는 그가 청향원의 실제 주인이라고 간주한 것이다. 이에 박충식은 "아닙니다."라고 답했으나, 설령 그가 직접 경 영하지 않았더라도 어떤 식으로든 관여한 정황을 확인할 수 있다. 그렇다면 청향원이 처벌을 면하는 과정에서 장택상이 직간접적으로 일정한 영향력을 행사했을 가능성도 배제할 수 없을 것이다.

박충식은 1948년 정부 수립 후 여러 차례 국회의원에 당선되었다. 그 배경 에는 그의 모나지 않은 성격과 타고난 처세술이 주효했다는 평이 많았다. 태 창산업 이사 시절에는 정부와 은행으로부터 '급전'을 당겨오는 능력도 뛰어 났다. 세계적인 비디오 아티스트 백남준의 아버지 백낙승은 대대로 갑부였 고, 해방 전후 만주 포목을 들여와 큰돈을 벌었다. 그는 자신의 회사 태창산업 을 통해서 이승만에게 정치자금을 건네준 대가로 홍삼 전매권과 귀속 기업인 고려방직 영등포공장을 수의계약으로 불하받으면서 엄청난 특혜 금융 대출 을 받았다.[72] 이 과정에서 백낙승과 이승만 사이를 오가며 물밑 작업을 한 인 물이 바로 박충식이었다. 그가 이승만이 민주의장 시절의 비서였다는 것을 백 낙승도 잘 알고 있었다. 민주의장 비서 시절 그는 '친근한 외교술'을 뽐내기도 했다.[73] 그는 이승만 의장을 모시고 미군정이 주최한 만찬장에 참석하곤 했는데, 하지 사령관은 그에게 어쩌면 그렇게도 영어를 못하는 사람이 신통하게 외교는 잘하느냐고 칭찬했다는 이야기가 전한다.

그러면 장택상은 왜 박충식과 요정을 옮겨가며 보경회를 꾸리고자 했을까. 과연 돈이 필요했을까. 박정희 대통령 일가가 대를 이어 소작 지은 땅이 그의 아버지 장승원의 농토였다. 그의 집안은 대대로 경북 칠곡 일대의 대지주였다.[74] 그는 우리나라에서 제일 비싼 시계 파텍필립(Patek Philippe)을 차고 다니던 도련님이었다.[75] 그 시계는 유럽에서도 아무나 찰 수 없던 것으로서 빅토리아 여왕, 아인슈타인, 록펠러, 바그너, 차이콥스키 등이 사랑한 명품 시계였다. 그의 형 장직상도 해방 전 참의를 지냈고 현재 경북대 의대 본관 건물도 그가 거액을 쾌척해 지었으며, 해방 후에는 미군정청이 접수한 남선전기회사 사장, 조선경제협의회 감사, 대한생명보험회사 회장 등을 지낸 원로였다. 장택상은 돈이라면 결코 아쉬울 것이 없는 사람이었다. 결국 보경회는 수도경찰청 산하의 경찰력을 장악하기 위한 수단이었다. 그가 상부의 견제에도 불구하고 이 조직을 군이 유지하고자 한 것은 이를 기반 삼아 독자적 세력을 구축해 정부 수립을 앞두고 개인적인 정치 행보를 개시하기 위함이었을 것이다.

요정 개방을 꺼리는 '모리배'와 '간상배'의 실체

서민들은 배를 곯고 있고 외지에서 온 귀환자나 월남민은 한겨울에 동사를 걱정하는 마당에 '모리배'와 '간상배'로 불리던 사람들은 고급 요정에서 포르노를 틀어놓고 술판을 벌였으니, 이들은 엄청난 비난 세례를 받았다. 아울러 세간에서는 이를 묵인한 고급 요정도 한통속이며 분명히 뒷배가 있을 것이라고 믿었다. 당시 이 사건을 취재한 기자는 이러한 세태를 어떻게 회고했을까. 1920년 서울에서 태어난 문제안은 일본 메이지대학 문예과를 나와 1943~1946년 7월까지 경성중앙방송국에서 아나운서로 일했다. 미군정 당국과의 마찰로 방송국을 그만둔 그는 조선통신사를 거쳐 막 창간한 경향신문사에 사회부 기자로 입사했다. 당시 경향신문은 경성천주교재단의 양기섭 신부가 소공동 74번지의 고노사와인쇄소近澤印刷所 건물을 미군정으로부터 양도받아 1946년 10월에 만든 신문사였다.

그가 입사한 경향신문사 건물은 귀속재산이었다. 본래 이곳은 1909년 경성으로 건너와 주로 명함 제작과 인쇄업을 하던 고노사와 모헤이近澤茂平가 당시 하세가와초長谷川町(후에 소공동) 74번지에 창립한 회사로서 인쇄소와 함께 고노사와서점近澤書店을 운영하던 곳이다. 이 인쇄소는 경성에서 성장해 하얼빈에 지점을 낼 정도였고, 1930년대에는 주로 조선행정법 시리즈와 경성의과대학편람, 그리고 재조 일본인의 회고록 등을 출간하였다.[76] 해방 전후에는 총독부의 긴급한 요청으로 비상시국에 대비해 화폐를 잠시 찍기도 했다. 그리고 해방 후에는 조선공산당이 이곳을 접수해 당사로 사용하면서 인쇄소 이름을 조선정판사로 바꾸어 기관지 『해방일보』를 발간한 곳이었다. 아직도 정확한 사건의 진상은 베일에 싸여 있지만, 미군정이 좌익 세력을 탄압하는 중요한 명분이 된 '정판사 위폐 사건'에서 검찰 측이 위폐를 인쇄했다고 주장한 장소가 바로 이곳이었다.[77]

사회부 기자로서 문제안은 해방 후의 혼란상과 온갖 부조리를 눈앞에서 지켜봤다. 그가 바로 '명월관과 국일관의 포르노 상영 사건', '청향원과 난정의 증거 불충분 처분'을 심층 취재한 장본인이었다. 그는 해방 직후 남한의 모습을 회고하며 '수명증羞明症(눈부심 증상)'에 걸린 듯했다고 말했다.[78] 이보다 더 '적확한' 비유가 있을까. 오랜만에 광복을 맞아 드디어 빛을 보게는 되었으나 동공이 아려 눈꺼풀조차 완전히 뜨지 못하고 앞을 제대로 볼 수 없는 상황, 이것이 바로 그가 사회부 기자로서 요정 안팎에서 벌어진 일들을 취재하며 느낀 해방 공간의 자화상이었다. 그는 미군정청과 이승만을 취재하던 시절을 떠올리며, 당시 기자들은 명월관이나 국일관에 가면 '특빈' 대접을 받을 정도로 위세가 대단했다고 회고했다. 자신도 국일관 등 고급 요정에 초대받아 그곳에서 포르노를 본 경험이 있다고 고백하였는데, 당시 포르노는 점령군의 위락용으로 미국에서 들여왔다고 한다. 요정에서 포르노가 상영된 전후의 맥락을 보면 주로 미군정 요직에 있던 '조선인 관료들'이 먼저 술자리의 바람을 잡았고, 기업체의 사장이나 신흥 장사치로 하여금 미군을 초대해 향응을 베풀어달라고 부탁했다고 한다. 그래서 파티를 열면 분위기를 띄우고자 으레 도색영화를 함께 보곤 했는데, 당시 필름은 여러 번 복사되어 화질은 그리 좋지 않았다고 한다. 영상에도 조예가 깊은 그는 한국전쟁기에는 종군기자로,[79] 또 1960년대에는 서라벌예대 문화영화제작소에서 다큐멘터리 문예영화 제작을 하며 보냈고,[80] 1970년대에는 서라벌예대, 이화여대, 수도사대를 거쳐 원광대 일문과에서 교편을 잡았다.[81]

그의 회고는 결국 미군정의 조선인 관료들이 미군에게 향응을 제공하고자 돈 많은 사장이나 장사치에게 '물주' 노릇을 시켰다는 이야기이다. 미군을 접대한 대가는 어떤 중요한 정보나 이권이었을 터이니, 그 떡고물을 조선인 관료와 물주 노릇을 한 자들이 적당히 나눴다는 이야기가 된다. 과연 그 이권이나 중요한 정보란 무엇이고 술자리의 '물주'는 어떻게 돈을 번 것일까.

역시 가장 큰 먹잇감은 구 일본인 소유 부동산이었다. 1945년 9월 법령 2호를 통해 일본인 재산의 자유 거래를 허가함으로써 '부동산 사재기'를 촉발해 비난이 쏟아지자, 미군정은 1945년 12월 법령 33호를 통해 기성 매매계약 및 거래의 무효를 선언했다. 그리고 이전에 재산의 매매 대금을 은행에 예치한 자에게는 그동안의 세를 제외하고 반환할 것이며, 앞으로는 구 일본인 소유 부동산을 미군정 관재 당국이 '임대차계약'을 맺어 철저히 관리하되, 세를 놓아서 국가 재정에 충당하겠다고 밝혔다. 그런데 구 일본인 재산을 이미 '다수 점거한 자'들은 어떻게 처벌할 것인지를 기자들이 묻자, 미군정 재산관리과장 냅슬리는 아무런 방침도 서 있지 않다는 무책임한 발언만 되풀이하였다.[82]

미군정이 임대차계약 업무의 대행 기관으로 지정한 조흥은행의 작업 진행 상황은 어땠을까. 1946년 2월 조흥은행 특수업무과의 대행 실적을 보면, 대상 물건에 비해 조사 인력이 턱없이 부족했다.[83] 조사 대상 물건은 서울의 경우 중구 1만 3천 호, 용산구 8천 호, 종로구 6천 호, 서대문구 7천 호, 성동구 3천 호 등 총 '3만 8천 호, 10만 세대'로 잠정 집계되었다. 그런데 실제 조사 및 계약 체결에 투입된 인력은 조흥은행원 '38명뿐'이었다. 이들은 조사 증명서를 소지하고 매일 20건씩을 처리하였다고 하는데, 특단의 조치를 취하지 않는 이상 '10만 세대'의 임대계약 체결을 언제 끝낼 수 있을지 가늠조차 할 수 없는 상황이었다. 이처럼 대상 물건의 조사 및 계약 체결만 놓고도 행정력이 턱없이 부족했기 때문에 해방 초기 자유 매매 허가 시기에 이루어진 부정 매매, 명의 도용, 허위 등기를 역추적해 검증한다는 것은 상상도 할 수 없었다. 결국 미군정은 구 일본인 부동산을 각 도에서 분담해 관리하도록 하고, 조흥은행 외에도 지역별로 대행 기관을 확대 지정하였다. 그 결과 경기도는 저축은행·조흥은행·조선신탁은행, 충남과 전남은 조선은행, 충북과 경남은 상업은행, 여타 지역은 식산은행이 대행 기관으로 지정되었다.[84] 소관 관청 및 대행 기관을 정비한 후에도 일본인 재산에 대한 관리는 제대로 이루어지지 않았다. 그러자 경기도 적산관리처의 경우는 1946년 6월 15일을 기해 '세대주'만이 임대차계약을 맺을 수 있으며, 향후 임대차계약을 체결하지 않고 구 일본인 부동산을 점유하거나 그곳에 거주하는 자는 곧바로 축출하겠다고 발표하였다. 그러나 이것은 물건이 파악된 경우에나 가능한 일이었다. 1946년 9월 1일 현재 서울의 대상 가옥 약 '3만 8천 호' 가운데 임대차계약 체결이 완료된 것은 총 대상 물건의 1/3, 즉 '1만 2천여 호'에 불과하였다. 나머지 2/3는 관리는커녕 상황조차 파악이 되지 않았다는 뜻이다. 심지어 계약이 체결된 경우도 재산 관리인이 가옥은 물론이고 집에 딸린 전등, 세면대, 문고리 장식 등의 부속 기물마저 몰래 팔아버리곤 하였다. 부정 매매가 극에 달한 가운데 본래 집값에 권리금까지 얹어 여러 번 되파는 상황마저 벌어졌다.[85] 이처럼 미군정 관재 정책의 혼선, 주무 부서의 빈번한 이관은 귀속 부동산의 관리 부실로 이어졌다. 그 결과 투기꾼들은 허술한 관리와 법망의 허점을 비웃으며 부동산 매매 및 임대차계약 관련 공문서를 위조한 뒤, 이를 무마하고자 관재 기관에 대한 접대와 전방위 로비 활동을 통해서 구 일본인 부동산을 이중, 삼중으로 손에 넣게 되었다.

또 다른 중요한 돈벌이 수단은 원자재·생필품·사치품의 밀수나 비축 물자 및 구호물자의 횡령과 사재기였다. 해방 후 연합국총사령부와 주한 미군정에서는 허가받지 않은 점령 지역 내 사람 및 물자의 이동을 엄격히 통제하고자 했다. 그러나 일본제국의 해체로 인해 중국(만주) - 한반도 - 일본 열도로 이어지는 생산 및 물류의 연계 체계가 단절되었고, 한반도 안에서도 남북 간에는 공업과 자원이 편재가 심해서 물자 부족과 수급 불균형이 심각했다. 바로 이 틈을 노린 광역에 걸친 조직적인 밀수, 그리고 교역을 빙자한 남북 간 물자의 암거래는 짭짤한 돈벌이 수단이 되었다. 대개 이러한 밀수나 암거래는 정·관·재계의 권력형 비리의 경우에는 보도 통제가 이루어졌고, 업자들 간의 은밀한 영리 행위도 철저한 보안 속에서 이루어졌기 때문에 좀처럼 기록을 찾기가 어렵다. 그럼에도 불구하고 남북 간 거래의 경우는 스파이 방지에 주력한 미군정 방첩대(CIC)의 첩보 기록,[86] 그리고 정부 수립을 앞두고 미군정 경무부와 수도경찰청이 보경회(보강회)의 운영 및 비자금 조성 문제로 대립하는 과정에서 이루어진 비리 경찰에 대한 내사 및 취조 기록을 통해 일부나마 내용을 확인할 수 있다. 아울러 중국, 한반도, 일본을 잇는 광역에 걸친 밀수의 경우는 점령지의 치안 및 질서 유지를 위해 사람과 물자의 이동에 촉각을 곤두세운 미군정 당국의 정보 보고서에 건별로 기록되어 있다. 즉 사람의 이동 현황 보고 안에 광역에 걸친 밀수(smuggling)와 불법 외환 거래를 단속한 내용이 기록되어 있다.[87]

먼저 미군정 경무부가 수도경찰청 산하 경찰들의 비리 행위와 비자금 조성 경위를 조사한 결과는 다음과 같다. 1948년 7~8월경 중부경찰서장 이구범과 현을성 형사주임 등이 '살인범 은폐'와 용의자로부터 돈을 갈취한 '독직(부정 행위)' 혐의로 구속되었다.[88] 내용을 보면, 이구범 일행은 인천항에서 평안북도의 다사도를 거쳐 대련으로 가려던 밀수 선박을 습격해, 선원을 살해한 뒤 배 안의 물품을 강탈한 '해적단' 두목 이명룡을 체포했다. 그런데 그를 풀어주는 대가로 배에 실려 있던 중유, 담배, 마늘, 종이를 압수한 뒤 몰래 처분해서 마련한 170만 원을 '국고'가 아닌 수도경찰청의 비자금(경찰 후원금)으로 빼돌렸다는 것이다. 이뿐만이 아니라 본정서 관할지에 있는 '부정 축재자'를 겁박해 '입막음' 조로 기부금을 갈취하기도 했다. 가령 전매품으로 지정된 홍삼을 밀조한 자, 수요가 폭증하자 생고무의 사정가격을 위반한 자 등의 죄를 눈감아주는 대가로 100만 원의 현금 기부를 종용한 것이다. 이렇게 갈취한 돈이 약 300만 원이나 되었다. 이 가운데 일부는 형사주임과 그를 도와준 형사 두 명이 수고비로 챙겼고, 나머지는 '보강회비'나 '경찰회비'로 빼돌렸다는 것이다. 심지어 이들은 관할구역을 벗어나 원정을 가기도 했다. 즉 이구범 서장은 본정서 대원을 이끌고 국경 도시 개성‒파주 일대로 가 남북 교역을 가장해, 밀거래가 이루어진 현장에서 밀수업자들의 뒷배를 봐주며 돈을 챙겨, 역시 일부는 사복을 챙기고 나머지는 자강회비로 빼돌려왔다. 즉 이들은 악어와 악어새 관계였다.

한편 광역에 걸친 밀수도 성행하였다. 어찌 보면 곳곳에 들어선 암시장은 만성적인 물자 부족으로 서민들의 고통이 심화되는 가운데 급한 대로 숨통을 틔우기 위한 '필요악'과 같은 존재였다. 하지만 점령군 입장에서 보자면 밀거래와 사재기로 인해 물가가 폭등하면 결국 도난이 횡행하고 집단 폭동으로 이어지는 등 치안이 불안해졌으므로 주의를 기울일 수밖에 없었다. 이에 연합국총사령부는 한일 간의 불법 밀거래가 일본 현지의 인플레이션을 유발하지 않도록 하부 기관인 주한 미군정 측에 주기적으로 단속을 당부하였다. 또 해방 전 식민지의 경제난이 일본 열도로 파급되지 않도록 사용해온 조선은행권 등의 구 식민지 화폐도 문제였다. 한일 양 지역의 귀환자는 본국으로 교차하며 돌아오는 과정에서 이것을 귀환항(도착항)에서 사적으로 몰래 맞교환하였기 때문에 1,000엔(원) 이상의 금액은 단속 대상이 되었다. 그뿐만이 아니라 점령 지역이 모두 절대적인 식량난에 허덕이고 있었으므로 특정 지역의 쌀이 어느 한쪽으로 유출되지 않도록 촉각을 곤두세우곤 했다.[89] 특히 남한의 경우는 미군정이 초기에 기존의 배급제를 폐지하고 자유곡가제를 실시해 악덕 상인들에 의해 쌀이 삽시간에 시장에서 사라져 1945~1946년 겨우내 최악의 식량난을 경험했다. 따라서 미군정은 이러한 불법적인 외환거래와 식량 등 현물의 밀거래를 주의 깊게 감시했기 때문에 관련 기록도 많이 남게 되었다.

관련 기록이 많다는 것은 역설적으로 위험을 감수하고서라도 한몫을 챙기려는 사람들이 그만큼 많았다는 뜻이기도 하다.[90] 단속이 강화될수록 수법도 교묘해졌고, 밀수의 대상 지역도 광역화되었다. 앞서 수도경찰청 본정서의 인천 해적선 습격범 검거 사건에서 보듯이 인천과 군산 일대에서는 산둥반도나 랴오둥반도를 대상으로 한 밀거래 무역선이 오갔다. 일본 쪽으로는 북한, 남한, 제주도, 쓰시마, 서일본 지역으로 이어지는 광역에 걸친 연계 네트워크가 형성되었다. 이러한 밀거래에는 상대 지역의 상황에 밝은, 남한으로 유입된 월남민, 해외 귀환자가 브로커나 길라잡이로 개입하기도 했다. 따라서 특정 지역만 단속한다고 해결될 문제가 아니었다. 이미 38도선을 경계로 남북 간에는 소련군의 약탈을 피해 가며 개척한 월남민과 억류된 일본인의 탈출 루트가 곧 밀거래 경로로 활용되었다. 그리고 현해탄을 넘어가는 밀항자 루트 역시 어두운 무역의 경로를 겸했다. 이러한 광역에 걸친 밀수에는 조선인과 일본인, 때로는 중국인마저 거래선으로 참여했기 때문에 미군정의 제한된 행정 인력으로는 도저히 막을 수가 없었다. 오히려 이러한 밀거래 현황을 기가 막히게 포착한 것은 쓰시마의 일본인과 제주도민 등으로 조직된 '해적단'으로서, 이들은 현해탄의 주요 길목을 지키며 한국과 일본을 오가던 양 지역의 귀환자와 밀수업자들을 약탈해 한몫을 단단히 챙기곤 했다.[91]

이처럼 일본인이 남기고 간 부동산 등의 자산을 법망의 빈틈을 이용해 손에 넣었거나, 위험을 무릅쓰고 광역에 걸친 밀수와 암거래를 통해 번 돈으로, 이들은 미군정의 조선인 관료와 미군을 상대로 고급 요정에서 '물주' 노릇을 해가며 더 큰돈을 벌 수 있는 내밀한 정보를 캐고자 했다. 또 만일에 발각될 경우에 대비해 경찰 및 사법계 요로에 후원금을 상납해 일종의 보험을 드는 방식으로 후사를 도모했다. 요정은 이렇게 도색영화와 주지육림, 그리고 명기들의 춤사위를 맛보며 이들의 관계를 더욱 돈독하게 해주는 고마운 공간이었으니, 어찌 추레한 전재민에게 내줄 수 있었겠는가.

伊·에紛爭을싸고도는

國際政局의動向

金麟伊

一. 伊에紛爭問題

를 차고도는 國際政局은 日益複雜하여 어느때 어떠한 事端으로 어問題가 어떻게 展開될는지 지금 여기서 豫測을 不許하거니와 何如튼 이問題에 利害關係는 가진 各國은 外交上으로 여러가지 暗中飛躍을 試하면서 伊에 戰爭은 날로 짓터가고 따라서 英伊間 英佛間의 對立도 深刻化하야 結局問題는 英獨佛三國關係에 由由한 大波紋을 던지게 되었다。

伊에 紛爭의 近因이라고 傳하는 所謂「왈왈事件」이라는것은 昨年十二月「왈왈」이란 땅에서 伊太利와 에치오피아의 兩軍兵이 衝突한 事件을 ·이름이다。그러나 이事件을 이번 伊에紛爭의 原因이라고 보는것은 마치 柳條溝事件을滿洲事變의 原因으로보는 바와같은 皮相的 觀察에 지나지안는것이다。뭇소리니가 公言한바같이 伊太利는 太西文化의 發祥地요 西洋文化의 正統的 繼承者로 文明國의 遂殖에서 亂暴을 敢行하는 黑人野蠻國을 體面上 그만둘수없다는것이지만 그것은 表面上口實일뿐이요 伊太利가 에치오피아를 攻略하려는것은 伊太利自體의 한歷史的必然이라 할수있는것이다.

김린이가 귀국 후 논객으로서 두각을 나타내기 시작한 투고문, 「국제정국의 동향」

(『사해공론』 1권 6호, 1935년 10월)

만악의 근원, 요정과 유곽을 당장 집 없는 자에게 개방하라

명월관 포르노 상영 사건의 진상이 밝혀지자 "전재 동포(귀환자와 월남민)가 길에서 배곱흐다고(배고프다고) 울다가 얼어 죽는 참상과 요리점 따뜻한 방안에서 취흥에 겨운 장구 소리야말로 건국 도상의 처참한 교향곡"이라며 언론에서는 연일 고급 요정을 비리의 온상으로 지목했다.[92) 그러자 이들 건물의 일부라도 공익적 차원에서 집 없는 귀환자와 월남민에게 겨울 동안만이라도 내어주자는 여론이 큰 힘을 받게 되었다. 특히 김린이가 전혀 반성의 빛을 보이지 않고 재판 결과에 불복해 항소하자 개방 압력은 한층 거세졌다. 사실 사건 초기부터 '치안관'을 대동하고 경찰서에 제 발로 나타나는가 하면 공판 전날에 갑자기 보석으로 풀려나는 이례적인 모습을 지켜보며, 일선 기자들은 김린이가 사건의 주범이라고 느끼고 있었다. 그러면 그는 어쩌다 이 사건에 연루된 것일까.

김린이는 신의주고보 출신으로 어릴 적부터 공산주의 사상에 심취해 1925년 신의주사건(제1차 조선공산당사건)에 연루된 바 있고, 1929년 교토제국대학에 진학해 줄곧 '재일본경도조선유학생학우회' 회장으로서 사회과학 학습 모임을 주도하며 일본에 거류하는 조선인의 노동운동과 교토지역 공산주의 운동에 참여했다. 그 과정에서 교토공산당 사건으로 검거되었는가 하면, 일본 공산당 공판투쟁을 지원하고자 교토형무소를 습격하는 등 상당히 급진적인 모습을 보였다.[93) 현재 제주항일기념관에 소장된 형무소 습격 사건 관련자 명부에 이름이 올라 있다. 귀국 후에는 1934~1935년에 조선일보에서 각 지방을 돌며 특파원으로서 취재기를 투고했고,[94) 『사해공론』을 통해 이탈리아의 에티오피아 침공 전후 세계 정국 동향에 대한 분석을 게재하기도 했다.[95) 짧은 글이지만 사회과학 이론 학습으로 단련된 식견과 필력이 저널리스트로서

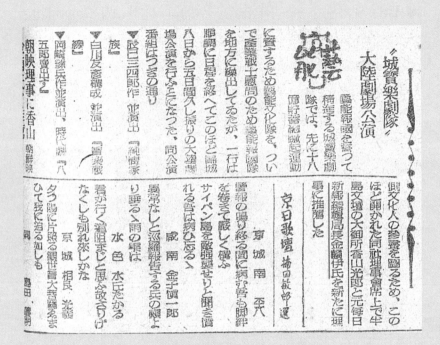

조선영화사의 새 이사진으로 선임된 대문호 이광수(창씨명: 가야마 미쓰로香山光郞)와

『매일신보』편집국장 출신의 김린이(우측 하단 밑줄친 부분)

(『경성일보』, 1944년 7월 5일)

의 재능을 보여주기에 충분했다. 그는 조선일보·동아일보·중앙일보·매일신문 등 주류 언론인의 모임인 '토요회' 그룹에서 활동하였는데, 조선일보에 정식으로 입사해 사회부에서 홍종인, 김기림 등과 함께 기자 생활을 시작했고, 이어서 매일신보 정치부장을 거쳐 편집국장을 지내다가 1940년경에 사직하였다.[96] 즉 그는 매일신보 편집국장으로 자리를 옮기며 사상 전향을 통해 총독부의 시책을 선전하는 나팔수가 된 것이다.

그 후의 언론 활동은 확인되지 않는데, 태평양전쟁 막바지인 1944년에 조선영화주식회사('조영')의 이사로 추대되었다. 당시 기사에 따르면 "조선영화사에서는 문화인의 참가를 꾀하고자 개방적인 이 회사의 이사회 석상에서 반도 문단의 거장(大御所) 이광수(香山光郎)와 구 매일신보 편집국장 김린이 씨를 새롭게 이사로 추천하였다."라고 전하고 있다.[97] 조선영화사는 본래 1937년 광산업자로 성공한 최남주라는 사람이 설립한 회사로서, 조선의 정서를 영화로 그려내겠다는 큰 포부를 가지고 의정부에 전용 촬영소를 짓고 이광수의 〈무정〉(1939, 박기채 감독)을 제작한 바 있으나, 1942년 돌연 폐업하게 되었다.[98] 왜냐면 1942년에는 총독부가 국책영화 제작을 위해 모든 조선인 소유 영화사를 통폐합하던 시기로서, 최남주도 꿈을 접고 다시 광산업으로 돌아갔다. 상기 보도의 '조영'이란 것이 기존 회사에 이사진만 바꾼 것인지 총독부가 조선인 영화사를 통폐합한 국책영화회사를 지칭하는지는 모호하다. 그러나 김린이가 언론계를 떠나 1944년 총독부에 의해 이광수와 함께 국책영화사에 이사진으로 추대된 만큼 해방 후에도 영화판에서는 일정한 영향력을 행사했을 가능성이 높다. 일단 포르노 상영 사건과 김린이의 연결 고리는 확인된 셈이다.

그러면 김린이 일행에게 영사기를 빌려주어 입건되었다가 무혐의 판결을 받은 사진기사 정화세라는 인물은 어떻게 그와 얽힌 것일까. 그는 연희전문 상과대학을 졸업하고 신당동에서 조그만 사진관을 경영하며 영화 제작을 꿈꾸던 사람이었다. 한국전쟁 직후에는 '신한문화사'라는 영화사를 설립해 신상옥 감독의 〈코리아〉(1954), 전창근 감독의 〈마의태자〉(1956) 등을 제작하기도 했고, 1959년에는 영화제작가협회 회장을 지냈다.[99] 그런데 당시 이 협회의 부회장이 이승만의 앞잡이를 자처하던 정치 깡패이자 영화제작자 임화수(본명 권중각)였다. 그는 해방 전 이정재를 따라다니며 '주먹 세계의 일'을 돕거나 극장에서 잡일을 하다가 구 일본인 소유의 평화극장을 헐값에 사들여 극장주가 되었고, 이승만의 경호실장과 친분을 쌓아 반공예술단 단장을 겸하며 한국연예주식회사를 설립해 영화계와 연예계를 주물렀다. 그는 배우 김희갑 씨를 폭행해 세간의 주목을 받기도 했는데, 4·19시위 때는 폭력단을 동원해 민주화와 이승만의 하야를 외치는 대학생들을 무자비하게 진압한 정치 깡패였다.[100]

정화세는 이처럼 정치 깡패들이 영화 제작은 물론 연예계를 장악한 상황에서 끝까지 영화계를 지키고자 노력한 인물이었다.[101] 특히 그가 신상옥과 공동 제작한 〈코리아〉는 한국전쟁 이후에 최초로 제작된 35밀리 영화였다.[102] 후에 신상옥은 영화 〈코리아〉라는 다큐멘터리를 통해 역사극과 문예영화의 기초를 쌓을 수 있었다며 정화세에 대한 고마움을 전했다. 동시에 이 작품은 개인적으로 평생의 귀한 인연을 만나게 해준 작품이라고 회고했다. 즉 최은희를 캐스팅함으로써 평생의 동반자를 만났고, 이 영화의 후반 작업을 함께하며 평생의 친구 이형표 감독을 얻었으며, 이혼한 지 얼마 되지 않은 최은희와의 스캔들로 아무도 투자하지 않는 어려운 상황에서 도움을 준 사람이 바로 정화세였다고 말했다. 신상옥의 〈코리아〉는 정화세가 처음으로 제작자로 참여한 영화였던 것이다. 이러한 배경의 그가 해방 전후 조선 영화계를 독점한 국책 영화사의 이사를 지낸 김린이에게 영사기를 빌려준 것은 그리 이상한 일은 아니었다.

마지막으로 김린이와 함께 벌금형을 선고받은 명동 신향악기사의 주인 김재영은 일본인 관정희(간 마사요시, 菅政熹)로부터 1945년 12월경에 포르노 필름을 무상으로 받았다고 재판정에서 진술했다. 그의 말대로 간 마사요시가 이사로 등재된 동아나가오상사東亞長尾商事는 바로 명동성당의 바로 뒤편, 즉 중부경찰서(구 본정서)의 맞은편이었다. 김재영의 신향악기사와는 가까운 이웃이었다. 게다가 이곳은 현재 충무로의 초입으로 연결되는 구 혼마치(본정) 지역으로서, 해방 후 이 일대에는 각종 사진기, 영사기, 축음기, 현상 장비는 물론이고 이들이 경영하던 극장들이 일본인의 귀환 국면에서 일거에 매물로 나와 일시적으로 관련 장비가 넘쳐나던 곳이었다. 충무로 일대가 해방 후 한국의 할리우드가 된 것도 결코 우연이 아니었다. 그리고 이런 기자재가 집중적으로 나돌던 시기가 일본인들이 패전의 충격으로 패닉 상태에서 마구잡이로 물건을 내다 팔던 1945년 8월 말, 그리고 일본인의 일괄 송환과 수화물 제한 규정이 발표되어 들고 갈 수도 없는 것들을 '떨이 처분'하던 12월이었으므로 그의 진술은 상당한 신빙성이 있었다. 또한 회현 – 명동 – 충무로로 이어지는 지역은 구 일본인 소유 요정과 유곽이 많았던 곳으로서 도색영화에 대한 수요도 많았으므로 그 일대에 포르노 필름을 대여하다가 처벌받게 된 것으로 보인다.

그런데 이 사건의 수사와 재판은 조선의 풍속을 해치는 '포르노 상영'으로 인한 '풍기 문란'에만 초점을 맞출 것이 아니라, 그날 술자리에 참석한 사람들이 왜 모였는지를 밝힐 필요가 있었다. 정화세와 김재영은 술자리에 참석한 자들이 아니었고, 당시 요정의 도색 야회를 주관한 자는 김린이었다. 따라서 그가 무엇을 '목적'으로 누구와 술판을 벌였는지가 더 중요한데, 이 부분이 수사와 재판 과정에 빠져 있다. 정작 이 사건에서 주목할 인물들은 술자리에 참석한 사람들이었다. 특히 이 사건에서 참고인 조사만 받고 돌아간 사람들은 포르노 상영과는 직접적으로 관련이 없었지만, 당시 일본인 재산을 사들이거나 생필품을 사재기하던 사람들에게 자금을 융통해주던 금융기관 종사자, 즉 상업은행 지점장 이영우를 비롯한 은행 간부 정인갑, 그리고 돈의 출납을 직접 관리하던 주임 최순회 등이었다. 이들은 경찰과 사법부가 이 사건의 초점을 '포르노 상영'과 '풍기 문란'에만 맞추었기 때문에 법리적으로 처벌을 면할 수 있었다. 김린이와 같은 자가 시내 유수의 은행 지점장과 대출 담당자를 고급 요정에서 만나 접대했다면 과연 무슨 이야기를 나눴을까. 어찌 보면 도색 영화 상영보다도 그것을 매개로 요정에 모인 사람들이 전 사회가 공유하거나 공익적 차원에서 처분해야 할 것들을 오로지 그 자리에 모인 사람들끼리 관련 정보를 공유하고 사회적 혼란과 법망의 빈틈을 이용해 독식했다면, 이러한 행위야말로 더 큰 죄악일 것이다. 김린이를 중심으로 이들이 모여 무엇을 하고자 했는지를 판단할 수 있는 기록이 남아 있지 않으므로 더 이상의 억측은 무리일 것이다. 다만 애초부터 이 사건을 수사한 경찰과 사법부는 더 큰 죄악을 덮고자 '포르노 상영'에만 초점을 맞춘 듯한 인상을 지울 수 없다.

이들이 포르노를 상영하며 술잔을 돌리는 동안 요정 밖은 어떤 상황이었을까. 해방과 함께 수도 서울은 귀환자와 월남민 외에도 남한 각지에서 생계를 찾아 몰려드는 이들로 인해 극심한 몸살을 앓고 있었다. 서울은 해방 전부터 총독부의 왜곡된 주택 정책으로 인해 주거난이 심각한 상황이었다. 그 결과 이들은 도시 외곽에 토막 등의 불량 주택을 지어 집단부락을 형성하는가 하면, 각 역의 대합실이나 일본인들이 남기고 간 방공호와 길거리를 전전하며 생활하고 있었다. 하지만 앞서 보았듯이 서울에는 일본인들이 본국으로 돌아가면서 남긴 많은 주택과 점포, 그리고 회사의 대규모 사택과 병영 건물 등이 남아 있었다. 그런데 이들 건물이 소수의 투기꾼들에게 넘어가 공익적으로 활용되지 못했다. 이러한 상황에서 불거진 1946년 12월 한겨울의 명월관 등의 포르노 상영 사건은 과거 식민 지배를 상기시키는 상징적인 공간이었던 고급 요정과 유곽을 해방 후 비리의 온상으로 각인시키는 결정적인 계기가 되었다. 이것은 곧 엄청난 개방 압력으로 이어졌다.

사실 인공과 민전 계열의 좌익 인사들은 1945년 말부터 이미 구 일본인 재산의 엄정한 처리와 요정 및 유곽 개방을 주장해 왔다. 가령 서울에서 조직된 인공 산하 계열의 '차가인동맹借家人同盟'이란 단체는 '모리배'의 구 일본인 주택 독점을 배격하고 귀환자, 월남민, 빈민에게 이것을 분배하자고 주장하였다. 이들의 요구 조건은 첫째, 일본인 주택을 혁명가와 전재 동포(귀환자와 월남민), 그리고 '셋방살이'하는 사람에게 우선 분배할 것. 둘째, 이중 소유자의 주택을 몰수할 것. 셋째, '집세' 인상을 엄금할 것. 넷째, 집의 수리와 보수는 집주인이 부담할 것 등이었다.[103] 즉 이들은 처음부터 일본인 가옥의 자유 매매를 반대하였고 이것을 개방함으로써 주택 부족 문제를 해결하고자 하였다.[104]

한편 1946년 12월 다시 겨울이 돌아오자 남한 사회가 끈질기게 주장했던 구 일본인 부동산의 개방 대신에 미군정이 추진하고 있던 임시 주택 건설 현황을 지켜본 조선전재동포원호회는 각 단체와 협의를 거쳐 가주택 건설 계획에 대한 회의적인 입장을 밝혔다. 그 대신에 당장 구 일본인 가옥과 비생산적인 목적으로 활용하고 있는 건물, 즉 요정, 유곽, 음식점 등을 활용할 것을 주장하였다. 그 이유는 당시 건설 공정을 고려할 때 당장 노숙하고 있는 귀환자·월남민·도시 빈민의 수용이 불가능했기 때문이었다. 한편 사회민주당 선전부에서는 1946년 11월 22일 성명을 통해 미군정 당국이 직접 구 일본인 가옥의 거주 실태를 철저히 조사하고, 해방 이전에 유흥점 또는 식당으로 사용되었던 건물을 당장 거처할 곳이 없는 귀환자와 월남민 등에게 개방할 것을 주장했다. 또 '모리배'들이 부정한 방법으로 점유하고 있는 부동산을 전부 몰수할 것을 요구하였다.[105] 남로당 선전부도 12월 한파 속에서 신음하는 귀환자에게 즉시 구 일인 가옥을 전면 개방하고 쌀, 땔감, 의류를 무료로 제공하라고 요구하였다.[106]

이처럼 한파가 몰아치는 1946년 12월로 접어들자 세간의 비난을 모면하고자 무리하게 임시 주택 건설을 추진하는 미군정에 대한 비판이 확산되었다. 그리고 이것은 급기야 귀환자·월남민·빈민을 위한 구 일본인 소유 가옥·요정·유곽의 개방 압력으로 나타났다.[107] 그러자 수세에 몰린 미군정은 1946년 12월 11일 드디어 1차 개방 대상 26개 중 13개를 개방하였다.[108] 그러나 개방된 요정은 모두 작은 것이었고, 제2~3차 연속 개방을 약속한 미군정과 서울시 관재 당국은 그로부터 채 한 달도 되지 않아 이렇다 할 설명도 없이 약속을 파기해 거센 비난에 직면했다. 더욱이 이 시기는 명월관과 국일관의 포르노 상영 사건이 대대적으로 보도되어 요정에 대한 사회적 반감이 확산되었기 때문에 당국의 무성의한 태도를 비난하는 목소리가 최고조에 달했다.

이처럼 다양한 정치적 성향의 정당 및 사회단체가 한목소리로 미군정 당국의 구 일본인 부동산 처리 정책과 요정 개방 요구에 대한 대응 자세를 비난하였다. 물론 그 속내야 다를 수도 있고, 세부 사안에 있어서는 미묘한 입장의 차이도 있었을 것이다. 하지만 대체로 이들은 당시 주택 문제의 본질은 절대적 수량 부족 외에도 구 일본인 가옥을 여러 채 점거해 치부의 대상으로 삼는 투기꾼들과 이들의 부정행위를 조장한 미군정의 잘못된 정책에 기인한다고 보았다. 특히 대규모 요정과 유곽 시설은 사회적 위화감을 조장하는 고급 유흥장이란 의미 외에도 과거 식민 지배의 아픔이 응어리진 흉물로 인식되었다. 즉 이들 건물은 조선인의 고혈을 짜내어 일본인과 일부 친일파가 유흥하던 곳이라는, 가슴의 상처를 되뇌게 하는 곳이었고, 해방 후에는 현직 군정 관리와 모리배·정상배들의 더러운 거래와 비리가 시작되는 온상이자, 남들의 시선

따위는 아랑곳하지 않는 그들만의 유흥장이란 인식이 강했다. 그뿐만이 아니라 1946년 6월 서울시 중구와 성동구 일대의 일명 '빠', '카바레', '요정' 등의 유흥음식점을 대상으로 한 당시 납세 조사 결과를 보면 탈세율이 무려 45%에 달했다. 즉 이러한 곳들은 으레 업주들이 기본적인 의무조차도 이행하지 않는 부정적인 공간으로 인식되었다.[109] 특히 1946년 12월 7일까지 미군정과 서울시가 26개 요정의 개방을 약속해놓고도 일부만 개방한 채 시행을 미루자 세간의 부정적인 인식은 더욱 더 굳어져 가는 가운데, 명월관 등에서 벌어진 도색 영화 상영 사건은 사회적 공분을 자극하는 기폭제가 되었다. 그 결과 개방 압력은 단지 구 일본인 소유 요정과 유곽은 물론이고 조선인 소유의 고급 요정과 유사 업소까지도 일거에 파급되었다.

남산에 소녀유괴사건

질식후의복을탈취

체포된범인은十七세난소년

성량리 송림사건이아직 노기억에새로운이때또 다시무시무시한 두번째 아동유괴（誘씨）사건이 남산솔밭에서 이러낫다 국二십四일오후三시경시내백인제병원에 입원가료캐 하였든바 다행이 동四시반에소생하

견하고 현장에서도수하 려는 범인을추격체포하 인데 범인은그날오전 학교二학년九반의 아노 다가 도라오는김양을 길에서기다리고 있다가 영화구경을 시켜준다고 남산까지데리고 가서강제로 옷을빨가벗 기고나서는 손으로목을 졸다 질식캐한후 도주

4장　해방 조선에서 출세를 하려면

백제 왕궁터에서 태어난 초대 서울시장의 황금 인맥

1946년 12월 명월관 도색영화 상영 사건을 계기로 구 일본인 요정과 유곽은 물론이고 조선인이 경영하던 고급 요정까지도 귀환자와 월남민, 그리고 당장 지낼 곳이 없는 사람들에게 건물의 일부라도 개방하라는 압력이 고조될 무렵이었다. 당시 서울시장은 김형민이었다. 그의 호는 눌정訥丁, 즉 어눌한 사람이란 뜻이리라. 그런 사람이 어떻게 초대 서울시장이 되었을까.

2022년에 간행한 『왕궁면지』에는 우리 고장을 빛낸 인물로 '초대 서울시장'을 지낸 김형민이 수록되어 있다.[1] 전근대에는 판부사, 판윤, 부윤 등으로 부르던 서울시장. 만일 이성계가 한양으로 천도한 뒤에 임명한 한성판부사 성석린을 초대 시장으로 본다면, 김형민은 1946년 5월에 취임한 마지막 경성부윤이었다. 동시에 그는 1946년 8월 15일 '서울특별시자유시헌장'에 따라 경성부가 지금의 서울특별시로 승격된 뒤에도 연임했으므로 '초대 서울시장'이기도 하다. 조선왕조 개창 이래로는 무려 제1,393대 시장으로서 그는 역대 '최연소 서울시장'이었다. 김형민은 어떻게 만 38세에 그 자리에 올랐을까.

그는 1907년 지금의 익산시청 부근 춘포면에서 약재상의 아들로 태어났다. 춘포면은 백제 왕궁리 유적에서 자동차로 약 15분 거리에 있다. 따라서 지금의 행정구역으로 보자면 그는 이웃 마을 사람이지만 노년에 서울 압구정 현대아파트에 살면서도 독실한 크리스천으로서 매달 왕궁면의 소생교회를 방문하는 등 고향에 대한 각별한 애정을 보였다. 또 대대로 조상의 무덤이 자리한 곳도 왕궁면이었다. 1990년 건국훈장 애국장이 추서되어 대전현충원 애국지사묘역으로 이장하기까지 그의 무덤도 그곳 선영에 있었으므로 『왕궁면지』에서 충분히 다룰 수 있는 중요한 인물이었다.

김형민은 서울시장 재직 때 공모를 통해 서울시 앰블럼을 정하고 지명위원

1842년에 델러웨어에서 개교한 오하이오 웨슬리언대학교

교토의 도시샤대학同志社大學과 함께 조선 기독교 유학생들의 등용문으로 활용된 학교로서 해방 후 국내 미션계
학교의 창립자 및 총장이 많이 배출되었다.

(사진 출처: https://www.owu.edu/about/history-traditions)

회를 열어 정町(초)을 '동'으로, 정목丁目(초메)을 '가'로, 통通(도오리)을 '로'로 바꾸어 명치정은 명동으로, 황금정은 을지로 등으로 부르게 했다. 그는 임진왜란 때 왜장이 진을 쳤고 조선 병합 후 최초의 일본인 마을이 들어선 왜성대를 끼고 있는 남산 기슭의 '대화정大和町(야마토마치)'을 다시 '필동'으로 바꾸면서 제일 기분 나빴던 일본 지명을 우리 식으로 바꿔 속이 후련했다고 회고한 바 있다. 아울러 역대 서울시장의 업적을 소개하는 공식 프로필에는 "전재민 수용 계획 수립 추진, 일본인 여관 13동을 수용소로 활용, 요정·사찰·빈집 등을 개방해 전재민 수용"이라고 그의 업적을 소개하고 있다.[2] 이것을 과연 그의 업적으로 볼 수 있을까.

그는 가까운 전주에서 신흥학교를 졸업하고 잠시 광주에서 교편을 잡았다. 얼마 후 그는 1926년 한 목사님의 소개로 달랑 50달러를 들고 하와이로 건너가 정규 고등학교 졸업 후 '오하이오 웨슬리언대학(Ohio Wesleyan University)'에서 교육학을 전공했다. 영국 성공회에서 갈라져 나와 새롭게 감리교를 정초한 존 웨슬리(John Wesley)를 받들어 '웨슬리언'이란 이름을 내걸고 창립한 대학은 미국에 20여 개나 있다. 그 가운데 '오하이오 델러웨어(Delaware)'에 있는 이 학교는 고종의 5남 의친왕을 비롯해 이화여대 총장 김활란과 김옥길, 서울대 총장 최규남 등 교육계 인사를 배출한 학교로 유명하다. 이곳은 주로 1920년대 국내 개신교 학교나 교토의 도시샤대학同志社大學 등 일본 기독교 계통의 대학을 나온 사람들이 미국으로 유학할 때 주로 거쳐 가는 학교들 가운데 하나였다. 그래서 미군정기에는 이 학교를 거쳐 간 교육계, 여성계, 기독교계의 인맥이 상당했다. 김형민은 이어서 미시간대학에서 교육학 석사과정(영어교육 전공)까지 마치고 귀국했다. 이 학교도 당시 하와이 원주민이나 동양 여학생들에게는 유리한 장학 프로그램을 운영하고 있었기 때문에 국내 엘리트 여성들이 대학원에 진학할 때 많이들 선택한 곳이다. 그가 다닐 때 동문수학한 자가 바로 서울여대 초대 총장 고황경 등이었다.

　그는 귀국 후 개성 송도고보에서 영어 선생님으로 재직하던 중 1943년 태평양전쟁에서 미국의 승리와 조선 독립 가능성을 학생들에게 언급한 혐의로 1년여의 수감 생활을 마치고 1944년 10월에 서대문형무소에서 나왔다. 그 뒤로 그는 교육에 대한 마음을 접고 실업계로 뛰어들었다. 그는 친족과 함께 삼일사(주)를 설립해 석유 장사에 주력하면서 한흥상공(주)를 운영하며 화물운송업에도 손을 댔다. 특히 석유 사업은 그가 1983년도까지 직접 경영에 참여할 정도로 힘을 쏟은 분야였다. 서울시장을 후임자 윤보선에게 넘겨준 이듬해인 1949년에 그는 조선상공협의회 부회장까지 지낼 정도로 재계에서 유명 인사로 지냈다.

　특이하게도 그는 1958년 4월 대한극장을 정식으로 오픈하는 과정에서 '20세기 폭스'사로부터 극장 설계 및 운영 시스템 도입, 그리고 필름 수입에 이르기까지 로비스트로 활동하였고, 이 극장의 초대 대표를 맡기도 했다. 이 극장을 약 1년 후인 1959년에 해외 영화필름 등을 수입하던 국쾌남·국종남 형제에게 넘기고 나서도 그는 한동안 대표이사로 이름을 올렸다.[3] 이것은 당시 한국 극장업계의 전체 판도를 바꿀 정도로 중요한 결정이었다.

　국 씨 형제의 대한극장 인수는 이들이 운영하던 세기상사가 그동안 극장업계 부동의 일인자로 불리던 벽산 김인득의 동양물산(1972년부터 벽산그룹)과 자웅을 겨룰 정도로 급성장하는 결정적인 계기가 되었다.[4] 1922년 전남 담양에서 태어난 국쾌남은 와세다대학 법학부를 나와 해방 후 경무관을 거쳐 한때 자유당 소속 국회의원으로 활동하기도 하였다. 그는 정치가보다는 극장업계의 '거물'로 더 널리 알려졌다. 그는 1958년 메트로극장을 인수해 세기극장(1979년 매도 후 서울극장)으로 간판을 바꿔 달았다. 1959년부터는 서울의 대한극장과 서대문극장 외에도 인천 키네마극장, 의정부 문화평화극장, 부산의 국제극장과 문화극장 등을 인수해 세기상사를 극장업계의 중견 기업으로 키워 낸 장본인이다. 그의 롤 모델이 바로 전국에 17개의 영화관을 운영하며 '극장 왕'으로 불리던 벽산 김인득이었다.

1915년 경남 함안 출신으로 마산상고를 나온 김인득은 부산일보 총판국장 시절 신문 용지 구매를 위해 일본에 갔다가 부산에 '적산 극장'을 여럿 소유하 고 있던 재일동포 극장업자 이현수를 만났다. 이것이 인연이 되어 그는 이현 수가 소유한 부산 동아극장의 지배인으로서 영화업계에 처음 발을 들였다. 그 리고 영화필름 수입과 배급을 위해 서울에 동양물산을 설립하였다. 이 기세를 몰아 1952년 경영난에 처한 단성사를 인수하면서 업계의 거물로 발돋움할 수 있는 기반을 마련했다. 이후 그는 서울의 반도극장(현 피카디리 시네마), 명동 중앙극장(현 중앙시네마), 부산의 대영극장 등을 인수하거나 신축하는 한편, 인 천의 동방극장, 대구의 만경관, 부산의 명성극장, 진주의 시공관 등을 임차 경 영하며 영화업계에서 명실상부한 '원조 극장왕'으로 군림했다. 하지만 그는 돌연 1962년 박정희 정권이 새마을운동의 일환으로 농가 주택 개량사업을 추 진하자, 성공 가도를 달리던 극장 사업을 뒤로 하고 한국스레트공업(주)를 인 수해 건축자재 제조 및 건설업 쪽으로 주력 산업을 전환하였다. 우리 귀에 익 은 '벽산 석고보드'와 '벽산블루밍아파트'의 신화는 이렇게 부산의 작은 적산 극장에서 시작해 새마을운동을 자양분 삼아 성장해왔다. 바로 그 무렵에 차기 '극장왕' 자리를 넘보던 회사가 국쾌남 형제의 세기상사였다.

영화업계에서 세기상사가 성장하기까지는 대한극장 인수를 계기로 초대 서울시장을 지냈고 미군 장성들과 화려한 인맥을 보유한 김형민의 로비 활동 이 결정적인 역할을 했다. 김형민은 한국전쟁에 제8군 사령관으로 참전한 후 퇴역한 제임스 앨워드 밴 플리트(James Alward Van Fleet)에게 서울에 제대로 된 최신식 영화관을 만들어 시민들이 문화생활을 누릴 수 있도록 하고 싶다고 부탁했다. 그러자 밴 플리트는 할리우드에 도움을 요청했고, 그 취지에 공감한 '20세기 폭스'사가 극장 설계 및 자재까지 전폭적으로 지원해 탄생한 극장이 1958년 4월에 개관한 대한극장이었다. 그 이전까지 충무로의 극장들은 대개 구 일본인 소유 극장을 그대로 활용하거나 소소한 리모델링을 통해 겨우 명맥을 유지했다. 그런데 이 극장은 미국에서 시스템을 통째로 직수입했다. 객석 규모도 2,000석에 달했고 70밀리 대형 화면에 '총천연색 시네마스코프'로 영사함으로써 비로소 스펙터클한 영화의 감흥을 제대로 전달하게 된 최첨단 극장이었다. 덕분에 1959년 아카데미 11개 부문 수상작 〈벤허〉(Ben-Hur, 윌리엄 와일러 감독)가 1962년 설날 대목에 맞추어 대한극장에서 개봉되자 그 앞은 관객들로 인산인해를 이루었다. 당시 동원 관객 규모를 보면 서울 인구 300만 명 가운데 60~70만 명이 관람했다고 한다. 이 영화는 세기상사의 계열 극장인 부산문화극장에서도 엄청난 관객을 끌어모았으며, 10년 뒤 재개봉 때에도 대단한 흥행 성적을 기록했다.[5]

　이러한 대한극장의 성공 배경에는 퇴역 후 미국에서 한미 친선과 문화 교류 증진을 위해 1957년에 코리아 소사이어티(The Korea Society)를 설립한 밴 플리트 장군, 그리고 시설 투자 및 융자, 그리고 통관 과정의 각종 행정 절차를 깔끔하게 정리한, 이 극장의 제1대 대표 김형민 전 서울시장의 역할이 컸다. 밴 플리트는 아이젠하워의 웨스트포인트 동기생으로서 한국전쟁에서 웨스트포인트의 두 기수 후배인 매슈 벙커 리지웨이(Matthew Bunker Ridgway) 미8군 사령관 후임으로 부임해 활약했다. 그는 한국전쟁에서 공군 대위로 참전해 전투기를 몰았던 외아들까지 잃었지만(실종 후 전사 처리), 귀국한 뒤에도 코리아 소사이어티를 설립해 한국에 많은 도움을 주었다. 그는 또 1953년 1월 전역 직전에는 한국에도 웨스트포인트와 같은 엘리트 지휘관을 체계적으로 육성할 교육기관이 필요하다며 육군사관학교를 설립하도록 도왔다. 이승만은 그를 '한국군의 아버지'라고 칭송했고,[6] 밴 플리트는 이승만을 반공 지도자로서 존경했다. 그러한 인연으로 하와이 망명 후 박정희의 반대로 살아생전에 고국 땅을 밟지 못한 이승만의 유해를 1965년 7월 23일 미 군용특별기에 싣고 김포 공항까지 친히 봉송한 사람도, 이화장 빈소에서 마지막으로 고인의 명복을 빌며 거수경례를 올린 사람도 밴 플리트였다.[7] 한국전쟁이 장기화되자 빨리 전쟁을 마무리하려던 미국 정부와 달리 승전을 통해 끝을 보아야 한다는 이승만의 주장에 동조해 휴전에 반대하다가 해임과 동시에 퇴역한 밴 플리트는 그를 떠나보내며 마지막까지 이렇게 군인으로서 예를 다했다.

이처럼 해방 공간 및 한국전쟁 전후의 사업가이자 로비스트였던 김형민의 이력을 돌아볼 때 1946년 6월부터 1948년 12월까지 서울시장으로서 보낸 약 2년 7개월의 기간은 어쩌다가 '얻어걸린' 공직 생활이었다고도 볼 수 있다. 하지만 '초대 서울시장'이라는 경력 덕분에 그는 대한극장 개관 과정에서 보듯이 일종의 로비 활동 및 기업 컨설팅도 가능했고, 자신의 본업인 석유 사업도 지속할 수 있었다.

영어 선생님이 서울시장으로 발탁된 사연

그러면 고등학교 영어 선생님을 그만 두고 해방 전후 친척 동생들과 한창 석유 장사에 열을 올리고 있던 그를 서울시장으로 발탁한 자는 누구일까. 전라북도 향토문화원 측의 설명에 따르면 미군정 수뇌부가 먼저 김형민에게 서울시장 자리를 적극적으로 제안했다고 한다.[8] 일설에 따르면 어느 날 미군정 경기도 고문으로서 잠시 서울시장을 대리하고 있던 윌슨 중령이 김형민에게 친히 자동차까지 보내 서울시청에서 처음 만났는데, '경성부윤' 자리가 두어

망명 후 박정희의 입국 반대로 죽어서야 돌아온 이승만 대통령

(『동아일보』, 1965년 7월 23일)

이날 미군 특별기로 김포공항까지 운구를 봉송한 사람은
밴 플리트(James Alward Van Fleet) 장군으로서 그는 퇴역 후에도 이승만과 각별한 관계를 유지했다.

달째 공석이니 제발 맡아달라고 간곡히 부탁했다고 한다. 그러나 김형민은 윌슨을 전혀 '모르는 사이'였기 때문에 두 번이나 고사했다고 한다. 그랬더니 이번에는 러치 군정장관이 차를 보내와 중앙청에서 만났는데, 곧 남한의 수도 서울을 경기도에서 독립시켜 '특별자유시'로 만들 터이니 부윤직을 맡아달라고 부탁했다. 그러자 김형민이 답하기를 "나는 행정도 모르고 정치에 관심도 없으며 나이도 어리다. 게다가 지금 석유 장사가 잘되고 있다."라며 고사했다고 한다. 그가 이렇게 한사코 마다하자 러치 군정장관이 미국에서 오랫동안 대학원 교육까지 받은 사람이 왜 군정에 협조하지 않으려고 하냐며 푸념하자 '마다 하지 못해' 그 자리를 맡았다고 한다. 또 다른 유력한 설로는 미군정에서 "사람을 찾습니다."라고 광고를 내어 가보니, 뜻밖에도 하지 사령관이 그를 맞이하며 자신의 외삼촌이 오하이오 웨슬리언대학의 아무개라며 두 사람이 혹시 친한 사이였냐고 물었다는 것이다. 이에 김형민은 못 만난 지 10여 년이 되었지만 가까운 친구였다며 이야기를 주고받다가 결국 서울시장직을 수락하게 되었다고, 자유당 때 모 장관의 측근이 말했다는 이야기가 전한다.

어디까지가 사실일까. 어떤 이야기가 여러 사람에게 전파되려면 그 안에는 많은 사람이 듣기를 원하는 그 어떤 '욕망'이나 '호기심'을 자극할 만한 요소가 반드시 있어야 한다. 동시에 이런 요소들이 그 이야기를 전파하려는 사람이나 집단의 '의도'와 맞물릴 때 비로소 정보로서의 교환가치를 획득하게 된다. 그러면 이 만화 같은 두 가지 '미군 수뇌부 낙점설'을 어떻게 이해하면 좋을까. 일단 김형민이 제안을 여러 차례 고사하자 점점 더 높은 계급의 사람이 이야기에 등장하는 것으로 보아, 미군정이 김형민을 후임 시장으로 원했던 것은 분명한 듯하다. 다만 하지 사령관이 1893년생이고 김형민이 1907년생인데, 하지의 외삼촌이 김형민과 '친구'였다는 이야기는 조금 고민해볼 여지가 있다. 아마도 이것은 동양에서 온 고학생을 도와준 '지인' 내지 '후견인' 정도가 아닐까 생각된다. 당시 기독교인들의 미국 유학에는 교단을 통한 후견인 알선이 일종의 관례로 자리 잡았다. 이것은 그만큼 후임 시장을 물색하는 과정에서 미군정 측이 김형민의 뒤를 깊이 파보았다는 의미가 될 수도 있겠다. 이 경우 김형민의 오하이오 친구와 하지가 실제로 '어떤 관계'였는지는 실상 중요한 정보가 아니다. 이것은 미군정이 주요 관료들을 한국인으로 대체하는 과정(koreanization)에서 통역원(보조원)이나 남한 내 선교사, 혹은 미국 유학을 먼저 경험한 친미 인사 등의 의견을 종합해 김형민을 유력한 후보자로 낙점해 놓은 뒤, 평판(reference)을 확인하는 과정에서 그가 유학 시절에 교유한 인물들을 툭 던져본 것일 수 있다. 그 후에 그 사람이 하지 사령관의 친척이니 하며 사후적으로 적당히 엮었을 가능성이 더 높다. 이것은 대개 미군정에서 한국인 관료를 임명할 때 15~20명 정도의 후보군을 먼저 추려놓은 상태에서 특정 인물을 선정할 때 흔히 쓰는 수법이었다.[9] 그런데 이것보다 더 중요한 문제가 있다. 미군정은 왜 김형민을 선택했을까.

전임 시장 이범승이 사직하고 두 달이 넘도록 후임을 구하지 못한 상황이었으니 미군정으로서도 다급했던 모양이다. 이범승은 1887년생으로 김형민보다 스무 살이나 위였다. 그는 일찍이 교토대학 학부 및 대학원에서 법학을 전공하였고, 남만주철도회사를 거쳐 총독부에서 1936년까지 중견 관료로 지낸 후 1940년에 사무실을 개업한 변호사였다. 그는 평소 독서 보급에 관심이 많았다고 한다. 그래서 총독부와 교섭해 경성도서관(현재 종로시립도서관)을 세우기도 했다. 경성부윤을 그만둔 뒤에는 본업으로 돌아가 조선변호사협회 회장을 맡기도 했고, 나중에는 국회의원으로도 활동하였다. 해방 직후에는 그가 행정에 밝고 특정 당파에 엮이지 않은 인물이라는 이유로 1945년 10월 말 제2대 경성부윤에 임명되었다. 그러나 그의 총독부 경력 등을 이유로 서울시인민위원회 등 좌익 계열에서는 그의 시장 임명을 강력하게 반대했다.[10] 1946년 5월 초에 사표가 수리되었지만 이범승은 이미 4월부터 사임의 뜻을 밝혔다. 따라서 1946년 7월 1일 김형민 시장이 취임할 때까지는 상당한 공백이 있었다.

이처럼 후임자 선정에 어려움이 있었고 전임자들의 경우 좌익 계열에서 과거 경력을 문제 삼는 경우가 많았기 때문에 별다른 '흠결'이 없는 김형민이 일단 눈에 들어왔을 것이다. 그는 시골의 한약방 집 아들로 태어난 그저 평범한 학교 선생님이었고, '반일 독립운동'의 레거시라면 해방 직전 영어 수업 시간에 우연히 미국의 승전 가능성을 언급한 혐의로 잠시 수감된 것이 전부였다. 관료로서 보자면 '깨끗한 도화지' 같은 인물이었던 셈이다. 게다가 각종 물자 배급과 통제로 잡음이 끊이지 않는 상황에서 해방 후 석유 장사를 통해 '실물경제'의 흐름을 잘 알고 있었다. 그 자신도 여러 차례 강조했듯이 정치에는 큰 욕심도 없는 '무색무취'의 인물이었다. 그러니 그는 극우나 극좌 계열의 유명 인사들보다는 미군정으로서도 적당히 뒤에서 주무르기에도 편했을 것이다. 여기에 더해 눌정訥丁, 즉 조선말은 비록 '어눌'했을지언정 영어는 기막히게 '유창'했다고 하니 굳이 미심쩍은 통역을 거치지 않아도 직접 교감할 수 있는 사람이었다. 미군 수뇌부는 각종 정치적 사건들을 다루는 과정에서 통역들이 장난치는 것을 한두 번 경험한 것이 아니었다. 이 정도의 인물이라면 미군정으로서도 충분히 욕심을 낼 만한 인물이지 않았을까 싶다.

백주 대낮에 유괴당한 전임 시장님의 청파동 조카딸

한국전쟁이 발발하기 전까지 해방과 건국이란 시공간은 비록 짧은 기간이었지만, 극한의 '양극화'가 사회 전면으로 파급된 시기였다. 이것을 단적으로 보여주는 대조적인 사회현상이 부유층 자제의 '유괴'와 극빈 가정 유아의 '밀장密葬'이다.[11] 즉 부잣집 아이는 부모의 금품을 노리는 유괴범들의 손쉬운 표적이 되기 일쑤었다. 반면에 가난한 집 아이는 병들거나 굶어 죽어도 부모가 장사 치를 돈조차 없어 매장은 고사하고 허름한 거적 등으로 말아 인적이 뜸한 외진 곳에 버려지는 일이 적잖았다. 이것은 일견 정반대의 상황으로 비칠지는 모르지만 결국 '고르지 못한' 공동체 안에서는 그 구성원이 금수저이든 흙수저이든 결과적으로 그 누구도 결코 편안하게 지낼 수 없다는 것을 매우 거칠게 보여주는 장면이다.

1949년 11월 종로2가 동양루 사장 아들의 유괴 및 살해는 어린이 유괴 사건의 서막을 알렸다. 해방 후 굵직한 유괴 사건이라면 사회적 파장이나 국민적 관심 등을 고려할 때 1962년 '조두형 군 유괴 사건'이 한동안 최악의 미제 사건으로 회자되었다.[12] 사건 당시 유괴범은 문교부장관과 관할 경찰서장에게 협박 편지까지 보내는 대담함까지 보였다. 이에 화가 난 박정희 최고의장은 특별 검거 지시까지 내렸으나, 범인이 좀처럼 잡히지 않자 국민 가수 이미자가 "두형이를 돌려줘요~"라는 애절한 노래까지 만들어 불렀다. 당시 학생들은 물론이고 우편집배원과 교통부 관계자들까지 나서서 사진이 인쇄된 전단을 무려 1,100만 장이나 배포했지만 결국 미제 사건으로 끝났다. 그로부터 약 30년 후에는 1991년 압구정동 현대아파트에 살던 구정국민학교 이형호 군 유괴 사건이 세상을 떠들썩하게 만들었다.[13] 이 미제 사건은 당시 뉴스와 각종 프로그램에서 범인의 육성이 공개되어 많은 사람의 관심이 집중되었다. 〈그놈 목소리〉(2007, 박진표 감독)라는 영화로도 제작되어 후세까지 알려지게 되었다.

이처럼 유괴 사건은 사건 규모에 비해 그 사회적 파장이 크고, 그때마다 그러한 범죄를 발생시킨 사회의 구조적 모순이나 병리 현상에 대한 논의가 뒤따르곤 했으므로, 위정자와 치안 당국은 최대한 빨리 사건을 마무리하고자 했다.

　그러면 해방 후에 벌어진 유괴 사건의 양상은 어떠했을까. 그 시작은 1949년 교동국민학교(1학년)에 다니던 동양루 사장 아들의 유괴 사건이었다. 이것은 부잣집 자제들이 많이 다니는 학교를 대상으로 하교 시간에 맞춰 '귀티' 나는 아이를 군밤으로 꼬드겨 살해한 뒤 유괴범이 100만 원의 몸값을 요구하다가 검거된 사건이었다.[14] 교동국민학교는 갑오개혁기인 1894년 '관립교동왕실학교'로 설립되어 본래 왕족과 귀족만 다니던 학교였다. 그 후 이 학교는 일반 공립학교로 전환되어 해방 후에는 경기중학교나 경기여고 합격생들을 많이 배출하기로 유명했다. 그래서 종로 일대 명문가와 부잣집 자제들이 많았기 때문에 이 어린이들은 자연히 유괴범의 표적이 되기 십상이었다. 또한 이러한 전통적인 명문교 외에도 해방 직후 구 일본인 재산을 헐값에 사들여 갑자기 벼락부자가 된 '졸부'들이 모여 살던 지역의 학교도 차츰 표적이 되기 시작했다. 그러자 치안 당국은 부유층 자제가 많이 다니는 학교를 중심으로 사복 여경을 집중 배치함으로써 범죄 예방 조치에 나섰다. 아울러 학교에서도 학생들의 등하교 지도를 강화하는 한편 학부모에게 가정통신문을 보내 특별 지도를 당부했다.[15]

　이 교동국민학교 어린이 유괴 사건으로 뒤숭숭하던 상황에서 이번에는 청파동 여아 유괴 미수 사건이 발생했다. 내용인 즉, 1950년 1월 24일 오후 3시경 남산 예술대학(후에 서울예술전문대학) 부근 솔밭길을 지나가던 제851부대 소속 남산작전송신대의 김응섭 일등중사가 때마침 사건 현장을 목격했다. 발견 당시 여자 어린이는 한겨울에 외투도 없이 울고 있었고, 중고생 정도로 보이는 한 소년은 그 옷을 빼앗아 막 도주하려던 참이었다. 어린 소녀는 목이 졸렸는지 숨도 제대로 쉬지 못하는 듯했다. 그는 소녀를 재빨리 인근 가정의원으로 데려가 응급치료를 받도록 한 뒤 백인제병원(후에 서울백병원)으로 옮겼다.

남산에 소녀 유괴사건
질식 후 의복을 탈취
체포된 범인은 十七세 난 소년

청량리 송림사건이 아직 기억에 새로운 이때 또 다시 무시무시한 아동유괴(誘拐)사건이 남산 솔밭에서 이러낫다

즉 二십四일 오후 三시경 시내 남산 솔밑에 발가숭이가 되여 숨이 곤어저 있는 것을 마침 지나가던 모대선형이 발견하고 현장에서도 수하려는 범인을 추격 체포하는 한便 질식하고 있는 소녀를 시내 백인제병원에 입원 가료케 하였든바 다행이 동 四시반에 소생하였다

피해자인 동 소녀는 청파동에 거주하고 있는 김형민 전 서울시장의 질녀 김문희양으로 三光국민학교 二학년 九반의 아동인데 범인은 그날 수업을 마치고 도라오는 김양을 길에서 기다리고 있다가 영화구경을 시켜준다고 꼬이어 남산까지 데리고 가서 강제로 옷을 발가벗긴 후 도주하려 든 것이었다 한다

그런데 범인은 崔모는 십七

김형민 전 시장의 조카딸 유괴 미수 사건

(『부인신문』, 1950년 1월 26일)

이 사건으로 피해자인 조카딸이 사는 청파동 집이, 1945년 말에 김형민 시장이 일본인에게 매수한 10채와 관련이 있는 것은 아닌가 하는 의혹이 제기되었다.

그리고 도주하려던 소년을 붙잡아 경찰에게 넘겼다.[16] 소녀는 다행히 의식이 돌아왔고, 얼마 후 인근에 있던 '큰아버지'가 소식을 듣고 한걸음에 달려와 퇴원 수속을 마친 뒤 집으로 데려갔다. 피해자는 용산구 '청파동1가 58번지'에 사는 9세 소녀로서 인근 삼광국민학교(현재 삼광초등학교) 2학년에 다니고 있었다. 그날 오전 수업을 마치고 집으로 돌아가던 중 17세의 한 소년이 영화를 보여주겠다며 남산으로 데려가 목을 조르고 외투를 빼앗으려다 체포된 것이다.[17]

그런데 뜻밖에도 이 사건으로 주목을 받은 사람은 피해자도, 가해자도 아닌 병원으로 달려온 피해 어린이의 큰아버지, 즉 김형민 전 서울시장이었다. 당시 이 사건은 아직 교동국민학교 어린이 유괴 사건의 여파가 남아 있었고, 피해 어린이가 전 서울시장의 조카딸이라는 사실이 밝혀지면서 더욱 세상의 주목을 받게 되자 곧 온갖 '소문'이 나돌기 시작했다. 당시 취재기자가 피해자의 어머니를 인터뷰한 바에 따르면, 그 소년은 고향의 먼 친척뻘 되는 자로서 집안에서도 내놓다시피 한 '문제아'였기 때문에 평소에도 '경원시'하던 참이었다고 한다. 그런데 보도 기사에 따라서는 혹시 두 집안 사이에 그 이상의 어떤 심각한 '문제'가 있었던 것은 아닌지 의혹을 제기하기도 했다. 후속 보도가 없어 그 '문제'가 정확히 무엇인지는 알 수 없지만 일종의 '다툼'을 암시하는 듯한 뉘앙스였다.

이 사건에서 주목할 대목은 바로 김형민이 조카딸을 병원에서 퇴원시켜 데려다준 그 '집의 위치'이다. 왜냐면 당시 피해 어린이가 살고 있던 '청파동1가 58번지' 일대는 김형민의 시장 재임기는 물론이고 퇴임 후까지도 끊임없이 제기된 이른바 '대규모 적산 가옥 스캔들'의 진원지였기 때문이다.[18]

퇴임 후에야 드러난 서울시장의 두 얼굴

김형민 전 시장의 조카딸은 어떻게 그 집에서 살게 되었을까. 또 그 집은 그와 무슨 관련이 있었을까. 해방 후 청파동 일대에서는 대체 어떤 일들이 벌어진 것일까. 김형민은 조카딸을 청파동 집으로 데려다주고 정확히 한 달 뒤에 그녀가 살고 있던 '그 집'으로 인해 고등검찰청에서 강도 높은 조사를 받게 되었다. 당시 보도 기사에 따르면 김형민은 해방 직후 가토 우에몬加藤右衛門이라는 일본인으로부터 청파동 일대의 건물 10채를 사들였다고 한다. 그 후 김형민 본인은 정치에 관심도 없고 당장 석유 사업으로 바쁘다며 여러 차례 고사했으나 친히 자동차까지 보내주며 후임 시장 자리를 제안한 윌슨 대령의 집, 즉 후암동에 있는 서울시장 관저로 취임과 동시에 이사하면서 이 주택들을 김문휘 등의 '친척'들에게 넘겼다. 그런데 바로 그 과정에서 불법행위가 드러나 '적산 가옥 부정 처분' 혐의로 검찰의 조사를 받게 된 것이다.

당시 이 사건의 보도 내용을 보면 큰 줄거리는 비슷했다. 다만 신문사에 따라 세부 내용은 조금씩 달랐다. 가령 어떤 기사에서는 김형민이 해방 직후 가토라는 일본인에게 구매한 집은 청파동 소재 주택뿐만 아니라 시내 '여러 곳'에 흩어져 있었다고 전했다. 또 어떤 기사에서는 공문을 '위조'해 적산이 아닌 것처럼 꾸며 '동생' 김문휘 등으로 하여금 자신의 청파동 주택에서 살게 한 혐의를 받고 있다고 보도하였다.[19] 한편 또 다른 기사에서는 김형민이 해방 직후 '미군 통역'으로 일할 때 청파동 '동회장' 가토로부터 10채의 건물을 구매했다고 전했다. 즉 가토라는 일본인은 그 동네의 동회장町会長이었고, 본국으로 돌아갈 준비에 여념이 없던 일본인 이웃들의 집을 위탁받아 대신 처분했다는 것이다. 그때 김형민이 그 주택들을 일괄 구매하고자 '가계약'을 체결하면서 8만 원은 현금으로 건넸고, 나머지 잔금 12만 원은 '비행기'로 추후 송금하겠다고 약속했다고 한다. 그런데 그 과정에서 김형민이 서울시장 재임기에 그 집들을 마치 '해방 전부터' 소유하고 있던 것처럼 문서를 '위조'한 뒤 김문휘 등 여러 명에게 매각한 혐의로 구속되었다고 전하였다.[20)

이처럼 세부적인 사실관계에 있어서는 보도에 따라 약간씩 차이가 있었으나, 김형민이 대략 어떤 혐의로 조사를 받았는지는 알 수 있을 듯하다. 다만 아쉬운 점은 후속 보도가 없다는 것이다. 당시 6~7개 신문사가 일제히 이 사건을 '특보' 형식으로 보도한 것을 보면 이것은 분명 초대형 사건이었다. 그러나 어쩐 일인지 혐의 내용과 검찰의 구속 조사 현황만 전하고는 그 뒤로 소식이 없다. 그런데 여기서 주목할 대목은 그의 조카딸이 유괴되고 청파동 집의 '적산 가옥 부정 처분 및 공문서 위조 혐의'로 검찰 조사가 진행된 시기로서, 이 사건들은 1949년 2~3월 시점에 발생했다. 즉 반민특위의 반민족행위자의 처벌이라든가 검찰의 귀속재산 관련 비리 및 배임 횡령 조사가 잠시나마 힘을 얻고 있던 시기였다. 그럼에도 불구하고 후속 보도가 이루어지지 않았다는 것은 무엇을 의미할까. 그것은 이 사건의 사후 처리와 관련해 매우 '강력한 윗선'의 개입이 있었음을 암시한다. 즉 당시 서울시장보다 높은 사람이 연루되었거나, 아니면 그에 준하는 사람들이 여러 명 결부되었을 가능성이 높다. 이러한 정황을 강력하게 뒷받침하는 내용이 현재 제헌의회 국회 속기록에 생생하게 남아 있다.[21)

1949년 12월 제헌의회 법사위원회에서는 건국 후 국가기관의 주요 조직에 관한 법률을 제정하면서 법무부에서 제출한 '검찰청법안'을 검토하고 있었다. 제5회 57차 회의의 핵심 의제는 지금까지도 논란이 계속되고 있는 검찰과 경찰 사이의 '수사권 조정(일원화)', 그리고 검찰 산하 중앙수사국의 설치 및 '사법경찰관(현 검찰조사관)'의 감독권 행사 문제였다. 국회 법사위원장 백관수의 주재로 열린 법안 검독회(검토회)에서 법무부장관 권승렬은 "현재 검찰(검사)은 187명에 불과하지만 경찰은 무려 5만 명이나 된다. 현재는 내무부 산하의 경찰총장이 사실상 수사권을 좌지우지하고 있다. 하지만 중범죄자들에 대한 처벌은커녕 수사조차 제대로 이루어지지 않는 실정"이라고 말했다. 따라서 검사들이 중앙수사국 사법경찰관을 통해 수사 과정 일체를 지휘하고 기소까지 완결할 수 있는 법안을 제정해야 한다고 주장했다.

법무부장관의 이야기가 길어지자 법사위에서는 뭐가 문제인지를 단도직입적으로 물었다. 그러자 그는 1948년 7월의 서울시장 김형민에 대한 경찰의 허술한 '수사 기록'을 직접 법사위원들에게 나누어 주며 아래와 같이 법안 제출 취지를 설명했다.

> 여기 나중에 보시면 아십니다만, 본적 미상, 주소 미상 … 서울시장 김형민, 42세. (내무부장관 산하 경찰총장이 수사감독권을 행사하는 구조) 아래서는 김형민을 체포하지 못했습니다. … 경찰이 조사한 결과에는 서울시장 김형민을 '넉 달 동안' 한 번도 조사를 안 했습니다. … 압력을 받을 만한 사건일 것 같으면 그 사건에 대해서는 경찰관으로서는 못 합니다. 어떠한 경찰관은 자기가 모 고관高官에 대해서 조사하려고 했더니 그 고관이 말하기를 "나는 너에게 수사를 받지 못 한다 (하겠다)." 이것이 작년에 일어난 일입니다. 그 후에 그 사람(용의자)을 강제로 조사를 했더니 그 후 그 사람(수사관)은 결국 면직당하고 말았습니다. … 이래서는 검찰사무가 완수되지 않으리라고 생각합니다. 이런 의미하에서 중앙수사국 설치를 용인해 주시기를 간절히 바랍니다. 이뿐입니다.

그 후 법사위원회에서 검토한 법안은 곧바로 표결에 들어가 재석 의원 122

명, 찬성 97명, 반대 1명, 무효 및 기권 24명으로 가결되었다. 당시 표결을 주재한 신익희 국회의장은 "'검찰청법의 전 법안'이 그대로 통과된 것을 선포해 드려요(선포합니다)."라며 의사봉을 두드렸다. 그로부터 70여 년이 지난 지금 검찰 권력이 대한민국의 모든 분야를 맘대로 주무르고 있는 현 상황에 비추어 보면 상상하기 어렵겠지만, 당시만 해도 검찰의 위상이 얼마나 미약했는지를 알 수 있다.

만약 이 법안이 10개월 전, 즉 조카딸이 유괴되고 청파동 집 문제로 검찰의 조사를 받기 전에 이미 시행되었더라면 김형민의 운명은 어떻게 바뀌었을까. 권승렬 법무부장관 설명에 따르면, 김형민은 시장 재임기에도 각종 비리 사건에 연루되었던 것으로 보인다. 하지만 그는 경찰의 형식적인 조사만 받았을 뿐이었다. "본적 미상, 주소 미상 … 서울시장 김형민, 42세." 이러한 기본 항목마저 모두 '미상'으로 기록되었다면 대놓고 묵비권을 행사했다는 것이다. 1949년 2월에 뒤늦게나마 고등검찰청의 조사가 이루어진 것도 사실 기적이었다. 분명히 이러한 경찰의 허술한 조사 관행에 대해 법조계의 강력한 문제제기가 있었기 때문에 그나마 사건 조사와 보도가 이루어졌을 것이다. 법무부장관이 직접 그의 비리를 국회에서 언급할 정도였다면 이미 그 전부터 검찰 측은 그의 일거수일투족을 지켜봐 왔거나 혹은 제보를 통해 비리 관련 정보를 캐비닛에 쌓아 두었을 가능성이 높다. 그렇다면 당시 법사위에서 거론된 '재임기' 김형민 시장의 또 다른 혐의란 무엇일까.

모리·간상배인의 결탁을 비롯하여 **횡령橫領·편취騙取·부정매도不正賣渡·증수회贈收賄(뇌물 수수)** 등 가지가지의 범죄가 하루가 멀다시피 적발되어 세칭 서울의 **복마전伏魔殿**이라고 불리워지던 서울시

청은 군정 3년의 짧지 않은 동안 서울시민을 나날이 울려 왔던 바, 이제 또다시 **그 복마전 한가운데 '염라대왕'과 같이 앉아 있던 시장 김형민이 막대한 수뢰 사건**에 관련되어 (1945년 10월) 15일 돌연 검찰청에 송청되어 죄상이 백일하에 드러나게 되었다는 바, **수도의 경찰권이 (을) 시장 관하에 둘 것이라는 말이 결정적 단계에 오른 이때 김 시장이 단죄대에 오르게 되어** 이로써 **군정 삼년의 탐관오리배의 총결산으로서의 장송곡이 되라는 시민의 소리**가 자못 큰 바 있다.[22]

위 기사에서 보듯이 서울시청은 각종 비리가 끊이지 않아 마귀들이 득실거리는 욕망의 소굴, 즉 '복마전'이라는 소리를 듣고 있었다. 이런 상황임에도 불구하고 정부 수립 전후에 서울시장은 수도라는 특별한 지위를 이용해, 종래 미군정 경무국이 관할해왔던 수도경찰청을 서울시 산하의 치안 조직으로 편입시켜 행정권과 더불어 경찰권까지 장악하려다가, 시청 간부들의 비리 사건이 터지는 바람에 역풍을 맞은 셈이다.[23] 즉 서울시의 간부들이 미군정기 내내 수도경찰청을 끼고서 벌인 온갖 비리 혐의를 주시하면서 때만 기다리고 있던 선우종원(1918~2014) 검사에게 제대로 걸린 것이다.[24]

그는 경성제국대학을 졸업하고 고등문관시험에 합격해 법조계에 발을 들였다. 건국 후에는 서울지검 초대 검찰과장으로서 승승장구했고, 한국전쟁기에는 좌익 인사의 사상 전향을 유도하고자 '보도연맹'을 조직해 이승만의 총애를 받기도 했다. 그러나 1952년 부산정치파동 때 정치적인 누명을 쓰는 바람에 8년 동안 일본에서 망명 생활을 해야만 했다. 그는 1960년 4·19혁명 이후 귀국해 한국조폐공사 사장을 거쳐 국회사무총장을 맡아, 이곳저곳을 전전하던 국회의사당을 현재의 여의도에 자리 잡도록 하는 데 힘썼다.[25] 그는 이처럼 사법계와 정계에서 모두 강골로 통했다. 특히 해방 후에는 미군정 관료들을 등에 업고 비리를 일삼던 미국 유학파 통역원이나 고위 관료들을 가차 없이 잡아들여, 당시 검찰계의 젊은 '염라대왕'으로 불렸다. 그가 취조한 재임기의 김형민 서울시장 등이 연루된 사건의 내용은 다음과 같다. 1948년 초 서울시 귀속사업처(구 적산관리처)에서는 '오바야시구미大林組'라는 구 일본인 소유 토건 회사를 관리하고 있었다. 이 회사는 임대계약 기간이 1948년 2월로 끝나 새로운 관리인(사장, 지배인)을 임명해야 할 상황이었다. 그러자 종래 이 회사를 관리하던 천명준은 관리권의 연장을 부탁하며 서울시 귀속사업처 총무과장 이정옥에게 여러 차례 향응을 제공하고 현금 5만 원을 뇌물로 건네다가 적발된 것이다. 그런데 이 회사는 손에 넣기만 하면 황금알을 낳는 알짜배기라는 소문이 돌았기 때문에 그 사람 말고도 노리는 자들이 많았다. 충무로에 사는 조종휘라는 화물운수업자도 그 회사의 관리권을 얻고자 서울시 노동국장 이수용에게 김형민 시장을 연결해달라고 부탁했다. 그리고 임대계약 만료에 따라 신임 관리인 선정 절차가 시작된 1948년 2월 중순, 조종휘는 시내 모처에서 4차례 향응을 제공하였다. 그리고 월말에는 확실하게 쐐기를 박고자 서울에서 제일가는 기생들을 선발해 대동하고 이수용 노동국장과 김형민 서울시장을 황해도 '배천온천白川溫泉'으로 데려가 수일 동안 숙박과 유흥을 제공한 혐의로 조사를 받게 되었다.

조사가 계속될수록 화수분처럼 또 다른 의혹들이 불거졌다. 김형민 시장은 우미관 극장의 임시 관리인 이중권으로부터 관리권 보장의 대가로 거액의 뇌물을 받은 혐의가 추가로 드러났다. 그의 여죄 혐의가 속속 드러나자 '서울시 귀속사업처 사건'은 크게 확대될 조짐을 보였다. 이 사건으로 1948년 10월 15일 입건된 서울시 공무원은 김형민 시장, 이수용 노동국장, 이정옥 귀속사업처 총무과장, 김동명 귀속사업처 기술과장, 현중건 귀속사업처 기술

全鮮名勝地推薦　第三回發表（十三日午後二時半現在）

二三五票	南松亭（平北）
二三一票	雪嶽山（江原）
一八五票	仁川月尾島（京畿）
一〇八票	元山松濤園（咸南）
八八票	平壤牡丹臺（平南）
四四三票	溫陽溫泉（京畿）
四八三票	碧蹄館（京畿）
三八票	東萊溫泉（慶南）
三〇票	平壤溫泉（平南）
五〇票	朱乙溫泉（咸北）
五四票	馬山海水浴湯（慶南）
四二票	白川溫泉（黃海）
二〇票	扶遠溫泉（平南）
〇〇票	寧遠溫泉（平南）
〇〇票	白頭山（咸北）
〇〇票	景岩山（黃海）

七票　鴨綠江（平北）
六票　九味浦（黃海）
六票　長壽山（平北）
六票　棟龍窟（平北）
五票　大同江（平南）
四票　朴淵瀑布（京畿）
三票　俗離山（忠北）
三票　統軍亭（平北）
二票　朝鮮神宮（京畿）
二票　南漢山（京畿）
二票　北漢山（京畿）
二票　明沙十里（咸南）
二票　鷄龍山（忠南）

懷かしい自然、美しい山水、
われ等の喜びとする所であり
片よつた鑑識によつて定めら
わが社はこゝに一般公衆の推
票を探ることゝなりました。
の遍りです。

一、全鮮の山岳、溫泉、河
　勝地（但し金剛山と慶州
二、用紙は官製はがきに限
三、推選投票は高騰順に審
四、締切は二月二十八日正
右に依り審査決定したる

새로운 온천 휴양지로 인기 몰이를 한 배천온천

（『경성일보』, 1930년 2월 13일）
1930년 '온천광'이었던 우가키 가즈시게 총독은
새로 개장한 배천온천의 단골손님으로 유명했다.

과 실무직원 5명이었다. 그리고 이들에게 뇌물을 준 업자는 천명준 오바야시 구미 전 관리인, 이중권 우미관 극장 관리인, 조종휘 운수 창고업자 등 3명이었다.

여기서 배천온천은 무엇을 뜻할까. 해방 후 이곳은 서울에서 가까운 휴양지로 각광받았다. 동시에 이곳에서 이루어진 관료와 업자의 만남은 곧 '부정과 비리'를 연상시키는 전형적인 공간이기도 했다.[26] 이곳은 인근의 연안온천과 함께 한반도의 대표적인 라듐 온천으로서 일찍이 세종대왕도 요양했을 정도로 예전부터 유명한 곳이었다. 이곳은 또한 「날개」라는 작품으로 천재 문인 반열에 오른 이상(1910~1937)이 폐결핵 진단 후 조선총독부 건축 기사 직을 집어치우고 요양하러 갔다가 기생 금홍이와 사랑에 빠진 곳이기도 하다. 이상은 경성공업전문학교(후에 서울공대) 졸업 후 총독부 건축 기사로 일하면서 1930년부터는 문예 활동도 병행하였다. 그러나 스트레스로 병세가 악화되자 1933년 요양차 배천온천을 찾았다. 그곳에서 만난 기생 금홍이와 사랑에 빠진 그는 곧 동거에 들어갔고, 서울로 함께 돌아와 종로1가에 제비다방을 열었다. 이 다방을 오가던 사람 가운데 한 명이 이상과 함께 '9인회'의 멤버로 활동한 『소설가 구보씨의 일일』의 작가 박태원이다. 그는 영화 〈기생충〉을 만든 봉준호 감독의 외할아버지로서 다시 주목을 받았는데, 이상이 그의 작품에 삽화를 그려주었다.

배천온천은 1930년 1월에 개장했다. 이곳은 조선총독부와 경성부 관료들이 욕탕, 호텔, 요정 등을 리모델링해 최첨단 시설을 갖춘 휴양지였다.[27] 특히 '온천광'으로 유명한 우가키 가즈시게가 자주 찾던 곳이었다. 그는 만성 신경통을 달고 살았기 때문에 1927년 잠시 조선총독을 대리할 때에도 온양온천을 자주 찾았다. 그 후 1931년 육군대신을 그만두고 조선총독으로 다시 부임한 뒤에는 이제 막 개장한 배천온천에 자주 들렀기 때문에 이곳은 '총독의 새 온천'

으로 불렸다. 또 1930년대에는 총독부가 식민지 투어리즘을 활성화함으로써 내선일체를 간접적으로 도모하고자 조선의 전통적인 명승지를 정책적으로 관광 명소로 개발하고자 했다. 그 결과 관광 엽서, 안내 책자, 방문 기념 도장 의 보급을 적극 장려했고, 주요 신문에 관련 홍보 기사를 적극 게재하도록 유 도했다. 그 영향으로 배천온천은 개장 2개월 만에 경성일보사에서 구독자 투 표로 매달 결정하는 '추천, 조선의 명승지' 코너에서 온천 가운데는 4위에 올 라 백두산이나 부여의 백제 유적지와 어깨를 나란히 했다.[28]

덕분에 배천온천은 일반 이용객도 늘었지만, 1930년대 한반도에서 대규모 개발 프로젝트가 진행되면서 총독부와 경기도(경성부) 관료를 상대로 이권 확 보를 위한 업자들의 '접대'가 공공연하게 이루어졌다. 이러한 관행은 해방 후 에도 이어져 1948년 검찰 조사 과정에서 조종휘가 진술한 바와 같이 상공부, 서울시, 그리고 귀속재산 및 운라 구호품 관리 담당 관료들에게 향응을 제공 하기 위한 공간으로 자주 활용되었다. 또 이곳에는 주요 기관의 '연수원'이나 '요양원'이 들어서기도 했다. 배천온천호텔白川溫泉ホテル은 해방 전에도 경 찰 간부들이 자주 이용하던 곳이었다. 그 인연으로 1948년 3월에 미군정 경무 부는 '경찰관요양소'를 배천온천에 마련하기로 결정하기도 했다.[29] 하지만 한국전쟁 후 북한 땅이 되어 지금은 갈 수 없는 곳이다. 참고로 일제강점기에 는 배천온천을 '하쿠센온센白川溫泉'이라고 불렸는데, 조선인들은 배천 조씨 들의 본관지이기 때문에 '백천온천'이 아니라 '배천온천'이라고 부르도록 배 웠다고 한다. 안중근의 어머니 조마리아 여사가 바로 이 지역에 본관을 둔 '배 천 조씨'이다.

'복마전'이 된 서울시를 샅샅이 뒤진 검찰 수사진

1948년 정부 수립 직후 공직 기강 확립을 위해서라도 이번에는 반드시 배후를 밝히고야 말겠다고 검찰이 벼르던 이 사건에 김형민은 어떻게 대응하였을까. 1948년 10월 15일 검찰로 이관된 '서울시 귀속사업처 사건'의 처리는 김형민 시장의 유임 여부를 결정짓는 매우 중요한 사안이었다. 이 사건이 불거지기 전까지는 교체설과 유임설이 팽팽히 맞섰으나, 김형민 시장의 연루 의혹 연이어 제기되자 유임은 불가능하다는 쪽으로 기우는 듯했다. 그때만 해도 서울시장 자리는 국무회의를 거쳐 대통령이 임명하는 방식이었으므로 사실상 이승만 대통령의 의중이 중요했다. 그런데 이승만은 10월 19일 일본에 있는 맥아더 사령관을 방문해 대한민국 건국 행사에 참가한 것에 대한 감사의 뜻을 전하고 아울러 여타 재일동포와 한반도 문제 등을 협의하고자 비행장으로 향하고 있었다. 바로 그 무렵 이승만 대통령, 윤치영 내무부장관, 김형민 서울시장 3자 간의 협의가 이루어져 김형민 시장의 유임이 거의 확실시된다는 보도가 나오기 시작했다.[30]

이승만이 맥아더 사령관을 만나고 있을 때 김형민 시장은 기자회견을 통해 마치 자신의 유임을 '확신'하는 듯한 어조로 서울시 귀속사업처 사건에 대해 해명하였다.[31] 그는 이번 사건이 서울시장 자리를 노리고 있던 '엽관獵官'의 무리가 자신을 모략하기 위해 꾸며낸 일이라고 일갈했다. 즉 모 장관, 혹은 모 정치 세력이 수도경찰청의 수사관을 사주해 서울시 간부들을 구속한 뒤에 시장의 비리를 털어놓도록 강요했다는 것이다. 그 결과 구속된 4명 가운데 한 명이 허위로 진술하는 바람에 그 사달이 났지만, 정작 시장 본인은 경찰이나 사법 당국의 취조를 받은 일도 없으며, 일전의 보도 내용도 사실무근임을 강조했다. 오히려 자신을 비리 시장으로 몰아간 책임자를 처벌해야 한다고 주장했다. 1949년 12월 제헌의회 검찰청법안 표결 때 법무부장관 권승렬이 법사위원들에게 배포한 "본적 미상, 주소 미상, 서울시장 김형민, 42세."라는 경찰의 허술한 수사 기록을 보면, 경찰이나 사법 당국의 취조를 받은 적이 없다는 김형민의 발언은 아마도 '제대로 된 조사'를 받은 적이 없다는 뜻으로 풀이된다. 이승만, 윤치영, 김형민 3자 간 협의가 어떤 내용이었는지는 알 수 없으나, 일단 이 사건은 이렇게 대통령의 도움으로 위기를 넘긴 듯하다.

그런데 이 사건 이후로도 계속 잡음이 들려왔다. 특히 1948년 겨울은 미 24군단이 한반도에서 철수하면서 그들이 남긴 군용품과 생필품을 상공부에서 각 시도에 배당하고 있을 때였다. 바로 그 무렵 서울시장 비서실 간부와 일부 국과장들이 조직적으로 미군이 남긴 알루미늄 등 돈이 될 만한 물자를 비롯해 과자 부스러기까지 횡령한 사실이 대통령 비서관실에 포착되었다. 물론 이번에도 김형민 시장 본인은 이들 사건과 직접적으로 관련이 없다고 강변했고 어떠한 처벌도 받지 않았다. 하지만 오죽했으면 대통령 비서관실에서 직접 시장 비서실 측에 엄중 경고를 하였을까. 사태가 이 지경에 이르자 이승만으로서도 더 이상 좌시할 수 없었던 모양이다. 결국 1948년 12월 10일 후임 시장으로 윤보선이 임명되었다.[32]

그는 1948년 5월 제헌의회 국회의원 선거에서 낙선한 뒤에 잠시 이승만 국회의장의 비서실장으로 발탁되었으나 곧 사직하고, 중화민국, 일본, 미국 대사직 제의도 모두 고사한 채 가평 별장에 은둔하고 있었다. 그는 당시 삼촌 윤치영이 내무부장관으로 있을 때였으므로 가급적 서울시장직도 피하고자 했다. 자칫 윤영선(후에 농림부장관), 윤치영(내무부장관, 후에 서울시장), 윤일선(서울대 총장) 등 윤치호의 해평 윤씨 가문이 요직을 다 해 먹는다는 이야기를 들을 수도 있었기 때문이다.[33] 고민 끝에 그는 시장직을 맡기로 하고 김형민 시장과 업무 인수인계에 들어갔다. 그리고 약 2개월 후에 "서울시는 복마전이니 먹자판이니 하는 소리를 더 이상 들을 수 없다."라며 국과장급 인사를 일괄 교체해 버렸다.[34] 윤보선은 서울시를 깨끗하게 만든 시장으로 알려졌다. 실제로 도시위생을 위해 시내 '쓰레기' 청소도 열심히 했을 뿐만 아니라 직원들의 독직과 비리를 철저히 차단하고자 노력했다. 덕분에 그는 1949년 6월 서울시와 더불어 굵직한 이권이 집중된 상공부장관에 임영신의 후임으로 발탁되었다.[35] 그 자리 또한 귀속재산 및 원조물자 불하와 관련해 온갖 로비가 쇄도하는 곳이었고 정파 간의 중상모략도 심했기 때문에 언제 목이 날아갈지 알 수 없었다. 이 사실을 잘 알고 있었기 때문에 그는 스스로 장관직을 사임하기까지 약 1년 동안 재임하면서 세간의 오해를 방지하고자 매일 도시락을 가지고 출퇴근했다. 심지어는 비누, 치약, 종이 등 비품까지도 집에서 가져온 것을 사용했다고 한다.[36] 이렇듯 서울시장과 상공부장관 자리는 에든버러대학에서 고고학을 전공한 해평 윤씨 가문의 '도련님', 윤보선조차 한시도 긴장을 늦출 수 없는 어려운 자리였다.

이승만의 깊은 신임을 받았던 임영신 상공부장관마저 정파 싸움에 휘말려 기소를 면하지 못하고 1년도 못 채우고 자리를 내준 것을 보면, 취임 직후부터 온갖 구설수에도 불구하고 2년 7개월이나 김형민이 시장직을 유지할 수 있었던 것은 그야말로 천운이었다.[37] 되돌아보면 1946년 5월 그가 서울시장에 취임하고 반년도 되지 않아 고구마 부정 유출 사건, 비스킷 부정 배급 스캔들 등이 터지기 시작했다. 당시는 식량난이 심각한 상황이었기 때문에 그 파장도 상당했다.[38] 고구마 사건의 경우는 그해 전남에서 생산된 것을 가져와 시민에게 배급하기로 되어 있었는데, '중앙청과물회사'를 통해 개성에 있는 양조회사와 고려약품이란 회사에 각기 술과 소독용 알코올 제조용으로 빼돌린 것이 문제가 되었다. 또한 비스킷도 당장의 식량난을 완화하고자 최대한 값싸게 배급하기로 되어 있었지만, 이 또한 중간 판매상의 배만 불리고 말았다. 이 사건들은 약 두 달 가까이 세간의 주목을 받았기 때문에 기자회견 때마다 질문 공세가 이어졌는데, 김형민 시장은 매번 말이 바뀌었다. 즉 고구마의 경우는 애초부터 배급용으로 반입한 것이 아니며, 서울시에서는 고구마가 상하는 것을 방지하고자 업자를 '알선'했을 뿐이라고 해명했다. 또한 비스킷도 일부 상한 것을 서울시청 상무국의 미국인 대위가 시장과 아무런 협의도 없이 임의로 처분한 것이라며 선을 그은 뒤, 나머지 2,567세대분의 경우는 반드시 배급 계획을 세워서 집행하겠다고 밝혔다. 하지만 비스킷을 중간에서 빼돌려 배를 채운 브로커로 지목된 삼화사 대표 신선호는 김형민 시장이 향후 7만 파운드의 비스킷을 불하할 예정인데 파운드당 15원에 줄 터이니 20원에 배급하라고 지시했고 직접 결재까지 해줬다고 관련 서류를 폭로했다.[39]

그뿐만 아니라 이 시기에는 월동용 장작 배급도 문제였다. 기껏 강원도에서 캐온 장작을 청량리역까지는 싣고 왔는데, 이 장작의 반입 및 배급권을 시장이 복수의 업자에게 허가함으로써 문제가 되었다. 당시 업자들은 각기 김형민 시장이 직접 결재한 '반입 인가 서류'를 제출하며 권리를 주장하는 바람에 장작은 한동안 배급도 못 하고 청량리 빈터에 묵혀두었다.[40] 이렇게 석연찮은 사건과 의혹이 연이어 불거지자 출입기자단은 김형민 시장의 시정을 "무능력, 무계획, 무책임의 연발"이라고 일갈하며, 서울시의 생필품 배급은 항상 '시민'을 위한 배급이 아니라 '상인'을 위한 배급이었다고 비판했다. 아울러 보다 근본적인 문제로서 시장의 시정 자세를 지적했다. 즉 "너무나 군정(미군정)에 추종하고, 군정에 의존하기에 급급하였다. 가까운 예로 요정 개방 문제를 들 수 있다."라고 비판했다.[41] 즉 김형민 시장 취임 이래 반년을 되돌아보며 출입기자단은 시민보다는 장사치를 먼저 챙기고 미군 관료들의 눈치만 보는 서울 시정의 문제점을 지적한 것이다. 이것은 앞서 미군정이 김형민에게 왜 여러 차례 자동차까지 보내 줘가며 서울시장직을 권했는지를 잘 설명해주는 대목이다.

이처럼 김형민 시장은 취임 직후부터 퇴임 후까지 각종 의혹을 받아왔지만, 제대로 된 조사 한 번 받지 않고 그때마다 위기를 벗어날 수 있었다. 아마도 그 배경에는 건국 직후에 비해 그의 재임기 동안 검찰의 수사권이 미약했던 점, 애초부터 정치적 욕심이 없던 인물이었기 때문에 정치권의 잦은 지형 변화에 도 불구하고 상대적으로 다른 고위직 인사보다 그 영향을 덜 받았던 점, 그리고 해방 직후부터 미군정 고위 관료와 매우 끈끈한 관계를 유지해온 점이 크 게 작용한 것으로 보인다. 특히 미군정과의 관계는 그가 해방 후부터 1946년 5월 서울시장에 취임하기 전까지 그가 통역관으로서 누린 '특혜'를 생각하면 매우 중요한 요인으로 작용했을 것으로 보인다.

청파동 '적산 가옥'의 미스터리

한약방 집 아들로 태어나 고학으로 미국에 유학한 후 고등학교 선생님으로 재직하던 김형민이, 더욱이 미국의 승전 가능성을 유포한 죄로 해방 직전 수 감 생활까지 했던 그가 무슨 돈으로 해방 후 청파동의 일인 가옥을 무려 10채 나 손에 넣게 되었을까. 당시 검찰 조사에 따르면 김형민은 '미군 통역관' 시절 에 일인 가옥을 매입한 것으로 드러났다. 해방 직후 중앙여자대학(후에 중앙대 학교)을 설립한 임영신이나, 가문에 장·차관이 넘쳐나던 윤보선과는 사뭇 다 른 출신 배경을 지닌 그가 과연 통역관 월급으로 그것이 가능했을까. 보도에 따르면 그는 '가계약'을 체결하면서 8만 원은 현금으로 건넸고, 나머지 잔금 12만 원은 '비행기'로 추후 송금해주기로 했다. 그가 이 막대한 현금을 마련할 수 있었던 것은 미군정 수뇌부가 서울시장을 제의했을 때 고사하는 이유로서 그토록 강조한 '석유 장사' 덕분이었다.

1946년 7월 1일 김형민의 서울시장 취임 소식을 전한 당시 신문 보도에 따르면 그의 전직을 '조선석유조합'의 '지배인'으로 소개하고 있다.[42] 이것은 그와 미군정의 관계, 그리고 그가 서울시장으로 재직하면서 펼친 일련의 시정을 이해하는 데 매우 중요한 정보이다. 왜냐하면 석유는 이미 중일전쟁 직후부터 총독부가 공급 및 소비를 강력히 통제하던 일등 관리 품목이었다. 일본이 태평양전쟁을 도발하고 동남아시아를 침략한 이유도 결국엔 미국의 대일 석유 수출 금지로 인한 에너지 부족 때문이었다. 게다가 확전 국면에서 전세가 역전되고 점령지에서 석유를 수송해올 선박마저 군용으로 징발되자 독일로부터 '인조석유' 제조 기술을 도입하는 한편, 일본제국 전역에서 소나무 송진을 캐도록 하여 '송탄유·송근유'를 카바이드와 함께 대체 연료로 사용하며 목탄 자동차를 보급한 것이다. 따라서 고옥탄가의 석유(가솔린)는 다른 어떤 품목보다도 철저히 통제했다.[43] 이것은 해방 후에도 마찬가지였다. 미군정 또한 점령 지구 내 군사작전 및 치안 유지를 위한 군용 수요, 그리고 한일 간 귀환자 송환과 구호품 수송에 필요한 연료 확보, 그리고 필수 생산 시설의 가동을 위해 철저히 용도를 제한했다.

석유(가솔린)는 연합국총사령부가 관할하는 모든 지역에서 매우 엄격하게 통제되었다. 비슷한 시기 일본에는 국제흥업의 오사노 겐지小佐野賢治 (1917~1986)라는 사람이 있었다. 나중에 일본의 제국호텔 회장을 지낸 재계의 거물로서, 그는 대한항공의 창립자 조중훈에게 전쟁과 미군을 이용해 돈 버는 방법을 단기간에 전수한 최고의 '속성 과외' 선생님이었다.[44] 오사노는 1940년 상경 후 도요타자동차에서 잠시 영업을 배운 뒤 군수성 군납을 통해 성장했다. 그리고 패전 후에는 전국 관광지의 호텔을 인수해 주일 미군을 상대로 한 관광업을 확대하는 한편, 1947년에 사명을 국제흥업으로 바꾸고 미국 중고차 수입과 판매에 이어 버스 사업 분야로 진출해 승승장구하였다. 주일 미군 군납업자로 선정되어 군사용 철조망과 수송 설비 등을 납품했고, 한국전쟁기에는 남한 미군 기지 안에서 운행하던 모든 버스의 사업권을 따냈다. 또 베트남전쟁기에도 미군 장병 수송용 버스 임대 및 수리를 통해 돈벌이를 계속하였다. 바로 이러한 경험을 조중훈에게 그대로 전수했을 뿐만 아니라 대한항공의 모체인 한진상사가 베트남에 진출하는 과정에서 '한진수송단'에 사용할 버스와 예인선, 하역 장비 등을 조달해 주었다.[45] 그리고 1969년 조중훈이 베트남 특수를 바탕으로 정부로부터 대한항공을 인수한 후에는 일본항공사의 항공기를 대여하는 과정에도 중요한 역할을 하였다.[46] 실제 사업가로서 두 사람이 보인 평생의 궤적은 데칼코마니를 연상케 한다. 다만 한 가지 다른 점은 미군과 그렇게 친분이 두터웠던 그조차 배급 가솔린의 부정 사용 혐의로 적발되어 수감 생활을 했다는 것이다. 정계의 거물 다나카 가쿠에이田中角榮(후에 총리대신)의 도움이 없었다면 사업가로서 그렇게 성공할 수 없었을 것이다.

이처럼 석유(가솔린)는 연합국총사령부가 특별히 관리하도록 신신당부했기 때문에 미군정도 여러 '귀속재산'과 '구호품' 가운데 석유는 다른 물품과 달리 중간 유통업자의 부정을 방지하고자 별도 지정한 업자(custodian, 관리인), 혹은 배급단체(distributing company)가 아니면 다룰 수 없도록 특별히 통제하던 품목이었다.[47] 특히 여기서 주목할 점은 김형민이 단순히 배급망의 말단 기구나 대리점을 운영한 것이 아니라 이 품목의 배급과 유통을 총괄하는 '지배인(manager)'이었다는 사실이다. 이것은 그 자체로도 엄청난 특권이었다. 당연히 그 자리를 얻기까지는 미군정 관재 담당 관리와 상당한 교감이 오갔을 것이다. 즉 이것은 통역관으로서 그가 취할 수 있는 최대한의 이권이었던 셈이다. 이처럼 김형민은 통역관이란 지위를 최대한 활용해 종잣돈을 마련해 갔던 것으로 보인다. 그가 누린 특권은 참으로 다양했다. 가령 일본인에게 가옥

구매 후 잔금 12만 원을 '비행기'로 송금하겠다고 약속한 것은 일반인으로서는 상상조차 하기 어려운 일이었다. 이것은 엄연히 연합국총사령부 차원에서 일본과 구 식민지 사이의 금·은 등 귀금속, 화폐, 유가증권 등의 반출입을 금지한 지령(SCAPIN 44호 및 532호)을 위반하는 행위로서, 미군 가운데서도 최고위급 장교의 도움이 없었다면, 그리고 그들과 일상적으로 대면하던 통역관이 아니라면 그러한 '발상' 자체가 불가능했을 것이다.

아울러 그가 후암동의 서울시장 공관으로 이사하면서 청파동 소재 10채의 가옥을 누구에게 넘겼는지를 유심히 살필 필요가 있다. 검찰 조사에 따르면 김형민은 당시 이 집들을 '김문휘' 등에게 매도했다고 하는데, 신문 보도에 따라서는 그의 '동생' 혹은 '친척'이라고 보도하였다. 물론 '동명이인'일 가능성도 있지만, 1957년 도쿄에서 열린 국제원자력평화이용회의에 참석한 7명의 대표 가운데는 상공부 공업국장 '김문휘'라는 인물이 있었다.[48] 그는 미국 미시간대학원을 졸업한(화학 전공) 재원으로서 민간 회사(김형민의 '삼일사'로 추정)를 거쳐 상공부 공업국 화학과장('기정')으로 공직에 들어선 것으로 기록되어 있다.[49] 미시간대학원이라면 김형민이 영어교육학을 전공한 학교이다. 게다가 친척 형(혹은 친형)인 김형민이 석유조합 지배인이고 그가 대학원에서 화학을 전공했다면, 이것이야말로 최적의 조합이 아니겠는가. 또 김형민이 검찰 조사를 받기 한 달 전 유괴 사건 때 병원 치료 후 청파동 집으로 데려다준 조카딸(질녀)의 아버지는 '김병욱'이란 인물이었다.[50] 그가 친동생인지 친척 동생인지는 알 수 없으나 이 사람도 상공부에서 근무하던 직원이었다. 1952년에는 전기국 전정과電政課, 그리고 1953년에는 상무국 물자과의 사무관이었다.[51] 이 사람도 '동명이인'이 아니라면 김형민은 해방 후 함께 석유 사업을 하다가 상공부에 공직자로 들어간 동생들('친척들')에게 청파동의 구 일본인 가옥 10채를 매각한 셈이다.

당시 신문에서는 "(김형민이) 시장으로 있는 것을 기회 삼어(삼아) 해방 전(에 매매한 것으로) 소유 문서를 위조하는 한편, 일가인 김문휘 외 수명에다가 각각 매각한 사실이 있다고 한다."라며 전언의 형태로 이 사건을 보도하였다.[52) 후속 보도나 재판 기록이 없어 실제로 김형민이 집문서를 위조했는지 여부는 섣불리 단정할 수 없다. 다만 그가 1946년 5월 경성부윤으로 취임한 그해 10월에 경성부가 서울특별시로 승격되면서 종래의 경성부 주택과가 '서울시적산관리처'로 개편된 사실에 주목할 필요가 있다. 즉 이 과정에서 서울시는 종래 구 일본인 주택만 관리하던 권한이 영업용 점포 및 회사 건물까지 확대되었다. 그 결과 서울 소재 구 일본인 부동산은 모두 '서울시적산관리처'에서 일괄 관리하게 되었고, 직제 개편에 따라 관리자 및 임차인 선정 권한도 경기도지사에서 서울시장으로 이관되었으니, 그가 마음만 먹었다면 직제상 그 정도의 위조는 일도 아니었을 것이다.[53)

아마도 선우종원 담당 검사가 집중적으로 캐고자 한 혐의도 이 대목이었을 것이다. 하지만 앞서 법무부장관 권승렬이 검찰청법안을 제출하면서 김형민의 경찰 수사 기록을 회람한 것을 보면 윗선의 개입으로 더 이상 수사가 진행되지 않은 것으로 추정된다. 덕분에 김형민은 서울시장 퇴임 후에 다시 석유사업(삼일사 주식회사, 남대문로2가)과 화물운수창고업(한흥상공 주식회사, 명동1가)을 중심으로 재계 활동을 재개하여 승승장구한 것으로 보인다. 1954년 2월에는 한국전쟁 후 서울상공회의소의 첫 의원총회가 열렸다. 당시 선출된 간부진의 면면을 보면 회장에는 경성전기 사장 이중재, 부회장에는 대한증권 사장 송대순과 "삼일사 사장 김형민"이 선출되었다. 그런데 8월에는 이중재가 재무부장관으로 영전함에 따라 후임을 선출하게 되었는데, 원로파는 직물공업조합연합회 이사장 이세현을, 소장파는 "삼일사의 김형민 사장"을 각기 밀었다고 한다.[54)

이처럼 재계의 거물로 성장한 그였지만 여러 차례 납세 체납자 목록에 이름을 올렸다. 1960년 4월 재무부에서는 1948년부터 12년 동안 '5백환' 이상의 국세 체납자와 귀속재산 매각 대금 체납자를 일제히 발표하였다. 이 가운데 조선맥주는 국세 체납액에서, 조선방직은 귀속재산 매각 대금 체납액에서 1위를 기록했다. 김형민도 "대한극장 대표"로서 69명 명단에 올랐다.[55] 그리고 1971년에는 "삼일사 대표"로 서울미원, 삼영화학, 제일제당, 현대모직 등과 함께 '500만 원' 이상 탈세한 15대 기업에 이름을 올렸다.[56] 이때까지만 해도 단순히 벌과금 추징으로 끝났다. 하지만 1974년에는 삼일사의 거액 탈세 및 뇌물 수수 혐의로 정식 입건되었다.[57] 내용인 즉, 김형민은 1968년부터 4년 동안 '유공' 대리업자로서 석유 판매용 비밀 장부를 만들어 1억 원이 넘는 돈을 탈세하였다. 1973년 말 당시 선호도가 높았던 여의도아파트 30평형이 평균 750만 원, 동부이촌동 한강맨션 32평형이 평균 700만 원, 반포아파트 32평형이 평균 650만 원이던 시절이었다.[58] 그런데 국세청 조사과에서 이중장부를 압수해가자 국세청 간부에게 거액의 뇌물을 주고 세금 관련 서류를 조작하는 한편, 장부를 몰래 되돌려받은 혐의로 김형민은 특정범죄가중처벌법 위반(탈세) 및 뇌물 공여 혐의로 입건되었다. 그리고 삼일사 상무와 뇌물을 받은 공무원은 종적을 감춰 물의를 빚었다.

이 사건이 유독 사회적 공분을 크게 불러일으킨 이유는 그 시기가 공교롭게도 1차 석유파동과 맞물렸기 때문이다. 즉 1973년 10월 이집트와 시리아가 이스라엘을 공격하면서 제4차 중동전쟁이 시작되자, 원유가는 3개월 만에 287%나 올랐다. 그로 인해 양곡, 원면, 고철, 석유화학 원료 등 중점 수입 품목의 물가가 급등하면서 우리나라 도매물가지수도 같은 기간에 20.4%가 올랐다. 그리고 다시 1974년 말에 도매물가지수는 37%, 소비자물가지수는 23.8%가 재차 상승해 민생을 파탄으로 내몰았다. 1차 석유파동 직전 우리나라 가계비 중에서 식료품비가 차지하는 평균 엥겔지수가 42%이던 시절이니 그야말로 굶기 직전까지 간 셈이다.[59] 그럼에도 불구하고 불법적인 경로로 들어온 고가의 수입 용품을 취급하던 남대문 '도깨비시장'(수입상가)은 중동전쟁이 본격화되자 오히려 더욱 활기를 띠었다. 이를 두고 당시 한 기자는 "부정 외래품의 암거래를 둘러싸고 상인과 단속자 사이에 부정한 결탁 내지 야합이 없는 한 공개 암거래는 성립될 수 없다."라며 정부의 의례적인 합동단속반 운영을 비판했다.[60]

해방 공간에서도 유사한 일이 벌어졌다. 1945~1946년 겨울 미군정의 자유매매 허가로 남한의 쌀을 사재기해 일본에 내다 판 대가로 투기꾼들이 들여온 일본산 귤('왜감')을 바라보며, "풍년이란 조선이 도리어 식량으로 굶주리는 사람이 많은 이 현상은 일반에 큰 불안을 주고 있는데, 그와 반대로 조선에서 생산 안 되는 왜감이 거리마다 범람하고 상점마다 태산같이 쌓여 조선의 귀중한 식량을 좀 먹는 모리배들의 암약을 자랑하는 듯 누런빛을 뽐내고 있다."라는 풍자 기사와 비교하면 단지 품목만 바뀌었을 뿐이었다.[61]

경성 시대 고급 주택단지에서 쏟아져 나온 급매물

그러면 김형민이 청파동의 일본인 집을 여러 채 구매했을 때 용산구 일대의 주택 상황은 어땠을까. 조선에 살던 일본인(민간인)은 총독부의 인구센서스에 의하면 1944년 5월 현재 조선의 총인구 2,591만 7,881명 가운데 '71만 2,583명' 정도였다. 여기에 군인·군속 약 21만 명을 더해 대략 '92~95만 명' 내외가 조선에 살거나 주둔하던 일본인이다.[62] 그중 경성에 살던 일본인은 총주민 수 '98만 8,537명' 가운데 '15만 8,710명'을 기록했다. 즉 경성 주민의 '16%'가 일본인

종로 일대의 조선인 공간과 남산 일대의 일본인 공간

(《朝鮮博覽会図絵》, 1929년)

인 셈이었다. 한반도 평균 '2.74%'에 비하면 압도적으로 높은 비율이었다.

일본인은 한반도 전역에 걸쳐 교통이 발달하고 학교, 은행, 병원, 관공서 등 주요 인프라가 집중된 번화한 곳에 모여 살았다. 이들 지역은 대개 일본인 비율이 높았던 경성부, 인천부, 개성부, 부산부, 마산부, 진주부, 함흥부, 원산부, 그리고 철도 요충지였던 대전 등 조선의 주요 도시였다. 이 도시들 안에서 구 일본인 가옥의 흔적은 일단 철도역 부근(철도 사택)이나 '중구청' 부근에 몰려 있다.[63] 왜냐면 이들 도시는 일본인 상류층들이 모여 살던 지역을 위주로 동심원을 그리듯 주변을 개발해갔다. 따라서 일본인촌이 모든 도시계획의 구조적 중심이었고, 실제로도 그 행정구역의 중앙에 위치하는 경우가 많았으며, 해방 후 행정구역과 가로망을 정비하면서 각 지명위원회에서도 구 일본인촌 일대를 '중구'로 명명했기 때문이다.

서울의 경우 일본 민간인들은 청일전쟁을 전후해 군대를 따라 들어오기 시작해 러일전쟁을 거치며 급격히 늘었다. 러일전쟁 직후만 해도 공간적으로는 남산 기슭을 중심으로 한 '경성거류민단', 그리고 경부선·경의선·경원선 등 군용철도의 기점이 된 용산역을 중심으로 한 '용산거류민단'으로 나뉘게 되었다. 하지만 곧 용산–남대문–명동을 잇는 가로망과 전차 등의 교통수단이 정비되면서 양자의 구별은 희석화되었다. 그 후 일본인들은 3·1운동을 진압한 여세를 몰아 남산 리라초등학교 부근의 목조 총독부 청사를 허물고 1925년 경복궁 한복판에 대리석으로 건물을 새로 짓는 한편, 남산에 조선신궁을 세우면서 차츰 청계천 넘어 종로 쪽의 조선인 공간으로 거주지를 넓혀갔다. 이때도 여전히 명동 일대와 충무로, 을지로, 퇴계로, 후암동 중심의 남산 일대가 가장 큰 일본인들의 생활공간(남촌)이었다. 하지만 1930년대로 접어들며 청계천과 종로를 넘어 서촌과 북촌, 서대문 밖과 동대문 밖까지 그 영역을 확대함에 따라 양 민족의 잡거·혼거 구역도 늘어갔다.

오토리 게이스케大鳥圭介 공사와 오시마 요시마사大島義昌 혼성여단의 경복궁 난입 사건을 그린 우키요에

갑오농민전쟁이 청일전쟁으로 확대되지 않도록 고종은 양국 군대의 철수를 요구했으나,
1894년 7월 23일 오토리 공사는 효창원과 만리창에 주둔하던 오시마 혼성여단을 동원해
경복궁을 점령하고 김홍집 친일내각을 옹립했다.

한편 김형민이 일괄 구매한 청파동 가옥들이 위치한 용산구 일대도 각 세부 구역별로 다양한 역사의 지층과 편린이 혼재되어 있다.[64] 현재의 용산구 지역을 지도에 포개보면 지하철 1호선(과 4호선)이 세로축, 6호선(과 경의선)이 가로축, 그리고 4호선의 삼각지역이 대략 좌표평면의 원점이 된다. 먼저 세로축의 왼편을 보면 서울역에서 가까운 1사분면에는 숙명여자대학교를 중심으로 청파동과 효창동이, 한강에서 가까운 4사분면에는 용산역과 전자상가, 원효로와 용문동, 그리고 마포구와의 경계 구역이 자리 잡고 있다. 이 세로축의 왼편이 구용산, 오른쪽이 신용산에 해당한다. 왼편이 (구)용산이 된 것은 1894년 오시마 요시마사大島義昌가 동학 갑오농민군 진압을 명분으로 출병해 경복궁을 포위한 채 친일 내각 옹립 작전을 수행하고, 청일전쟁기 그의 혼성여단이 효창원 일대에 주둔하기 시작한 데서 유래했다. 당시 이 부대를 따라 들어온 병참 인부와 군납업자들이 용산 거류민의 원류가 되었다. 이들은 효창원 아래의 용문동과 원효로 일대에 터를 잡기 시작했다.[65]

한편 세로축의 오른편을 보면 서울역에서 가까운 2사분면에는 후암동, 남영동(과 용산동2가), 이태원동, 한남동이 있고, 한강에서 가까운 4사분면에는 구 미군 기지 자리에 용산공원, 국립중앙박물관, 동부이촌동, 서빙고동, 보광동 등이 자리 잡고 있다. 일본은 1904년 러일전쟁이 발발하자 한일의정서를 체결해 경성, 평양, 의주 등 군사 요충지에 각기 300만 평 내외의 방대한 땅을 철도 부지 및 군용지로 수용하고자 했다. 후에 군용지 규모는 재조정되어 경성의 경우 1906년부터 1913년까지 약 120만 평 정도가 철도 부지와 군용지로 확정되었다. 그 결과 경인선, 경부선, 경의선 등의 기점이 된 용산역 주변에는 철도국, 철도 공장과 관사, 철도병원(현재 용산역사박물관)과 철도원양성소(현재 용산철도고등학교)가 들어섰고, 거류민도 대폭 증가하였다. 이때 현재 경의선 국철 용산역 – 이촌역 위부터 1호선 남영역과 4호선 숙대입구역 언저리, 그리고 용산중고등학교의 길 건너편까지가 군용지로 수용되었다. 이것이 해방 후 줄곧 미군 기지로 사용되었다가 지금은 용산공원과 용산가족공원의 녹지가 되었다.

이러한 역사의 흔적은 지금도 지명이나 지하철 역명에, 혹은 동네별로 다양한 이문화 풍광으로 남아 있다. 가령 4호선의 '신용산역'은 단지 1호선의 용산역과 구별하기 위한 명칭이 아니고, 1904년 러일전쟁 이후 병영지로 수용된 '신용산 지구'를 뜻한다. 이미 120년의 역사를 지닌 용어이다. 또 '남영역南營驛'도 사대문 '이남의 병영지兵營地'가 들어선 데서 유래했다. 4호선 숙대입구역의 오른편도 일본군 야포대와 병영지가 있었기 때문에 일제강점기에 강기정岡崎町(오카자키초, 야포대 초입)이란 지명과 함께 그 바로 아래 구역을 지칭할 때는 연병정練兵町(렌페이초)이라고 불렸다. 당시 '오카자키초 정차장'과 '렌페이초 정차장' 사이에 현재 숙대입구 버스 정류장이 자리하고 있다.

현재 숙명여대 부근의 청파동과 남영동·갈월동 대로변의 제2고등여학교(구 수도여고) 자리 일대, 삼광초교에서 남산 용산도서관으로 올라가는 구역, 그리고 용산중고등학교 동쪽으로 1943년에 호국신사가 들어선 '108계단' 위 해방촌·보광동 일대에는 일제강점기의 다양한 단독 주택과 사택의 흔적들이 남아 있다. 현재 삼광초교와 후암동 주민 센터 부근의 '후암동 244번지' 일대에는 1920년대에 조선은행 사원들을 위한 사택지가 조성되었다. 이곳은 본래 만리동과 남창동 일대에 있던 조선은행 사택을 철도사택으로 사용하도록 한 뒤에 새롭게 조성한 곳으로서, 직급에 따라 20여 평형에서 80평형까지 다양했고 독신자를 위한 합숙소도 있었다. '선은사택' 혹은 '조은사택'으로 불리던 이 일대는 해방 후 한국은행에서 사용하기도 했고, 부장급 이상이 살던 넓은 고급 주택은 대기업 재벌, 중앙정보부 간부, 기타 유력자들에게 넘어갔다.[66]

1920년대 중후반부터 1930년대에는 남영역·숙대입구역 양측의 청파동과 후암동에 '문화주택지구'가 세 차례에 걸쳐 조성되었다. 이곳은 장충동, 북아현동과 더불어 당시로서는 3대 뉴타운 사업 지구로서 각광을 받았다.[67] 지금도 후암동의 '쓰루오카단지鶴岡団地' 부근이나 청파동 대로변에 그 흔적이 남아 있다. 중일전쟁을 전후해 총독부는 조선인의 열악한 주거 생활은 방치한 반면에 일본인 주택에 대해서는 점차 단지화·고급화를 추진했다. 그 영향으로 부동산 분양 광고가 신문에 자주 게재되었다. 그 일부를 소개하면, "고급 주택 지구 분양, 아오바초(청파동) 2정목, '오카자키초(갈월동·후암동) 전차 정류장'에서 도보 3분, 수도, 가스, 자동차 도로 완비, 아오바초 2정목 11번지, 아오바분양사무소 전용電龍(용산전화국) 1464번", "가정부(女中) 모집, 재봉 기술이 있는 20세 이상, 본인이 직접 방문 요망, 고시초(동자동) '오카자키초 전차 정류장' 하차 후 쓰루가오카 주택단지 내, 전화 4444번, 시노자키篠崎" 등의 내용이었다. 즉 이들 단지에는 부잣집의 척도였던 네 자리의 '본정 전화국'이나 '용산 전화국' 번호를 보유하고 있고, 여러 명의 가정부와 집사를 둔 집이 많아 조선은행 간부 사택가와 문화주택가는 도둑의 표적이 되기 일쑤였으므로 대개 별도의 보안 관리인을 두곤 했다.

우연의 일치일지는 알 수 없지만 친일 경찰로 유명한 노덕술이 뇌물을 받고 뒤를 봐주던 적산 건물인 동화백화점(구 미쓰코시 경성지점, 현재 신세계백화점)의 사장 이두철의 집에서 숨어 있다가 반민특위에 체포되었을 때 그 사장 집의 지번 주소가 바로 '청파동2가'로서 위 광고에 나오는 문화주택 분양사무소 부근이다.[68] 그리고 유괴될 뻔했던 김형민의 조카딸이 살던 집, 즉 해방 직후 구매한 10채 가운데 하나로 추정되는 '청파동1가 58번지'의 '적산 가옥'도 상기 분양사무소에서 약 300~400미터 반경 안에 있는 고급 주택이었다.[69] 이 일대에는 1930년대 일본인 사이에 주택 거래가 활성화되자 건축 회사, 분양사무소, 복덕방도 늘어갔다. 이들은 용문동, 효창동, 청파동, 갈월동, 후암동 일대

청파동과 후암동 일대 일본인 고급 주택가의 가정부 모집 광고

(『조선신문』, 1929년 9월 22일)

'조츄女中'란 여성 가정부로서 초기에는 일본에서 직접 데려오거나 일본인을 고용하는 경우가 많았으나, 1930년대로 접어들면서 '오모니', '기지배' 등으로 부르던 조선인 여성을 고용하는 가정이 늘었다. 특히 농촌 경제가 파탄에 이르자 가정부 자리를 구해 경성으로 상경하는 여성도 늘었다.

의 고급 주택 매매, 용문동(6호선 효창공원역 부근)의 대규모 유곽 및 그 부근 음식점 등의 매매와 임대, 그리고 집사·가정부 등의 인력 알선을 전문으로 하였다. 용산지구의 공통점은 타 지역에 비해 군인이나 그 가족, 혹은 군부대와 관련된 일에 종사하는 사람들이 상대적으로 많았다는 점이다. 그 결과 해방 후 미군정이 일본 군부대원을 제일 먼저 송환하면서 이른 시기에 좋은 급매물이 대거 나왔다. 아마도 김형민이 일본인 청파동장에게 10채나, 그것도 대금의 60%를 추후 송금하기로 하고도 매입할 수 있었던 배경에는 이런 사정이 작용했을 것으로 보인다.

용산 일대에 새겨진 역사의 편린들

현재 숙명여자대학교를 보면 학교 건물이 여러 필지에 정신없이 흩어져 있는 것을 확인할 수 있다. 메인 캠퍼스 외에 다른 단과대학은 시가지의 도로를 건너가기도 하고, 특정 건물은 주택가 골목 사이에 동떨어져 있기도 하다. 그 이유는 현재 학교 일대에 있던 구 일본인 소유 고급 주택들이 해방 후 자금과 빠른 정보망을 지닌 자들에게 이른 시기에 장악되었기 때문이다. 이러한 역사적 배경으로 인해 제2캠퍼스 도서관 부근의 구 일본 주택을 개조한 카페가 최근 핫 플레이스로 떠오르기도 했다. 그런데 이러한 카페를 포함해 청파동3가 114번지 일대는 고지대의 좋은 전망 덕분에 갈월동(구 오카자키초 7-71)에 있던 건축 회사 야마자키구미山崎組에서 지은 널찍한 집들이 부근에 제법 많이 남아 있다. 이 회사는 야마자키 시게타로山崎茂太郎 가문의 합자회사로서 효창동에서 후암동에 이르는 이른바 문화주택가의 고급 주택을 주로 지었다. 특히 일본식과 서양식을 절충한 '화양절충형' 고급 주택에 특화된 회사였다. 당

일본인이 기억하는 경성 시대 구용산舊龍山과 신용산新龍山 지역의 주요 공간들

(《朝鮮博覧会図絵》), 1929년)

시 이 회사는 주택영단에서 지은 공급자 중심의 획일적인 주택이 아니라 부유층의 주문 설계식 건축을 병행하는 등 1930년대에 일본인 주택의 고급화 경향을 이용해 사세를 키웠다.

용산지구의 지역적 특성은 일본으로 돌아간 사람들의 회고 속에도 남아 있다.[70] 경성 안에서도 일본인들은 거주지에 따라 어릴 때부터 누릴 수 있는 문화적 자산(habitus)도 달랐고, 공간에 대한 인식도 달랐다. 특히 경성의 어느 소학교 출신인가 하는 점은 아버지의 직업군이나 가정 형편, 조선에 대한 인식이나 그곳에서의 체험 내용 전반을 포괄적으로 말해주는 지표였다. 가령 히노데소학교日出小学校(현재 남산스퀘어빌딩) 출신들은 의사, 변호사, 일본 대기업 경성지점의 중역 등 부유한 집의 자제로서 어릴 때부터 치열한 사교육 시장을 통해 성장했기 때문에 피아노, 테니스, 스키 등 예체능 교육도 다양하게 받았다. 이들은 제일고보(해방 후 경기고)나 제일고녀(해방 후 경기여고)에 입학해 일본 본토의 제국대학으로 진학하는 경우가 많았다. 이들의 동선은 학교가 위치한 정동의 공사관 거리와 경성의 긴자, 즉 현재 명동과 충무로 일대에서 이루어졌다.

반면에 용산지구의 명문교는 용산소학교와 미사카소학교三坂小学校(현재 삼광초등학교)로서 이들의 부모는 대개 군인, 군무원, 은행원, 금융조합이나 영단(공기업)의 간부, 군납업자나 일반 자영업자 등이었다. 제일고보나 제일고녀에 입학하기에는 조금 부족하지만 그래도 명문교인 제이고보(해방 후 용산고)나 제이고녀(해방 후 구 수도여고)에 진학해 경성제국대학이나 일본 내 명문 대학으로 가는 경우가 많았다. 이들의 일상은 주로 효창동, 청파동, 후암동 일대에서 남산 기슭에 걸쳐 이루어졌다. 병영지구의 특성상 이들은 어릴 때부터 야포대의 기상나팔 소리와 함께 아침에 일어났던 기억, 그리고 군사훈련 때 고개 넘어 사격장(현재 이태원주공아파트와 남산 대림아파트)에서 들려오는 총소리를 공통된 기억으로 꼽는다. 그 밖에 서울역 뒤편의 서부역 – 서대문 지역은 대개 철도공무원과 조선총독부 실무직급의 관사가 있었기 때문에 부모의 직급이 곧 아이들의 일상과 위계에 영향을 강하게 미쳤다.

용산 지역의 특징은 어른들의 기억 속에도 깊이 남아 있었다. 남산 부근에 살던 사람은 사대문 안의 풍광 변화, 충무로의 극장가, 명동과 회현동 일대의 쇼핑가, 묵정동 일대의 유곽지, 그리고 동대문운동장에 대한 기억을 많이 술회했다. 반면 용산에 살던 사람들은 한강변의 풍광과 삼각지까지 한강이 흘러넘친 수해, 군부대와 모모야마유곽(미생정유곽, 후에 용문동 도산유곽),[71] 그리고 1921년 철도국 간부와 조선호텔 중역들이 만든 효창원 미니 골프장 등을 많이들 기억했다.[72]

이처럼 조선인과 일본인은 경성 안에서도 거주 공간이 달랐고, 조선인과 일본인이 섞여 살던 혼거·잡거 지역마저도 일상의 동선이 달랐다. 심지어는 같은 동네에서도 지번에 따라 특정 민족의 비율이 각기 달랐기 때문에 서로 다른 기억들을 쌓아갔다. 즉 일본인들은 용산 지역을 사대문 안과 달리 순전히 일본인들의 노력으로 새롭게 발견하고 개발한 지역이라고 인식했다. 하지만 조선인들은 일본인들이 청일전쟁과 러일전쟁을 거치며 멀쩡한 자신의 땅을 빼앗았다고 생각하였다. 철도 부지 및 군용지 수용 과정을 보면 한성판윤 박의승은 관유지를 제외하고 일단 사유지의 경우 논밭과 대지, 가옥(기와집과 초가집), 분묘 등을 합해 '89만 7,534원'을 보상가로 추산했다. 그러나 일본 정부는 평당 채 2전이 되지 않는 돈만 지불했다. 이것은 당시 일본인이나 다른 외국인 보상비의 1/60에 불과했다.[73] 조선인들은 당연히 강력히 반발했지만 일본 헌병대는 무력으로 진압했고, 보상도 하지 않은 채 갈월동, 남영동, 후암동 일대의 조선인 주민을 용산중고등학교 뒤편의 산기슭 너머, 즉 108계단 위 해방촌, 보광동, 이태원 쪽으로 밀어냈다.[74] 지금도 1호선 남영역이나 4호선 숙대입구역에서 숙명여대로 걸어가려면 지하차도나 굴다리를 통과해야 한다. 이것이 바로 남산에서 내려오는 물줄기와 한강으로 흘러가는 만초천蔓草川이 합류한 복개 이전의 흔적으로서, 이 물줄기를 따라 그 일대에 전답이 자리잡고 있었다. 이것이 모두 병영지로 수용된 결과 이들은 용산중고등학교 '108계단' 위의 산비탈로 쫓겨나 당장 생계의 위협을 받게 되었다.

또한 당시 관유지나 국유지는 결국 조선 왕가의 땅이거나 선조들의 능·원·묘역이었는데, 일본인들은 이것들을 맘대로 유곽, 골프장, 공원 녹지 등으로 바꾸어 버렸다. 정조의 큰아들 문효세자의 묘가 있었던 효창원의 남쪽도 도원동에 도산유곽과 철도관사를 지으며 잘려 나갔다. 또 소나무가 우거졌던 이곳을 1921년에 골프장을 지으며 삼림을 마구 훼손했다. 그런데 규모가 작아 효용도 떨어졌고, 신용산 지역의 일본인 인구가 급증하자 녹지가 필요하다는 여론이 대두하였다. 그러자 1927년부터 공원화를 추진하면서 연결 도로망을 잘라내어 효창원은 원래 크기의 1/3로 줄어들었다. 그 대신 일본인들은 골프장을 1924년에 청량리 밖 석관동의 이왕가 능림(현재 한국예술종합학교 부지 안의 세계문화유산, 서울 의릉)에 조성했다가, 다시 1929년에 순종의 비인 순명효황후의 능이 있던 군자리 일대로 옮겼다. 이 능동 골프장은 한국전쟁 후 다시 개장해 서울컨트리클럽으로 사용하였으나, 고위직 관료들의 골프장 출입에 대한 비판 여론이 거세지자 1973년 어린이대공원으로 조성해 지금에 이르고 있다.

일본인들은 조선왕조의 전통적인 능·원·묘를 훼손했을 뿐만 아니라 서민들의 분묘 또한 이장비도 없이 맘대로 처분했다. 용문동의 도산유곽에도 일반인의 분묘가 많았다. 하지만 무연고자가 많다는 이유로 그대로 밀어버린 채 군인들을 상대로 한 유곽을 만들었다. 묵정동의 신정유곽이나 용문동의 도산유곽 등은 1930년대로 접어들어 거류민이 증가하자, 도시개발과 아이들 교육을 위해서라도 도심에서 변두리로 이전하자는 주장이 대두했다. 하지만 유곽

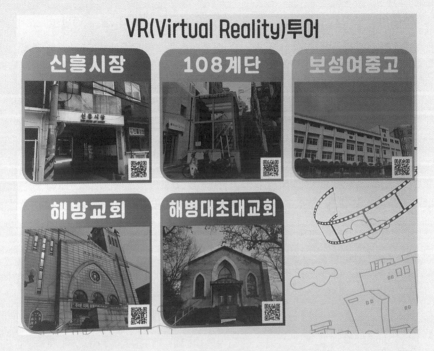

VR(Virtual Reality)투어

신흥시장

108계단

보성여중고

해방교회

해병대초대교회

1943년 11월에 들어선 경성호국신사 일대에 형성된 해방촌

해방 전 이 지역에는 청일전쟁기와 러일전쟁기에 집중적으로 효창공원에서 후암동 일대를 일본인이 군용지 및 군부대 관련 어용업 부지 확보를 위해 사실상 강제로 점유하면서 그곳에서 쫓겨난 사람들이 살았다. 해방 후에는 평안북도 선천군 등지에서 온 월남민이 남산 뒷자락의 소나무를 베어 집단으로 토막을 짓고 살아 '월남민 마을'의 대명사가 되었다.

에서 나오는 영업세를 무시할 수 없어 경성부에서는 결국 이것을 옮기지 못했다. 애초부터 이들 유곽은 군인들에 의한 민간 부녀자의 피해 방지 외에도 빈약한 일본 거류민들이 재정을 메우고자 설치한 것으로서, 조선인들의 의견이나 토지 연고권 등의 이해관계는 안중에도 없었다. 1930년대 지역민들이 유곽을 이전하려고 한 목적 중 하나는 '혐오 시설'을 제거해 '밝고 명랑한' 주거지를 조성함으로써 집값을 안정적으로 유지하는 한편, 주택의 고급화를 통해 재산을 증식하려는 욕망이 크게 작용했다. 즉 식민 지배가 영원할 것으로 생각한 것이다. 그러나 바로 그때 변두리로 밀려난 조선인들은 어떻게든 도심에서 생계를 유지하고자 시내 곳곳에 토막을 짓는 사람들이 늘어갔다. 주거지의 고급화 이전에 조선인에게는 절대적인 주택 부족의 해결이 시급한 때였다.[75]

결국 김형민이 사들인 청파동의 10채나 되는 가옥은 해방촌과 이태원 쪽으로 밀려난 조선인 원주인 땅 위에 지어진 것이었다. 일본인들이 떠나간 이상 이 집들은 그 땅이 군용지로 수용된 억울한 사람들에게 돌아갔어야 했다. 만약 그것이 불가능한 상황이었다면 최소한 공공의 이익을 위해 사회적으로 공유되어야 할 재산이었다. 하지만 이것들은 미군정이 잠시 자유 매매 거래를 허가한 그 짧은 사이에 돈 있고 발 빠른 사람들 손에 들어가고 말았다. 이것은 사회적 부의 분배를 왜곡시켰을 뿐만 아니라 너나 할 것 없이 서로 제 뱃속 채우기에 바쁜 사회적 관행을 확대 재생산하는 시발점이 되었다는 점에서 문제가 된다.

해방 후 서울시청 고관들의 각종 비리를 보도할 때면 '서울시는 복마전'이라는 기사 제목이 으레 따라붙었다. 가령 "서울시는 복마전, 아무개의 뇌물 수수 정황 포착"이란 형태의 보도는 반세기가 넘도록 이어졌다. 새로 부임하는 시장들도 매번 취임사에서 "철저한 감독을 통해 더 이상 서울시가 복마전 소리를 듣지 않도록 노력하겠다."라는 인사를 빼놓지 않았다. 불도저 시장으로 알려진 김현옥(1966)을 비롯해 관선시장(1988)과 민선시장(1998)을 모두 경험한 고건, 그리고 지방자치제 부활 후 선출된 민선시장(1995) 조순도 같은 인사말로 자신의 각오를 밝힌 바 있다.[76] 아무리 시스템을 정비해도 온갖 이권이 집중된 서울시로서는 이 문제를 극복하기가 어려웠다.

그러한 점에서 해방 직후 미군정이 취한 관재 정책과 인사 관행은 못내 아쉽다. 결국 그 모든 사달의 시작은 미군정이 '법령2호'를 통해서 구 일본인 재산의 자유 매매를 허가한 것이었다. 인간의 탐욕을 점령군의 명령으로 뒤늦게나마 통제해 보고자 했지만 백약이 무효였다. 일본인 송환에 따른 공·사유 재산의 매매가 불러올 사회적 혼란을 이미 미군이 진주하기 이전에 예상하고 구 일본인 재산과 각종 배급품에 대한 엄정한 국가 관리를 강조한 조선학술원 백남운 위원장을 비롯한 남한 사회의 요구와 권고를 무시한 결과는 이토록 오랜 기간에 걸쳐 후유증을 남겼다.

5장 비정하기만 했던 나의 조국, 조선

숨 가쁘게 휘몰아치는 사건 사고

일선 경찰의 눈으로 본 해방 공간의 모습은 어땠을까. 1916년 평안북도 운산에서 태어난 김종삼은 1937년부터 평안남도에서 순사로 경찰 생활을 시작했다. 즉 '일제 치하의 순사'라는 꼬리표를 단 채 해방을 맞은 셈이다. 그는 천황의 항복 방송을 듣자마자 고향인 운산으로 가 조용히 숨어 지냈으나, 북한의 새 지도부는 전역에 걸쳐 과거 경찰 출신자를 강도 높게 색출하기 시작했다. 다급해진 그는 1946년 1월 부모와 처자를 북에 두고서 단신으로 월남했다. 다행히 과거에 모시던 경기도 형사과장(직제 변경 후 수도경찰청 수사과장) 노덕술의 도움으로 남한에서 경찰 생활을 다시 이어갈 수 있었다. 노덕술은 해방 전 평안남도 도경 보안과장(경시) 시절에 김종삼이 경부고시(1943년)에 합격하자 "일본 순사들과 당당히 겨루어 합격하다니 장하다."라며 격려해 준 고마운 분이었다.

노덕술의 강력한 추천으로 그는 다음 날 이력서를 제출하자마자 '30분 만에' 경기도 형사과 '취조 주임'으로 발령이 났다. 월남하기 전까지 줄곧 평안도와 고향 운산에서 지냈던 그에게 1946년 1월부터 약 반년 동안 취조 주임으로서 지켜본 해방 후 서울의 모습은 가히 충격적이었다. 불과 몇 개월 만에 심신이 지쳐버린 그는 결국 5월 말에 양주경찰서로 전근을 신청해, 이 끝도 없는 혼돈의 서울을 떠나고 싶었다. 당시 수도 서울은 사건 사고가 끊이지 않았다. 매일 한 무더기씩 여기저기서 붙잡혀 오는 용의자들을 모두 취조하다가는 '죄지은 놈보다 내가 먼저 죽겠다' 싶어서 나중에는 제발 변두리의 파출소로 보내달라고 상부에 빌었다. 그러면 그가 1946년 1월 월남 후 남한의 형사과 취조주임으로서 체험한 1946년 상반기 서울의 모습은 어떠했을까. 잠시 '그의 시선'으로 해방 후 서울의 모습을 들여다보자.[1]

脫獄한美軍逮捕

警察의初陣凱旋

京城軌道

金貞植作故

탈옥 후 미 헌병을 살해한 미군 3명의 체포 기사

(『대동신문』, 1946년 3월 16일)
조선인 여성을 강간한 혐의로 부평감옥에 수감되어, 그 누구도 탈출할
수 없다는 미국의 맥닐섬 특수감옥으로 송환될 예정이었던 미군 3명이
탈옥, 검문 중이던 미 헌병을 살해한 사건으로 범인을 잡기 위해
조선인 경찰 2,000명이 투입되었다.

듣던 대로 서울은 역시 만만한 곳이 아니었다. 1946년 1월 19일 취조 주임으로 발령받은 날부터 사건이 터졌다. 을지로2가의 물자영단 창고가 털린 것이다. 통조림, 연필, 양초 등을 싣고서 택시를 잡아타고 막 도망가려던 범인들을 겨우 붙잡아 왔다. 이들이 훔치려던 것들은 식량과 생필품 부족으로 곳곳에서 곡소리가 나는 가운데 긴급히 각 도에 배급하려던 비축 물자들이었다. 이런 '잡범들'뿐만 아니라 이른바 '많이 배웠다는 학생들'도 문제였다. 지난해(1945년) 말부터 신탁통치 문제로 이에 찬성하는 학병동맹(박두석 위원장)과 반대하는 반탁학생연맹(이철승 위원장)이 새해 연초부터 각종 무기로 무장하고 거의 시가전을 방불케 하는 집단 패싸움을 벌여 잡혀 온 것이다. 이들 94명을 매일 밤 취조하느라고 죽을 뻔했다. 당시 김종삼도 어느새 마흔 살이었으니 몸에 무리가 올 나이였다.

3월로 접어들자 살림살이가 더 어려워졌는지 마포나루로 들어오는 쌀을 털어가는 '해적선'이 한강 일대에 매일 같이 출몰해 한동안 쌀 반입이 중단되기도 했다. 또 이때는 서대문형무소의 미결수가 탈옥해 사살되는가 하면, 시내의 돈암동에서는 '청년단'이라 불리는 패거리들이 사고를 치기 시작했다. 우두머리는 박 아무개였다. 무려 170명의 청년단을 꾸려 조직적으로 못된 짓이란 못된 짓은 다 하고 다녔다. 해방 후 혼란을 틈타 일본인들이 살았던 집들을 '불법'으로 점유하고 그곳에 들어가 살고 있는 사람들을 제 맘대로 잡아다가 '린치'를 가하는가 하면, 부녀자들만 따로 모아놓고 '욕'을 보이는 바람에 피해자들이 집단으로 '음독자살'까지 했다. 이자들은 취조하면 할수록 여죄가 한도 끝도 없이 나왔다. 말이 좋아 청년단이지 죄다 이런 쓰레기들이었다.

3월 중순에는 하다 하다 이제는 조선인 경찰이 손댈 수도 없는 미군들까지 속을 썩였다. 부평 미군형무소에서 종신 징역수 레오나드 등 3명이 탈옥했다.[2] 이자들은 얼마 전 조선 부녀자들을 강간해 미군정 재판소에서 '종신형'

을 선고받고 잠시 부평 미군형무소에 구치된 상황이었는데, 이제 곧 워싱턴주의 맥닐섬(McNeil Island Corrections Center, MICC)으로 송치될 예정이었다. 그곳은 미국에서도 전혀 갱생의 기미가 보이지 않는 악성 성범죄자 및 재범 가능성이 높은 자들만 따로 격리하는 특수 감옥이었다. 한번 들어가면 못 나온다고 알려져 '색마들의 알카트라즈(Alcatraz)'라고 불렸다. 샌프란시스코의 알카트라즈섬 안의 교도소는 시카고 마피아 알 카포네도 수감되었던 유명한 곳으로서 극악무도한 흉악범만 따로 가두던 곳이었다. 미군들이 하도 강간을 저지르고 다니다 보니 하지 사령관이 '시범 케이스'로 본때를 보인 것이다. 미군들도 '맥닐섬'이 어떤 곳인 줄 잘 알고 있으니 그 얼마나 탈출하고 싶었겠는가. 이들은 탈옥 후 서울 시내 유명 유곽과 고급 요정들을 다 헤집고 다니다가, 때마침 신정유곽新町遊郭(동국대 앞의 묵정동 소재) 일대에서 불심검문을 하고 있던 미군 헌병들을 피할 수 없게 되자 결국 권총으로 살해하고 만 것이다. 그 후 잠적한 이 미군 3명을 붙잡기 위해 서울과 경기도 일대에서 긴급 동원된 경찰이 무려 2,000명이나 되었다.[3] 이들은 다행히 은평면 녹번리(현재 녹번동)의 어느 농가에 숨어 있다가 눈치 빠른 주인 김종업의 신고로 붙잡혔다. 김종삼은 당시 이미 붙잡아 온 용의자들을 취조하기에도 시간이 모자란 마당에 탈옥 후 미군 헌병을 살해한 3명을 빨리 붙잡으라는 상부의 지시에 진땀을 뺐다고 한다.

이처럼 과거 러일전쟁 과정에서 조선에 주둔한 일본군을 위해 만든 유명 유곽 부근에서 이제는 미군들이 사고를 치기 시작했다.[4] 해방 전 그곳은 '치정사건'이 빈발해 칼부림이 나는가 하면 도박단이나 폭력단이 살다시피 하던 곳이기도 했다. 그뿐만이 아니라 부산 등 다른 유곽에서 일하던 창기가 도망하거나 더 높은 화대를 바라며 옮겨오기도 했다. 그래서 1920년대 중후반부터 경성에서는 도심 재개발을 검토하기 시작하자, 남산 아래 명동·충무로 일대의 주민들은 1904년에 만든 신정유곽과 같은 '혐오 시설'이 일본인 마을의 풍광을 해치고 아이들 교육에도 좋지 않다며 당국에 외곽으로 이전을 요구하기도 했다. 또 1906년에 만들어진 도원유곽(도산유곽桃山遊廓, 1914년 시구 개정 후에는 미생정유곽彌生町遊廓)의 경우도 학부모들이 혹여 '유곽의 근본 없는 아이들'과 자녀들이 어울리지나 않을까 노심초사하곤 했다.[5]

그러나 앞서 4장에서도 보았듯이 이들 경성의 양대 유곽에서 나오는 '영업세'를 결코 무시할 수 없었고, 경성 곳곳의 뉴타운 사업도 1937년 중일전쟁 이후 태평양전쟁에 이르기까지 전쟁이 장기화되면서 보류되거나 축소되면서 이들 유곽이 그대로 온존하게 되었다. 이러한 상황에서 조선인 부녀자를 강간한 미군의 탈옥 및 미 헌병 살해 사건은 이들 유곽에 대한 논의를 촉발시킨 계기가 되었다. 이렇게 유곽의 존치론과 폐지론이 팽팽히 맞선 가운데 앞서 본 명월관 포르노 상영 사건을 계기로 요정과 유곽은 비리의 온상일 뿐만 아니라 겨울을 맞이해 당장 집이 필요한 사람이 많다며 이러한 반사회적인 공간을 공익적으로 활용하자는 주장이 강하게 대두했다.

미뤄지는 요정 개방과 알 수 없는 당국의 해명

1946년 12월 초의 명월관 포르노 상영 사건 외에도 미군정기 공직자 비리 사건 조서에는 으레 여러 고급 요정이 등장했다. 그로 인해 요정이 사회적 비난의 표적이 된 상황에서도 미군정과 서울시는 요정 개방을 계속 미루었다. 그러면 당시 남한의 주택 및 주거 실태는 어떠했을까. 해방 전부터 조선인은 총독부의 민족 차별적인 주택 정책으로 집이 부족했다. 즉 조선주택영단의 등장으로 1930년대 중후반에 일본인 주택은 점차 '고급화·단지화'가 진행되었

영등포공장 지대에 조성된 사택 지구 흔적

(2019년 필자 촬영)

조선총독부는 1930년대 중후반 영등포 일대에 공장을 증설하면서 사택 지구를 조성했다.

인천 부평구 산곡동 주변의 구 미쓰비시사택 지구

(2019년 필자 촬영)

현재 인천 부평구청 일대에 대규모 미쓰비시사택 지구가 조성되었는데, 현재는 재개발로 사라졌다.

다.[6] 반면에 조선인의 주거 상황은 더욱 심각해져만 갔다. 해방 전 조선의 주택 부족 문제는 곧 '조선인들만의 문제'였다고 해도 과언이 아니었다. 이런 상황에서 해방 후 짧은 기간에 귀환자와 월남민이 쏟아져 들어오자 도시 변두리에는 얼기설기 지은 토막이 늘어갔고, 도심에는 노숙자가 거리를 방황하는 가운데 겨울만 되면 밤새 얼어 죽은 사람들의 이야기가 들려왔다. 이러한 혼란은 특히 선박 부족으로 일본인 송환이 지연되면서 '나갈 사람'은 그대로인데 '들어오는 사람'만 늘어가던 1945년 8월부터 1946년 2월 사이에 가장 심했다. 이 문제는 근본적으로 주택 공급을 절대적으로 늘려야만 해결할 수 있었다.

총독부도 중일전쟁 이후 전쟁이 장기화될 조짐을 보이자 뒤늦게나마 후방의 안정을 위해 1939년부터 주택 공급을 늘리고자 했다. 그러나 전쟁의 확대로 인한 재정과 자재 부족, 그리고 땅 주인의 택지 매매 거부로 결국 실패했다. 해방 후라고 해서 갑자기 새집을 지을 여건이 나아질 리는 없었다. 이러한 만성적인 주택 부족 문제를 식민 지배의 유산으로 물려받은 남한 사회가 유입된 사람들로 인해 가중된 극심한 주거난을 해소하려면 일단 일본인이 살던 집과 건물을 공적으로 활용하는 수밖에 없었다. 1946년 3월경에는 경성부 총인구의 '16%'를 차지했던 일본인들이 모두 돌아갔다. 이들이 남긴 집들은 대체로 조선인 주택보다 양질의 것이었다. 또 1933년 통계를 보면 조선인 1가구당 평균 가족 수는 5명으로 일본인 가구보다 0.6명이 많았다.[7] 즉 일본인이 더 넓은 공간에서 거주한 것이다. 그런데 이들 '적산 가옥', 즉 귀속 부동산은 미군정의 관리 부실과 투기꾼들의 부정 매입으로 인해 공익적인 방향으로 활용되지 못했다.

미군정이 구 일본인 집의 자유 매매를 허가했다가 곤욕을 치르고 1945년 12월 부랴부랴 기존 거래를 무효화한 뒤에는 관리인을 지정해 이들 귀속재산을 관리하고자 했다. 가옥과 점포의 경우는 미군정의 대행 기관인 조흥은행을 통해 임대차계약을 맺도록 하였다. 1946년 1월 조흥은행 특수업무과에 조사에 따르면, 해방 후 일본인은 약 3만 8천 채의 건물에 10만 세대가 살고 있던 것으로 추계하였다.[8] 그런데 미군정은 1945년 12월에 해방 이후 이루어진 모든 기존 거래 행위에 대해 무효를 선포했지만, 이미 계약이 이루어진 건들에 대해서는 그것이 부정 매매인지 여부를 검증할 방법이 없었다. 이러한 허술한 법망을 틈타 돈 많고 민첩한 사람들을 여러 채를 손에 넣을 수 있었다. 미군정은 상황 악화를 막고자 1946년 1월부터는 각 도에서 관재 행정을 분담토록 하는 한편, 조흥은행 외에도 각 지역 소재 여러 은행을 대행 기관으로 추가 지정해 구 일본인 가옥의 조사와 임대차계약 체결을 조속히 마무리하고자 했다. 그러나 1946년 9월 현재 '3만 8천 채' 가운데 계약 체결이 완료된 것은 '1만 2천 채'에 불과했다. 따라서 누군가가 아직 관재 당국이나 관재 대행 은행의 손길이 닿지 않은 가옥을 부정으로 매입·처분해도 전혀 손을 쓰지 못했다. 1946년 7월 서울시와 경기도의 구 일본인 가옥을 관리하던 적산관리처 총무과장은 "지금 그 가옥에는 누가 들어 있느냐?"라는 기자의 질문에 "집 없는 사람들이 들어 있습니다. 전재민(귀환자), 이재민(월남민) 또는 (해방 직전에) 소개 당해서 가옥이 헐린 사람들이 들어 있는데, 적산관리처의 허가를 받고 조흥은행과 정식으로 계약을 한 사람들이 들어 있습니다. 부정 접수한 사람은 발각되는 대로 축출당합니다."라고 답했다.[9] 그런데 이 기자회견 후 두 달이 지난 뒤에도 '3만 8천 채' 가운데 '2만 6천 채'가 임대차계약을 맺지 않은 상황이었으니 이러한 협박에 투기꾼들은 코웃음을 쳤다.

미군정은 초기에 섣부르게 구 일본인 부동산의 자유 매매를 허가하더니 이제는 제한된 행정 인력으로 고식적인 '임대차계약'을 고집해 귀속재산 관리의 '골든타임'을 놓쳐버렸다. 당연히 처음부터 주택 등을 포함해 모든 구 일본인 재산의 자유 매매를 반대한 남한 사회는 미군정 당국의 허술한 재산 관리

행정을 비난했다. 이런 상황에서 약속했던 요정 개방이 여러 차례 지연되자, 궁지에 몰린 미군정은 세 번째 대안으로 '전재민 가주택 건설 사업'을 1946년 11~12월경에 추진하겠다고 발표했다.[10] 그런데 이 간이주택 건설 방안은 앞서 보았듯이 총독부가 해방 직전에 잠시 시도했다가 재정과 자재 부족으로 실패한 정책이었고, 이미 한겨울이 시작된 상황이었다. 이에 남한 사회는 이미 파악된 구 일본인 가옥과 비생산적인 목적으로 사용되고 있는 요정과 유곽 등의 건물을 우선적으로 개방하자고 요구했다. 이에 미군정과 서울시 관재 당국은 마지못해 1946년 12월 18일까지 요정의 수를 조사해 개방하겠다고 약속했다. 그러나 요정 개방은 자꾸만 미뤄졌다.[11]

이러한 가운데 1946년 12월 초 도원동의 도산유곽이나 묵정동의 신정유곽과 같은 대규모 유곽이나 '적산 요정' 외에도 조선인 소유의 요정과 '땐스홀' 등의 유사 업소도 개방하자는 여론이 고조될 무렵 공교롭게도 명월관 포르노 상영 사건이 터졌다.[12] 그러자 요정 개방을 거듭 미뤄온 미군정과 서울시장 김형민은 엄청난 저항을 감수해야만 했다. 본래 당국에서는 총 '26개' 요정을 개방할 예정이었다. 그런데 우선 1차로 남산 일대의 '13개' 요정을 개방해 2,460명을 수용하겠다고 발표하였다. 지구별로 보면 충무로 일대에서는 봉월관, 춘향원, 송죽원, 봉래각, 춘향각을, 회현동 일대에서는 난정, 향화원, 한양관, 한성관, 도향각을, 명동 일대에서는 봉황각, 국태관, 고려정을 개방하겠다고 발표했다.[13] 지금 서울지하철 4호선이 지나가는 회현 – 명동 – 충무로로 이어지는 구 혼마치구역本町区域의 요정들이었다.

그런데 13개 요정 중 난정을 비롯한 6개의 '갑종' 요정 주인이 종업원을 앞세워 개방을 거부하는 사태가 발생했다.[14] 김형민 시장은 요정 개방을 강행하겠다고 했지만 불과 하루 만에 미국인 민정장관의 명령에 따라 요정 개방을 '한 달간' 연기하겠다며 말을 바꾸었다.[15] 사람들은 일제히 당국의 무성의한 태도를 비난하며 충분한 해명을 요구하였다. 그러자 헬믹 군정장관이 직접 개방 연기는 자신의 허가로 이루어졌고 이것은 '업주들의 요구'를 반영한 것이라고 밝혔다. 한편 김형민 시장은 기자들에게 원래 요정 개방은 하지 사령관과 헬믹 군정장관의 '양해' 아래 서울시에서 추진해온 계획이었는데 '일부 군정 관리들' 사이의 '잡음'으로 연기되었다고 그 배경을 밝혔다. 그리고 13개 요정 중에 6개 요정이 현재 개방을 취소하라고 주장하고는 있지만 3채까지는 양보하되 종업원의 전업 알선은 할 수 없다고 말했다.

결과적으로 규모가 축소된 요정 개방은 '1947년 1월 7일'에서야 이루어졌다. 최종 실적은 13개 요정 중 7곳으로서 실제 개방 면적으로 보자면 40%에 불과했다.[16] 당시 전재동포원호회장 조소앙의 뒷이야기에 따르면, 그는 원호회를 대표해 미군정 측에 묵정동의 신정유곽과 여관 등을 개방해 전재민(귀환자, 월남민, 고아, 토막민, 소개민 등)을 입주케 하라고 여러 번 건의했으나, "전재민에게 집을 주면 건물을 버린다!"라며 당국에서 거부하였다고 고충을 토로했다.[17] 즉 요정 개방 지연은 단지 일자리를 지키려는 종업원들의 저항 때문만이 아니고, 귀환자와 월남민 등을 바라보는 이러한 당국의 시선과 태도가 근본적인 문제였다. 이때 취소된 요정을 보면 난정, 춘향각, 송죽원, 봉황각, 청향각 등 하나같이 '갑종' 대형 요정이었다. 다다미(1.8m×0.9m) 수로 보자면 개방한 것이 766개, 취소된 것이 1,083개였다.[18] 결국 당국의 시선과 태도가 곧 개방 실적으로 나타난 것이다.

초라한 실적에 비난이 쇄도하자 미군정과 서울시는 1947년 1월 23일 2차 요정 개방 계획을 발표하였다.[19] 하지만 2차 개방도 업자들의 반대로 결국 한겨울이 다 지나고 '3월 25일' 꽃 필 무렵에야 이루어졌다. 이때 114세대, 772명이 4개 요정을 포함해 6곳에 분산 수용되었다.[20] 이때 개방된 요정은 영등포의 대한관, 충무로의 영락관, 용문동의 동락관, 원효로의 서울관이었다. 그 밖에

서울역전의 이견여관二見旅館과 원효로의 서룡사가 대체 수용 건물로 추가 선정되었다. 이처럼 2차 개방도 초기 발표와 달리 10곳에서 6곳으로 줄었고 개방 일자도 1달 이상 연기된 것으로 보아, 업자들과의 갈등을 피할 수 없었던 것으로 보인다. 그 후로도 당국은 여론이 악화되고 궁지에 몰릴 때마다 추가 요정 개방 계획을 슬그머니 언론에 흘렸다. 3차 요정 개방 이야기도 나왔지만 결국에는 2차 요정 개방 계획 때 선정된 중국인 소유 요정 4~5채마저도 '한중 친선'을 이유로 개방을 취소했다.[21] 이렇게 거의 반년을 질질 끌어온 요정 개방은 결국 김형민 시장이 1947년 5월 향후 전재민 수용은 각 지역의 '사찰과 빈집'만을 활용하겠다고 발표함으로써 끝이 났다.[22] 요정 개방 계획은 사실상 실패한 것이다.

미군정기 최대의 민중운동이었던 1946년 '10월 항쟁'의 주된 요구 사항 중 하나가 바로 "귀환자, 월남민, 그리고 집 없는 가난한 노동자에게 '적산 가옥'을 당장 개방하라"는 것이었다. 미군정과 서울시도 이들의 주택 부족 문제가 겨울을 앞두고 급기야 정치 문제로 번지자 요정 개방 계획을 발표해 이들의 요구를 일부 수용하는 시늉을 했다. 당국에서도 요정과 유곽 등의 건물이 식민 지배의 흉물, 해방 후 각종 비리의 온상으로 지탄받고 있는 상황을 알고 있었다. 또 이들 건물이 부정한 방법으로 처리되어 사회적 부의 편재를 심화시키고 위화감을 조장하는 반사회적 공간으로서 인식되고 있다는 사실도 익히 알고 있었다. 하지만 업자들의 임대차계약 보호, 해당 업소 종업원들의 전업 및 전직 알선의 어려움을 '구실' 삼아 대규모 업소의 개방은 교묘히 회피한 채 적당히 사찰과 빈집 등을 알선하는 선에서 대응했다. 그리고 여론이 악화되자 미군용 텐트를 이용한 움집이나 토막 건설안(가주택 건설 계획)을 대안 카드로 제시하며 어떻게든 '귀속 부동산의 전면 개방 요구'로 여론이 확산되는 것을 차단하고자 했다.

해방 공간의 고난도 퍼즐 게임

미군정과 서울시의 요정 개방을 지켜보면서 사람들은 "갑종 요정은 해월관 하나뿐이고, 기타는 그 이하에 속하는 삼류 요정"이라며 당국의 무성의한 태도를 지적했고, 이러한 부분 개방마저도 "귀환자, 월남민, 고아 등에게 제공된 실적은 40%에 불과하고 나머지 요정은 다시 '주홍장'으로 부활했다."라고 비꼬았다.[23] 아울러 사람들은 서울시 당국이 거짓말을 하는 이유를 4장에서 살펴본 서울시 관재 당국, 즉 귀속재산관리처(사업소) 직원이나 시장 비서실이 연루된 사건들을 거론하며 그러한 의혹들의 연장선에서 요정 개방 연기 사태를 바라보고 있었다.[24] 세간에서는 으레 요정 개방이 연기된 주된 이유도 결국 '모리배'나 '정상배'로 불리던 권력층·부유층·군정 관리의 야합과 결탁 때문이라고 인식하고 있었다. 이러한 정황을 보여주는 유사한 사례는 차고도 넘친다. 그 구조를 보면 일종의 '패턴'이 발견된다. 즉 이러한 사건은 대개 위로부터 미군정 관재 행정 중앙부처(재무부/상공국) - 대행 기구(각 시도 귀속재산관리처 혹은 조흥은행 등) - 정계·경찰·사법 - 자본가(기성사업가·신흥투자가·밀수업자·유통업자·알선업자 등)로 이어지는 정·관·재계의 다층적인 카르텔 구조를 띠고 있었다. 이들의 이해관계와 담합 구조를 온전한 모습으로 재구성하는 것은 수많은 '악업'과 '욕망'의 조각들을 하나씩 짜 맞추어 나가는 해방 공간의 고난도 퍼즐 게임과도 같았다. 말하자면 이러한 담합과 결탁은 귀속재산에서 촉발된 부, 명예, 권력, 출세, 신분 상승 등 해방 공간의 원초적 욕망이 빚어낸 결과로서 허술한 법제, 학연과 지연, 그리고 통제된 '그들만의' 정보망을 매개로 하나의 '거대한 사회악'을 형성해 나가는 일련의 과정이었다.

해방 공간의 다양한 카르텔은 내부에 균열이 발생할 때 비로소 공동정범共同正犯의 큰 그림이 밝혀지곤 했다. 그 내막이 집중적으로 드러난 시기는 대략 1947년도부터 1948년의 정부 수립을 전후한 때였다. 막대한 '눈먼 돈'을 굴릴 수 있는 자리, 즉 이제 곧 수립될 새 정부의 최고위 관직이나 '알짜배기' 자리를 차지하고자 경쟁이 과열되거나, 분배 결과에 누군가 불만을 품었거나, 비밀 엄수의 묵계를 깨뜨린 배신자가 나올 때 비로소 그 추악한 모습을 드러냈다. 또는 수사 과정에서 '약한 고리'를 집요하게 공략한 '염라대왕'과 같은 수사진, 가령 '탐관오리 킬러'로 불리던 미군정 경무부 특무과장(후에 수사부 국장) '이만종'이라든가 고등검찰청의 강골한 '선우종원' 검사처럼 어떤 외압에도 수사 대상의 직급을 가리지 않는 사람들이 죄상을 샅샅이 털고자 할 때 사건의 전모가 드러났다.[25] 다만 이 경우에도 재판정에서 최종적으로 어떠한 형량이 선고될지는 알 수 없는 문제였다. 수개월에 걸쳐 연일 새로운 죄상이 드러났으나 결국에는 솜방망이 처벌로 끝나는 경우가 적잖았기 때문이다. 당시 세간을 떠들썩하게 했던 몇 가지 사례를 소개하면 다음과 같다.

먼저 서울과 경기 일대 구 일본인 재산의 조사와 임대차계약 체결 업무의 미군정 대행 기관인 조흥은행 대표가 1946년 8월에 배임 및 횡령 혐의로 검거되었다. 당시 보도에 따르면 "정(운용)은 해방 후 수많은 일인 재산을 접수해 애첩을 시켜 요리점을 경영하는 등 경찰에서 압수한 일산日産만 하여도 '4천 점'에 달한다."라고 하였다.[26] 이 '4천 점'이 모두 부동산은 아니겠지만 관재 행정을 위탁받아 대행하는 기관의 수장이 이런 의혹을 샀다면, 당시 조흥은행과 임대차계약을 체결했거나 예정 중인 구 일본인 가옥과 점포가 얼마나 졸속으로 관리되었을지 미루어 짐작할 수 있다. 결국 재직기간 내내 부정 대출 및 구 일본인 재산 횡령 혐의를 받아오던 그는 1947년 10월 헬믹 군정장관에 의해 '은행 융자에 관한 재무부 규칙 위반'으로 해임되었다.

귀속재산 처리를 둘러싼 뇌물 수수 사건 보도가 매일 같이 이어지자, 사람

謀利輩의 謀利輩!

白雲莊管理人 林淸被檢

모리배를 글거먹든 사동 一번지 三六호에 거주하는 시내청운장 리업소 백운장（白雲莊）관리인 림청（三九）은 불하품을 모리배에게 어무운모...

기한이 본적을 忠北堤川郡백운면 덕陽面玉田里一七五에 두 林淸（三九）은 불하현주지는 시내북아현...

第二女中과 善隣商工盟休 第三女

十명의 학생과 간부를 난타하야 학생과 간부의 부상은 당하고 一개월학리로 병위든 중상을 입어 입원가료중이라한다 그리하야 전치六명도 그밖에 학생十여명도 경상을 당하였다한다

야해산하는 태로 단이래습하야 단행하였다한다

全評第二次 全國大會

회에서는 오는 十六、七일의...
조선노동조합전국평의...

西總辭任

해방 후 최대의 권력형 비리 스캔들 '임청 사건'

(『중외경제신문』, 1947년 2월 15일)

들은 재판 결과와 상관없이 으레 '의혹'이 제기되면 곧 '기정사실'로 믿기 시작했다. 현직 관리의 뇌물 수수는 군정 기간 내내 계속되었다. 입건된 수는 셀 수도 없다. 그 가운데 뇌물 수수 등의 혐의로 입건되어 실제 '유죄판결'까지 받은 관리는 행정 관리 18건, 사법 관리 113건, 경찰관 122건이었으나, 각 사건에 연루된 공직자 수는 무려 1,208명에 달했다.[27] 특히 1947년 3~5월에 불거진 임청이란 투기꾼과 현직 관료 사이의 뇌물 수수 사건은 구체적인 상납 액수와 현물까지도 밝혀졌다. 이만종 경무부 특무과장의 집요한 취조 덕분이었다.[28] 당시 이 사건에 연루된 자만 해도 미군정 상무국장, 부상무국장, 방직과 통역관, 식량영단 이사장, 경기도 상공국장, 상공국 경제과장, 농무부장, 농산업국장 등으로 밝혀졌다. 다만 미국인 관료의 경우는 '그 외 다수'로 보도되었다. 그 때 경찰과 검찰의 조사를 받은 대부분의 용의자는 '관행'이었다고 항변했다. 이것은 조흥은행의 대표 정운용도 마찬가지였다. 그러나 법제 및 정치 환경이 바뀌면 그것이 '범죄'로서 처벌되기도 했다. '스캔들'의 속성상 실제 뇌물 수수 여부는 당사자만 알 뿐이고 대개 사법 처리도 솜방망이 처벌로 그쳤지만, 일단 '연루설'이 나도는 순간 정치가나 공직자로서의 이미지는 타격을 입기 마련이었다. 특히 상당한 이권이 집중된 서울시, 그리고 상공부의 경우는 임기를 채울 수 없을 정도로 유혹도 많았고 모함도 끊이지 않았다. 이 때문에 앞서 4장에서 보았듯이 김형민 서울시장의 후임으로 임명된 윤보선도 속세와 모든 연락을 끊고 온갖 요직을 마다했던 것이다. 거듭되는 요청에 못 이겨 서울시장과 상공부장관직(임영신의 후임)을 수락했으나, 오죽하면 아무개와 식사했다는 이야기조차 듣지 않으려고 재임기 내내 '사모님의 도시락'으로 점심을 해결했겠는가. 아무튼 미군정기 최대의 스캔들로 회자되는 '임청 사건'은 뇌물 수수의 구체적인 내용이 보도됨에 따라 지난 6개월 동안 끌어온 요정개방의 지연과 실패도 결국 그곳과 '이권'이 결부된 미군정 관리와 조선인 '모리배'가 귀환자 등의 입주를 반대했기 때문이라는 세간의 의혹을 확신으로 만들어버렸다.

경성 미쓰코시백화점과 신세계백화점 사이에 가려진 역사

고급 요정이나 유곽 외에도 빌딩과 같은 덩치 큰 귀속재산의 경우는 미군정기에 시작된 잡음이 심지어는 박정희 정권기까지 이어지기도 했다. 대표적인 사례가 1963년에 삼성 계열의 신세계가 인수한 남대문의 동화백화점(구 미쓰코시백화점 경성지점, 현재 신세계백화점)이다. 해방 후 이 건물의 초대 사장(정식 불하 이전의 관리인, 영업권자)은 김계조였다. 앞서 2장에서 보았듯이 그는 총독부 고위 관료와 친일 정부 수립을 모의하고 미군을 대상으로 한 공작의 일환으로 국제문화사 댄스홀을 설치했다는 의혹을 산 '김계조 사건'의 장본인(배구자의 남편)이었다. 그가 이 사건으로 수감이 되자 '관리인' 자격이 박탈되었다. 그래서 차기 사장(관리인)으로 이두철이란 자가 나타나 윤상균, 지희철과 함께 이곳을 공동 인수했다가, 1948년 1월 두 사람을 밀어내고 사업권을 독차지하였다. 그는 이미 영업 부진에 빠진 동화백화점의 공금 160만 원을 횡령한 혐의를 받았다. 또 백화점에 입주한 업주들의 가게 보증금을 일방적으로 올려 원성을 샀고, 약 200여 명에 달하는 종업원 월급을 상습적으로 체불해 종업원 노조의 파업 투쟁이 끊이지 않았다.

그가 곤경에 처할 때마다 도와준 고마운 인물이 '친일 고문 경찰'이라는 꼬리표를 달고 다닌 노덕술 수도경찰청 수사과장이다. 그는 '사병'처럼 부리던 휘하의 경찰과 깡패를 동원해 파업을 신속하게 진압해주곤 하였다. 그래서 노덕술이 정부 수립 후 1948년 말부터 반민특위에 의해 지명수배되어 은신하는 과정에서 이두철은 그를 자택에 숨겨주기도 했다. 노덕술이 효창동, 번지수로는 '청파 2가'에 있는 이두철 집 안방의 병풍 뒤에서 체포된 것은 결코 우연이 아니었다.[29] 그런데 이 집 또한 1930년대 중후반 청파동과 갈월동 일대의 문화주택단지 분양이 붐을 이룬 시기에 들어선, 도로변의 구 일본인 소유 가옥이었다. 앞서 4장에서 등장한 김형민 시장이 미군정 통역관 시절에 사들인 10채의 집들과도 지적에 있었다. 이처럼 구 친일 자본가(박흥식)와 구 친일 고문 경찰(노덕술), 미군 통역관 출신의 관료(김형민), 그리고 신흥 투기꾼(이두철) 등의 카르텔은 구 일본인 재산을 매개로 '꼬리에 꼬리를 물고' 직간접적으로 연을 맺고 있었다. 이들이 바로 해방 공간의 고난도 퍼즐을 구성하고 있던 조각들인 셈이다.

1946년 2월 좌익 세력의 연합체인 민전은 친일파, 부패 관료, 모리배 등의 척결을 주장했다. 또 1947년 4~7월에 보수 인사들이 모인 과도입법의원에서도 '민족반역자, 부일협력자, 전쟁범죄자 급及 간상배에 관한 특별조례법안'을 만들며 친일파와 간상배(모리배)는 여타 반사회적 집단과 함께 처단의 대상으로 명기하였다.[30] 즉 이들에 대한 처단은 좌우를 막론하고 사회적 공감과 합의가 이루어진 사안이었다. 이와 관련해 남한과 다른 이념과 체제를 지향한 북한에서도 같은 논의가 이루어졌으므로, 이것은 신국가 건설을 앞두고 해방 후 한반도 전체가 공유하고 있던 생각이었다.[31] 1947년 7월에 통과된 이 법안에서, 간상배는 "8·15해방 이후 악질적으로 모리 행위를 하여 경제계의 혼란을 야기하며 국민 생활을 곤란케 한 자"를 일컬었다. 그런데 그 옆에는 대개 친일 경력을 지닌 인사가 '신분 세탁'을 통해 해방 후에도 살아남아 이들 모리배·간상배의 뒷배를 봐주곤 했다. 이두철 뒤의 노덕술처럼 말이다.

그런데 이두철이 노덕술을 숨겨준 것은 일회적인 보은이나 보답의 차원이 아니었다. 둘의 관계는 상례화된 시스템 안에서 작동하고 있었다. 즉 앞서 3장

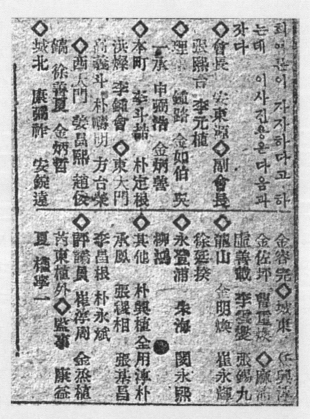

수도경찰청의 비선 자금 지원 조직인 보경회 이사진

『중외경제신문』, 1947년 3월 16일)

에서 보았듯이 장택상·박충식이 1947년 봄부터 음성적으로 운영하기 시작한 보경회(후에 보강회, 경찰후원회)라는 '비선 조직'이 매개체였다. 이두철은 1947년 3월 수도경찰청 안에 보경회가 만들어지고 이제 막 지역의 유지를 '후원자'로 유치하는 과정에서, 과거 일본인들의 최고 번화가였던 명동과 충무로 일대의 '본정지구 이사'로 이름을 올렸다.[32] 아마도 이 구역의 동화백화점 사장이었기 때문에 본정지구를 맡게 된 것으로 보인다. 이처럼 보경회라는 조직은 장택상에게는 곧 수립될 새 정부의 요직(초대 외무부장관, 국무총리 역임)으로 나아가기 위한 발판이었다. 또 장택상의 도움으로 '친일 고문 경찰'이라는 꼬리표에도 불구하고 수도경찰청 수사과장이란 요직에 발탁된 노덕술은 수시로 쌈짓돈을 챙길 수 있었다. 그리고 이두철은 동화백화점 등의 사업체를 운영하는 과정에서 해결사 역할을 해주는 든든한 뒷배를 확보할 수 있었다. 3장에서 보았듯이 수도경찰청장 장택상이 통금 시간까지 어겨가며 박충식과 요정에서 기획한 보경회는 이런 메커니즘에 따라 연쇄적으로 작동하고 있었다. 해방공간의 고난도 퍼즐은 이렇게 한 조각씩 모여 어느새 큰 그림을 완성해 갔다.

귀속재산을 둘러싼, 미군정을 정점으로 한 정·관·재계의 담합은 이렇게 해방 후 '눈먼 돈'과 '무주공산'을 차지하고자 사복을 채우기에 급급한 사회 분위기를 조장함으로써 오랜 기간에 걸쳐 이 땅에 후유증을 남겼다. 즉 귀속재산을 둘러싼 잡음은 정부 수립 후 공장 및 기업체의 불하가 본격화되면서 더 극성을 부렸고, 심지어 한국전쟁기, 이승만 정권기, 그리고 박정희 정권 초기까지도 영향을 미쳤다. 동화백화점만 해도 이두철이 노덕술을 숨겨준 혐의로 수감이 되자, 이승만의 총애를 받던 임영신 상공장관은 강일매에게 관리권을 넘겨줬다.[33] 그런데 임영신 장관이 다른 귀속재산 처리 문제로 경질되자, 서울시 관재 당국과 정식 계약이 이루어지지 않아 이것이 문제가 되었다. 그러나 이러저러한 문제에도 불구하고 강일매의 동생이 관리권을 승계해 운영하던

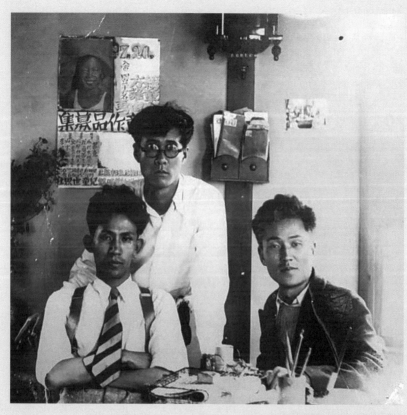

제비다방을 매개로 이상과 교유하던 박태원, 김소운
(2022년 12월 23일, 청와대 춘추관 국립한국문학관의 희귀 소장 자료 전시회 촬영)

중, 1960년 관리권 갱신 과정에서 그가 종로의 '아오마쓰파' 깡패를 동원해 입찰 경쟁자인 화신산업 과장 대리를 감금 폭행해 '입찰 방해 및 귀속재산처리법 위반'으로 구속되었다. 그러자 한국전쟁 발발 직전인 '1950년 6월 20일' 밀선을 타고 일본으로 건너간 지 10년 만에 이두철이 동화백화점을 돌려달라며 나타났다. 즉 자신이 '1945년 12월 28일' 이 백화점 자산 가격의 1/4를 서울시 관재처가 지정한 조흥은행에 공탁하고 관리권을 얻어 정상적으로 운영하였는데, 강일매가 허위 사실을 날조해 관리권을 빼앗았다는 것이다. 이상의 「날개」에서 주인공이 "나는 불현듯 겨드랑이가 가렵다. (중략) 나는 걷던 걸음을 멈추고, 그리고 일어나 이렇게 외쳐보고 싶었다. 날개야 다시 돋아라. 날자. 날자. 한 번만 더 날자꾸나!"라며 외친 곳이 이 동화백화점, 즉 신세계백화점 옥상이다. 이두철도 이 '적산'을 되찾아 마냥 하늘로 날고 싶었던 것일까.

동화백화점을 이토록 시끄럽게 만든 강일매는 평소에 '이승만의 양자'를 자처하던 인물이었다.[34] 임영신 상공부장관이 경질 전에 이 백화점의 관리권을 그에게 넘긴 것은 이승만 비서실의 입김이 작용한 결과였다. 덕분에 그는 귀속재산인 조선방직도 인수했다.[35] 1952년 그는 조선방직 부산공장 사장에 부임하자마자 노조 간부들과 마찰을 빚었다. 종업원들은 이승만의 특혜로 부임한 신임 사장의 사퇴를 강력히 요구하였기 때문이다.[36] 이 동화백화점, 조선방직, 그리고 태창산업 금융 특혜 등의 조치는 자유당 정권기의 정경유착을 상징하는 사건으로 회자되었다.[37] 특히 백낙승의 태창산업은 박충식의 물밑 작업과 이승만의 금융 특혜로 일본에서 방적기계를 들여와 태창방직(매도 후에는 방림방적)의 사세를 키울 수 있었다. 그러나 박정희 정권기 정경유착과 부정 축재자로 지목되어 된서리를 맞았다. 결국 해방 전 비디오 아티스트 백남준이 수송국민학교와 경성공립중학교에 등교하면서 경성에 딱 두 대밖에 없는 '캐딜락'을 타고 다닐 정도로 승승장구했던 '태창'의 신화도 이렇게 저물어

갔다.

이처럼 귀속재산을 둘러싼 소동과 '모리배'의 활동은 난리 통인 한국전쟁기에도 이어졌다. 앞서 이두철이 동화백화점을 되찾기 위해 한국전쟁 직전인 '1950년 6월 20일'에 일본으로 밀항한 뒤 10년 만에 돌아왔듯이, 보경회의 가장 큰 물주였던 박흥식도 전쟁이 나자마자 거의 동시에 가재도구는 물론이고 식모와 집사까지 배에 태워 선단을 이룬 채 일본으로 밀항했다.[38] 그 배경에는 전란을 피하기 위한 것도 있었지만, 역시 1949년 '민족반역자 제1호'라는 꼬리표가 부담스러웠을 것이다.[39] 그는 반민족 행위로 수감된 뒤 1949년 4월 보석으로 나와 언제든지 남한을 뜰 준비를 한 듯하다.[40] 그는 일본에서 무슨 일을 했을까. 1951년 3월 한창 전쟁 중임에도 불구하고 이승만 정부의 상공부 수산국에서는 '원양어업 사업자 선정' 프로젝트를 추진하고 있었다. 당시 재력을 증명해 이 사업에 지원할 자격을 갖춘 사람은 대한민국에 단 '6명'밖에 없었다. 이들은 컨소시엄을 구성해 원양어선에 투입할 120척의 배를 구매하러 일본에 갔다. 그 사업단 명단에 박흥식이 있었다. 그가 밀항 후 일본에 계속 있었는지 여부는 알 수 없으나, 다시 돈 냄새를 맡은 그는 당시 남한에 있었던 것으로 보인다.[41] 이처럼 이들은 본능적인 감각과 정보망을 통해 누구보다 빨리 위기를 감지하거나 기회를 포착해 이렇듯 현해탄을 예사로 넘고 있었다.

친일 경찰이 '모리배'와 운명을 같이 한 까닭은

1948년 말부터 반민특위를 피해 일본으로 밀항한 사람 중에는 해방 후 빈번하게 '모리배'와 함께 등장하는 친일 경찰 출신자들이 많았다. 3장에서 보았듯이 인천항에서 밀수선을 강탈한 해적 두목을 붙잡아 물품을 빼돌리고, 남북 교역을 위장한 밀거래업자의 뒤를 봐주던 이구범도 반민특위가 가동되면서 일본으로 밀항했다. 그는 1948년 7월 이 사건으로 살인자 은닉과 독직 공갈 혐의로 기소되자 사표를 냈다가, 1948년 9월 정부 수립 후 내부무가 출범하면서 친일 경찰을 다시 등용하려고 한다는 비난 속에서 '수도경찰청 부청장'으로 복귀했다.[42] 하지만 3개월 만에 다시 반민특위에서 자신을 친일 경찰로 지목해 체포할 것이라는 소문이 돌자, 1948년 12월 사표를 제출하고 몸을 숨겼다.[43] 반민특위에서는 이구범의 행방을 추적했지만 이미 일본으로 도망갔다는 이야기가 돌았다. 그가 부산역전의 동양호텔에서 묵고 있는 것을 목격한 자도 있었고, 심지어 그가 지역의 유지들과 동래온천에 가서 '송별회'까지 마치고서 밀선에 올랐다는 소문이 파다했다. 한동안 자취를 감춘 그가 다시 등장한 것은 한국전쟁기였다. 1952년 8월 18일 그는 기자단을 상대로 강원도 경찰국장 부임 기념사를 읽고 있었다.[44] 그리고 6개월 후 내무부장관으로부터 "후방 치안의 확보를 위해 절대적 공훈을 세우는 동시에 '공비 토벌 작전'에 혁혁한 전과"를 거두었다며 표창까지 받았다.[45] 참으로 불사조와 같은 생명력이다.

이렇게 친일 경찰이 해방 공간에서 다시 주요 보직을 맡아가며 직접 '모리 행위'를 하거나 그들의 뒷배가 된 것은 무엇 때문일까. 미군정기 경찰 조직의 3거두로 불리던 조병옥, 장택상, 최능진은 이들에 대해 어떤 생각을 했을까. 먼저 경찰의 수장인 미군정 경무부장 조병옥은 1946년 11월 덕수궁에서 열린 조미공동회담 자리에서 10월 인민항쟁('10월 폭동')의 주된 요구 사항 중 하나가 친일 경찰 청산이라고 하자, "대부분의 동포들은 'Pro-Jap'이 아니라 'Pro-Job'이었다."라고 말했다. 즉 '생계형 친일 행위' 정도는 덮고 가자는 이야기였다.[46] 경찰의 수장으로서 당장 실적을 내야만 하는 그로서는 '친일' 여부보다는 '수사 능력'이라는 직업·직능적 가치가 더 중요했다. 장택상도 조병옥의 생각과 궤를 함께 했다. 1938년 장택상이 '청구회사건'으로 서대문서에 잡혀 있을 때 이구범은 경기도 경찰부 경부보警部補로서 조선인 사이에는 친일 경찰로 알려져 있었지만, 유독 장택상의 부인 김연식이 옥바라지 올 때면 살갑게 편의를 봐주었다. 그때 인연으로 이구범은 관할지 안에 조선에서 가장 많은 귀속재산이 모여 있어 '떡고물'도 많았던 중부경찰서장이 될 수 있었다. 그러나 장택상이 단지 과거의 인연 때문에 친일 경찰을 중용한 것은 아니었다. 그는 청구회사건 때 자신을 취조한 고등계 형사 가창현을 나중에 수도경찰청 사찰과장 자리에 앉히기도 했다. 장택상은 그에게 "자네가 그때는 나를 마구 차고 괴롭혔지만 직무를 수행하는 열의는 대단하더군. 어때? 계급 특진시켜줄 테니 종로서장을 하지 않겠나?"라고 하자, 가창현은 차마 서울 시내에서 서장 자리는 양심상 허락하지 않는다며 수원서장으로 자청해 갔다.[47] 이처럼 장택상도 과거보다는 '직무능력'과 '열의'를 중시했다. 그 또한 수도경찰청 조직을 바탕으로 향후 정치 행보를 이어가려면 과거 경력과 상관없이 유능한 경찰이 필요했던 것이다.

　그러나 최능진의 생각은 달랐다. 그는 1899년생으로 조병옥이나 장택상보다 약 5~6세 정도 아래였다. 평양숭실학교를 거쳐 미국 스프링필드대학과 듀크대학을 졸업하고 돌아와 모교에서 교편을 잡았다. 그는 두 사람과 마찬가지로 안창호의 영향으로 흥사단 활동을 했고, 1937년에는 수양동우회사건으로 서대문형무소에 수감되어 공교롭게도 조병옥과는 감옥 생활을 함께 하였다. 해방 후 그는 다양한 정치 세력이 참여한 건준(건국준비위원회)에서 평남지부 치안부장을 맡았으나 점차 극좌세력이 강화되자 남하했고, 미군정이 경무부를 창설하자 수사국장으로 들어갔다. 그는 8개월 동안 그곳에서 노덕술, 이익흥, 최운하, 이구범 등 친일 경력의 경찰들이 요직에 등용되는 것을 지켜보며,

조병옥, 장택상과 각을 세우기 시작했다. 특히 앞서 본 1946년 11월 덕수궁에서 열린 조미공동회담 자리에서 친일 경찰을 두둔하는 조병옥과 장택상을 지켜보며 과거 고등계 형사들에 대한 국민의 원성이 자자하므로 어떤 식으로든 이들만큼은 반드시 숙청할 것을 주장했다. 그것이 계기가 되어 1946년 12월 "공연히 조직을 들쑤셔서 경찰의 사기를 떨어뜨린다."라는 이유로 파면되었다.

최능진은 성명을 발표해 친일 및 비리 경찰을 감싸는 조병옥과 장택상을 차례로 비난하였다.[48] 그는 만약 자신이 경찰의 수장이라면 매일 밤 '고급 요정'에서 향락을 매개로 부정한 경찰들이 도량하도록 내버려 두지는 않았을 것이라고 말했다. 또 '전직 경찰 기술자'가 필요하다면 하위직에 국한하고, 이들이 조직 전체를 좌지우지할 수 없도록 청장, 서장, 간부급 등의 중요 보직에서는 철저히 배제했어야 한다고 주장했다. 그러나 현실은 이렇게 악질 친일 경찰을 중용한 결과, 이들이 친일파나 신흥 장사치로 하여금 '적산'을 매수하도록 도와주고 각종 이권에 개입해 사회를 어지럽히는 원흉이 되고 있다고 주장했다. 그뿐만 아니라 귀환 동포들은 이제 겨우 전재민 수용소에서 나와 날품팔이 생활로 한 방에 여러 가족이 사는 셋방을 얻었건만, 갑자기 (구 일인) 가옥의 새 주인(관리인)이 언제 얼어 죽을지도 모를 이 한겨울에 귀환자와 월남민을 내쫓는 '명도(강제 퇴거) 사건'에 경찰이 가담해 뒷돈을 챙기고 있다며 현실을 개탄했다.

이들은 모두 도산 안창호의 세례를 받았고, 각자 독립운동도 하였다. 컬럼비아대학의 조병옥, 에든버러대학의 장택상, 듀크대학의 최능진, 미군정으로서도 이들 가운데 어느 하나 놓치기 아까운 점령 지구 경찰행정의 인재였다. 그러나 최능진은 1948년 친일 경찰 청산을 주장한 보복으로 수도경찰청 형사대에 체포되어 '이승만 정부 전복 및 여순사건의 배후'라는 누명을 쓰고 수감되었다. 다행히 한국전쟁기에 탈옥했으나, 이번에는 다시 친일 헌병 출신의 김창룡에게 붙잡혀 결국 1951년 2월에 총살되었다.

한편 조병옥은 건국 후 국회의원 선거에서 낙선했지만, 미군정기 경무행정 최고 책임자였던 경력을 살려 한국전쟁 직후에 내무부장관으로 임명되어 낙동강 전선 방어 과정에서 미군을 설득해 공을 세웠다. 그러나 거창양민학살사건의 책임 소재를 두고 신성모 국방장관을 비난했다는 이유로 이승만과 사이가 틀어지는 바람에 한국전쟁 후에는 줄곧 야당 인사로 여생을 보냈다. 그리고 장택상은 서로 원수지간이던 하지 사령관과 이승만으로부터 모두 신임을 받은 인물이었다. 덕분에 그는 보란 듯이 대한민국 건국 후 초대 외무장관을 거쳐 한국전쟁기에는 국무총리까지 올랐다. 조선에서 손꼽히는 땅 부잣집 도련님, 조선상공협의회장 장직상을 형으로 둔 금수저, 파텍필립 시계를 사랑한 유러피언 귀족 감성의 그에게 경찰이란 옷은 애초부터 어울리지 않았다. 사실 그는 더 큰 꿈을 위해 제복을 잠시 걸쳤을 뿐이었다.

소규모 귀속재산 불하 소동

해방 후 일본인 사유재산 처리 문제는 남한 사회로서는 긴절한 사안이었으나, 허술한 법망과 턱없이 부족한 행정력, 그리고 미군정의 방관적인 자세로 인해 더 이상 손을 쓸 수 없을 정도로 심각한 상황으로 빠져들었다. 이것은 처음부터 남한 사회가 우려했던 바였다. 임대차계약 제도가 도입된 뒤에도 언론에서는 "집이 없는 자에게 집이 얻어지지 않고, 진정으로 운영하려는 자에게 산업기관이 제공되지 못하였다."라며 모리배의 준동을 막을 대책을 촉구했다.[49] 그러나 국내외의 산적한 정치적 의제들에 밀려 이러한 요구는 무시되었다. 미군정은 아직 정부 수립 전망도 불투명한 상황에서 섣부르게 1947년 7

월 16일 '소규모 귀속재산불하 방침'을 발표했다.[50]

　남한 사회는 애초부터 불하 논의를 반대해 왔다. 1947년 4월 중순 과도입법 의원에서 불하 논의가 진행되자, 사회민주당에서는 향후 수립될 조선 정부를 무시하는 처사로서 지금 불하를 단행해도 그 소유권을 정식 정부가 인정하지 않을 것이라고 하였다. 동시에 그 불하의 결과는 수십만 전재민과 도시 빈민의 생활 근거를 파멸케 하고 경제를 혼란시켜 '모리배'와 '직권 남용자'만 발호케 할 것이라고 엄중 경고했다.[51] 또 조선산업건설협의회에서는 불하 문제는 대일강화회의 이전에 연합국(미군정)이 단독으로 처리할 수 있는 사안이 아니고, 구 일본인 가옥의 장악 과정에서 보았듯이 산업시설도 결국에는 온 가족도 모자라 친족의 명의를 도용해 불하받는 '모리배의 도량'을 막을 수 없다고 반대했다.[52] 남로당에서도 불하 방침 발표 직전인 1947년 6월에 귀속재산 처리는 조선민주주의 임시정부가 할 일로서, 임시정부 수립을 목전에 두고 귀속재산을 불하하려는 진의가 의심스럽다며 당국을 비판했다.[53]

　이러한 반대에도 불구하고 미군정 수뇌부는 이미 1947년 5월부터 이들 재산에 대한 구체적인 불하 계획을 수립하도록 실무진에 지시하였다. 당시 당국의 불하 논리는 조선에 수립될 정부에 이들 귀속재산을 '원형'대로 인계하든 '불하 대금'으로 넘겨주든 결국에는 마찬가지라는 것이었다. 지금처럼 재산의 유실과 파손을 방관하느니 차라리 당장 '적격자'에게 불하한다면 '소규모 사업장'은 생산 증강에, '귀속 가옥'은 안락한 주거 제공에 도움이 될 것이라고 말했다. 즉 미군정 스스로 그동안 귀속재산의 '유실과 파손'을 방관해온 것을 스스로 인정한 것이다. 아울러 불하 세칙을 보면 대금은 '장부가격(1945년 6월 혹은 그 이전의 시가)'과 현재의 시가 가운데 후자를 채택한다. 그리고 일시불을 원칙으로 한다. 만일 그것이 불가능한 경우는 심사를 통해서 '장기 신용'을 허가한다는 내용이었다. 불하 대상자는 조선인으로 한정하되 '현재 관리인'의

1933년에 설립된 조선맥주주식회사

일본의 대일본맥주주식회사(삿포로)가 대주주로 참여해 합자로 건설한 영등포공장이다. 우리나라 최초의 맥주 공장으로 해방 후 크라운, 하이트 계열의 원조가 되었다. 미군정이 소규모 공장 불하 방침을 검토한다는 소문이 돌자, 소화기린맥주(후에 OB계열)와 더불어 이들 맥주 공장에 딸린 사택을 노리는 사람이 많았다.

관재 상황에 문제가 없다면 불하 시 우선권을 부여한다고 하였다.

그중에서도 주택에 관한 방침을 보면 농장, 과수원, 광산, 사업체에 달린 가옥과 도시 지역 안에서 당국이 지정한 가옥은 제외하도록 하고, 나머지 부읍면의 모든 가옥을 대상으로 삼았다. 대금의 지불은 현재의 시가, 현금 매매를 원칙으로 하되 최소 20%가량의 일시금을 납부하는 조건으로 한다. 그리고 나머지 잔금은 5% 내지 7%의 이율로 상환하도록 한다는 것이었다. 또한 소규모 사업체와 마찬가지로 '최고입찰제'를 도입하기로 하였고, 해당 주택을 '정당히' 점유하고 불하 당시에 거주하고 있는 자에게는 우선권을 부여한다는 내용이었다. 그 밖에 1가구 2주택자, 외국인, '부일 협력자'나 '5년 이내의 일반 전과자' 등에게는 불하 자격을 박탈하기로 하였다.[54]

이렇게 미군정 당국의 불하 방침이 발표되자, 한국민주당과 조선상공회의소 정도를 제외하고는 거의 모든 남한의 제 정당 및 사회단체가 강력한 반대 의사를 표명했다.[55] 그 주된 이유는 이들 재산이 결국에는 '소수의 모리배'와 '부정한 관료'에게 돌아가 생산 증강 효과는커녕 거주의 안정도 기대할 수 없다고 보았기 때문이다. 심지어 는 미군정의 구 일본인 소유 부동산 불하 방침을 '관허 복덕방제'라고 비난하기도 했다. 즉 이미 온갖 투기와 불법 매매를 2년 가까이 지켜본 남한 사회는 이것을 모리배에게 '합법적인 소유권'을 부여해 주는 조치로 받아들였다. 또한 겨우 월세를 바치며 살고 있던 귀환자들과 빈민층은 새 주인의 집세 인상 등의 횡포로 인해 곧 길거리로 나앉게 될 것으로 보았다. 또한 조선산업건설협의회에서는 산업시설의 경우 불하 받은 사람이 당장은 막 사들인 공장을 살리기 위해 은닉한 자재와 부품을 활용하겠지만, 산업 전 부문의 재생산 시스템이 마비된 상황으로 인해 곧 한계에 부딪힐 것이고 노사 관계가 악화되어 목표한 생산 증강도 어려울 것으로 보았다.

이처럼 1947년 여름을 뜨겁게 달구었던 '소규모 적산 불하 논쟁'은 이처럼 강력한 반대 여론에 부딪혀, 반년이나 지난 1948년 1월 중순에야 겨우 충북 영동에서 '3채'의 가옥, 경남에서 3개의 한천공장, 그리고 부평에서 구 일본육군 창고의 동화銅貨를 불하하는 선에서 일단락을 지었다.[56] 결국 미군정은 정부 수립이 임박해 오자 군이 여론을 거스르면서까지 이를 강행하려고 하지 않은 것으로 보인다. 결국 불하 문제는 대한민국 정부의 몫으로 돌아왔다. 그리고 1948년 9월 29일 적산관리처는 '행정 이양'을 이유로 소규모 귀속재산에 대한 판매 중지를 선언했다.[57] 그 후 이 문제는 약 1년여의 갈등과 진통 끝에 '귀속재산처리법'이 통과됨으로써 실제로는 '1949년 12월 19일' 정식으로 불하를 개시함으로써 논란은 마무리되었다.[58] 이처럼 미군정은 1945년 9월 일본인 사유재산의 자유 거래 허가를 비롯해 '소규모 귀속재산' 불하에 이르기까지 남한 사회의 요구를 제대로 수용한 적이 한 번도 없었다. 매번 관련 정책을 추진한 후 부작용이 발생하면 임기응변으로 대응할 뿐이었다. 그로 인해 구 일본인 부동산의 공익적 활용은 점점 더 요원해져 갔다.

누구를 위한 가주택 건설과 귀농 알선인가

포르노 상영으로 물의를 빚고 비리의 온상으로 지목되어 사회적 반감이 컸던 요정의 개방조차도 실패하자 여론은 싸늘해졌다. 이런 상황이었지만 앞서 1장에서 보았듯이 아무런 대책도 없이 집에 든 사람을 내쫓는 '명도 조치(강제 퇴거)'는 군정 기간 내내 계속되었다. 1947년만 보더라도 1월에는 후암동 식은 사택, 4월에는 후암동 구 미쓰비시 합숙소, 7월에는 마포 서강 일대 대흥동 전재민 수용소에 명도령을 발했다. 특히 1947년 7월 신당동 일대 400세대에 대한 명도령은 사회적으로 큰 문제가 되어, 18개 정당이 일제히 하지 사령관에게 사전 협의나 의견 수렴도 없이 일방적으로 구 일본인 가옥에 들어 있는 귀환자·월남민·빈민을 내쫓으면 언제 퇴거당할지 모른다는 불안감만 가중시킬 뿐 아무런 문제 해결도 되지 않는다고 했다. 하지만 명도 조치는 동절기에도 계속되어 1947년 12월에는 구 동본원사東本願寺 자리의 국민대학에 들어 있던 사람들을 강제로 장충동의 동국대학 부지, 그리고 남산 기슭의 각심사覺心寺로 퇴거 명령을 내렸다. 이렇게 당국의 퇴거 명령으로 쫓겨난 사람은 결국 공원과 소개지 등 빈터에 불량 주택을 짓거나 남의 집 현관, 산기슭의 토굴과 방공호, 역전과 길거리 등을 전전할 수밖에 없었다.[59]

해방 후 미군정은 주택을 지으려고 해도 점령 기간 내내 적자 예산을 편성하고 있었고, 자재난으로 인해 서울 외곽에 광범하게 자리 잡고 있던 불량 주택의 보수마저도 어려운 상황이었다. 결국 인구 유입이 유독 많았던 서울 등 대도시의 주택 부족 문제를 완화하기 위해서는 농촌 지원을 통한 인구 분산, 새로운 주택 보급, 귀속 부동산의 활용 등이 유기적으로 병행되어야 했다. 물론 이 가운데 귀속 부동산은 이미 확보된 건물이므로 별도의 재정을 요하는 주택 건설이나 토지제도의 정비 등 복잡한 법제의 정비가 필요한 귀농 알선 사업보다도 선제적으로 활용해 다른 보완 조치의 부담을 줄여야만 했다. 하지만 미군정은 중일전쟁 이후 강력한 전시 통제 경제 아래 있던 남한에 갑자기 자본주의 시장경제의 원칙인 사유권 존중과 자유 매매 허가를 천명함으로써 부와 권력을 쥔 사람들의 욕망에 불을 지르고야 말았다. 그 결과 일부 투기꾼들에 의해 장악되기 시작한 귀속 부동산은 미군정이 세수 확보를 위해 임대차 계약 체결을 추진할 무렵에는 이미 손을 쓸 수 없는 지경에 이르렀다. 특히 그 과정에서 지속된 허술하고 더딘 행정은 문서 위조나 부정을 부추겨 왜곡된 부의 편재를 심화하였다. 이러한 상황 속에서 1946년~1947년 사이 세간의 관심이 집중된 요정 개방 계획의 실패는 미군정과 서울시 당국이 귀속재산과 해방

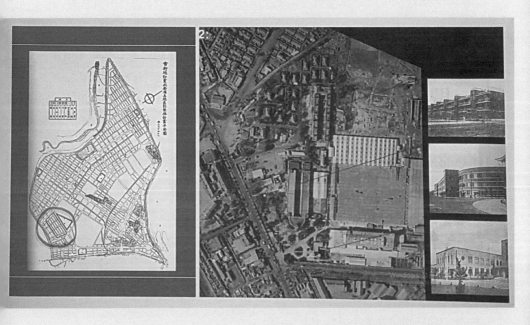

조선주택영단 설립 후 주택 부지의 선정과 조성

(2019년 도미이 마사노리 선생님 제공)

일본, 타이완에 이어 조선에서도 1930년대 후반에는 서울과 경기 지역을 중심으로 영단주택을
공급하였다. 해방 후 이 양질의 영단주택과 대기업 사택은 투기꾼의 표적이 되었다.

후 주택 문제를 어떻게 바라보고 있었는지를 보여주었다. 또한 이미 귀속 가옥에 든 거주자의 강제 퇴거 조치는 귀환자 및 월남민 등의 구호 문제를 대하는 당국의 근본적인 태도를 적나라하게 보여주었다.

미군정은 잇따른 관재 정책의 오류와 실패로 구 일본인 부동산의 공익적 활용이 원천적으로 불가능한 상황에서 그나마 약속했던 요정 개방 계획도 실패로 돌아가자 '가주택'이라도 지어서 귀환자, 월남민, 도시 빈민을 수용하고자 했다. 아울러 도시에서는 이들을 완전히 수용할 수 없으므로 각 농촌에서 이들이 스스로 '자립'할 수 있도록 귀농 알선을 통해 '전재민 농장'을 건설해 인구 분산을 도모하고자 했다. 그러나 사실 미군정의 솔직한 속내는 이들이 다시 도시로 몰려와 민생과 치안을 위협하지 못하도록 농촌 지역에 이들을 안정적으로 '가두어' 집단 관리할 수 있는 일종의 '전재민 게토(gheto)'를 만들고자 한 것이다. 항상 세트로 진행된 이 두 정책은 미군정의 독자적 판단에 의한 것이 아니라 연합국총사령부 차원에서 추진한 것으로서, 같은 시기 일본에서도 가주택 건설 계획은 '부흥주택(인양자주택引揚者住宅)건설계획'으로 불리웠을 뿐 내용은 대동소이했고, 귀농 알선을 통한 농장 개척 프로젝트나 인양자 농장 건설도 비슷하게 추진되었다.

미군정은 3년간 전국적으로 가주택(low price housing, low-cost housing, 움집·토막)을 약 4만 호, 그 가운데 서울에 약 1,700여 호를 건축했다.[60] 지방에 호수를 더 많이 배정한 것을 보아도 이 정책의 목표는 주택의 공급이 아니라 서울 등 도시 유입 인구의 '지방 분산'에 있었다는 것을 알 수 있다. 서울 지역은 가주택을 업자들의 입찰을 통해 지었고, 지방의 경우는 귀환자들이 직접 자신의 집을 짓도록 하되 도에서는 부분적으로 지원하는 방식을 취했다. 1946년 11월 중순부터 가주택 희망자에 대해 보건후생부와 각 구청, 그리고 귀환 원호 단체를 통해 입주 신청서를 접수해 귀환자 등은 작은 희망이나마 품게 되었다.[61] 그런데 정작 보건후생부가 1946년 12월 초부터 700호의 움집을 짓기 위해 청부업자를 상대로 입찰을 개시했지만 건설업자들이 응찰을 거부했다. 자재비의 상승 속도를 고려할 때 공사를 수주해도 타산이 맞지 않았기 때문이었다. 당연히 이렇게 졸속으로 지은 가옥의 질은 형편없었다. 전재동포원호회장 조소앙은 매호 2,750원의 공비를 들여 지은 마포의 가주택을 시찰하고서 '차마 사람이 살 수 없는 움집'이라며 당국을 비난하였다.[62] 이곳에 들 예정이던 시내 5개 수용소의 대표들은 보건후생부가 추진하고 있는 가주택 건설은 이미 동절기로 접어들어 시기적으로도 적절치도 않고 급하게 지은 주택 또한 형편없었기 때문에, 이들 주택에는 입주하지 않기로 결의하였다. 아울러 재정 부족으로 기부금에 의존하면서까지 막대한 예산을 들여가며 이미 겨울로 접어든 시점에 신축 공사에 착수하기보다는 차라리 구 일본인 소유 유곽, 요정, 여관 등의 유흥 시설을 개방해 달라고 요구했다.

미군정과 서울시는 1947년 10월 겨울이 다가오자 지난해에 이미 '사람이 살 수 없는 곳'이라는 말을 듣고도 다시 동대문 밖 경마장 일대와 마포지구에 미군 병원에서 사용하던 막사 건축용 천막으로 가주택을 건설을 추진하였다.[63] 동대문구 용두동에 93동(368세대), 마포구 염리동에 108동(432세대)가 완공 단계에 접어들었다. 용두동의 가주택에는 청량리 일대 천막에서 임시로 거주하던 78세대(452명), 휘경동과 장충동 일대의 귀환자 154세대(816명)을 수용하였다. 용두동과 염리동의 경우는 매 세대에 약 3만 원, 신촌 지역의 경우는 약 2만 4천 원의 공사비가 소요되었다. 그런데 이 가주택에 입주할 사람들은 얼마 전 서울시가 미관상의 이유로 무허가 주택을 강제 철거할 때 쫓겨난 자들이었고, 상당수가 귀환자와 월남민이었다.[64] 이 주택을 매 세대 1만 원에서 1만 5천 원에 분양하겠다는 계획이 발표되자 이들이 과연 집값을 치를 수 있을지부터 의문시되었다. 그런데 비슷한 시기에 전재민중앙원호회도 '후생협회'

로 조직을 개편하고 2억 원의 예산으로 4,000세대 규모의 가주택을 신축하기로 계획하였다. 그런데 후생협회는 집값 9만 원 중 6만 원을 먼저 납부할 것을 요구했다가 "모리배들에게 돈벌이 싸움터를 제공하였다."라는 비난만 사게 되었다.[65] 이 후생협회가 추진한 주택은 1호당 건축비가 5만 원이 들었는데 9만 원에 분양하려고 하였다. 그 밖에도 미군정에서는 1947년에 강제 철거를 강행한 용산, 이태원, 도화동, 아현동, 용두동, 당산동 일대에도 가주택을 지어 철거민과 귀환자 등을 입주시킬 계획이었다. 이를 위해 1947년 12월에 '건설청'을 신설하고 청부업자를 통해 공사를 진행하였다. 하지만 1948년 초 자금난에 봉착한 업자들이 공사를 중단하였다. 공교롭게도 이때 38도선을 넘어 남하하는 월남민 외에도 생활난으로 각 지방에서 서울로 상경하는 사람이 집중되는 바람에 서울의 주택난은 최고조에 달했다. 그 결과 지하 방공호에 마련한 임시 천막집도 한 칸에 월세가 2~3천 원을 호가하게 되었다.

미군정은 계속되는 인플레이션에도 불구하고 무리하게 예산을 증액해가며 1948년까지 3년 동안 총 4만 호 내외의 가주택을 지었다.[66] 하지만 귀환자나 월남민들이 도저히 입주할 수 없는 높은 금액으로 분양하거나 높은 월세를 요구해, 결국 '부동산 브로커'들의 배만 불렸다는 비난을 샀다.[67] 당시 부동산 투기꾼들은 귀속 부동산에 이어서 이들 가주택마저도 돈벌이로 삼고자 했다. 이들은 귀환자나 월난민의 명의를 빌려서 여러 채를 구매한 뒤 되팔았다. 또는 당장 목돈을 지불할 여유가 없는 사람들을 상대로 세를 놓으며 높은 임차료를 요구했다. 결과적으로 미군정이 서울시와 보건후생부 등을 통해 추진한 가주택 건설은 요정 개방 등 귀속 부동산 활용의 실패로 인해 어쩔 수 없이 실시한 고육책이었다. 즉 미군정은 세간의 비난을 무마하고자 의연금까지 모집하며 가주택 건설을 추진할 수밖에 없었다. 예상된 결과였지만 공사가 빈번히 중지됨으로써 때를 맞추어 임시 주거를 제공할 수도 없었거니와 형편없는 주택을 '유상'으로 분양해 귀환자와 월남민은 입주에 상당한 부담을 느꼈다. 미군정의 가주택 건설 프로젝트는 주택의 지역 분포, 공급된 주택의 수량과 품질, 분양 방법 등으로 보아 서울 등 대도시의 주택 공급보다는 유입 인구의 지역 분산을 위한 조치였다.

　미군정이 도시인구를 농촌으로 분산하고자 가주택 건설과 함께 추진한 프로젝트가 전재민 농장(refugee farm) 건설을 통한 '귀농 알선 사업'이었다. 해방 후 유입자들의 상당수는 당국의 강제 퇴거나 분산 조치에 집단 반발하며 도시 밖으로 내보내도 이내 통제망을 뚫고 먹고살기 위해 다시 도시로 모여들었다.[68] 그러자 미군정은 도시인구의 지방 분산과 실업 문제 해결을 연계해 해결하겠다는 명목으로 '전재민 농장' 건설을 통한 귀농 알선 사업을 추진하게 되었다. 미군정이 1946년부터 약 3년에 걸쳐 추진한 전재민 농장 건설 및 귀농 알선 사업 현황을 보면 귀농 희망자 32만 세대 대비 실제 귀농 알선 실적은 약 3만여 세대로서 실적은 10% 정도에 그쳤다.[69]

　이처럼 남한의 전반적인 산업 부진을 고려해 도시인구의 분산과 생업의 알선이라는 일석이조 효과를 노리며 귀농 알선을 추진했다고는 하지만, 가주택 건설보다도 형편없는 실적에 그쳤다. 이들이 각 도의 지정된 토지에서 농사를 지으려면 먼저 비료와 농기구, 그리고 영농자금이 지원되어야 하는데, 앞서도 보았듯이 미군정은 점령기 내내 적자 재정을 편성했기 때문에 애초부터 무리한 계획이었다. 또 구 동양척식주식회사가 보유하던 신한공사 농지나 각 지방 기구가 소유한 공유지를 전재민 농장으로 개발하려면 소작료의 조정, 혹은 폐지 등을 포함하는 농지개혁 관련 법제 정비가 선행되어야만 했다. 그러나 미군정이 법령 제173호 '귀속농지매각'과 제174호 '신한공사해산'을 발표한 것은 1948년 3월이었다. 농지개혁이 본격적으로 논의된 것은 1949년 농지개혁법이 제정된 이후부터였다. 따라서 이 귀농 알선 프로젝트는 미군정이 표방한 생업 알선을 통한 자립이 목적이었다기보다는 현실적으로 점령 통치의 불안 요소로 인식해온 귀환자와 월남인 등의 유입 인구를 게토(ghetto areas)와 같이 도시에서 멀리 떨어진 곳에서 집단 관리하고자 한 정치적 목적이 더 강했던 사업이었다고 볼 수 있다.[70]

미군정의 가주택 건설과 전재민 농장 건설을 통한 귀농 알선 사업은 이미 실패가 예견된 정책이었다. 즉 통치 기간 내내 적자 재정을 운영하던 상황에서 신규주택 건설과 영농자금 융자는 원천적으로 불가능한 목표였다. 또 남북 분단 상황에서 남한 지역의 공산화 방지와 인구가 밀집된 도시 지역의 치안 유지가 최우선 목표였던 미군정으로서는 근본적인 사회구조 변화를 꾀하는 정책에는 처음부터 관심도 능력도 없었다. 그저 주요 도시의 치안이 주택이나 식량 문제로 인해 악화될 조짐을 보일 때에만 일시적으로 배급을 늘리거나 움집을 지어가며 당면한 점령 목표를 수행하고자 한 것이다. 이들이 요정 개방 실패 후에 면피용으로 지은 가주택이 구 일본인 부동산에 이어서 투기꾼들의 또 다른 '돈벌이 대상'으로 전락하든 말든, 그로 인해 분양 대금이나 월세를 내지 못해 귀환자 등이 그곳에 입주하든 말든, 미군정의 관재 및 구호 당국은 별다른 관심이 없었다. 다음의 사설은 이러한 속내를 정확히 꿰뚫고 있었다.

사설 : 전재민을 구호하라

(전략) 여론이 환기되어 전연 묵과할 수 없으므로 가주택 건설이니 수용소 설치니 하야 「움(집)」을 팔 계획을 세운 모양이나 이것 역시 사실에 있어서는 빈말뿐이고 책임을 회피하려는 구실을 만든 데 불과하다. 모리배, 군정청의 조선인 고관 엽관배獵官輩들만이 이용하고 있는 갑종 요리점에서는 매야(매일 밤) 가무와 주한酒漢(술 취한

자)의 치어癡語(술주정)가 교환되며 모든 사회악이 이곳에서 연원함에도 불구하고 경찰 당국은 이러한 비생산적이고 죄악적인 '요정'을 전재민에게 개방한다고 외쳤으나 이것 역시 허울 좋은 허위에 불과했고 새로운 죄악이 배가할 뿐이 아닌가? (중략) '일본인 가옥'에는 악질 모리배 등이 너그러운 생활을 하며 빈방이 많으나 이곳 역시 추위와 굶주림에 떠는 전재민에게는 그 문이 굳이 닫히고 열리지 않는 것이다.[71]

다시 고향을 등지는 사람들, 조국이 이럴 줄은 몰랐소

1945~1946년 동절기를 지나면서 해방 직후 반짝했던 사회적 환영 분위기가 사라지고, 귀환자들의 지속적인 유입과 방치가 심각한 사회문제로 대두했다. 그 결과 1946년 초봄의 해빙기를 기점으로 귀환자들의 만주 재이주, 일본 재밀항에 관한 보도가 늘어갔고, 기사의 제목도 점차 자극적으로 변화했다. 그만큼 그리운 '조국'으로 돌아왔건만 열악한 정착 환경과 주변의 싸늘한 시선에 '오만정'을 떼었다는 이야기일 것이다. 「운명의 국경도시 오늘의 개성, 북으로 다시 가는 이민단」이라는 기사에는 한국전쟁 이전까지는 남한이었던 38도선의 접경 도시인 개성에서 고향을 등지는 사람들의 모습이 적나라하게 묘사되어 있다.[72] 1946년 3월 봄이 되자 개성역 주막에는 다시 북한이나 만주로 떠나가는 사람들로 가득했다. 이를 취재한 기자는 다음과 같이 적고 있다.

역전에 늘어진 십여 소小 주막에는 요지음 **삼팔도선을 넘어 만주로, 혹은 북조선으로 가는 남조선 빈농의 서글픈 여수**가 자욱이 차고 있다. (중략) **해방된 고국을 바라보고 희망과 환희를 가슴 깊이 간직하고 전란戰亂의 만주를 떠날 때 그들은 얼마나 기막힌 고초**를 겪어왔든가. (중략) 이러한 숙명의 길을 또 다시 넘어 만주로 가려는 그들의 애절한 고뇌는 깊이 주름진 이마에 감추고 쓸쓸히 웃으며 배불리 먹고 싶다는 애달픈 소원에 인생의 모모를 느낀다. 이 조고마한(조그만) 주막에는 외로운 여인들과 5가호家戸 25인으로 **합계 27인 일행의 이민단**은 경주, 울산, 청도 등지의 고향을 가진 빈농들이다. (중략) 놀라운 것은 그들의 **반수 이상이 전란의 만주를 탈출한 지 약 4개월 남짓한 이민**들이다.

이것을 보면 이들 만주 (재)이민단은 본래 경상도가 고향인 사람들로서 고향에 대한 기대를 완전히 접고 해방 이전 이들이 처음 만주로 떠났을 때의 각오로 38도선을 다시 넘고 있다는 것을 알 수 있다. 이들은 분명 38도선이 아직 유동적인 경계였을 때 식량 사정이 악화되면 보릿고개를 넘겨보고자 잠시 내려와 남에서 일정 기간을 보낸 후 다시 북으로 돌아가던 '계절적인 이동 집단'과는 분명 다른 사람들이었다. 당시 미군정은 이들 38도선 접경의 농민들을 가리켜 "파종기를 전후해 대거 남하했다가 초여름 하곡 추수기가 되면 줄어드는 패턴"을 보였다고 기록하고 있다.[73] 하지만 이 기사에 나온 이들은 고향의 연고지로 돌아왔지만 경작할 땅조차 구하지 못해 도저히 먹고살 수가 없어 완전히 다시 떠나가는 사람들이었다. 이들이 남한을 등지게 된 구체적인 이유를 소개한 기사도 있다. 「왜 도루 가지 않으면 안 되나. 만주 전재민의 재도만

자再渡滿者 일증日增」[74]이라는 기사는 이들이 단지 남한의 혼란한 경제 상태 뿐만 아니라 기주민 사회의 싸늘한 시선 때문에 울분을 삼키며 다시 만주행을 결심했다고 전하고 있다.

> 팔일오 해방과 아울러 일부 무지한 만주인들의 허다한 박해를 피被하며 문자 그대로 사선을 돌파하여 이 땅(조선)에서 쫓겨났든 (것) 이상의 참담한 모습으로 남부여대男負女戴(봇짐을 이고 지고)하여 해방된 조국으로, 선조가 살고 있는 고향으로 귀국하였으나, 마음속 깊이 아로새긴 **그립든 고국은 혼란된 경제상태와 더불어 민심은 극도로 '야박'하야 그들은 도저히 발을 부칠 수 없어 힘겨운 추위와 굶주림에 견디다 못하야** 다시 만주로 가지 않을 수 없는 형편이어서, 이 봄을 맞이하면서 **삼팔도선 이북의 만주귀환 농민은 벌써 가서 농지를 경작하는 중에 있으며, 삼팔도선 이남의 만주농민 귀환자들도 매일 같이 삼팔선을 돌파**하야 무리를 지어 북으로, 북으로 떠나간다고 한다. 만주 동삼성東三省은 백만 이상의 조선 농민이 개척한 기름진 땅으로, **해방 후 그들의 귀환으로 동삼성 농촌은 빈 것이나 다름없는데 다시 가는 이 땅의 농민을 만주 당국은 오히려 환영**하는 모양이어서 이 소식을 접한 만주귀환 농민은 서둘러 출발한다고 한다.

이것을 보면 남한의 만주 귀환농뿐만 아니라 북한으로 돌아온 만주 귀환자도 재이민을 시도하고 있었다. 2장에서 보았듯이 동북 삼성의 만주 당국은 해방 후 조선인들이 전란이나 박해를 피해 빠져나간 뒤에 텅 빈 한촌이 되어버린 농지를 다시 일궈야만 했기 때문에 이들의 재유입을 환영하고 있던 것으로 보인다. 만주에서 돌아온 귀환 농민의 경우 이처럼 농사지을 토지만 확보된다면 차라리 만주로 돌아가는 것이 낫다고 판단할 만큼 남한의 정착 환경이 열악했음을 보여준다. 이것은 남북 간의 교역 단절로 인해 무엇보다도 '화학비료'가 공급되지 않아 남한의 경작지가 줄어들었고,[75] 귀환자들의 경우는 기존 소작인들과 경쟁해 땅을 얻기란 쉽지 않았다는 것을 말해준다. 반면 국공내전과 콜레라 창궐로 인해 조중 국경이 잠시 봉쇄되기도 했지만, 만주 당국은 남이든 북이든 한반도로부터 다시 유입되는 농민을 정책적으로 환영하고 있었으므로, 이 무렵에는 남한에서도 만주 재이민 대열에 오른 사람들이 많았던 것으로 보인다.[76] 다만 1947년 7월을 전후해 주민의 월남을 방치하던 북한 당국이 남하 행위를 불법으로 규정해 단속을 시작했고, 미군정도 미소공동위원회가 파탄으로 향해가고 냉전의 기운이 감돌자 38도선에 대한 경계를 강화했으므로, 이때부터는 1946년과 같이 느슨한 경계 상황을 이용한 재이민은 어려웠을 것으로 보인다.[77]

그런데 1946년 3~5월 봄에는 38도선을 넘어 만주로 재이민하는 현상이 급증한 데에 이어서, 6월경 초여름부터는 현해탄을 건너 일본으로 밀항하는 사람도 급격히 늘었다. 「조국이 이럴 줄은 몰랐소」[78]라는 기사는 당시 정황을 구체적으로 전하고 있다.

> 조국은 아직도 **그들(일본 귀환자)을 구제할 힘이 자라지 못하여 그들로 하여금 거리에 방황하게 하고, 심지어 밀선을 타고 일본으로 돌아가게 한다.** (중략) 이즈음 일본으로 돌아온(남한에서 재밀항한) 동포들의 말에 의하면 현재 일본에서는 2홉 5작의 특배(특별식량배급)가 있으며 소매 쌀값은 1두에 이백 오십 원 가량인데 **물가는 비교적 조선보다 싸고, 암취인(암거래)도 적다고 하는데 원인은 앞서 화폐 정리가 있었기 때문**이라 한다.

이처럼 해방 후 일본에서 귀환한 사람들이 느끼기에 정작 남한의 상황은 애초 기대했던 것에 비해 너무나도 열악했던 반면, 일본은 사재기로 인한 물가고도 덜했고 식량 배급 상황도 더 나았다는 정보를 밀항선이 오가던 부산에서는 실시간으로 접할 수 있었음을 알 수 있다. 당시 남한의 물가고와 생활고를 이기지 못해 일본 밀항을 시도한 사람이 많았다는 것을 보도한 단발 기사는 흔하다. 그러나 「빙설氷雪 같은 동포애」[79]라는 기사는 밀항 후 해안선을 따라 일본 도시로 잠입하는 과정에서 보안 당국에 검거될 확률이 높았음에도 불구하고, 남한 사회의 미흡한 구호와 사회적 냉대가 이들을 현해탄으로 내몰고 있다며 경제 외적인 요인을 적시했다. 즉 몸도 힘들었지만 마음까지도 다친 것이다. 귀환자도 기주민도 제 몸 하나 챙기기 힘들었던 애잔한 모습이다.

> 조국 해방이라는 역사적 기쁨을 가슴 가득히 안고 꿈에 그리운 고국을 찾아왔으나 **그들의 마음같이 고국 동포는 따뜻이 맞아주지 않을뿐더러, 물가고, 생활고에 못 견디어 생활 방도를 찾아** (중략) 다시 가는 재일동포가 늘어가고 있다. 이는 무엇을 말함인가? **동족애나 민족적 비극이 아니고 무엇**이랴. … 어느 상륙지점에서는 아직도 밤마다 **수백 명의 조선인이 일본 경찰에게 검속되고 있으며 상륙한 자 중 육백 명은 행방불명**이라고 한다.

한편 남한에 귀환한 사람은 다시 일본으로 밀항을 시도하고 있는 가운데, 일본에 있던 조선인은 남한으로의 귀환을 망설이고 있었다. 1947년 재일조선인연맹 동경본부 위원장 박제섭은 국내 신문과의 인터뷰에서 대략 '60만 명'의 조선인이 '1946년 3~4월'을 기점으로 모국 귀환을 단념한 이유를 설명하기를[80] "1) 관동대(지진)학살 같은 (일본인의) 위협이 사라졌다. 2) 일본에서도 조선의 민주 독립에 이바지할 수 있다. 3) 연합국총사령부의 재산 반입 제한으로 (조선으로) 돌아가기가 어렵다. 4) 가족이나 사업 관계로 잔류해야 한다. 5) 조선의 사회 불안이 심각하다."라는 이유를 들었다. 즉 가장 큰 이유는 1946년 4~5월 국면에 연합국총사령부와 주한 미군정이 조선인의 재산 반입 조건을 일본인과 똑같이 제한한 것이었다. 그런데 1946년 3~4월에 미군정은 이미 '일화예금령'을 실시해 남한에 반입된 일화를 모두 휴지 조각으로 만들었기 때문에 몰래 돈을 싣고 왔어도 일화 반입 여부와 상관없이 생활고에 직면할 수밖에 없었다.[81] 일본에 있던 조선인들이 귀환을 꺼린 이유는 1946년 3월 일본에 거류하던 조선인 단체가 연합국총사령부에 요청한 귀환 조건 완화 요구 진정서에서도 확인된다.[82] 이들은 조선으로 재산 반입과 현행 소지금 한도액을 1,000엔에서 더 증액해 주기를 원했다. 아울러 퇴직자에 대한 미불임금 지불과 송환 예정자의 귀환에 따른 편의 제공을 요구했다.[83] 이처럼 일본에 있던 60만 명의 조선인은 재산 반입 제한으로 귀환을 보류하거나 단념한 상황에서 이미 남한에 귀환한 자들이 대거 일본으로 밀항을 시도하자, 미군 정보부에서는 한일 간의 전보, 편지 등을 집중 검열하였다. 이들 정보 자료 안에는 더욱 내밀한 내용이 담겨 있었다.

- 나는 이번 6월 27일 형님과 누이를 데리고 일본으로 갈 작정이다. 1인당 뱃삯은 1,000엔이다. 배는 도쿄행이며, 시간은 약 24시간이 걸릴 것이다.
- 여기는 생활난이 심각하니 조선으로 오는 것은 어리석은 짓이다. 나는 일본으로 갈 생각이었으나 돈이 없어 그것조차도 불가능할 듯하다. 사람들은 말한다. "조선에 오면 처음에는 좋지. 그

러나 한 달만 있어 보면 너도 알 게다. 네 삶이 '상거지'와 다름없
다는 것을 … ."[84]

당시 밀항 성공률은 약 '2할' 내외였다고 한다.[85] 하지만 위 정보 보고에서
보듯이 남한에서 도저히 삶의 전망을 세울 수 없던 사람들은 그 낮은 확률에
인생을 걸고 현해탄을 다시 넘었다. 당시 한일 간의 밀항 환경은 이미 해방 전
후에 다양한 노선과 업자들이 형성되어 있었다. 심지어 남한에서 송환된 일본
인 중에도 통제망을 뚫고 다시 남한으로 잠입해 미처 가져가지 못한 재산 반
출을 노릴 정도로 현해탄은 '유동적인 경계' 상황에 있었다. 또한 밀항과 밀수
는 함께 짝하여 발생하였다. 이 때문에 양 지역의 물자난이 지속되는 한 미군
점령기 내내 이를 막을 수는 없었다. 그러자 1946년 여름 생활고로 시작된 밀
항은 점차 일확천금을 노리는 밀수업자들이 가세해 대규모 밀항단의 형태를
띠기도 했다.[86]

이처럼 남한에서 새 삶을 살아보겠다던 귀환자나 초기 월남민의 원대한 꿈
은 열악한 정착 환경과 더불어 남한 사회의 '냉대' 속에서 식어갔다. 1946년 봄
부터 여름에 걸쳐 급증한 만주 재이민과 일본 재밀항 현상은 해방 직후 신국
가 건설의 열기라든가, 민족주의의 고조 속에서 한껏 물신화된 '국가'와 '민족'
의 허상을 적나라하게 드러냈다. 먹을거리도 해결하지 못한 사람들에게 제
대로 된 도움의 손길도 내밀지 못한 조국이 어떤 의미가 있는지를 되묻게 한
다. 이러한 남한의 구호 능력과 사회적 통합 능력의 취약성은 오랜 식민 지배
로 인해 구조화되었다. 여기에 더해 미군정의 점령 통치로 인해 이들 소외된
자들에 대한 사회적 구호 요구가 무시된 결과, 남한 사회는 귀환자, 월남민, 도
시 빈민에게 있어 '비정한 조국'이 되고 말았다. 그리고 이웃사촌이라고 믿었

던 주변 사람에게 입은 마음의 상처로 인해 '피를 나눈 동포'라는 것은 애초부터 있지도 않은 헛된 신화라는 것을 뼛속 깊이 새기게 되었다. 1장과 3장에서 보았듯이 나를 사창가로 몰아간 자, 나를 '적산 가옥'이나 '전재민 수용소'에서 내쫓은 자, 내가 받을 쌀과 구호품을 빼돌린 자, 내 말투와 옷차림을 비웃은 자, 나를 시장에서 내몬 자, 내가 들어갈 요정에서 도색 야회를 즐기던 자들도 타지에서는 한민족이요 피를 나눈 동포라고 믿었기 때문이다.

귀환자와 월남민의 아픔은 만국 공통의 상처

사실 해방 후 귀환자들의 상황은 남한이나 일본이나 크게 다를 바 없었다. 다양한 동기와 이유로 해외에 있던 사람들이 단기간에 대규모로 유입되자 각종 민생 문제가 불거졌다. 특히 주택·식량·일자리 등이 줄어들면서 이를 둘러싸고 기주민과 귀환자 등의 유입 집단 사이에는 갈등이 노골화되었다. 유입 인구는 계속 늘어만 갔고, 점령 당국의 구호 정책은 이미 한계를 드러냈다. 그리고 그 틈을 비집고 가뜩이나 빠듯한 구호 물품과 자원을 빼돌리거나 사재기해 한탕을 노리는 반사회적 집단도 등장했다. 따라서 날로 악화되는 민생 문제와 더불어 그로 인한 사회 각 집단 간의 만성적인 분열 및 갈등은 나아질 조짐이 보이지 않았다. 즉 남한과 일본은 모두 점령 통치라는 공통의 조건 아래서 혼란을 수습하고 사회적 통합을 도모해 '국민'을 형성하는 한편, 새로운 가치와 전망 속에서 각기 '국민국가'의 '건설'과 '재편'이라는 시대적 과제를 안게 되었다.

그런데 이것은 제2차 세계대전 직후 대규모 인구이동을 경험한 지역이나 국가라면 예외 없이 안게 된 공통적인 문제였다. 하지만 이 보편적인 문제를

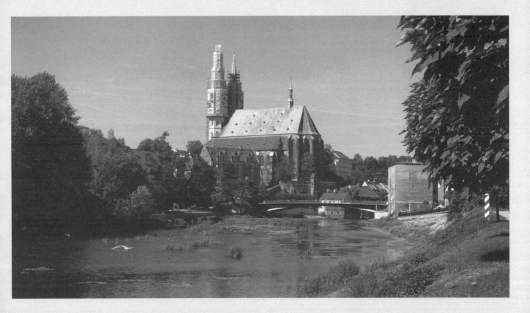

독일-폴란드 국경 이동에 따라 강을 끼고 분단 도시가 된 괴를리츠의 경계선 다리 (2019년 필자 촬영)

연합국 점령 후 오데르강 오른쪽의 독일 영토가 폴란드로 넘어갔다. 그 결과 괴를리츠(Görlitz)는 분단도시가 되어, 강의 오른쪽은 폴란드 영토로서 즈고즐레츠(Zgorzelec)라고 불린다. 강 오른편에 살던 독일인들은 집을 내주고 강 건너로 쫓겨났으며, 조상 대대로 살던 집을 바라보며 세월을 원망하곤 했다. 오데르강을 따라 이러한 분단도시들이 북쪽의 슈체친(Szczecin) 지역까지 이어지는데, 또 다른 분단도시인 구벤(Guben)은 강 오른쪽이 폴란드 영토 구빈(Gubin)이 되었다. 이 구역의 강폭은 청계천보다 좁다.

독일-폴란드 국경 이동으로 인한 현재의 폴란드 지도 (즈고즐레츠 유럽교육문화센터에서 2019년 필자 촬영)

폴란드는 벨라루스·우크라이나 접경의 오른쪽 국경 지대를 잃은 대신 왼쪽의 독일 국경 영토와 함께 북부 해안가의 주요 도시를 얻었다. 새로 얻은 영토의 주요 도시인 포즈난, 브로츠와프, 그다인스크 등지에는 과거 독일인이 남기고 간 학교, 공장, 건물 등 '귀속재산'이 많아 동유럽 안에서도 폴란드가 높은 국가 경쟁력을 유지하는 데 도움이 되었다는 주장이 있다. 다만 이러한 주장은 폴란드인의 주체적 노력을 폄훼한다며 이를 반박하는 반론 또한 공존한다. 말하자면 지구 반대편에서 벌어진 또 다른 맥락의 '식민지 근대화 논쟁'인 셈이다.

풀어가는 방식과 그 결과는 지역이나 나라마다 달랐다. 그 이유는 해당 지역이나 국가가 승전국인가 패전국인가, 구 제국 안에서도 식민 모국이었는가 식민지였는가, 제국 해체 후에 등장한 점령국과는 서로 어떠한 관계에 있었는가, 종전 후 새롭게 형성된 세계적인 정치 지형 속에서 그 지역이나 국가가 점하는 정치·경제·외교적 위상은 어떠했는가 등 여러 '변수'가 '재조합'되어 다양한 방식으로 영향을 미쳤기 때문이다. 따라서 다소 결이 다른 외부 '유입 집단'에 대한 대응과 이들의 '사회적 통합'이라는 과제는 제2차 세계대전 종결 후에 그 나라나 사회의 '국가 운영 경험과 능력', 그리고 새 국민으로서 기주민 잡단(host society)의 공생 의지 및 공동체 의식(habitus)등 근대 국민국가의 국민으로서 갖춰야 할 기본 소양을 검증하기 위한 일종의 '자격시험 문제'였다고 볼 수 있다. 지면 관계상 승전국과 패전국의 대표적인 사례만 보자면 프랑스와 독일의 전후 인구이동 양상을 비교해 보는 것이 좋을 듯하다.[87]

독일의 전후 인구이동은 미국과 유럽 전승국들이 승자 독식의 논리에 따라 통제했기 때문에 상당한 피해와 혼란을 감수해야만 했다. 특히 서독 지역은 해외 피추방민(Vertriebene), 동독 이탈 주민(Flüchtlinge), 독일계 이주민(Aussiedler), 그리고 외국에서 온 이주 노동자 등을 차례로 받아들였다. 이 가운데 해외 피추방민은 포츠담회담의 결정으로 폴란드의 구 독일 영토뿐만 아니라 수백 년 전부터 동유럽과 남부 유럽에 흩어져 살던 '광의의 독일인'까지도 강제 이주시켰다. 심지어는 독일이 점령하지도 않은 지역까지도 포함시켰다. 왜냐면 다시는 독일이 전쟁을 도발하지 못하도록 인적 화근을 제거하겠다는 징벌적 추방의 성격을 띠었기 때문이다. 1945~1949년 사이에 유입된 피추방민은 대략 1,400만 명으로 추정된다. 이 가운데 약 1,000만 명이 서독 지역, 약 400만 명이 동독 지역으로 배분되었는데, 당시 독일 인구의 약 17~20%에 해당하는 규모였다. 이들 가운데 독일 – 폴란드 국경 조정에 따른 유입 인구와 피추방 인구비는 대략 2 : 1 정도로서, 이들은 대개 구 거류지에서 나치의 후에로 몰려 재산의 박탈, 강제 수용과 강제 노동을 경험했고, 때로는 보복적 성격의 약탈과 폭행까지도 감수해야 했다. 특히 오데르강을 따라 국경 지대에는 엊그제까지 살던 자기 집을 몰수당하고 바로 눈앞에 보이는 강 건너편으로 쫓겨난 사람이 많았다. 이들이 살던 집이나 빌딩은 구 일본인 가옥을 조선인이 차지하게 된 것처럼 폴란드인과 공산당 기관의 몫이 되었다.

심지어 이때 쫓겨난 사람 중에는 중세 때부터 대대로 타지에서 살던 사람들이 많아서, 독일의 기존 주민과는 생활 습관이나 정서 등 문화적 배경이 전혀 달랐다. 여기에 서유럽 사람들이 오래 전부터 지녀온 '동유럽'에 대한 차별적 인식마저 덧씌워져, 혈통적으로는 독일인이지만 동유럽에서 온 '더럽고 야만적'인 사람으로 멸시당해 사회 적응에 애로가 많았다. 독일 입장에서 이들 피추방민의 유입은 사회적 부담이 되었으나, 전후 점령 정책의 일환으로 강요된 조치이므로 거부할 방법이 없었다. 당연히 이들의 유입으로 주택, 식량, 직업 등 민생 문제가 악화되면서 사회적 혼란은 가중되었고, 이주 후 피추방민들은 서독 사회에서 '저임금 노동자'로 전락하거나 경제적 빈곤층의 주류를 형성했다. 또한 이들은 기존 주민으로부터 늘 무시당하며 경계의 대상이 되었으므로, 가슴에는 항상 사회적 반감과 더불어 '귀향'에 대한 강한 욕구를 품고 살았다.

한편, 1949년 동서 분단 이래로 동독에서 서독으로 유입된 이탈 주민 (Flüchtlinge)은 1990년 베를린장벽이 무너지고 통일이 될 때까지 약 460만 명에 달했다. 이 가운데 약 350만 명은 1961년 베를린장벽 설치 이전에 '탈출'한 이주자였다. 이들의 이주 동기는 대개 동독 공산당의 정치적 억압과 기본권 침해, 국유화와 집단농장화, 더 나은 생활환경에 대한 동경 순으로 나타났다. 즉 앞선 피추방민의 유입이 점령국이 강요한 전후 처리의 일환이었다면, 이들

동서독 간의 이주민은 냉전 체제 속에서 발생한 체제 이탈적 성격을 띤 집단 (IDP : Internally Displaced Person)이었다. 이들의 이동은 서독 자본주의 체제의 우월성을 표상하는 기제로 작용했다. 또한 초기에 유입된 인구는 대개 젊은 층이 많았다. 더욱이 전문가 집단과 고급 기술을 지닌 숙련 노동자가 많아 서독 경제 발전에도 중요한 역할을 함으로써 전후 혼란기에 유입된 피추방민 집단에 비해 비교적 수월하게 적응할 수 있었다. 2장에서 본 1946년도 상반기에 남하한 북한의 엘리트 월남민들과 매우 흡사한 구석이 많은 집단이다.

반면에 전승국인 프랑스는 패전국 독일이나 일본에 비하면 평온한 전후 인구이동을 경험하였다. 프랑스 역시 제2차 세계대전 이후 인도차이나, 모코로, 튀니지, 알제리 등 식민지의 잇따른 독립으로 인해 해외 거류민이 환류하였다. 그러나 귀환자 수는 175~220만 명 규모였다. 1962년 현재 프랑스 인구를 대략 4,600만 명으로 볼 때 약 4~5% 수준이었다. 독일이 1,400만 명으로 본토 인구의 약 17~20%, 일본이 650~700만 명으로 10% 내외의 유입 인구를 경험한 것에 비하면 감당할 만한 규모였다. 또 시기적으로도 프랑스 귀환자들이 대거 발생한 시점은 1962년 알제리 독립전쟁 이후이므로, 이들을 수용하고 통제할 만한 사회적 기반이 갖춰진 시점이었다. 즉 프랑스는 귀환 규모도 적었거니와 종전 직후의 혼란기를 피할 수 있었다는 점에서 훨씬 더 부담이 적었다. 식민지에서의 추방 방식 또한 패전국에 비해 온건했다. 1962년 '에비앙협정'에 따라 알제리 내 프랑스인은 3년 동안 이중국적을 인정한 뒤 개인이 국적을 선택하도록 하였다. 기존의 사유재산권과 권익을 그대로 보장했고, 출국 시에는 이사 비용과 출국 보상금까지도 지불했다. 물론 이것은 어디까지나 제도적 차원의 이야기이고, 실제로는 '프랑스인 및 범유럽계[피에 누아르(Pied noirs)]', 그리고 프랑스 군대와 경찰에 복무하며 식민 지배에 협조한 아르키(Harkis, 우리의 친일파에 해당)를 상대로 한 대규모 테러가 빈발하는 등 또 다른 층위의 추방 압력은 계속되었다. 이들이 프랑스로 돌아간 것은 제도적 측면보다 현실적으로는 이렇게 악화된 거류 환경 때문이었다. 이 과정에서 프랑스 정부는 알제리 국적의 보유 여부와 상관없이 유럽계 주민은 일괄적으로 프랑스 국적을 인정했다. 또 아르키 등의 친불파 알제리인에게도 프랑스 국적을 획득할 수 있는 기회를 주었다.

　이처럼 독일과 일본이 징벌적 차원의 강제 추방(일괄 송환)을 경험한 것에 비해 프랑스는 온화한 귀환을 체험했다. 당시 알제리 정부가 자신을 지배한 프랑스인들에 대해 유화적 조치를 취한 이유도 그들이 '예뻐서'가 아니라 독립 후 국가 운영에 필요한 필수 인재의 유출 방지 때문이었다. 비록 독립전쟁에서 이겼다고는 하지만 당장 프랑스인의 귀환은 곧 전문기술을 지닌 테크노크라트, 경영인, 산업 엔지니어, 의사 등 '전문지식인 집단'의 급격한 유출을 의미하기 때문이었다. 즉 해방 후 북한에서 급격히 고조된 혁명의 열기로 공장의 일본인 기술자를 내쫓았다가 기계가 멈춰버리자 이들을 '노동 귀족'으로 대우하며 다시 극진하게 예우한 사례와 비슷한 상황이었다.[88] 마찬가지로 이들을 단기간에 육성할 수 없었던 알제리 정부는 이들의 프랑스 귀환을 최대한 억제 내지 지연하고자 우호적인 체류 환경과 유연한 귀환 조건을 제시한 것이다. 이것은 구 식민지에 대한 구 식민 모국의 독립 후의 지속적인 영향력과 상호 역관계에 따라 질적으로 전혀 다른 형태의 귀환이 이루어졌음을 보여준다.

　흔히 영국과 프랑스의 식민 지배와 독립국의 탈식민 방식을 비교할 때 영국의 경우는 간접 통치, 소수의 식민자 입식, 평화로운 독립과 점진적 귀환을 특징으로 꼽는다. 반면 프랑스의 경우는 간접 통치보다는 식민지민에 대한 무리한 동화정책, 다수의 식민자(지배자) 입식, 독립 과정에서 식민지민의 대대적인 반발과 독립전쟁, 단기간에 걸친 식민자의 귀환을 특징으로 한다. 이것은 식민 통치 방식이 향후 식민자(지배자)의 귀환에 미치는 함수관계를 시사한다. 이처럼 프랑스가 영국에 비해 많은 사회적 비용을 지불했다고는 해도, 독일이나 일본 등 패전국이 '강요된' 유입 인구로 인해 받게 된 사회적 충격과 부담에 비하면 경미한 수준이었다.

프랑스의 경우 구 식민지의 독립 후 프랑스로 돌아온 사람들이 곧 '혈통적'으로 '프랑스인'이었는가 하는 논쟁이 뒤따랐다. 실제로 프랑스로 간 귀환자들의 출신 배경을 보면 처음부터 프랑스에서 건너간 사람도 있었지만, '피에 누아르'(Pied-Noir)라는 복합적인 집단은 스페인, 이탈리아, 말타 등지의 출신자로 이루어졌다. 즉 식민지 알제리에서 프랑스 국적을 취득한 유럽계이거나 유대인이 대다수였다. 또 알제리인이지만 민족을 배반한 '친불파 그룹'인 '아르키(Harki) 집단'도 있었다. 이것은 제국의 운영 방식에 따라 식민자의 구성이 얼마나 다양한 형태를 띠었는지, 그리고 개별 귀환자가 '특정 시점 및 시기'의 민족 구성이나 국민이란 개념에 반드시 부합되는 것은 아니라는 점을 단적으로 보여준다.

이 두 나라의 사례만 보아도 어떤 집단은 우리의 초기 월남민 또는 한국전쟁기의 월남민, 미군 점령 지구와 소련 점령 지구에서 온 해외 귀환자, 친일파 집단 등이 떠오를 것이다. 물론 집단적 특성이나 발생 배경 등에서 맥락이 다르기는 하지만 대략 전후 인구이동에 의해 발생한 다양한 집단 가운데 어떤 부류에 가까운지는 추측이 가능할 것이다. 다른 지역이나 나라의 경우 우리와는 또 다른 결의 상처나 복잡한 문제를 안고 있기도 하므로, 이러한 문제에 관심을 기울여보는 것도 우리의 역사적 경험을 상대화해 볼 수 있는 좋은 기회가 될 것이다.

일본은 패전국이기는 했지만 역시 방대한 제국을 운영해본 나라였다. 따라서 근대국가를 운영해본 경험과 준비도 없이 갑자기 해방을 맞이한 남한과는 비슷한 듯하면서도 다른 양상을 보였다.[89] 한편 일본도 귀환자 관련 주택 문제, 실업 문제, 장기 갱생 지원 방안, 재외 재산 처리, 기주민 사회의 냉대와 차별 등은 한국과 유사한 점이 매우 많다.[90] 큰 대목만 짚어보자면 다음과 같다.

먼저 규모에 있어 해방 후 남한 인구는 대략 1,600만 명이었고, 대략 250만 명이 현재 대한민국 영토 밖에서 유입된 것으로 추계할 수 있다. 일본의 경우는 1945년 본토의 총인구가 약 7,200만 명이었고, 종전 후 유입된 인구가 대략 630~700만 명, 즉 본토 인구의 9~10% 정도였다. 따라서 기주민 규모 대비 유입 인구 비율은 한국이 6~7% 정도 더 높았다. 한국이 귀환자 유입으로 더욱 강한 사회적 충격을 체감했다는 것을 시사하는 포괄적 지표이다. 이것은 식민지 시기의 극심한 인구 유출이라는 식민 통치의 후유증이 해방 후 급격한 인구 증가라는 변형된 형태로 이어졌음을 의미한다.

또한 일본과 남한은 각기 연합국총사령부와 미군정의 점령 체제 아래 있었다. 그런데 일본의 경우는 정부와 의회가 있었고 간접 통치를 실시했기 때문에 귀환 문제와 관련해 일본 측의 입장을 맥아더사령관에게 전달하거나 요구할 수 있었다. 그러나 남한의 경우는 아직 정부도 수립되지 않았고 과도입법의원은 구호 정책도 입안하지 못했다. 게다가 미군정은 연합국총사령부의 하위 기관이었으므로 남한 현실에 맞는 적절한 조치를 독립적으로 취할 수도 없었다. 이처럼 같은 점령 통치 아래 있더라도 정부와 의회가 있는가, 그리고 응급 구호가 필요한 대규모 집단에 대응할 자체 법제가 정비되어 있는가 여부에 따라, 점령군이 양 지역에서 취한 유사한 정책이나 조치는 얼마든지 다른 결과로 이어질 수 있었다. 간단히 말하자면 기본적으로는 일본 중앙정부의 법제를 준용했지만, 총독이 임기응변으로 법제의 공백을 메워온 식민지 조선과 식민 모국 일본의 구호 및 복지 관련 법제는 현격한 차이가 있었다.[91] 즉 연합국총사령부는 일본인 귀환자의 구호와 관련해 최소한 구 일본제국 복지 관련 법제에 대해 최소한 검토는 하고 있었다. 그리고 비록 이념상 좌익적 성향을 노골적으로 표방한 일본의 '전재민·소개민·귀환자' 단체의 주장일지라도 일본 정부와 의회를 매개로 의견을 청취해 제한적이나마 정책에 반영하고자 하였다.[92] 하지만 미군정은 1944년에 조선총독부가 제정한 '조선구호령朝鮮救護令'의 틀을 그대로 끌어와, 미비한 부분은 군정 법령을 통해 임시 처방을 하였다. 그 결과 남한에서 구호 대상은 노동력을 '완전히' 상실한 빈곤자조차도 혜택이 제한되었다. 최저 생활 보장이란 개념조차 규정하지 않았기 때문이다. 즉 제도적 차원의 접근이 큰 의미가 없을 정도였다. 그래서 5장에서 보듯이 여론이 악화될 때마다 관재 정책을 수정하거나, 주택 개방도 조금씩 양보하는 시늉을 하며 불만을 상쇄하는 쪽으로 주력한 것이다. 귀환자 및 월남민 관련 구호 정책도 가주택 건설이나 귀농 알선 프로젝트에서 보듯이 결국 연합국총사령부의 정책을 유사하게 따와서 이들의 요구가 정치적 움직임으로 번질 조짐을 보일 때만 수혜 대상을 일시적으로 확대하는 선에서 대응하였다.

또한 귀환자와 월남민의 독자적 정치 세력화 정도, 그리고 요구·주장의 제도화 노력 및 능력 차이도 정착 환경의 차이를 빚어낸 요인 가운데 하나였다. 가령 한국의 경우 민전 계열의 구호 단체는 처음부터 귀환자를 신국가 건설과 민주혁명의 동력으로 삼고자 했기 때문에 강력한 구호 정책을 촉구했다. 그러나 1946년 3월을 전후해 미군정이 보건후생부의 '외곽 단체'인 전재동포원호회(중앙본부)로 모든 구호단체들을 통폐합하면서 좌익계 단체는 모두 해체되었다. 또한 보수적 엘리트 세력인 과도입법의원이 있었지만, 1947년 9월부터 어렵게 검토하기 시작한 '전재민원호법'은 초안 단계에서 내부 갈등으로 인해 유산되고 말았다.[93] 즉 해외 귀환자나 월남민은 250만 명이나 되었지만 남한은 이들을 구호할 법적인 근거조차 마련하지 못한 무정부 사회(혹은 이중 권력 국가체)였다.

이에 반해 일본은 만주 귀환자 가운데 전국적인 귀환 원호 단체를 이끌었던 호조 슈이치北条秀一라든가, '김계조사건'에 연루되어 서대문형무소에서 잠시 수감되었던 조선총독부 식산과장 출신으로 해방 당시 경성전기회사 사장과 경성일본인세화회 회장을 지낸 호즈미 신로쿠로穗積新六郎 등이 귀환자들의 정치적 지지에 힘입어 의회로 진출했다. 그리고 일본 의회 안에 인양자특별위원회引揚者特別委員會를 설치해 의회 공간에서 의원으로서 귀환자의 권익과 요구를 대변했다.[94] 비록 효과는 제한적이었지만 이러한 정치 세력화가 가능했기 때문에, 귀환자 출신 의원들은 인양자주택과 부흥주택(미군정의 가주택 건설에 해당) 건설 문제가 대두했을 때 요시다 시게루吉田茂 수상을 비롯해 전재부흥원戰災復興院 총재 등을 의회로 불러 주택의 신축, 유휴 가옥의 개방, 서민주택의 증축, 농지조정법 개정을 통한 귀농 알선 촉진, 귀환 자영업자에 대한 갱생 자금과 서민금고 융자금 지원 등의 약속이라도 받아낼 수 있었다. 그 밖에도 구 식민 모국과 식민지 사이의 미묘한 차이가 드러나는 사안도 있었다. 가령 조선인 귀환 아동은 일본이나 중국에서 출생한 경우 모국어를 해독할 수 없어 교과 과정을 따라가기가 버거웠지만, 일본의 귀환 아동은 외지에서도 일본어를 사용했기 때문에 최소한 '모국어'를 구사하지 못해 겪는 어려움은 없었다. 다만 새 정착지의 새로운 문화와 풍습을 소화하지 못하거나, 말투나 빈곤 등을 이유로 집단 소외를 체험한 것은 크게 다를 바 없었다.

요컨대 연합국총사령부의 간접 통치 아래 있던 일본은 귀환자 구호를 위한 '제도'에 관한 논의가 공적으로 이루어졌고, 귀환자도 독자적 정치 세력화를 통해서 요구 사항을 제도적으로 관철하려는 등의 움직임을 보였다. 반면에 한국은 귀환자의 정착을 위한 미군정의 제도적 노력도 부족했고, 귀환자들의 정치 세력화에도 한계가 있었다. 이것은 한일 간의 역사적 경험 차이와 더불어 19세기에서 20세기 중반까지 한국과 일본의 국가 운영 경험과 행정 능력의 차이, 그리고 점령국인 미국에게 있어 전후 한일 양 지역이 지닌 전략적 중요성과 국가적 위상의 차이가 복합적으로 작용한 결과였다. 즉 새로운 유입 인구의 수용과 사회적 통합이란 과제는 제2차 세계대전 직후 대규모 인구이동을 경험한 지역이나 국가라면 모두 안게 마련인 공통적인 문제였지만, 이것을 풀어가는 방식과 그 결과는 지역과 나라마다 다르게 나타났다.

주지하듯이 고종과 메이지 천황은 1852년 쥐띠생 동갑내기였고, 19세기 중화 질서가 쇠락하는 국면에서 동아시아를 이끌어갈 차세대 리더가 될 수 있었다. 그러나 대한제국과 일본제국은 서로 다른 길을 걸어갔다. 과연 1852년 이래 우리는 무엇을 했는가. 혹시 그때 끝냈어야 할 숙제를 계속 미뤄온 것이 두 나라의 차이를 만들어 낸 것은 아닐까. 특히 안타까운 것은 해방 공간의 '모리배', '정상배', '친일파' 등을 무슨 이유로 처단하지 못했는가 하는 점이다. 2024년 국회 청문회에서 보듯이 이들은 항상 역사 속에 다시 등장한다. 혹시 1852년 이래 우리 역사의 주요 고비 때마다 당대에 끝내지 못한 '과제'들이 쌓이고 쌓여 지금의 우리를 옥죄고 있는 것은 아닐까. 대통령을 비롯해 외교통상부장관과 청와대 외교안보 실세가 사도광산에 강제 동원된 조선인의 존재를 스스로 부인하고 있는 2024년 대한민국의 현실은 왜 '나'의 머리로 '우리'의 역사를 되돌아봐야 하는지를 말해주고 있다.

역사의 '빌런'은 항상 '고비' 때 환생한다. 그들에겐 더 없는 '기회'이기 때문이다. 공동체를 위협하는 반사회적 집단의 청산, 그리고 사회적 통합이란 과제를 분단, 전쟁, 개발, 성장 등을 이유로 해방 이래 줄곧 미뤄온 대가를 우린 지금 혹독하게 치르고 있다. 진작에 끝냈어야 할 소모적인 이념, 친일, 역사관 등의 논쟁, 극단의 혐오와 갈라치기도 결국 여기서 비롯되었다. 제 잇속만 챙기며 감히 공동체의 근간을 흔드는 파렴치한들의 폭주하는 광기와 망상을 과연 언제까지 두고 볼 것인가. 거듭 말하건대 모든 악은 당대에 끝내야만 한다.

에필로그 남은 자, 남겨진 자,
돌아오지 못한 자의 그림자

해방 후 약 250만 명이 남한으로 돌아온 가운데 타지에는 여전히 '남은 자, 남겨진 자, 돌아오지 못한 자'들이 있었다. 우리는 해방 후 돌아온 사람에게도 관심이 없었을 뿐만 아니라 타지에 남은 이들은 왜 돌아오지 못했는지 또한 살피지 못했다. 그 결과 해방 후 조국으로 돌아온 자에게는 '사회적 소외'가, 미처 돌아오지 못한 자에게는 '비정한 기민'이 기다리고 있었다. 이렇듯 해방과 분단은 한민족 디아스포라의 '재편'이 동시에 이루어진 시공간이기도 했다.

해방 후 여전히 타지에 '남은 자, 남겨진 자, 돌아오지 못한 자'에 관한 연구는 집단 학살, 대형 사고로 인한 사망과 행방불명, 장기간의 집단 억류, 감시와 탈출, 이별과 사별 등을 다루기도 하므로, 다른 주제에 비해 적잖은 감정의 소진과 기복을 감내해야 한다.[1] 이따금 피해자나 유가족의 트라우마가 연구자에게 전이되기도 한다. 그래서 관련 연구자들 사이에는 "독수리의 눈으로 근거리와 원거리를 함께 보라." 또는 "공감(empathy)은 하되 동감(sympathy)에 유의하라." 같은 묵계가 있다. 즉 상대방의 아픔을 이해하되 심리적 거리를 유지하며 대상을 냉정하게 바라보라는 뜻이리라. 필자도 '남은 자, 남겨진 자, 돌아오지 못한 자'들을 만나며 마음의 평정을 유지하는 것이 얼마나 어려운지를 새삼 깨닫게 되었다.

워낙 놀고먹기 좋아하고 속 편한 '한량'으로 살고 싶었기에 필자도 평소에 좋아하는 것을 연구 대상으로 삼고 싶었다. 가령 '압생트'를 마신 후 결정적으로 '하이(high)한' 모멘텀과 영감을 얻은 유명 작가나 화가는 누가 있었는지, 영국 해군에 보급된 '드라이 진'이 향후 제국의 확대에 어떤 영향을 미쳤는지, 쿠바산 시가와 럼주는 카리브해의 해적과 노예무역상을 어떻게 기업가로 변모하게 만들었는지, 미국 금주령 시대에 '위대한 갯츠비'의 후예들은 지하 스픽이지바(speak easy bar)를 무대로 어떻게 새로운 시장을 넓혀갔는지 등을 알아보고 싶었다. 이것을 아시아 지역과 비교한다면 얼마나 재밌겠는가. 가령 김정일로 하여금 당장 '대동강 맥주' 생산을 지시하도록 영감을 준 러시아의 '발티카 맥주'에는 왜 병마다 각기 다른 숫자가 매겨졌는지, 박정희가 강원도 고원지대에 '산토리 위스키' 공장을 지으려다 포기한 이유가 무엇인지 등 '도파민이 절로 샘솟는 역사 공부'를 하고 싶었다. 이것은 필자가 평소에 즐기던 것이니 굳이 애쓰지 않아도 되는 '지속 가능한' 연구 테마이다. 최근에야 비로소 유럽 대학의 연구자들과 '제국의 붕괴와 사람, 그리고 물자의 이동'이란 주제로 그토록 바라던 연구를 하게 되었다.

그러면 왜 스스로 즐기며 잘할 수 있는 연구를 그토록 미뤄온 것일까. 아마도 해방 후 귀환 문제를 연구하다가 보니 가슴 한편에는 그 대극에 놓인 사람들, 즉 돌아오지 못한 사람들이 늘 맘에 걸렸던 모양이다. 또 다른 이유라면 지금 '코리언 아메리칸'으로 살아가고 있는 피를 나눈 가족이 있고, 필자 또한 재미동포 1.5세가 되었을지도 모를 나름의 개인사도 한몫했을 것이다. 그래서인지 '이동하는 사람', '국경', 그리고 '마음의 경계'를 넘나드는 사람, 다양한 연유로 '타지에 남게 된 사람'의 사연은 항상 특별한 의미로 다가왔다. 비록 본문에서는 다루지 못했으나 '남은 자, 남겨진 자, 돌아오지 못한 자의 그림자'는 해방 후 모국 귀환과 관련해 간과할 수 없는 문제이다. 이에 필자가 연구하고 사건의 주인공이나 관련자를 만나며 느꼈던 내용을 짧게나마 독자들과 공유해 보고자 한다. 만약 활자가 부담스럽다면 필자가 출연해 각 주제나 사건을 설명한 역사 다큐멘터리를 시청하면 도움이 될 듯하다.[2]

재일동포, 그리고 희대의 국제 사기극 '북송'

1999년 재일동포사 연구자들이 모이던 가와사키 아리랑연구센터의 작은 세미나에서 '북송 가족'의 이야기를 접하게 되었다. 그것이 계기가 되어 자료를 조사하던 중 인터뷰할 기회도 얻게 되었다. 그 가운데 경북 의성이 고향인 한 재일동포 할아버님이 떠오른다. 당시 할아버님은 1959년 겨울 니가타항의 '북송선'을 배경으로 아들과 함께 찍은 흑백사진 한 장을 내미셨다. 말씀 도중 사진 속 40년 전 아들의 얼굴을 지긋이 바라보시던 모습이 눈앞에 선하다. 손 편지도 보여주셨는데, 북한에 오기 전 일본에서 쓰던 '라이온 치약, 만년필촉, 그리고 교체용 면도날'을 보내달라는 내용이 적혀 있었다. 순간 가슴이 먹먹해졌다. '라이온 치약'이라면 일본의 '국민 치약'으로 고종이 러시아공사관으로 아관파천 할 때 처음 나온 것이 아닌가. 그런데 편지가 도착할 때마다 자꾸만 보내달라는 품목도, 북한을 찬양하는 내용도 늘어만 갔다. 그때마다 부모의 마음은 어땠을까. 1959년 당시 일본에서 외국인으로 등록된 재일동포는 '60만 7,533명'이었고, 본인 또는 부모의 '원적지'를 보면 38도선 이북 출신자는 1.7%에 불과했다. 그런데 1959년부터 1984년까지 무려 '9만 3,349명'의 재일동포가 북송선에 올랐다. 왜 이런 일이 생겼을까. 해방 후 재일동포는 취직은 물론이고 자녀 교육, 영세자영업자에 대한 특별금융 지원, 공공주택 입주

〈귀환선歸還船·1959·제일선第一船〉

(2022년 7월 28일 도쿄대 한국학연구센터 시사회 포스터)

고우 히로오(강호랑) 감독이 재일본유학생동맹 회원으로서 니혼대학 예술학부 4학년 재학 중에 찍은 기록 필름이다. 포스터에 나오는 배는 1959년 12월 14일 니가타항을 떠나가는 토볼리스크호.

니가타항을 떠나가는 쿠릴리온호

『아사히신문(석간)』, 1959년 12월 14일

제1차 북송에는 소련에서 빌린 토볼리스크호와 쿠릴리온호 2척이 투입되었다.

에 이르기까지 민족 차별을 감수해야만 했다. 아울러 조선의 말과 역사를 가르치는 민족학교를 불법으로 규정해 해방 후에도 노골적인 '동화와 배제'를 강요했다. 건강, 그리고 '꿈'을 잃게 되면 우리네 삶도 맥이 빠지는 법이 아니던가. 일본에서 더 이상 꿈을 꿀 수 없던 이들이 북송선에 올랐다.

바로 그 빈틈을 공략한 것이 한국전쟁으로 인구가 줄어 전후 복구 인력이 필요했던 북한이었다. 특히 남한으로 유출된 '(월남민)인재'가 많아 어려움이 많았다. 그러자 북한 당국은 한반도 밖에 있는 '동포 사회'에 눈을 돌렸다. 시기적으로 보아 재일동포는 북한이 우방국인 소련 및 중국과 사회주의노선 갈등을 겪을 무렵에 집중 공략 대상으로 떠올랐다. 그 결과 일본에 남은 '60만 재일동포'를 데려오고자 대략 1950년대 중반부터 북한 당국은 일본의 '민족학교'나 '명문대'에 다니던 재일동포 학생들에게 '김일성(조총련) 장학금'까지 지원하며 '북한은 지상낙원'이라는 환상을 퍼뜨렸다.

일본 정부는 북한의 의도를 잘 알고 있었다. 그러나 '눈엣가시' 같은 재일동포를 남한이든 북한이든 자발적으로 데려가 준다면 그야말로 감사할 일이었다. 실제로 일본 정부는 점령 통치 아래서 연합국총사령부의 송환 정책에 불만이 많았다. 조선 등 식민지에 있던 일본인은 패전 국민이라며 징벌적 차원에서 '일괄 송환'했지만, 일본에 있는 조선인은 '거주지 선택권'을 허용한 것이 내내 마뜩잖았다. 이런 상황에서 재일동포는 식민 통치와 관련해 '과거사'가 거론될 때마다 일본의 치부를 드러냈고, 정치적으로도 일본공산당이나 사회당과 함께 반정부 운동에 앞장섰다. 게다가 복지 재정도 갉아먹었다. 1955년 현재 재일동포의 생활보호 비율은 일본 평균의 10배였다. 물론 이들의 가난은 과거 식민 통치 이래로 일본 사회의 뿌리 깊은 차별로 인한 것이었다. 하지만 일본 정부는 이들을 복지 재정이나 갉아먹는 '기생충' 취급을 하며 어떻게든 추방할 기회만 엿보고 있었다.

한편 이승만 정권은 절대다수가 남한 출신인 이들 재일동포가 차별 속에서 기본적인 인권과 생활권마저 침해당하는 상황에서 도움을 주기는커녕 다양한 정치적 스펙트럼을 지닌 '60만 동포'를 오로지 '반공'이란 잣대로 모두 '빨갱이'로 몰아 이들의 가슴에 대못을 박고 말았다. 2013년 KBS 파노라마 〈북송 (Repatriation)〉이란 다큐멘터리에서 함께 출연한 오일환 아르고인문사회연구소장(중앙대 사회대학원 겸임교수)의 지적대로 이것은 해방 후 대한민국 외교사의 '일대 참사'였다. 또 함께 출연한 텟사 모리스 교수도 강조했듯이 남한, 북한, 일본의 '동상이몽' 속에서 국제적십자사는 이것을 '거주지 선택권'을 존중한 '귀국'이라며 교묘히 '인도주의'로 포장하며 바람잡이 역할을 했고, 조총련도 이것을 '귀국 운동'이라며 선동했다.

결국 북송은 해방 이전 한일 간의 식민 지배 과정에서 배태된 제국 내 지역 간 이민족의 이주민 문제가, 해방 후 귀환 국면에서 깔끔하게 해결되지 못한 결과였다. 이러한 상황에서 재일동포를 추방하려던 일본 정부의 배제 논리를 바탕으로 하여, 한국전쟁 후 재일동포를 단지 '전쟁 피해를 복구하고 이념 및 체제의 우월성을 과시하기 위해 전취해야 할 수단'으로만 인식한 남한과 북한의 근시안적이고 왜곡된 재외동포관이 맞물려 빚어진 '인재'이자 '참사'가 곧 북송이었다. 아울러 이것은 아이러니하게도 '인도주의'를 표방한 국제적십자사까지 연루된 희대의 '비인도적인 국제 사기극'이었다. 당시 비밀리에 각국이 벌인 치밀한 대내외 공작 과정은 다큐멘터리를 참고하기 바란다.

그러면 이렇게 험한 꼴을 당하기 전에 차라리 해방 직후에 돌아왔으면 되었을 텐데 이들은 왜 일본에 남게 되었을까. 이와 관련해 본문에서 다루지 않은 조선인 송환 정책의 큰 구도만 간략히 부연하자면, 일본 정부는 1930년대 말 '국가(국민)총동원기' 전후에 강제로 동원한 '집단 이입 노동자(강제 동원자)'와 그 이전에 유학, 취업, 사업, 결혼 등 개인적인 동기로 이주하여 살게 된 '기주 조선인(자발적 이주민)'을 나누어 접근했다. 패전한 마당에 강제 동원자는 이제 필요가 없어졌고 이들은 치안을 위협할 수도 있어 먼저 돌려보내고, '기주 조선인'은 이들의 송환이 모두 끝나면 뒤이어 송환할 예정이었다. 다만 이들이 송환선에 오르기 전까지 일정 시간이 필요했으므로, '귀환 희망자'를 파악한다는 구실로 신상 명세 정보를 거주지별로 작성해 치안 당국에서 각별하게 관리하도록 하였다. 그리고 일본 정부는 강제 동원자들이 거의 돌아간 1946년 1~2월부터는 연합국총사령부로 하여금 아직 남은 조선인에 대해 '외국인 등록'을 시행하도록 유도했다. 이로써 이미 확보한 재일동포의 신상 정보를 바탕으로 '요주의 인물'이 물의나 범죄를 일으키면 외국인 등록을 말소해 당장 '추방'하고자 했으니 이것이 오무라수용소大村收容所 설치 구상의 시발점이었다.

한편 연합국총사령부가 참조할 수 있는 점령 지구 패전 국민 송환에 관한 유일한 국제적 합의는 포츠담선언 제9조(일본군의 무장 해제와 귀향)뿐이었다. 사실 민간인 및 구 식민지 출신자의 송환이나 사유재산 등에 관한 전후 처리는 워싱턴의 미국 정부도, 연합국총사령부도 모두 '첫 경험'이었다. 이에 외교 문서(FRUS)에서 보듯이 미국 정부는 제1차 세계대전 이후 그리스-터키의 주민 교환 사례, 구 오스만제국 내 아르메니아인 대학살 사건을 참고해 '이민족의 공간 분리, 혼거 상태의 해소'를 통한 '점령 지구의 정치적 안정 추구'를 대원칙으로 삼았다.[3] 이에 따라 명확하게 '패전 국민'인 해외의 일본 민간인(재조 일본인)의 경우는 일괄 (강제) 송환하기로 결정했다. 그리고 제2차 세계대전 후 유럽 열강들이 '유럽계 백인'에 국한해 논의한 '난민 문제' 처리 과정에서 '당사자의 거주지 선택권 존중'이[4] 주된 화두로 대두하자, 이것을 반영해 승전 국민인지 패전 국민인지 그 구분이 모호한 패전국의 구 식민지 출신자('기주 조선인')의 경우는 파격적으로 '개인 의사에 따른 거주지 선택권'을 인정하였다. 만약에 이들이 귀환을 선택한다면 조선에서 돌아온 일본인과 마찬가지로 재산 및 소지금 반출 제한을 전제로 종래 공식 송환('계획 송환')과 똑같은 방식으로 돌려보냈다. 그리고 일본 잔류를 희망한다면 패전 직후 일본 정부가 설계한 대로 향후 '외국인 등록'을 통해 일본 잔류를 허가하기로 방향을 잡아갔다. 하지만 앞서 북송 문제에서 보았듯이 이들은 어디까지나 불안정한 외국인 신분으로서 일본 정부의 추방 의도로 인해 거주의 안정을 기대하기 어려운 가운데, 사회적 차별로 인한 열악한 인권 환경과 경제적 빈곤을 감내해야만 했다. 한편 세계 냉전의 심화 속에서 한반도의 남북 대립과 전운은 고조되어 갔고, 남한의 경제 상황은 최악으로 치닫고 있었다. 따라서 이들은 일단 외국인 등록을 통해 체류 기간을 연장하며 한반도의 추이를 지켜보았으나, 결국 한국전쟁이 발발하고 말았다. 이로써 기주 조선인은 대부분 일본에 눌러앉아 '재일동포'라는 커뮤니티의 원형을 형성하게 된 것이다.

우키시마호 사건, '학살인가, 사고인가'보다 지금 더 중요한 일

작년 말이었다. SBS의 〈꼬리에 꼬리를 무는 그날 이야기(꼬꼬무)〉 작가로부터 2024년 1월에 우키시마호 사건을 다루고 싶다며 사건의 내용 자문을 부탁한다는 전화가 왔다. 하지만 필자는 현재 사건의 내용과 일부 자료에 대해 '엠바고(Embargo) 상황'에 있어 다른 선생님을 소개하는 선에서 완곡하게 거절했다. 열정이 대단한 작가였는데 조금 미안한 생각도 들었다. 사실 필자가 자문을 거절한 핵심적인 이유는 지금 2024년의 대한민국 정권 아래서는 필자가 아무리 이 사건의 '핵심'을 이야기해도 어차피 방송으로 나가지 않을 것이라는 사실을 너무나도 잘 알고 있기 때문이었다. 이 사건을 연구한 지도 벌써 20년

이 되어 간다. 이것을 책으로 엮자면 『다시 조선으로』의 3배 분량이 될 터이니 핵심만 이야기하자면 첫째, 이 사건은 분명 진상을 밝힐 수 있었으나 '미제' 처리되었다는 점, 일본 정부는 여전히 자료 공개를 꺼리고 있고 그로 인해 온갖 억측이 난무하고 있다는 점, 그나마 이 사건이 세상에 알려진 것은 오롯이 재일동포 단체와 일본 시민단체의 헌신적인 노력 덕분이라는 점, 그리고 뼈아프지만 그동안 대한민국 정부와 국내 학계는 사실상 이 문제를 방치했다는 점이다. 아마 이 내용만 설명하려고 해도 또 다른 책 한 권이 될 것이다.

사실 '꼬꼬무' 측의 전화를 받기 직전에 필자는 우키시마호 사건 연구 보고서[5] 제출을 겨우 마쳤기 때문에 심신이 방전된 상태였다. 특히 미 공군의 '기뢰 투하 지령서'를 바탕으로 우키시마호가 1945년 8월 24일 침몰하기 약 3주일 전에 뿌려진 기뢰들의 위치를 지도 위에 표시해야만 했고, 또 1954년 제2차 선체 인양 때 건져 올린 '뱃머리' 부분에 쌓여 있던 사망자의 유골 상태를 분석하느라 있는 대로 진이 빠진 상황이었다. 이것은 매우 중요한 이슈였다. 왜냐면 일본 정부는 여전히 침몰 당시 기뢰가 제거되지 않은 상황이었다고 주장하기 때문이다. 또 물적 증거를 인멸하고자 일본 정부는 수중에 가라앉은 우키시마호 선체를 이이노중공업 측에 2,500만 엔의 고철로 불하했다. 회사 측은 선체 인양 허가가 떨어지자마자 수중에서 철판을 절단해 끌어올리고자 했기 때문에 이 뱃머리의 유골이 상당 부분 유실되었을 가능성이 많아 선체 인양 직후 유골들의 상태 분석이 매우 중요했다. 미군 기뢰의 투하 위치와 선체 인양 당시 유골의 보존 상태는 사건의 원인 및 사후 처리와 관련해 일본 정부의 명백한 귀책 사유를 확인하기 위한 기초 작업이었으므로 바짝 긴장해야만 했다. 게다가 이 뱃머리에서 수습한 유골 중 12구는 현재 부산 영락공원의 무연고자실에 있지만, 나머지 280구(남한 출신 275구, 북한 출신 5구)는 여전히 도쿄의 유텐지祐天寺라는 절에 '합골(혼골)'된 상태로 보관되어 있다. 이들 유골은

1954년 제2차 선체 인양 때 뱃머리 쪽에서 수습한 우키시마호 침몰 사망자 유골들

(우키시마호순난자추도실행위원회 소장, 2007년 필자 촬영)

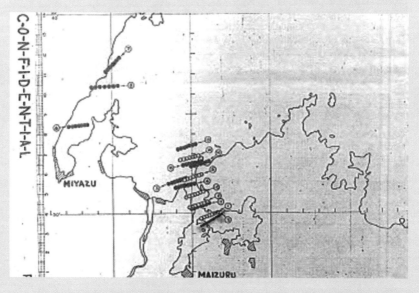

우키시마호가 침몰하기 약 3주일 전 미군의 마이즈루 일대 기뢰 투하 작전도

미국방부, 마이즈루 상공 기뢰 투하 명령 전문에 수록된 작전도 (1945.8.6.)

우키시마호사건소송원고단 기자회견

(1992년, 아오야기 아쓰코 씨 제공)
마이크 앞의 원고단 대표 왼쪽이 아오야기 아쓰코 원고단 사무국장과 야마모토 세이타 원고단 측
변호인. 1989년부터 3년 동안 한국에서 유가족을 찾아,
1992년부터 2003년까지 12년 동안 일본 정부의 사죄와 보상을 요구했다.

의혹을 증폭시킨 우키시마호 사몰자 명부

(우키시마호순난자추도실행위원회 소장, 2007년 필자 촬영)

유가족들이 사건 진상에 대한 '전면 재조사', 일본의 진심 어린 사과, 전체 승선자 및 사망자 명부의 원본 공개 등을 유골 인도의 전제 조건으로 요구하고 있어 국내 봉환이 무기한 보류된 상황이다.[6]

이 사건을 다시 볼 때마다 한국 정부와 우리는 무엇을 했나 되돌아보게 된다. 그리고 보니 1985년 『신동아』 특집 기사를 통해서 우키시마호 사건을 처음 국내에 알린 김찬정 선생님도 인터뷰를 요청한 필자에게 비슷한 말씀을 하셨다.[7] 즉 재일동포와 일본 시민단체는 진심으로 이 사건의 진상을 밝히고자 노력하는데, 정작 한국 정부와 언론은 이 사건에 별다른 관심을 보이지 않는다는 것이었다. 실제로 필자가 이 사건의 조사 담당자로서 2005~2007년 출항지와 사고지를 방문했을 때 배가 출항한 아오모리현의 시모키타지역연구소의 사이토 사쿠지斎藤作治 선생님 등은 조선인이 동원된 홋카이도 쪽으로 향하는 오마철도, 기노푸터널, 항만공사장, 비행장 터를 안내하시며 그 유적을 초중고 학생들의 평화교육의 장소로 활용하고 있었다. 또 사고지인 교토의 우키시마호순난자추도실행위원회라는 시민단체는 침몰지가 현재 일본해상자위대 군사 관리 지역으로서 현장 접근과 시야 확보가 어려운 상황에서도 배가 침몰한 곳, 생존자를 끌어올린 곳, 그리고 사망자를 가매장한 곳 등을 세심하게 짚어 주셨다. 이분들은 매년 사고일에 추도식을 거행할 뿐만이 아니라 아직도 사건 관련 자료를 세상에 알리고자 일본 정부를 상대로 집요하게 자료 공개 요구 활동을 하고 있다. 또 야마모토 세이타山本清太 변호사와 아오야기 아쓰코青柳敦子 우키시마호사건소송 원고단 사무국장은 그야말로 헌신을 넘어 초인적인 활동으로 1989년부터 3년 동안 한국에 있는 피해자와 유가족을 한 명씩 수소문해 겨우 원고단을 꾸렸다. 그리고 무려 1992년부터 2003년까지 12년 동안이나 소송을 이끌며 일본 정부를 상대로 사죄와 보상을 요구했다.[8] 이렇게 일본 시민단체가 과거 일본이 저지른 식민 지배 및 강제 동원과 관련한 전후 책임 문제를 자신의 몫으로 받아들이고 묵묵히 실천하는 와중에도 한국 정부와 학계는 사실상 손만 놓고 있었다. 뼈아픈 사실이다.

현재 이 사건을 둘러싸고 검증되지 않은 이야기들이 확대 재생산되고 있다. 특히 '사실'과 '주장'이 혼재된 채 확산되고 있다는 점이 아쉽다. 그 근본 원인은 당연히 명확한 자료 공개를 거부한 일본 정부의 태도에 있다. 아울러 그러한 대응을 오랫동안 방치한 한국 정부의 책임도 한몫했다. 여기에 더해 사건 발생 후 점령군의 진상 조사 태만도 이 사건이 미제로 그친 중요한 요인이 되었다. 주한 미군정은 우키시마호 사건 소문이 퍼지면서 송환 대기 중인 일본인에 대한 조선인들의 보복 위협이 고조되자, 이를 무마하려고 애써 사건 규모를 축소해 발표했다. 또 연합국총사령부는 이 배의 출항을 명령한 '오미나토해군경비부'를 충분히 심문할 수 있었다. 또 사고지의 기뢰 투하 및 소해 상황을 조사해 최소한 '촉뢰설' 여부는 검증할 기회가 있었다. 하지만 '전쟁범죄'의 일환으로서 이 사건을 조사해달라는 조선인 단체의 거듭된 요청에도 결국 응하지 않았다.

아무튼 이런 상황에서 세간에 과도한 억측이 있다면 그것을 바로잡을 자료를 빨리 공개해 사건의 진상을 적극적으로 알려야 한다. 그리고 이 불행한 사건을 통해 한일 양국 사회가 무엇을 배워야 할지, 그래서 향후 어떻게 대응해야 할지를 함께 고민해보는 계기로 삼아야 할 것이다. 자세한 내용은 『한겨레21』에 게재한 필자의 칼럼을 참고하면 좋을 듯하다.[9]

사할린 한인, '감히 나의 국적을 묻는 자, 누구인가'

2005년 필자는 대한민국 정부 합동조사단의 일원으로 해방 전후 사할린에서 발생한 조선인 학살 사건과 영주 귀국 희망자 현황을 조사한 바 있다. 이것은 정부 수립 후 우리나라가 처음으로 실시한 사할린 한인에 대한 공식 방문 겸 조사였다. 이것이 계기가 되어 사할린한인에 관한 책을 집필하게 되었고 KBS 보도국의 요청으로 다큐멘터리 제작 및 출연에 응하게 되었다.[10] 자세한 내용은 한국외국어대 방일권 교수와 함께 출연한 KBS 광복절 특집 다큐 〈사할린, 광복은 오지 않았다〉(2019)를 참조하면 좋을 듯하다. 여기서는 과연 타지에서 다른 역사를 체험한 이들에게 '모국', '국가', '국적'이 어떤 의미를 지니는가 하는 점을 독자들과 함께 생각해 보았으면 한다.

필자는 1945년 8월 17일을 전후해 소련군 전투 부대의 점령이 임박한 상황에서 일본인 경찰과 청년단이 사할린 일소 국경선 일대의 조선인 약 20명을 '소련군의 스파이'로 몰아 경찰서에 가두어 집단 살해한 사건을 조사하고 있었다('가미시스카上敷香 학살 사건'). 2005년에 필자가 만난 할머니도 본래 이 사건에 관해 여쭙고자 찾아뵈었는데 말씀을 들어보니 할머니의 아버님은 별개의 사건으로 돌아가셨을 가능성이 높았다. 그런데 할머니와 이야기하는 과정에서 사할린 한인에게 '국적'이란 세상이 여러 번 뒤집히고 요동치는 과정에서 자연스레 만들어진 역사의 '나이테'와 같은 것이었음을 절감했다. 할머니와의 인터뷰는 어느새 영주 귀국을 신청한 할아버지로 이어졌다. "할아버님은 어쩌다 무국적, 북한 국적, 러시아 국적을 모두(차례로) 가지게 되셨어요?"라고 여쭙자 그야말로 스펙터클한 '신파극'의 막이 열렸다.

해방은 되었다지만 소련 당국은 고향길을 막았다. 그리고 사할린 한인을 관리하고자 북한 지역 출신으로 연해주와 사할린 일대에서 중앙아시아로 강제 이주시킨 '큰땅배기'들을 보냈다. 이들은 스탈린 시기에 연해주나 사할린에서 중앙아시아로 강제 이주되어 공산주의와 러시아 문화를 체화한 이른바 사회주의 엘리트로서 교원이나 정치 지도자들이 많았다. 말하자면 소련 당국 –

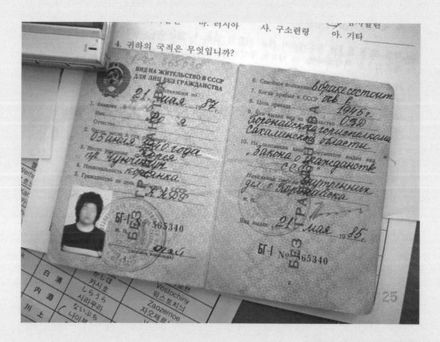

사할린 한인의 무국적자 신분증

(2005년 필자 촬영)

사할린 한인은 1945년 8월 이전 출생자에 한해 대한민국 영주 귀국을 허용하였다. 그 전까지는
무국적, 북한 국적, 러시아 국적을 보유할 수 있었다. 이들 가운데는 혹여 고향인 남한으로 돌아가
는 과정에 걸림돌이 될까 하여 내내 무국적 상태로 있던 사람이 많았다.

큰땅배기 - 사할린 한인이라는 하이어라키(hierarchy)가 형성된 것이다. 당연히 말투도 달랐다. 사할린 한인은 대개 강제 노동으로 이식된 자들로 삼남지방이나 강원도 출신이었던 반면, 큰땅배기들은 함경도 출신이 압도적으로 많았다. 이렇게 집단 억류 상태에서 소련 당국이 국적 선택을 압박하자, 혹시 소련 국적을 선택하면 고향으로 돌아갈 수 없을 것으로 생각해 취업이나 정치 활동 등 각종 불이익을 감수하며 '무국적'을 고집한 사람이 많았다.

그러다가 1950~1960년대로 접어들며 앞서 재일동포의 북송 문제에서 보았듯이, 북한 당국은 줄어든 노동력을 메우고자 재외 한인 사회를 상대로 공격적인 교민 정책을 표방했다. 그 영향으로 소련의 양해 아래 나호트카 북한 영사관에서는 즉석에서 북한 공민증을 발급해, 이 시기에는 '북한 국적' 보유자가 크게 늘었다. 북한은 당시 곧 남북통일이 될 것이라며 바람을 잡았고, 사할린 한인들은 일단 북으로 가면 38도선을 넘어 고향으로 갈 수 있으리라 믿었다. 그러나 사회주의 노선 갈등 등으로 양국 사이가 틀어질 때마다 북한 국적을 취득한 사람들은 '요주의 인물'로 지목되어 정보 당국의 감시 대상이 되었다. 무국적이든 북한 국적이든 '고향을 가기 위해' 선택한 결과가 '주홍 글씨'가 되어버린 것이다. 이러한 상황에서 구 소련이 붕괴하자 어차피 '귀향'은 불가능하다고 판단한 사람들이 후세를 위해서라도 러시아 국적을 취득했고, 자녀들도 러시아 군대에 입대하도록 하였다.

이렇게 보면 이들이 무국적, 북한 국적, 러시아 국적으로 갈아탄 것은 결국 어떤 이념 때문이라기보다는 '고향으로 되돌아갈 수 있는' 최선의 방법을 찾고자 한 결과였을 뿐이었다. 이러한 배경을 고려할 때 영주 귀국 희망자가 이렇게 3개의 신분증을 갖게 되었다고 한들 딱히 욕할 일은 아니었다. 그런데 2005년 당시 대한민국 정부가 반세기 만에 처음으로 사할린 한인을 방문해 영주 귀국 신청 및 접수를 진행할 때, 신청서의 첫 확인 항목이 "영주 귀국 신

사할린향토박물관(구 화태청)의 사할린 한인 사진전

(2016년 필자 촬영)

1967년 유즈노사할린스크 『레닌의 길로』 편집부

청 이전에 귀하가 보유한 국적은 무엇입니까?'라는 질문이었다. 이것은 신청자 현황 파악이나 향후 행정 처리를 위해 당연한 질문이기는 했다. 하지만 신청자는 대부분 과거 국적을 묻는 대목에서 '미묘한 표정'을 짓곤 했다. 남한에서 편하게 산 너희들이 여러 차례 뒤집힌 세상을 살아온 우리 상황을 알기나 하냐는 듯한 느낌이었다. 아마도 노령의 영주 귀국 신청자들은 그들이 반세기 동안 '그놈의 국적' 때문에 겪어야만 했던 차마 말 못 할 애환들이 주마등처럼 지나갔을 것이다. 과거 국적을 묻는 조사단의 첫 질문에 그러한 역사적 경험에 대한 이해나 존중은 고사하고, 세상이 요동칠 때마다 국적 선택의 기로에 내몰렸던 인간에 대한 최소한의 공감이나 배려도 없다고 느끼지는 않았을까 싶다. 입장을 바꾸어 생각해보면 그토록 고생할 때 정작 아무 도움도 주지 못한 '조국'이 반세기가 지나서야 처음 나타나 느지막하게나마 고향으로 돌아와 살겠다는 동포들에게 던진 질문치고는 실로 '고약'하게 느껴졌을 듯하다. 영주 귀국 신청서와 조사 매뉴얼을 설계할 때 그들의 과거 국적을 묻기 전에 왜 그 사람들이 그렇게 살 수밖에 없었는지를 먼저 묻거나 살폈어야 하지 않았을까 싶다. 첫 질문을 뒤로 돌리는 '최소한의 배려나 센스', 이것은 그동안 그들이 어떻게 살았는지를 먼저 알고 있어야 가능한 일이다. 무지는 이처럼 화자의 의도와 상관없이 단순한 무례를 넘어 씻을 수 없는 (언어) 폭력으로 이어질 수 있다. 우리가 역사를 공부해야 할 또 다른 이유이다.

1944년 현재 남사할린에는 '39만 1,825명'이 거주했다. 이 가운데 조선인은 약 '2만 3천 명에서 3만 명' 정도로 추산된다. 전체 인구의 약 10%가 채 안 되었다. 이곳은 소련 점령 지구였으므로 점령군이 모든 사람의 이동을 금지했다('집단 억류'). 심지어 귀국·귀향은커녕 다른 행정구역으로 이동하는 것조차 불가능했다. 그러나 일본인은 전투 과정에서 건너편 홋카이도로 대거 탈출했고, 발이 묶인 사람들도 결국에는 '소련 점령 지구 일본인 송환에 관한 미소 간 협

NHK 스페셜 종전기념일 특별기획 방송, 〈망각된 귀환자〉(忘れられた引き揚げ者, 2013)에 출연한 필자

이 방송에서 필자는 미군 점령 지구와 소련 점령 지구의 조선인과 일본인이 각기 어떻게 다른 귀환 환경에 놓였고, 그 결과는 어떻게 나타났는지 가토 기요후미加藤聖文 교수와 의견을 나누었다.

정'으로 1946~1949년 사이에 약 28만 명이 돌아갔다. 그리고 1956년 러일국교 정상화 이후 1957~1959년에 남은 약 2,300명마저도 일본으로 송환되었다('후기 집단 송환'). 하지만 조선인은 일본인의 후기 집단 송환 때 일본인 처와 결혼한 사람이 '남편 자격'(박노학 등)으로 극소수가 일본 열도로 송환되었을 뿐이다. 그 결과 2만 3천 명에서 3만 명 정도로 추산되는 조선인들은 그대로 발이 묶여버렸다. 1994~2015년 영주 귀국 사업으로 '4,368명'이 한국에 돌아오기 전까지 이들은 말 그대로 '집단 억류' 상황에 놓여 있었다.

마지막으로 필자가 2012년 출간한 이 책의 자매편 『조선을 떠나며』를 저본으로 제작한 KBS 광복절 특별기획 〈조선총독부 최후의 25일〉(2013.8.15)과 일본 종전 기념일 특별기획(후에 연말로 방송일 변경), NHK스페셜 〈망각된 귀환자〉(忘れられた引き揚げ者, 2013.12.21)라는 다큐멘터리에 출연하며 경험한 내용을 독자들과 공유하고자 한다. 분명 이 두 작품은 양국의 국영방송이 필자의 똑같은 책을 바탕으로 구성한 방송임에도 불구하고, 1945년 8월 15일을 각기 '광복절'과 '종전 기념일'로 기리고 있는 두 국민국가의 서로 다른 역사 인식과 제작진의 시선을 확인할 수 있었다. 한국 KBS의 경우 일본인이 해방 후 본국으로 돌아가는 국면에서 마지막에 저지른 각종 범죄와 폐해를 집중 조명했다. 그런데 이 책의 4장과 5장에서 다룬 바와 같이 그러한 일본인의 범죄행위를 옆에서 도왔던 조선인이 해방 후 어떻게 부와 권력을 장악했고 남한의 사회적 병리 현상을 심화시켰는지 필자가 강조한 내용은 편집 과정에서 깨끗하게 삭제되었다. 반면 일본 NHK에서 제작된 방송은 소련 점령 지구인 북한에서 아사, 병사, 폭행 등 참혹한 경험을 한 일본인 귀환자들의 상처를 집중 조명했다. 그래서 필자는 사할린 한인의 사례를 함께 이야기함으로써 그것은 소련 점령 지구 억류자의 공통적인 귀환 환경에서 비롯된 것임을 강조했다. 또 사할린의 경우 일본인은 수년 내에 본국으로 돌아갔지만, 조선인은 반세기나 더 오랜

억류 상황에 있었다는 사실을 부연했다. 이를 통해 종전 후 타지에 억류된 일본인과 조선인의 고통이 지닌 역사적 맥락의 차이와 일본 정부의 책임 문제를 거론했으나 상당 부분 축약되었다. 이처럼 필자의 똑같은 책을 읽어내고 드러내는 방식에서 두 나라의 제작진은 확연히 다른 모습을 보였다.

　과연 독자분들은 『조선을 떠나며』의 자매편으로 출간한 『다시 조선으로 – 해방된 조국, 돌아온 자들과 무너진 공동체』라는 이 책을 어떻게 받아들일까. 글쓴이로서 자못 궁금하기는 하다. 하지만 어떻게 읽든 어차피 이 책은 이제 독자들의 것이니 있는 그대로 편하게 즐기시기를 바라며 글을 맺고자 한다.

후기

2012년 조선에 살던 일본 사람들이 해방 후 본토로 돌아가는 이야기를 다룬
『조선을 떠나며』가 출간되었다. 그로부터 12년이 지나 『다시 조선으로』라는
자매편을 세상에 내놓게 되었다. 정말 오랜만에 우리 글로 된 사료를 읽고 우
리말로 생각하며 긴 호흡의 글을 써보았다. 다 쓰고 보니 12년 사이에 필자의
생각이나 문체도 참 많이 변했다는 게 느껴진다. 아무래도 외국어로 강의하
고, 발표하고, 논문을 쓰다가 보면 메시지를 전달하기에 급급해진다. 그럴 때
면 인문학의 섬세한 감성이나 미세한 뉘앙스 차이를 포기하거나 전달할 길이
없어 늘 답답한 마음이었는데 속이 다 시원했다. 새삼 우리말, 우리글의 소중
함을 느끼게 된다. 이 또한 독자들 덕분이리라.

　글을 써내려 가며 재밌는 경험도 했다. 12년 전과 정반대 방향으로 이동하
는 사람들, 즉 해외에서 돌아오고 한반도 안에서 남쪽으로 월남한 사람들에
대해 글을 정리하다가 12년 전에 느꼈던 감정과 기억이 어렴풋이 되살아났
다. 당시 이곳을 떠나가는 일본 사람들 이야기를 써나가면서 '아, 이 대목에
서는 돌아오는 조선 사람의 이야기가 함께 들어가야 이 모습이 입체적으로
보이는데 …'라고 아쉬워했던 적이 많았다. 그런데 이번에도 마찬가지였다.

'이 사건은 일본의 아무개 사건을 함께 다루면 좋을 텐데…'라는 생각이 들었다. 하지만 12년 전에도 그랬듯 이번에도 글의 구성과 흐름, 그리고 지면의 제약으로 이러한 부분을 많이 생략했다. 이 책도 초고는 약 600페이지 가까이 된 것을 다시 윤문하고 퇴고하는 과정에서 45%를 줄인 것이다. 대략 200페이지 이상을 압축하거나 지운 셈이다. MP3로도 음악을 들을 수는 있다. 하지만 음 손실은 피할 수 없는 노릇이니 어찌 원음에 대한 미련이 남지 않겠는가. 물론 글쓴이의 필력과 구성 능력에 근본적인 문제가 있기 때문이었겠지만 아무튼 아쉬운 마음은 어쩔 수가 없다. 그래서 '자매편'이 아니라 '통합본'을 내야 했나 하는 생각도 들었지만 요즘 세상에 그 두꺼운 '벽돌 책'을 누가 보겠는가. 결과적으로 줄이고 보니 필자가 애초 말하고자 했던 것이 무엇인지 더 명확해졌고, 독자들의 귀한 시간을 아낄 수 있게 된 것을 마음의 위안으로 삼아 본다. 언제고 다시 '원음'을 공개하듯 접어둔 원고를 되살릴 수 있었으면 한다.

이번에도 해방 후 한반도 밖으로 나가는 사람과 들어오는 사람은 두 집단의 모습을 함께 볼 때 당시 인구이동이 지닌 역동성을 제대로 포착할 수 있다는 것을 재확인하게 되었다. 이를 위해서는 역시 둘을 한데 묶는 것이 그 느낌을 더 잘 살릴 수 있는 효과적인 방법이리라. 그러나 어쩌겠는가. 영화라면 모르겠지만 활자라는 고전적인 매체로 지면의 압박 속에서 그 상황을 전달해야 하니 여간 갑갑한 일이 아니다. 게다가 『조선을 떠나며』와 자매편으로서 체제를 맞추기 위해 학술 논문에서 빼놓을 수 없는 모자료 데이터와 통계표를 생략해야 했고, 전문 용어를 다시 풀어써야 했다. 12년 전만 해도 '도표와 주석'으로부터 자유로운 글을 쓰고 싶다며 호기를 부렸다. 그런데 이게 여간 어려운 일이 아니다. 말하자면 왼손잡이가 오른손으로 공을 던지는 느낌이랄까, 아니면 다리에 모래주머니를 차고 뛰는 느낌이랄까. 그새 필자도 여러모로 많이 변한 것을 느끼게 된다.

다만 이번에도 『조선을 떠나며』와 마찬가지로 자료의 출처는 각주를 통해 최대한 제시하고자 했다. 일반 독자에게는 단순히 지면만 차지하는 거추장스러운 '기호'에 불과하겠지만 이제 막 관련 주제를 공부하는 대학원생이나 동료 연구자들에게는 사실 본문보다 더 중요한 정보이다. 간혹 "이번에 나온 책이 연구서인가요?"라는 질문을 받기도 한다. 또 다른 한편으로는 "아니, 그렇게 고생해서 모은 귀한 사료를 가지고 왜 대중서를 내요?"라는 이야기도 많이 듣는다. 양쪽의 질문 의도는 충분히 이해한다. 사실 필자는 '연구서'와 '대중서'의 경계가 모호한 사회를 선망한다. 그만큼 지식과 정보의 민주화, 그리고 사회적 공유가 원활하게 이루어짐으로써 더 열린 문화 풍토가 자리 잡은 곳일 테니 말이다. 가령 일본은 전문 서적의 초판은 양장본에 엄청난 가격을 책정하지만, 일단 손익분기점을 넘어서면 손바닥 크기의 신서를 간행해 더 많은 사람들이 부담 없이 그 내용을 접할 수 있게 한다. 또한 미국이나 유럽의 경우는 처음부터 페이퍼백과 양장본을 따로 만들어 선택의 폭을 넓혀준다. 반면에 우리의 출판 환경은 그리 녹녹하지 않다. 그래서 필자 나름대로 생각해낸 방법이, 내용은 이야기 위주로 쉽게 전달하되 더 깊은 정보의 출처는 각주에 명기해 연구서와 대중서를 겸할 수 있도록 하자는 것이었다. 만일 독자가 역사를 공부하는 대학원생이나 전문 연구자라면 각주를 참조해 필자가 이 책을 집필하면서 국내외에서 이전에 발표한 50여 편의 논문과 전공 서적, 그리고 원사료를 참고하면 될 것이다. 그리고 일반 독자들도 각주의 기사 제목 정도는 본문과 함께 읽어보면 그 당시의 느낌과 시선을 간접 경험할 수 있으니 이 방법도 그리 나쁠 것은 없을 듯하다.

아울러 『조선을 떠나며』를 출간한 뒤에 자주 받은 또 다른 질문 가운데 하나는 "일본사예요, 아니면 한국사예요?"라는 것이었다. 필자의 대답은 늘 "글쎄

요."였다. 해방 이전과 이후의 인구이동을 다룰 때 지금의 국가와 영토 관념에 사로잡히면 국경을 넘나드는 이동과 그 후에 정착지에서 이루어지는 제2, 제3의 이동을 제대로 포착할 수 없다. 이들의 이동은 현재의 국민국가 틀을 넘어 훨씬 더 광역에 걸쳐 이루어졌다. 그러나 우리는 어느새 일국사 틀에 익숙해져 있다. 그래서 해외 귀환자 문제는 한국은 물론이고 일본, 그리고 다른 여러 나라에서도 이 문제를 마이너 테마로 간과하거나 애써 배제하는 경우가 많았다. 하지만 이상하지 않은가. 일제강점기 말에 그렇게 많은 조선인이 해외로 끌려갔다고 교과서에 적어놓고선 그들이 그 후 어떻게 돌아왔고, 어떤 과정을 거쳐 새 나라의 국민이 되어 갔는지는 정작 설명하지 않는다. 또 일본인들이 그토록 오랫동안 조선을 지배했다고 배웠지만, 총독부의 식민 정책 외에 이 땅을 지배한 일본인들이 얼마나 많이 살았고, 그들이 구체적으로 어떻게 살았는지 일상적인 모습 등의 실체는 교과서에 전혀 드러나지 않는다. 즉 '사람'의 실체가 보이지 않는 역사책을 만들고 그것을 줄줄 암기해 온 셈이다. 같은 사진도 지면 위 30cm에서 로우 앵글로 촬영하거나, 혹은 하늘에서 찍으면 얼마나 다른 풍광이 보이는가. 우리는 단지 익숙하다는 이유로 항상 키 높이에서 본 세상이 전부라고 믿어온 셈이다. 언젠가 교보문고에 갔더니 『조선을 떠나며』가 '일본사' 코너에 놓여 있었다. 사실 필자는 일본인들이 패전 후 돌아가면서 남한 사회를 어떻게 바꾸어놓았는지, 그들이 돌아가며 보인 행동은 조선에서 식민자로서 체득한 어떠한 경험과 생각 때문인지를 말하고자 했다. 그런 의미에서 보자면 일본인이 주로 등장하지만 필자의 '시선'을 기준으로 보자면 그 책은 '한국사'에 더 가까웠다. 아마도 교보문고의 마케터는 일국사적 관점에서 그 책을 '일본사' 코너에 놓았거나, 그것이 판매에 더 도움이 될 것이라고 판단했을지도 모른다.

필자는 '한국사', '일본사' 등 이런 구분에 별다른 관심이 없다. 차라리 '이동하는 사람의 역사'라고 말하고 싶다. 굳이 구분하자면 한일 관계사, 한일 교류사의 관점이 일부 차용되기는 하지만 오히려 '광역에 걸친 사회사'에 더 가깝다. 그런데 이런 구분도 큰 의미는 없다. 인구이동을 다루다 보면 어차피 외교사, 군사사, 정책사적 내용도 들어가고 사회학의 인구학적 접근 방식도 혼재되기 때문이다. 민족, 국가, 시민을 내세울수록 대국민 사기극을 도모하는 위정자일 가능성이 높듯이 이러한 기능적인 구분들에 집착하는 것도 결국 근대 지식 권력이 만들어낸 부작용이라고 생각한다. 그런 의미에서 보자면 이번에 쓴 『다시 조선으로』는 이론의 여지없이 '한국사' 코너에 놓일 듯하다. 하지만 사실 이번 책도 정작 말하고자 하는 바는 조선인의 귀환(Repatriation), 그리고 한국전쟁기 이전의 초기 월남(Internal Displacement)도, 제2차 세계대전 종결 후 지구 전역에서 이루어진 '난민 문제'(Global DP/Refugee Issues)가 우리 땅에서 어떻게 나타났고, 그것이 한국 근현대사의 흐름에 어떻게 접목되었는지를 함께 생각해 보자는 것이었다.[11] 그래서 이 책이 '아무개 사史'인지 여부는 전혀 중요한 문제가 아니니, 그저 독자들께서는 오롯이 본문의 내용을 있는 그대로 즐길 수 있다면 좋겠다. 특별히 강조하고 싶은 점이 있다면 어느 한 곳에 붙박이로 살아온 사람들이 관성적으로 적어 내려간 역사는 이미 다른 곳을 경험하고 어떠한 '문화적·지리적·심리적' 경계를 넘어 이동하는 사람의 눈에는 얼마든지 다르게 보일 수 있다는 것이다. 이 점을 염두에 두고 감상하면 더없이 고마울 듯하다.

마지막으로 이 책을 집필한 뒤 생각해 보니 이러저러한 핑계로, 또는 으레 이해해 주시겠거니 하며 감사의 마음을 표하지 못한 분들이 생각보다 많았다.

먼저 약 30년 전 '인구이동'을 공부하겠다고 처음 말씀드렸을 때 재밌고 신선한 주제이니 도전해보라고 격려해 주신 은사 정재정 선생님께 감사의 말씀을 올린다. 특히 선생님께서는 필자가 미국이나 영국으로 건너가 인구학을 공부해야 하나 혼자 고민하던 차에 일본 문부성 국비장학생 원서를 건네주시며, 역사학 안에서도 인구이동은 얼마든지 공부할 수 있다며 또 다른 선택의 길을 열어주셨다.

일본에서 필자를 지도해 주신 기미지마 가즈히코君島和彦 선생님은 여러 유학생 중 하나일 뿐인 필자에게 도서관에 자리 잡기 어려울 테니 교수님 연구실에서 공부하라시며 책상 하나를 흔쾌히 내주셨다. 내 기억에 노골적인 칭찬은 한 번도 하지 않으셨다. 그 대신 선생님께서는 '공감'이라는 은덕을 베푸셨다. 연구자에게 '공감' 이상의 격려가 어디 있겠는가. 어느 날 한국전쟁에 관한 당시 일본의 보도 내용을 훑어보던 중이었다. "선생님, 화신백화점과 조선비행기 사장 박흥식이 전쟁이 나고 며칠 지나지도 않았는데 집에서 일하던 식모까지 데리고 밀선으로 몰래 일본으로 피난 와 이렇게 떡하니 인터뷰까지 하고 있었네요?"라고 말씀드렸더니, "원래 전쟁을 시작하는 놈들, 전쟁터에서 싸우는 놈들, 그것으로 돈 버는 놈들은 다 따로 있지."라며 공감해 주셨다. 선생님은 지금도 일본이 한국을 지배하면서 경복궁을 어떻게 훼손했는지를 연구하고 계신다고 한다. 필자가 나이 핑계를 댈 수 없게 만드는 분이다.

일본 소피아대학上智大学의 아라라기 신조蘭信三 선생님은 10여 년 전 연세대학교에서 열린 만주학회에 발표자로 참석하셨을 때 처음 뵈었다. 당시 심포지움을 기획한 연세대 임성모 선생님의 부탁으로 필자는 토론을 맡았다. 적잖이 부담스러웠다. 이미 선생님은 학계의 대가였고, 필자는 이제 막 박사학위를 받은 직후였다. 사실 말도 안 되는 토론 자리였지만 선생님은 필자의 문제 제기를 신선하게 받아들였고, 일본에 와서 함께 연구하자고 제안해 주셨다. 덕분에 필자는 일본 지역사, 유럽사, 사회학, 정치학, 인류학, 역사지리학,

구술사 등을 연구하는 훌륭한 동료들을 얻게 되었다. 한반도에 갇혀 있던 필자의 시야를 아시아와 태평양, 그리고 유럽과 북미 지역으로 열어주신 고마운 분이다.

도쿄대학의 도노무라 마사루外村大 선생님은 유학 시절 재일 조선인 연구자들이 모이는 아리랑센터에서 함께 공부할 수 있는 자리를 마련해주셨다. 당시 와세다대학 등에서 시간강사를 하고 있던 빠듯한 상황에서도 선생님 집에 필자를 초대해 사모님의 집밥을 내주시곤 했다. 도쿄대학으로 자리를 옮긴 뒤에도 한국인 강제 동원 문제라든가 위안부 문제가 불거질 때마다 함께 의견을 나누고 정보를 공유하는 고마운 분이다. 최근에는 '사도광산'의 조선인 강제 징용 문제에 대한 글을 준비한다고 들었다. 일본 우익들로부터 '자학적인 역사 연구자'라는 비난을 들어가면서도 꿋꿋하게 과거사를 재조명하고자 노력하는 선생님의 모습에 항상 옷깃을 여미게 된다.

도미이 마사노리富井正憲 선생님은 경성의 일본인 가옥과 점포 현황, 그리고 일본 귀환 후의 지역별 귀환자 단체 활동 등을 연구하는 과정에서 많은 도움을 주셨다.[12] 한국의 전통 건축이 좋아 일본 가나가와대학에서 한양대학교로 자리를 옮겨 명예교수로 퇴임하셨다. 조선 등 식민지의 대규모 공사를 도맡았던 제네콘(종합건설사)과 도쿄대 출신 식민지 건축가들의 계보를 상세히 들려주셨다. 또 당시의 희귀 영상 자료를 통해 경성의 일본인 공간인 남촌과 조선인들의 북촌 현황을 새롭게 볼 수 있도록 도와주셨다. 선생님의 도움이 없었다면 이상의 제비다방이 그의 생가로 알려진 통인동이 아니라 종로에 있었다는 것도, 「날개」의 마지막 대목에서 주인공의 겨드랑이에서 '날개가 돋아오르는' 장면이 바로 동화백화점(구 미쓰코시 경성지점, 현 신세계백화점)의 옥상인 줄도 몰랐을 것이다. 아울러 1963년 신세계가 인수할 때까지 이 백화점의 초대 사장이 '국제문화사 사건'에서 등장하는 배구자의 남편 김계조였는지도, 그다음 사장이 백화점 직원의 임금을 체불하고 세입자를 못살게 군 이두철이었는지도, 그리고 그의 뒤를 봐주며 뇌물을 받고 있던 자가 친일 경찰 노덕술이었는지도 몰랐을 것이다. 경성과 서울의 역사를 다시 바라보게 해준 고마운 분이다.

한국의 경우 최영호 선생님은 해방 후 귀환 문제에 관한 한 필자의 지도교수님과 다름없는 분이다. 일본에서 수집한 귀중한 자료를 소개하거나 복사해주셨고, 선행 연구자로서 아낌없이 많은 가르침을 주셨다. 정혜경 선생님은 조선인 강제 동원 분야의 독보적인 연구자로서 국무총리 산하 강제동원피해진상규명위원회 시절 필자가 우키시마호 사건, 군함도, 사할린 화태청, 팔라우 남양청 등을 현지 조사할 때, 그리고 일본 외무성과 자료 이관 및 현지 조사 실무 협의를 할 때 큰 도움을 주셨다. 선생님의 도움이 없었다면 구 일본제국의 강제 동원 현장 곳곳을 둘러볼 수 없었을 것이다. 오일환 아르고인문사회연구소 소장님과 외국어대의 방일권 선생님은 그동안 사할린 한인 문제, 강제 동원 사망자의 유골 봉환 문제, 그리고 아시아태평양전쟁 등을 함께 공부하고 책을 집필하는 등, 한국에서 필자의 연구 활동을 언제나 물심양면으로 도와주고 있는 고마운 분들이다.

아울러 『조선을 떠나며』의 일본어판과 중국어판 출간을 도와주시고 이번에 『다시 조선으로』라는 자매편을 낼 수 있도록 독려해주신 역사비평사의 정순구 대표님, 이 책의 가목차와 집필 계획안을 꼼꼼하게 검토해 주신 조수정 편집장과 에디터 선생님들, 그리고 '초인적인 인내심'으로 필자의 원고를 기다려주시고 동시에 격려를 아끼지 않으신 조원식 기획실장께 깊은 감사의 말씀을 올리고 싶다. 마지막으로 제 하고 싶은 일만 하고 사는 인간을 드넓은 품으로 안아준 유지현, 12년 전 『조선을 떠나며』가 출간되었을 때 "역사를 왜 공부해? 외울 게 그렇게 많은데 그게 정말 재밌어?" 라고 묻곤 하더니 어느새 예비

치과 의사로서 첫발을 내디딘 이연우, 그리고 어릴 때부터 거침없이 제 양껏 살아가도록 용기를 북돋아 주신 조혜자 여사님께 각기 남편, 아빠, 큰아들로서 그저 송구하고도 감사한 마음을 전하며 글을 맺고자 한다.

미주

1장 해방 조선의 민낯

1) 「살길 없어 이 모양, 여경, 매춘굴을 기습」, 『한성일보』, 1947.4.15.

2) 송연옥, 「일제 식민화와 공창제 도입」, 서울대 석사학위논문, 1998, 58~59쪽; 外村大, 「娼妓等周旋業と慰安婦の要因確保 ‒ 日本内地と朝鮮との比較」, 『龍谷大学経営学論集』 61巻 2号, 2022, 26~27쪽.

3) 이연식, 『해방후 한반도 거주 일본인 귀환에 관한 연구, 점령군·조선인·일본인 3자간의 상호작용을 중심으로』, 서울시립대 박사학위논문, 2009, 98~99쪽.

4) John W. Dower, *Embracing Defeat*, W. W. Norton & Company, 1999, pp. 124~125.

5) 서은영·김상준, 「일본 전후 개혁의 정치 : 일본 공창제도 폐지를 중심으로」, 『일본연구논총』 58호, 2023, 13~14쪽; 김수용, 「일본군 위안부 제도와 아메리칸 플랜의 조우」, 『대동문화연구』 122호.

6) 「매춘하는 東京女, 4할이 전문교 출신」, 『부산신문』, 1946.8.9.

7) 손정목, 「日帝下의賣春業 ‒ 公娼과私娼」, 『都市行政研究』 제3집, 1996, 290~296쪽.

8) 양동숙, 「해방 후 한국의 공창제 폐지과정에 대한 연구」, 한양대 석사학위논문, 1998. 9~10쪽.

9) 지혜영, 「미군정기 인천의 공창제 폐지과정 연구」, 서울시립대 교육대학원 석사논문, 2012, 31~32쪽.

10) 「늘어가는 유곽」, 『독립신보』, 1947.4.19.

11) 「홍등가에 적신호」, 『독립신보』, 1946.7.9.

12) 「위반하면 체형과 벌금 미군 상대의 매춘도 금지」, 『한성일보』, 1947.10.31.

13) 「인천매춘부가에 선풍, 6월 15일까지 퇴거명령」, 『독립신보』, 1947.6.13.

14) 「일본남성의 기생관광 반대, 일 부녀 20여 명 공항서 데모」, 『동아일보』, 1973.12.26.

15) 「한국 속의 일본인 동정」, 『동아일보』, 1971.8.14; 「'관광 코리어'의 명암」, 같은 신문, 1972.6.7;
    「이색 마을을 가다, 동래 온천동 권번거리」, 같은 신문, 1972.12.23.

16) 「나라 망신, 추한 한국인」, 『동아일보』, 1995.5.1; 「해외관광 추태, 여가교육 부재 탓」, 『경향신
    문』, 1996.7.26.

17) 「假女警 알고보니 매춘부」, 『한성일보』, 1947.5.4.

18) 「옷과 쌀을 절규, 부산에 가련한 전재민」, 『독립신보』, 1947.1.4.

19) 南朝鮮過渡政府 編, 『朝鮮統計年鑑』, 檀紀 4281.3, 20쪽; 「전재귀환동포 20만 명이 부산에 잔
    류하다」, 『조선일보』, 1946.2.11.

20) 「전재민의 실태」, 『동아일보』, 1946.12.10.

21) 「궁도범이 역시 위수」, 『조선인민보』, 1946.7.11.

22) 「긴급한 민생문제」, 『한성일보』, 1947.1.1.

23) 민전 편, 『朝鮮解放年譜』, 김남식 외, 『한국현대사자료총서』 12, 168쪽; 조선통신사, 『조선연
    감』, 1948, 341쪽; 「후생부 방역에 전력」, 『한성일보』, 1946.5.24.

24) 「귀국 학생들 취학에 만전」, 『독립신보』, 1946.5.20; 「문교부, 귀환한 적령아동의 수용계획」,
    『조선일보』, 1946.6.20.

25) 재미한국연합위원회, 『解放朝鮮』, 김남식 외, 『한국현대사자료총서』 10, 734~735쪽.

26) 「기근에 신음하는 전재동포, 민족애를 그들을 구하라!」, 『독립신보』, 1946.8.4.

27) 「서울시청에 전재민 쇄도, 엄동설한이 다가도 집 안주오!」, 『독립신보』, 1947.2.12.

28) 「서울특별시장 김형민, 적산요정의 개방 등 제반 문제에 관해 답하다」, 『경향신문』,
    1947.2.13.

29) 「戰災援護篇」, 『大衆公論』 1946. 2월호, 김남식 외, 『한국현대사자료총서』 6, 344~345쪽.

30) 「전재민에게 따뜻한 손, 장충단전재수용소 개소식」, 『한성일보』, 1946.4.3.

31) 「일야의 안식도 난득」, 『한성일보』, 1946.6.16.

32) 「서울시에서 포화상태에 임시수용소를 계획하다」, 『경향신문』, 1947.6.7.

33) 「전재동포 분산 개시」, 『한성일보』, 1947.8.23.

34) 厚生省社会援護局援護50年史編集委員会, 『援護50年史』, 1997, 730쪽.

35) 이연식, 「해방 직후 해외동포의 귀환과 미군정의 정책」, 서울시립대 석사학위논문, 12쪽.

36) 김주희, 「미군정의 식량정책에 대한 일연구」, 한양대 석사학위논문, 1994, 8~10쪽; 부미선, 「1945~1946년 미군정의 미곡시장 자유정책」, 서강대학교 사학과 석사학위논문, 2003, 26~31쪽.

37) 「월경자의 증가로 식량배급이 변경되다」, 『서울신문』, 1947.5.7.

38) USAMGIK, *G-2 Periodic Report*, 1945.12.27.

39) 「왜감(倭柑)은 어떻게 오나, 쌀 밀수출하는 모리배의 탓」, 『해방일보』, 1946.2.15.

40) 김대래·배석만, 「귀속사업체의 탈루 및 유실(1945~1949) – 광주와 목포 지역의 사례를 중심으로」, 『경제학논집』 11권 2호, 한국국민경제학회, 2002, 51~53쪽.

41) 이종훈, 「미군정의 공업정책」, 『미군정시대의 경제정책』, 1992, 109~114쪽.

42) 허수, 「1945~1946년 미군정의 생필품 통제정책」, 서울대 국사학과 석사학위논문, 1995, 69~71쪽; 박성진, 「경제참모본부의 식민지적 유산과 제1공화국 기획처의 탄생」, 『동아연구』 35권 2호, 2016, 45~46쪽; 정용경·김호준, 「한국 근현대 주민통제와 식민지 유산」, 『학우회보』 제6호, 연세대학교대학원 한국사학우회, 2013, 80~81쪽.

43) 「화급한 전재민 문제」, 『독립신보』, 1946.12.13.

44) 「재민 평계 남벌 도벌, 감시의 태만인가? 대책이 절급」, 『한성일보』, 1947.4.9.

45) 「引揚者, 所長ら殴る」, 『東京朝日』, 1946.5.19; 「死んだ者600人, 涙の帰郷満州開拓團」, 『信濃毎日新聞』, 1946.6.4; 「引揚者接待の煙草どこに消えた？」, 『山形新聞』, 1946.8.28; 「なんと, 社長が貧困者」, 『大阪毎日』, 1947.4.10.

46) 「오십여 경관이 무장출동하야 전재민을 난타, 부상자 오십여 명은 입원가료」, 『노력인민』, 1947.7.9.

47) 「일야의 안식도 난득」, 『한성일보』, 1946.6.16.

48) 「명도령 받은 전재민, 눈물겨운 진정」, 『한성일보』, 1947.7.2.

49) 숭문100년사편찬위원회, 『숭문백년사』, 2007, 254~260쪽.

50) 「마포 숭문상업학교 종합중학으로 신 발족」, 『현대일보』, 1948.6.10.

51) 김상훈,「미군정의 학교 재개 정책과 서울의 중등학교 재개」,『서울과 역사』제113호, 2023, 337~340쪽.

52)「교사(校舍)가 중하냐, 생활이 중하냐, 전재민수용소에 명도령」,『국제신문』, 1947.7.6;「대흥동 수용소 명도문제 해결」,『경향신문』, 1947.9.2.

53)「친일인명사전, 조선일보 방응모를 뭐라고 기록했을까」,『미디어오늘』, 2020.3.3.

54)「사고(社告): 제36기 조선일보 수습기자 모집」,『조선일보』, 1996.11.27.

55) https://encykorea.aks.ac.kr/Article/E0027663

56)「전재민을 구호」,『동아일보』, 1946.12.20.

57)「전재동포 일천오백명은 주택에서 쫓겨나야 하는가, 주택영단의 욕탐」,『청년해방일보』, 1946.6.16.

58) 서울역사편찬원,『또 다른 서울사람들』, 2023, 90~91쪽의 도미이 마사노리 구술.

59)「이게 사람대우요?」,『조선일보』, 1948.5.28;「당국에 진정하러 간 새 강제명도단행」, 같은 신문, 1948.5.30.

60) 김현숙,「대한제국기 정동의 경관 변화와 영역 간의 경쟁」,『향토서울』제84호, 2013, 118~119쪽.

61)「추방된 세궁민 이천호, 무허가 주택철거는 당분 중지」,『독립신보』, 1947.9.20.

62)「전재민 등쳐먹는 사기한」,『독립신보』, 1947.7.3.

63)「노상조합 진정」,『한성일보』, 1947.5.9;「노점으로 하루살이도 취체 등살에 못 살 지경, 전재민들이 당국에 진정」,『자유신문』, 1947.5.12;「전재민노점 취체완화 진정」,『중외신보』, 1947.5.9.

64)「전재민을 괴롭히는 허울 좋은 후생회 경무부에서 관계자 문초」,『동아일보』, 1948.4.14;「전재동포 주머니 털던 노점후생회 해체령」, 같은 신문, 1948.4.16.

65)「조선전재기술자협회 결성」,『매일신보』, 1945.10.2.

66)「전재기술자회」,『조선신보』, 1945.12.18;「폐차 직전에 있는 국내자동차업계, 전재자기술자 활용과 공장통합 필요」,『중외경제신보』, 1947.1.19.

67)「노숙하는 4000 재민」,『동아일보』, 1946.10.20;「전재동포원호회 총무부장 김동순씨 담」, 같은 신문, 1947.1.8.

68)「재일동포들 피의 결정인 시설반입을 제한 마라」,『독립신보』, 1946.9.8;「재일재산반입허가

제1차로 249건, 1사업체에 2톤 지정, 맥 사령부」, 『조선일보』, 1946.12.17; 「재일재산반입 4개
월에 육천만원」, 같은 신문, 1949.5.30.

69) 「낙원시장조합 결성대회 거행」, 『경향신문』, 1948.7.14; 「재민시장 확장」, 같은 신문,
1949.8.7.

70) 「알고도 모르는 척 경관! 친철주간에 동사한 전재민 소부(少婦)」, 『경향신문』, 1946.12.12.

71) 「전재동포에 옷을 나누자 각 서에 권유반」, 『조선일보』, 1946.12.13.

72) 「보라! 일천 칠백 명이 발병」, 『동아일보』, 1946.12.28.

73) 「전재민 동사」, 『조선일보』, 1946.12.11.

74) 「어린 형제 동사, 남산에서 노숙 중 아버지 품에서」, 『조선일보』, 1947.12.16; 「어린이 2명 동
사, 남산노숙소의 비극」, 『동아일보』, 1947.12.16.

75) 「적산요정 유휴가옥에 전재민 입주케 하라! 의류 배급도 시급한 문제」, 『조선일보』,
1946.12.11.

76) 「해방 고국에 돌아오니 따뜻한 동정 대신 얼음 같은 냉대」, 『독립신보』, 1946.12.12.

77) 「빙설 같은 동포애에 일본으로 다시 가는 전재동포」, 『독립신보』, 1946.8.4; 「일본에 밀항 입
국한 조선인들 검거 송환」, 『경향신문』, 1946.10.30.

2장 해방 후에도 이어진 지독한 인연

1) 「인천의 사건」, 『매일신보』, 1945.9.12; 「광복의 그날 인천의 모습은」, 『인천일보』, 2020.6.13.

2) 小谷益次郎, 『仁川引揚誌: 元仁川在住者名簿』, 大起産業, 1952, 28~29쪽.

3) 이연식, 『해방 후 한반도 거주 일본인 귀환에 관한 연구: 점령군·조선인·일본인의 상호작용
을 중심으로』, 서울시립대 박사학위논문, 2009의 제3장 1절 '건준의 자주호양론'과 제3장 2절
'응징·추방론'의 확산 참조.

4) 小谷益次郎, 앞의 책, 50~51쪽.

5) 일제강점하강제동원피해진상규명위원회, 『당꼬라고요?』, 2005, 296~297쪽.(이하 '강제동원위
원회')의 일본 소재 석탄 탄광에 동원된 귀환 과정에 대한 증언 참조.

6) 「腕の利く新府尹, 池田清義氏二日着任」, 『朝鮮新聞』, 1942.2.3.

7) 「名譽의 應徵戰士 – 認識을 높이라고 池田仁川府尹飛檄」, 『매일신보』, 1944.9.10.

8) 김무용, 「해방직후 노동자 공장관리위원회의 조직과 성격」, 『역사연구』3, 역사학연구소, 1994, 85~88쪽.

9) 小谷益次郎, 앞의 책, 53쪽.

10) 이연식, 「전시체제기 경성부의 부정운영」, 『일제 말기 경성지역의 강제동원과 일상』, 서울역사편찬원, 2020, 55~56쪽.

11) 小谷益次郎, 앞의 책, 53쪽.

12) 「준다던 원호금은? 일인에게 학대받든 응징사들 궐기」, 『중앙신문』, 1945.11.2.

13) 「金九, '삼천만 동포에게 고함'이란 제목으로 방송」, 『동아일보』, 1945.12.30.

14) 李淵植, 「韓国における戦後人口移動と引揚者の初期定着」, 蘭信三 外, 『引揚·追放·残留』, 名古屋大学出会, 2019, 279~280쪽.

15) TAI HWAN KWON, *DEMOGRAPHY OF KOREA*(SEOUL NATIONAL UNIVERSITY PRESS, 1977), pp. 285~300; *Summation of U.S. Military Government Activities in Korea*, No.32, 1948, pp. 6~7.

16) 総務省統計研修所, 『日本の統計』, 2006, 8쪽.

17) 최영호, 「한반도 거주 일본인의 귀환과정에서 나타난 식민지 지배에 관한 인식」, 『동북아역사논총』제21호, 2008, 266~267쪽.

18) 厚生省社会援護局援護50年史編集委員会, 『援護50年史』, 1997, 730쪽

19) 김귀옥, 『월남민의 생활 경험과 정체성』, 서울대학교출판부, 1999, 41, 68쪽.

20) 朝鮮人強制連行調査團, 『朝鮮人強制連行強制勞動의 記錄』, 現代史出版會, 1974, 42~53쪽

21) 이문웅, 「도시지역의 형성 및 생태적 과정에 관한 연구 – 해방촌 지역을 중심으로」, 서울대 사회학과 석사학위논문, 1966.

22) USAMGIK, *G-2 Periodic Report*, G-2, 1947.7.19.

23) GHQ/SCAP, *Summation of U.S. Military Government Activities in Korea*, No.24, 1947.9, 3~6쪽; No.26, 1947.11, 3~7쪽; No.34, 1948.7, 6~8쪽.

24) 김춘선, 「광복 후 중국 동북지역 한인들의 정착과 국내 귀환」, 『한국 근현대사 연구』28, 2004, 198~201쪽.

25) 『朝鮮日報』, 1947.11.19; 『独立新報』, 1947.11.19.

26) 「아는가 재만동포의 참상」, 『한성일보』, 1946.12.14.

27) 김춘선, 「광복 후 중국 동북지역 한인들의 정착과 국내 귀환」, 『한국 근현대사 연구』 28, 2004, 198~201쪽.

28) 신주백, 「한인의 만주 이주 양상과 동북아시아」, 『역사학보』 213, 2012, 255~257쪽.

29) 「동북동포의 참경, 기아지경에 여자는 몸팔아 연명」, 『독립신보』, 1947.11.13.

30) 김춘선, 「중국 연변지역 전염병 확산과 한인의 미귀환」, 『한국 근현대사 연구』 43, 2007의 제2장.

31) HQ/SCAP, *SUMMATION of NON MILITARY ACTIVITIES in JAPAN and KOREA*, September October 1945, 127쪽.

32) 남조선과도정부에서 발표한 1948년 3월 현재 일본에서 귀환한 자는 1,407,255명. 朝鮮銀行 調査部, 『経済年鑑』, 1949, 238~239쪽.

33) 森田芳夫, 『数字が語る在日韓国·朝鮮人の歴史』, 明石書店, 1996, 103쪽.

34) 『漢城日報』 1946.3.22; 같은 신문, 1946.4.11; 金南植 外, 『韓国現代史資料叢書』 9巻, 310쪽의 「Edwin W. Pauley가 Truman 대통령에게 보낸 서신」 참조.

35) 대일항쟁기강제동원피해조사 및 국외강제동원희생자 등 지원위원회, 『위원회 활동 결과보고서』, 2015, 135쪽.

36) 이연식 외, 『책임과 변명의 인질극』, 채륜, 2018, 59~60쪽.

37) 이연식, 「해방 직후 남한 귀환자의 해외 재이주 현상에 관한 연구」, 『한일민족문제연구』, 34, 2018의 제2장 1절 '해방 직후 인구이동의 양태와 특징' 참조.

38) KBS 〈9시 뉴스〉, 1993.3.21.

39) 박소연, 「물신 신고 태평양을 건널거나」, 『한겨레』, 1987.

40) 김남석, 「'집 없는 천사'와 1930~1940년대 조선의 현실'」, 『한국극예술연구』 제56집, 2017, 18~20쪽; 보건사회연구원, 『보건복지 분야 국가·민간 역할 분담의 역사적 전개와 과제』, 2021, 62~67쪽.

41) 정종화 기고문, 「향린원 설립 방수원 목사 실화, 집 없는 천사」, 『서울신문』, 2019.5.7.

42) 강성률, 「일장기 앞에 서면 갈등이 해결된다? 최근 발굴된 〈집 없는 천사〉와 〈지원병〉의 친일 논리」, 『실천문학』 78호, 2005; 전봉관 기고문, 「웰메이드 친일영화, 그대로 봐야」, 『조선일보』, 2007.1.5.

43) 「YMCA에 바친 일생」, 『동아일보』, 1963.10.28.

44) 「함석헌의 스승 다석 류영모」, 『중앙일보』, 2015.3.21.

45) 「淸秋의 映畵, 집 없는 天使」, 『삼천리』 제12권 9호, 1940.10; 「孤兒의 樂園 香隣園을 찾어」, 『삼천리』 제12권 10호, 1940.12.

46) 「雄雄し開拓へ起つ, 香隣園兒ら濟州島へ」, 『京城日報』, 1942.2.11; 「逆境에서 光明에 希望의 新天地 開拓 – 香隣園兒 卅五名이 濟州島 開發隊로」, 『매일신보』, 1942.2.1.

47) 「學徒戰時動員體制確立要綱發表」, 『京城日報』, 1943.6.26; 「堂堂産業戰士로 香隣園兒五少年의更生美談」, 『매일신보』, 1943.6.26.

48) 「遊廓存續反對; 香隣園서 講演會」, 『한성일보』, 1946.7.28.

49) 「고아의 낙원, 진우도, 동란의 상처 잊고 갱생하는 273명」, 『경향신문』, 1955.8.21.

50) 「전재고아 구호에 대판(大阪)으로 구호선 파견」, 『조선일보』, 1945.11.29.

51) 「기독교 사회사업조직 총회」, 『조선일보』, 1946.1.19.

52) 「건국실천원양성소 탄생」, 『조선일보』, 1946.12.6.

53) 보건사회연구원, 앞의 책, 63~64쪽.

54) 「낙토건설의 첫거름, 백세대 강원도로 이식」, 『동아일보』, 1948.12.1; 「요구호자 277만」, 같은 신문, 1949.1.1; 「시민에게 호소함」, 같은 신문, 1949.4.24.

55) 이연식, 「해방 직후에 귀환한 어느 재일조선인 3세의 경계체험」, 『한일민족문제연구』 7, 2004. 또한 한 씨가 칠순을 기념해 가족들에게 남긴 개인 회고록 『은혜의 남새밭에서』, 2002를 참조.

56) 일제강점하 강제동원피해 진상규명위원회, 『당꼬라고요?』, 2005, 31~38쪽.

57) 일제강점하 강제동원피해 진상규명위원회, 위의 책, 122~127쪽.

58) 일제강점하 강제동원피해 진상규명위원회, 『똑딱선 타고 오다가 바다귀신 될 뻔 했네』, 2006, 129~135쪽.

59) 일제강점하 강제동원피해 진상규명위원회, 『가긴 어딜가 헌병이 총 들고 지키는데』, 2006, 290~295쪽.

60) 일제강점하 강제동원피해 진상규명위원회, 『수족만 멀쩡하면 막 가는 거야』, 2007, 49~52쪽.

61) 최영호, 「해방 직후의 재일한국인의 본국 귀환, 그 과정과 통제구조」, 『한일관계사연구』 4, 1995, 106~107쪽.

62) 金賛汀, 『浮島丸, 釜山港にむかわず』, 講談社, 1984; 구술자 김찬정, 면담자 이연식, 장소 요

코하마역 구내 카페, 일시 2005.10.18, 14:00~16:00.

63) 「雜報, 在日同胞救護에 建準委員을 各地로 配置」, 『민중일보』, 1945.9.24.

64) 「建準의 同胞救護船團」, 『민중일보』, 1945.10.1; 「建準의 同胞救護船 太極旗 바라보고 感涙」, 같은 신문, 1946.1.21.

65) 「조선이재동포구제회 일본구호반 시찰소감」, 『매일신보』, 1945.9.27.

66) USAMGIK, *G-2 Periodic Report*, 1945.12.27.

67) 「재일전재동포구제위원회 위원장 앤더스, 재일동포의 시찰현황을 전언」, 『매일신보』, 1945.9.24.

68) 八木信雄, 「全羅南道」, 『同和』 161~162号, 1961.5~6[森田芳夫·長田かな子 編, 『朝鮮終戦の記録(資料編)』 1권, 巖南堂書店, 1979]에 수록. 이하 이 자료집은 『森田자료』로 약칭.

69) 「노동력의 보급증강에 반도의 사명은 중대, 근로동원원호회 고문 참여 초(初)회동, 총독 훈화」, 『每日新報』, 1945.1.22.

70) 塩田正洪, 앞의 글, 『森田자료』, 142~143쪽.

71) 「帰鮮応徴士等の援護に釜山へ職員派遣、下飯坂理事長も上京打合せ」, 『京城日報』, 1945.9.9.

72) 阿部信行, 上奏書, 1945.9.28(『森田자료』-1, 6쪽).

73) 이연식, 서울시립대학교 박사학위논문, 2009, 352~366쪽. 자료-6 '한반도 각 지역 일본인세화회 및 일본인회 임원진 구성과 약력'; 최영호, 『일본인세화회: 식민지조선과 일본인의 전후』, 논형, 2013의 제3장 1절 '일본인 세화회의 결성' 참조.

74) 「先ず戦災者から慎め我がちの引揚げ」, 『京城日報』, 1945.9.6.

75) 이연식, 서울시립대학교 박사학위논문, 2009, 부록의 〈자료-1〉, 「3개국 선언 조항 수락에 관한 재외 현지기관에 대한 훈령」 참조. 원문은 厚生省社会援護局援護50年史編纂委員会, 『援護50年史』, 1997, 28쪽.

76) 나가사와 유코, 『일본의 조선주권보유론과 미국의 대한정책』, 고려대 박사학위논문, 2007, 85~97, 123~128쪽; 「일본 패전 후의 한반도 잔여주권과 한일 분리」, 『아세아연구』 제55권 4호, 2012, 65~66쪽; 정병준, 「패전 후 조선총독부의 전후 공작과 김계조사건」, 『이화사학』 36, 2008, 36~37쪽.

77) 「謹告」, 『조선신보』, 1945.11.19.

78) 김나영, 「신무용 시대의 인물들 - 배구자, 조택원, 최승희」, 『춤과 지성』 1호, 2000, 54~57쪽.

79) 김성연, 「일본 마술의 여황 덴카쓰의 조선 공연」, 『국제어문』 76, 2018, 101~102쪽.

80) 「西部京城の賑はひ東洋劇場完成す, 裴龜子一行開演」, 『京城日報』, 1935.11.05; 「洗練された 裴龜子, 東洋劇場初參記」, 같은 신문, 1935.11.06,

81) 「하와이 한국무용학원장 메리 조 프레실리」, 『연합뉴스』, 2006.3.6; 이대범, 「배구자 연구 -배구자악극단의 악극 활동을 중심으로」, 『어문연구』 36호, 2008, 281~282쪽.

82) 송하연, 「식민지 조선의 저널리즘과 여성의 타자화 -무용가 배구자·배용자 자매의 사례를 중심으로」, 『이화사학연구』 63집, 2021, 272~273쪽; 정병준, 앞의 논문, 53쪽.

83) 「水田直昌과 鹽田正洪, 취조 정지 중에 일본으로 탈주」, 『자유신문』, 1945.12.26; 「일인과 결탁음모」, 『조선일보』, 1946.1.5.

84) 「간첩예비죄로 김계조에 징역 오년」, 『동아일보』, 1946.3.20; 「김계조에 십개월형」, 『경향신문』, 1946.10.17; 이연식, 『조선을 떠나며』, 2012, 69~70쪽.

85) 「신무용 효시는 배구자, 미래춤학회 학술모임, 최승희보다 2년 먼저 발표회」, 『경향신문』, 1994.2.26.

86) 「京城にもダンスホール國際文化社の事業として計畫」, 『京城日報』, 1945.9.9.

87) 홍성철, 『유곽의 역사』, 페이퍼로드, 2007, 117쪽.

88) 岡信俠助, 『同和』 151~154号, 『森田자료』-1, 445쪽.

89) 小谷益次郎, 『仁川引揚誌: 元仁川在住者名簿』, 大起産業, 1952, 23~25쪽.

90) 「외국인에 매춘죄, 軍裁서 2개월형」, 『자유신문』, 1946.12.14; 「명동 성조댄스홀 여주인 (美人에) 매춘 알선하고 1년형」, 같은 신문, 1947.1.11; 「미국인 전문 매춘부 언도」, 같은 신문, 1947.2.13; 「위반하면 체형과 벌금, 미군 상대의 매춘도 금지」, 『한성일보』, 1947.10.31.

91) 赤尾章子, 「純潔をまもって」, 『極秘大東亜戦史(朝鮮編)』, 富士書苑, 1953, 216~252쪽.

92) 「指導者各層의 協力으로 治安維持에 힘쓰라, 하지中將, 各團體代表에 付託」, 『매일신보』, 1945.9.13.

93) 최영호, 「해방 직후의 재일한국인의 본국 귀환, 그 과정과 통제구조」, 『한일관계사연구』 4, 1995, 102쪽.

94) 미국방부, 「마이즈루 상공에서 기뢰투하 명령 전문(1945.8.6.)」 자료, 이연식, 『전후 일본의 우키시마호사건 진상조사 과정의 문제점』(강제동원피해지원재단 연구용역보고서), 2003,

52~56쪽.

95) 최영호, 「일본의 패전과 관부연락선: 부산항로의 귀환자들」, 『한일민족문제연구』 11, 2006, 253쪽.

96) 森田芳夫, 『朝鮮終戰の記録』, 1964, 367쪽.

97) 加藤陽子, 「敗者の帰還 -中国からの復員·引揚問題の展開」, 『国際政治』 109号, 1995의 제2장 1절의 미군의 송환 선박 투입 현황 참조.

98) 「社説: 大陸の同胞」, 『京城日報』, 1945.8.28.

99) 『京城日本人世話会々報』 제1호, 1945.9.2(이하 『会報』).

100) 木村健二, 「在朝日本人の引揚げと朝鮮統治認識」, 『식민지시기 재조일본인과 전후 '재외재산' 처리 문제』(2024년 민족문제연구소 국제학술회의 자료집. 2024년 2월 22일 10:00~18:00, 서울글로벌센터 국제회의실, 토론자: 이연식), 82~84쪽.

101) 『会報』 제13호, 1945.9.13.

102) 渡辺 学, 위의 글(『森田자료』-2, 185쪽).

103) 『미군정청 관보』 vol. No.1, 원주문화사, 1993. 98, 104~107쪽.

104) 渡辺 学, 앞의 글(『森田자료』-2, 189쪽).

105) 渡辺 学, 위의 글(『森田자료』-2, 194쪽).

106) 『会報』 제22호, 1945.9.28.

107) 『会報』 제33호, 1945.10.12; 『会報』 제35호, 1945.10.14.

108) 『会報』 제43호, 1945.10.24.

109) 『会報』 제36호, 1945.10.15.

110) 「私有権は飽く迄尊重、誤解や流言に迷ふよ」, 『京城日報』, 1945.10.17.

111) 이연식, 『조선을 떠나며』, 역사비평사, 2012, 199~205쪽.

112) 『会報』 제51호, 1945.11.2; 제52호, 1945.11.3.

113) 「引揚は暖い中に一時も早く, 狂はすな計画輸送に, 日本人世話解で協力要望」, 『京城日報』 1945.11.15; 「日人の不法渡鮮、増加せば渡航禁止令」, 같은 신문, 1945.11.16.

114) 『会報』 제55호, 1945.11.8.

115) 『会報』 제60호, 1945.11.14.

116) 『会報』 제67호, 1945.11.22.

117) 『会報』 제98호, 1945.12.31.

118) 『会報』 제115호, 1946.1.23; 『会報』 제123호, 1946.2.1.

3장 탐욕과 죄악의 판도라 상자, 적산 가옥과 고급 요정

1) 山名酒喜男, 「終戦後における朝鮮事情概要」(1945년 12월 탈고, 1956년 간행), 中央日韓協会·
   友邦協会, 『朝鮮総督府終政の記録(1)』(『森田자료』-1, 23쪽).

2) 八木信夫, 「全羅南道」, 1948.4, 『同和』 161~162호, 1961.5~6에 재수록(『森田자료』-1, 400쪽).

3) 井手 勇, 「米軍政庁の施政」, 『同和』 166~167, 1961.10~11(『森田자료』-1, 290쪽).

4) 「일본군17부대, 해대(解隊)자에 입대 명령」, 『매일신보』, 1945.9.22.

5) 「매일 사천 명씩 수송, 일군민의 철거방침 결정」, 『매일신보』, 1945.9.28.

6) 「재조선일본군장병, 내월 1일까지 송환」, 『매일신보』, 1945.10.23.

7) 「帰休軍人は16日に出頭, 除隊者は15日まで届け出よ」, 『京城日報』, 1945.10.12.

8) 「互讓を堅持, 摩擦を戒む, 安在弘氏, 半島民衆によびかく」, 『京城日報』, 1945.8.19; 「호애의
   정신으로 결합, 우리 광명의 날 맞자(맞자), 삼천만에 건국위원회 제1성, 안재홍씨 방송」, 『매
   일신보』, 1945.8.17.

9) 「조선인 경관 모집」, 「조선인 경찰관 훈련, 일인은 오늘로 전부 면직」, 『매일신보』, 1945.9.16.

10) 「일인 경관의 발악, 발도(拔刀)로 월담 침입코 폭행」, 『매일신보』, 1945.10.19.

11) 「불성실로 건국에 장해, 삼백여 일본인 경관을 전부 파직, 조 경찰부장담」, 『자유신문』,
    1945.11.14.

12) 「다 가자면 앞으로 반년, 늦어지는 일본인 송환」, 『자유신문』, 1945.10.31.

13) 「사상경찰 흉괴의 최후, 제하칠랑(斎賀七郎)을 대로상에서 사살」, 『자유신문』,
    1945.11.4; 「고등경찰의 원흉, 제하(斎賀)를 사살, 작석(昨夕) 원남정에서」, 『중앙신문』,
    1945.11.3; 「반세기의 증언 일제의 질곡 심한 1943년 해외의 구국전선 움직임을 캐치」, 『조
    선일보』, 1964.9.20.

14) 「군관학교사건과 안재홍씨 피보」, 『한민』, 1936.7.30.

15) 유병은, 「일제 말 단파도청사건의 전모」, 『신동아』, 1988.

16) 국사편찬위원회, 『한국독립운동사자료집』 45권 -중국지역 독립운동 재판기록(3), 2001.

17) 「다가자면 앞으로 반년, 늦어지는 일본인 송환」, 『자유신문』, 1945.10.31.

18) 「인천화약폭발2, 18명 사상」, 『동아일보』, 1945.12.9; 「순직 양 씨 추도」, 같은 신문, 1945.12.19; 「발악 일인 철저 처단, 빈번한 모략과 살육행패에 일반의 분격점고」, 『중앙신문』, 1945.12.10.

19) 「45년 인천화약공장 폭발사건을 아십니까」, 『동아일보』, 1998.8.20.

20) 「조선유지화약공장 기공 지진제 거행」, 『조선일보』, 1939.9.30,

21) 小谷益次郎, 앞의 책, 53쪽; 김무용, 앞의 논문, 85~88쪽.

22) 차철욱, 「해방 직후 부산·경남지역 사업체관리위원회의 운영과 성격」, 『지역과 역사』 1호, 부경역사연구소, 1996, 112~114쪽.

23) 허호준, 「태평양전쟁과 제주도 -미군의 제주도 주둔 일본군 무장해제 과정을 중심으로」, 『사회와 역사』 72, 한국사회사학회, 2006, 54~58쪽.

24) 纐纈厚, 『総力戦体制研究: 日本陸軍の国家総動員構想』, 社会評論社, 2010. 33쪽; 김인호, 「일제 말 조선에서의 군수회사법 실시에 관한 연구」, 『한국근현대사연구』 9, 1998, 258~259쪽; 정안기, 「식민지 군수동원과 군수회사 체제의 연구 -군수회사법의 조선 시행과 운용을 중심으로」, 『한일경상논집』 63권, 2014, 51~52쪽.

25) 김대래·배석만, 「귀속사업체의 탈루 및 유실(1945~1949) -광주와 목포 지역의 사례를 중심으로」, 한국국민경제학회, 『경제학논집』 11권 2호, 2002, 51~53쪽.

26) 山根昌子, 『'朝鮮人·琉球人'帰国関係資料集 1946~1948 長野県』, 新幹社, 1992, 280~283쪽; 김국태 역, 『해방 3년과 미국 I -미국무성 비밀외교문서(FRUS)』, 돌베개, 1984, 103쪽.

27) 「상아탑에서 가두로, 학계총력 조선학술원을 창설」, 『매일신보』, 1945.9.14; 「화폐, 금융, 물가의 긴급대책, 조선학술원위원회에서 보고서 발표」, 같은 신문, 1945.10.9.

28) 「거금과 무기를 만재한 일본인 70명 밀항단, 전 경성부 총무부장 등 한강서 타진」, 『자유신문』, 1945.10.27; 「조선의 재산 만재한 일인 밀항선 나포, 마장(馬場) 등의 비행」, 『중앙신문』, 1945.11.10.

29) 『미군정청 관보』 Vol. No.1, 원주문화사, 1993, 93, 114쪽의 "Registration of Japanese Nationals".

30) 「일본인 사유재산 매매의 대책」, 『매일신보』, 1945.10.24.

31) 金城勳, 『同和』 159~161 통합호, 1961.3(『森田자료』-1, 414~416쪽).

32) 『미군정청 관보』 vol. No.1, 원주문화사, 1993, 94~96쪽.

33) 「송진우, 하지를 방문 요담」, 『자유신문』, 1945.11.5; 「고하의 원수를 갚아야지」, 『경향신문』, 1977.4.14.

34) 「불매동맹결성, 일인 재산 사지 말자」, 『자유신문』, 1945.10.24.

35) 竹前栄治 解説, 竹前栄治·今泉真理 訳, 『GHQ日本占領史 -GHQ占領史序説』 1, 日本図書センター, 1996, 101쪽의 자료-5; 남기정, 「남한과 일본에서의 미국의 점령정책 비교연구」, 서울대학교 외교학과 석사학위논문, 1991, 93~96쪽.

36) 『미군정청 관보』 vol. No.1, 원주문화사, 1993, 94~96, 166~168쪽.

37) 朝鮮総督府 前総務課長 山名酒喜男, 「朝鮮の産業界の現状に就いて: 民政長官 プレスコット 大佐·法務局長 ウッドオール 宛」, 1945.11.4(『森田자료』, 66~67쪽).

38) 「이적행위를 경고, 일본인 사재, 사지 말라」, 『매일신보』, 1945.10.5; 「일본인 재산의 매매는 건국정신에 배치」, 같은 신문, 1945.10.15.

39) 이연식, 「해방 직후 해외동포의 귀환과 미군정의 정책」, 서울시립대학교 석사학위논문, 1998, 58~59쪽; 「桃色映畫의 夜會; 有閑男女二十餘名의 獵奇'」, 『한성일보』, 1946.12.6.

40) 「平原兒」, 『朝鮮新聞』, 1937.5.4; 「新映画評, "新天地", 西部開拓年代記, パ社作品」, 『京城日報』, 1939.2.23; 「新映画評, "大平原"大掛りな力作, パ社作品」, 같은 신문, 1940.11.5.

41) 津村秀夫, 「大東亜映画と政治的映画」, 『映画旬報』 第100号, 1943, 10~11쪽.

42) 「破廉! 桃色映畫會事件 自稱重役實業家亂行」, 『예술통신』, 1946.12.2; 「桃色映畫事件擴大」, 같은 신문, 1946.12.3; 「明月舘서 桃色映畫上映한 犯人嚴探中」, 『제삼특보』, 1946.12.6.

43) 「昭和のエロ映画, "ブルーフィルム"の世界」, 『週刊朝日』, 2016.12.6.

44) 「요정에 도색영화」, 『동아일보』, 1945.12.6; 「금명간에 폐쇄 명령?」, 같은 신문, 1946.12.8; 「문 다닷든(닫었던) 요정 해금」, 같은 신문, 1946.12.18; 「퇴폐영화 즐기는 파렴치 도배 처벌」, 『조선일보』, 1946.12.6; 「모리배 숙청에 수사대를 조직」, 같은 신문, 1946.12.7; 「용두사미의 처치」, 같은 신문, 1946.12.18; 「음탕한 영화를 요정 이용 공개」, 『경향신문』, 1946.12.6; 「명월관, 국일관은 영업정지. 청향원, 난정은 증거 불충분」, 같은 신문, 1946.12.10; 「기생 숙박시킨 문제의 청향원」, 「도색영화의 관계자 속속 체포」, 같은 신문, 1946.12.11; 「도색영화 주범 양 명 송국」, 같은 신문, 1946.12.18.

45) 「도색영화에 추상, 관계자 타진, 요정도 처벌, 도색영화 장본인 경관 대동코 자수」, 『경향신문』, 1946.12.8; 황태정, 『즉결심판제도의 문제점과 개선방향』, 한국형사정책연구원, 2003, 29~31쪽; 「치안관 점차 폐지」, 『동아일보』, 1952.4.13.

46) 「명월관, 국일관은 영업정지, 청향원, 난정은 증거불충분」, 『경향신문』, 1946.12.10.

47) 「기생 숙박시킨 문제의 청향원」, 『경향신문』, 1946.12.11.

48) 「문다덧든 요정 해금」, 『동아일보』, 1946.12.18; 「용두사미의 처치」, 『조선일보』, 1946.12.18.

49) 「걸려들은 위법자」, 『경향신문』, 1946.12.11.

50) 「도색영화관화된 명월관 등 4개 요정에 정업처분」, 『동아일보』, 1946.12.10.

51) 「도색영화사건 최선 등 기생 수명을 취조」, 『경향신문』, 1947.1.7; 「도색영화사건에 상업은행 지점장 취조」, 같은 신문, 1947.1.10; 「도생영화사건 김린이씨도 구속취조」, 같은 신문, 1947.1.11.

52) 「도색영화공판 연기, 김린이를 돌연 석방」, 『경향신문』, 1947.2.5.

53) 「보석문제로 심리관들이 항의」, 『경향신문』, 1947.2.11; 「명월국일관 영업금지」, 『조선일보』, 1946.12.10.

54) 「비양심의 표본, 도색영화범 작일 구형」, 『동아일보』, 1947.2.8.

55) 「도색한 판결, 최고 징역 4개월」, 『조선일보』, 1947.2.8.

56) 「도색영화범에 벌금형 판결 언도」, 『조선일보』, 1947.2.13.

57) 「김린이 불복 상고」, 『조선일보』, 1947.2.27.

58) 「紅樓酒肆의 배부른 景彩, 出入하는 손님은 나으리와 謀利輩, 아는가, 모르는가 塗炭에 든 民生苦?」, 『한성일보』, 1947.1.17.

59) 「밤늦게 요리점서 도라가는(돌아가는) 자 누구?」, 『독립신보』, 1947.3.21.

60) 정무용, 「1980년대 초 야간통행금지 해제 직후의 풍속도」, 『역사문제연구』 40호, 2018, 101~102쪽; 이행선, 「1945~1982년 야간통행금지, 안전과 자유 그리고 재난」, 『민주주의와 인권』 18권 1호, 2018, 11~12쪽; 김학선, 「금지와 해제의 통치성」, 『역사연구』 40호, 2021, 343~344쪽.

61) 「요정출입, 공무원을 내사, 적발되면 공표, 장 투위 위원장 성명」, 『경향신문』, 1958.12.16.

62) 기자석 칼럼, 「웃는 약 좀 사주라고」, 『경향신문』, 1958.12.16.

63) 「육개부서를 결정, 반공투위 간부 첫 회합」, 『동아일보』, 1958.12.5.

64) 「세입대책은 재검토중」, 『조선일보』, 1947.4.3.

65) 「해괴! 보경회의 처사, 누가 허락한 기부와 경(警)자 사요, 경무부서 엄금」, 『동아일보』, 1947.4.5.

66) 「안 민정장관담, 각 대학 예과, 전문부 존속」, 『경향신문』, 1947.5.15.

67) 「보강회 해산 10일부로 명령」, 『경향신문』, 1947.6.14; 「보강회 기부금 압수한 일 없다」, 같은 신문, 1947.6.21.

68) 「경관과 수재민에 보강회서 위문금」, 『경향신문』, 1947.8.9.

69) 「세입대책은 재검토중」, 『조선일보』, 1947.4.3; 「관기진숙은 수시로 감찰」, 『경향신문』, 1947.4.3.

70) 「서울보경회, 역원에 박흥식 등」, 『중외경제신보』, 1947.3.16; 「기부 모집설 등으로 보경회에 비난이 자자」, 『자유신문』, 1947.3.16.

71) 국사편찬위원회 한국현대사자료 DB, '박흥식 반민족행위 특별조사위원회' 피의자신문조서(1949.2.14, 검찰관 노일환), 증인신문조서(1949.1.13, 조사관 이덕근).

72) 「오대광산은 국영」, 『조선일보』, 1948.11.26; 「태창 융자문제 질의」, 『경향신문』, 1955.6.9.

73) 「원래(遠來)의 외빈접대에 만전」, 『경향신문』, 1947.12.13.

74) 「칠곡·성주, 세대교체 되려나, 30대들이 60대에 도끼질」, 『경향신문』, 1963.11.23.

75) 「남자 팔뚝시계, 국내서 가장 비싼 것은 60만원짜리」, 『매일경제』, 1967.10.7.

76) 内田達孝 著, 『朝鮮行政法槪要』, 近沢書店, 1935; 京城医学専門学校 編, 『京城医学専門学校一覧(昭和14年)』, 編近沢印刷部, 1939; 和田八千穂·藤原喜蔵 編, 『朝鮮の回顧』, 近沢書店, 1945.

77) 「朝鮮共産黨聲明」, 『중앙신문』, 1946.5.17; 「위조지폐 인쇄한 근택 빨딩을 폐쇄」, 『동아일보』, 1946.5.20; 「여적」, 『경향신문』, 1974.11.30; 「조선공산당 본부가 들어앉은 서울 중구 소공동 74, 근택인쇄소」, 같은 신문, 1986.11.26; 「정판사 위폐사건, 유죄로 판결」, 『조선일보』, 1946.11.29.

78) 「본지 창간 사회부 기자 문제안씨, 옛날 기자들 멋 대단했지, 요정가에서는 특빈」, 『경향신문』, 1983.10.6; 이영진, 「40년대에도 포르노는 있었다」, 『씨네21』, 2006년 9월호.

79) 「한국정전 조인 일주년」, 『조선일보』, 1954.7.26.

80) 「불모의 땅, 도큐멘타리 영화」, 『동아일보』, 1963.1.30.

81) 「프란체스카, 장기봉, 문제안, 김상흠」, 『동아일보』, 1972.

82) 「대행기관을 설치코, 집세 등 취급케 할 방침, 일인재산 관리문제」, 『서울신문』, 1946.1.5.

83) 「일인가옥 조사감정, 가옥세는 칸수(間數)에 의하야 조정」, 『서울신문』, 1946.2.3.

84) 「일인재산관리, 조흥 외 각 은행 분담」, 『조선일보』, 1946.2.7.

85) 「일인가옥의 모리 부절(不絶), 삼분지이는 아직 미계약」, 『동아일보』, 1946.9.2.

86) USAMGIK, *G-2 Periodic Report*(이하 'G-2보고서'), 1947.7.17; 1947.8.8.

87) G-2보고서, 1945.9.23; 1945.12.27; 1946.2.1; 1946.3.1; 1946.3.6.

88) 「살인범 은폐, 독직 등 이구범 전 서장 등 불일 기소」, 『조선일보』, 1948.8.4.

89) G-2보고서, 1946.12.18; 1947.1.31; 1947.9.6.

90) G-2보고서, 1945.12.27; 1946.10.19; 1947.9.6.

91) G-2 보고서, 1945.12.20.

92) 「전재동포에 구호의 손」, 『독립신보』, 1946.12.21.

93) 「신의주고보 분규 해결; 스파이 학생 퇴학으로」, 『조선일보』, 1925.12.17; 「신의주서 잡힌 경도제대생 호송」, 같은 신문, 1929.7.31; 「경도학우회 임원을 개선」, 같은 신문, 1929.10.23; 「경도 조선학생 학술강연대회」, 같은 신문, 1929.11.20; 「4.16 공판 당일 경도감옥 습격」, 『동아일보』, 1931.12.13; 『治安維持法起訴者名簿』(1928~1932.2), 1932.7(필사본).

94) 「나주 재민(災民)에게 약품 양미 배급」, 『조선일보』, 1934.7.25; 「신의주 재적(災跡) 답사기(2) 악취는 촉비코 환자가 접종 발생」, 같은 신문, 1935.8.10.

95) 김린이, 「국제정국의 동향」, 『사해공론』 1권 6호, 1935.

96) 소식, 「삼천리기밀실」, 『삼천리』 6권 8호, 1934; 「총독부를 싸고 도는 신문기자진」, 『삼천리』 6권 9호, 1934; 「기밀실, 우리 사회의 제 내막, 매일신보의 신체제」, 『삼천리』 12권 9호, 1940; 「인사」, 『매일신보』, 1939.4.6; 「本社辭令」, 같은 신문, 1940.2.2.

97) 「朝映理事に香山金兩氏を推薦」, 『경성일보』, 1944.7.5.

98) 위경혜, 『돌아올수 없는 경계인 최남주』, 도서출판 사람들, 2022, 141~142쪽.

99) 「회장에 정화세씨, 영화제작가협회」, 『조선일보』, 1959.1.20.

100) 「깨끗이 잊자고 풀려나온 임화씨와 '합쭉이'의 표정」, 『조선일보』, 1959.12.10; 「임화수 유지광 등 구속」, 『동아일보』, 1960.4.24.

101) 「권력과 폭력 앞에 떠는 영화계」, 『동아일보』, 1959.11.29.

102) 「35미리 국산영화 '코리아'」, 『경향신문』, 1954.4.25.

103) 「서울차가인동맹, 전일본소유주택의 독점배격을 결의」, 『자유신문』, 1945.12.19.

104) 「일인 건물 매매 반대, 전재동포에게 우선 임차」, 『조선인민보』, 1945.12.21.

105) 「전재민주택 주라」, 『독립신보』, 1946.11.23.

106) 「화급한 전재민 문제」, 『독립신보』, 1946.12.13.

107) 「아버지의 일지」, 『한성일보』, 1946.12.15.

108) 「요정개방을 강행」, 『한성일보』, 1946.12.19.

109) 「45% 탈세, 세무서에서 일반에 경고」, 『동아일보』, 1946.6.6.

4장 해방 조선에서 출세를 하려면

1) 왕궁면주민자치위원회·왕궁면지편찬위원회, 『세계유산 백제왕도 왕궁면 마을 유래집』, 원불
   교출판사, 2022; 「초대 서울시장 김형민」, 『익산열린신문』, 2016.11.21.

2) 「초대 서울시장 김형민옹, 자서전 준비하며 골프도」, 『경향신문』, 1985.3.30; 「특별시장」, 같은
   신문, 1988.4.23.

3) 「D/A수입을 승인, 대한극장 영사기 등」, 『경향신문』, 1958.1.19; 「문 못 연 대한극장 상영물 정
   식 수속 미필에 기인」, 같은 신문, 1958.4.5; 「정계 스냅, 재경위원이 탈세 기도, 고양이에 반찬
   가게 보라는 격」, 『동아일보』, 1959.5.29.

4) 「6300만원에 단성사 팔려」, 『경향신문』, 1962.9.19; 「나의 기업인생 (45) 벽산 김인득」, 같은 신
   문, 1994.2.22; 「한때 단성사 등 소유, 노사화합 안정 노력 김인득 벽산명예회장」, 『매일경제』
   1997.3.20.

5) 「70미리 벤허」, 『마산일보』, 1962.8.22; 「벤허 리바이벌 성공, 25만 동원, 흥행 수입 최고」, 『경
   향신문』, 1972.10.21.

6) 「사관학교 재건을 추진, 미제8군에서 기금 갹출」, 『조선일보』, 1953.1.26.

7) 「이박사 유해, 오늘 환국」, 『동아일보』, 1965.7.23.

8) 「이치백의 전북의 기억(4) 초대 서울시장 김형민」, 『새전북신문』, 2009.9.10.

9) 김수자, 「미군정의 군정기구 운용과 관료임용정책」, 『향토서울(서울과 역사)』 71호, 2008,

15~16쪽.

10) 「李範昇 시장 반대, 서울인민위원장 피검」, 『자유신문』, 1945.11.9; 「서울시장 사임」, 『동아일보』, 1946.5.10.

11) 「유괴하여 살해」, 『조선일보』, 1949.11.9; 「홍릉 사건 범인 유(씨)에게 사형 언도」, 『경향신문』, 1950.3.21; 「유괴와는 무관」, 『조선일보』, 1949.11.12.

12) 「실종이냐, 유괴냐? 조두형군 행방 갈피 못잡은 채 220일」, 『경향신문』, 1963.4.17; 「광복 30년 세정산책(29) 미궁의 메아리, "두형이" 가요까지」, 『조선일보』, 1975.8.2.

13) 「이형호군 유괴살해 일지」, 『동아일보』, 1991.3.15; 「이형호군 살해범 잡읍시다. 테이프 노점상 이색운동」, 같은 신문, 1992.6.17; 「여적: 그놈 목소리」, 『경향신문』, 2023.5.31.

14) 「유괴사건 속보, 군밤 성분 발견, 유창근 범행은 확실시」, 『경향신문』, 1949.12.11.

15) 「아동 유괴 감시에 여경」, 『조선일보』, 1949.11.11; 「또 학동유괴 사건, 남산에 끌고가서 외투를 강탈」, 『경향신문』, 1950.1.26.

16) 「남산에 소녀 유괴사건, 질식 후 의복을 탈취, 체포된 범인은 17세 난 소년」, 『부인신문』, 1950.1.26; 「또 학동 유괴사건」, 『경향신문』, 1950.1.26; 「또 다시 아동 유괴」, 『조선일보』, 1950.1.26.

17) 「이번엔 小女誘拐:窒息後衣服奪取 被害者(金文禧9歲孃)多幸히 蘇生 犯人은 現場서 無難逮捕」, 『연합신문』, 1950.1.26; 「少女誘拐犯逮捕한 金一等中士를 表彰」, 같은 신문, 1950.1.28; 「南山에 少女誘拐, 窒息後衣服奪取타 被逮」, 『국도신문』, 1950.1.26.

18) 「전 市長 金炯敏씨, 敵産 횡령 혐의로 문초 중」, 『자유신문』, 1949.2.22; 「敵産家屋問題로 金炯敏氏를 問招」, 『연합신문』, 1949.2.23.

19) 「전 시장이 적산 편취」, 『조선일보』, 1949.2.22.

20) 「적산가옥 모리? 전 시장 김형민씨 문초」, 『동아일보』, 1949.2.22.

21) 국사편찬위원회 DB, 제5회 57차: 「검찰청법안 제1독회」, 1949.12.3.

22) 「敵産事業體贈收賄事件, 金서울市長等送廳, 檢察廳取調에 따라 擴大豫想」, 『국제신문』, 1948.10.16.

23) 「시 행정과 경찰 일원화」, 『동아일보』, 1948.10.15.

24) 「영어 능통을 기화로, 60만 원을 사기한 사나히(사나이)」, 『신민일보』, 1948.2.21; 「시 간부도 관련, 귀속사업처 사건 송청」, 『경향신문』, 1948.10.16; 「서울시 이수용 사건 확대, 김시장 등 8

명, 수회혐의로 작일 송청」, 『조선일보』, 1948.10.16.

25) 「조폐공사사장에 선우종원씨 정부서 내정」, 『경향신문』, 1960.9.18; 「국회사무총장에 선우
종원씨 내정」, 『매일경제』, 1971.7.28; 「공산당조작사건 진상 밝힐 터, 8년 간의 망명생활을 말
하는 선우씨」, 『동아일보』, 1960.9.7; 「선우종원 한창우 피고 반혁명사건 공판」, 『동아일보』,
1961.6.30.

26) 「新發見の黃海道白川溫泉, 愈組合組織で經營」, 『조선신문』, 1929.12.18; 「白川溫泉近近入
浴實現」, 『중외일보』, 1930.1.24; 「백천온천 번창」, 『부산일보』, 1933.2.10; 「백천온천, 경기가
좋다」, 같은 신문, 1940.2.8.

27) 「宇垣總督, 白川溫泉行」, 『조선신문』, 1932.12.4; 「京畿道, 宇垣總督が白川溫泉へ」, 같은 신
문, 1933.5.18; 「溫泉と總督」, 『경성일보』, 1933.1.14; 「平黃兩道 巡視 終了 -小磯總督 白川溫
泉 出發 京城으로」, 『매일신보』, 1943.3.27.

28) 「全鮮名勝地推薦, 第四回發表」, 『京城日報』, 1930.2.14.

29) 「三警察部長白川溫川ホテルで事務の引繼ぎ」, 『조선신문』, 1935.7.30; 「警察官療養所, 白川
溫泉에 設置」, 『민중일보』, 1948.3.11; 「警察官療養所 白泉溫泉에 設置, 晝夜不休의 保健爲
해」, 『부인신보』, 1948.3.12.

30) 「김 시장의 유임은 확정적, 대통령 도일(渡日) 직전 대체로 승낙?」, 『경향신문』, 1948.10.20.

31) 「조사 받은 일 없다, 시 귀속처사건에 대하여, 김 시장 수도청 비난」, 『조선일보』, 1948.10.20;
「내 의자 노리는 자의 모략, 귀속사업처사건에 김형민 시장담」, 『경향신문』, 1948.10.20.

32) 「윤 시장 금일 등청」, 『동아일보』, 1948.12.10.

33) 「대통령, 장관, 서울대총장 대 이어 지배 엘리트」, 『한겨레』, 2009.8.14.

34) 「백일하에 폭로된 간상의 복마전」, 『동아일보』, 1945.12.11; 「시청은 복마전? 배당된 군
용품을 횡령」, 『경향신문』, 1948.12.4; 「국과실 전부 변경, 시정운영에 기분」, 『동아일보』,
1949.2.26.

35) 「임 장관 수(遂) 퇴진, 후임엔 윤보선씨 임명」, 『경향신문』, 1949.6.7; 「신 장관들의 프로필, 쓰
레기 청소로, 만심하면 탈, 윤 상공장관 편」, 같은 신문, 1949.6.8; 「상공장관 경질, 후임에 김훈
씨 발령」, 『조선일보』, 1950.5.10.

36) 「신 장관들의 프로필, 쓰레기 청소로, 만심(慢心)하면 탈, 윤 상공장관 편」, 『경향신문』,
1949.6.8.

37) 「임 장관 드디어 기소」, 『경향신문』, 1949.5.29.

38) 「시민의 식량을 술로 가로 넘긴 자가 누구냐, 고구마사건」, 『경향신문』, 1946.11.21; 「시정 불만을 자인, 기자단 진언에 수긍」, 같은 신문, 1946.12.29; 「학교 어린이에 빵을 격일 배급」, 『조선일보』, 1946.11.30.

39) 「김 시장 결재인데 비스케트 모리」, 『조선일보』, 1946.12.6.

40) 「청량리역서 동면하는 장작 14화차 언제 배급?」, 『경향신문』, 1947.1.24.

41) 「시정의 무능력과 무책임을 시정기자단 김 시장 탄핵」, 『동아일보』, 1946.12.29.

42) 「京城府尹就任 金炯敏氏」, 『현대일보』, 1946.7.2.

43) 류상진, 『조선총독부의 석유정책 연구 -만주사변 이후를 중심으로』, 건국대 박사학위논문, 2024, 154~156쪽; 김인호, 「태평양전쟁시기 서울지역의 생필품 배급통제 실태」, 『서울학연구』 16호, 2006, 102~104쪽.

44) 「大韓航空経営者一族の傍若無人さの背景」, 『長周新聞』, 2018.6.8.

45) 「한진수송단 피습」, 『경향신문』, 1969.8.25; 「안케 험곡의 피의 격전」, 『동아일보』, 1972.4.21; 「김태완의 인간탐험, 마지막 1세대 CEO 조중건 대한항공 전 부회장」, 『월간조선』, 2022년 11월호.

46) 황창학, 「조중훈과 한진, 하늘길과 바닷길을 개척해 수출입국의 기틀을 다지다」, 『월간조선』, 2011.1; 「주식회사 전환, 대한항공공사」, 『매일경제』, 1969.4.12.

47) 오미일, 「1945~1948년 협동조합의 설립 경로와 유형」, 『한국사연구』 187호, 2019, 407~409쪽; 김기원, 『미군정기의 경제구조 -귀속기업체의 처리와 노동자 자주관리운동을 중심으로』, 푸른산, 1990, 19~20쪽.

48) 「한국 대표 7명, 11일 동경 향발」, 『조선일보』, 1957.5.11.

49) 국사편찬위원회 DB, 「대한민국직원록」(1953년도).

50) 「또 학동유괴사건, 남산에 끌고가서 외투를 강탈」, 『경향신문』, 1950.1.26.

51) 국사편찬위원회 DB, 「대한민국직원록」(1952~1953년).

52) 「적산가옥 모리? 전 시장 김형민씨 문초」, 『동아일보』, 1949.2.22.

53) 「재산관리처 주택과 신설」, 『공업신문』, 1946.7.3; 「가옥모리배를 적발, 일인가옥조사 위해 주택과 신설」, 『자유신문』, 1946.7.8; 「전 일인주택 4만여 호 모리배 독점으로 혼란」, 『자유신문』, 1946.7.22; 「불법점거 조사, 부 주택과의 직무」, 『조선일보』, 1946.8.9; 「적산관리사무 29일

부터 재개속」, 『경향신문』, 1946.10.26.

54) 「회장에는 이중재씨 서울상의 역원 선출」, 『조선일보』, 1954.2.1; 「노소장파의 쟁탈전 상의 회장 선출 누목」, 『경향신문』, 1954.8.23.

55) 「막대한 국세, 귀재(귀속재산) 체납액」, 『경향신문』, 1960.6.4.

56) 「109업체 탈세 적발」, 『동아일보』, 1971.9.14.

57) 「대표 등 2명 입건, 삼일사 유공대리점 억대 탈세」, 『경향신문』, 1974.4.2.

58) 「값 뛰는 부동산」, 『동아일보』, 1974.2.13.

59) 「평가교수단 당면 경제정책 13개항 건의, 물가 균형과 인플레 수습 시급」, 『경향신문』, 1974.3.13; 「질주태세의 물가, 서민만 녹아난다」, 『동아일보』, 1974.12.10.

60) 「단속 무력 속의 부정 외래품」, 『동아일보』, 1974.1.21.

61) 『해방일보』 1946.2.15 "왜감(倭柑)은 어떻게 오나, 쌀 밀수출하는 모리배의 탓".

62) 조선총독부, 『인구조사결과보고』, 1944.5.

63) 이연식, 「해방 후 한반도 거주 일본인 귀환에 관한 연구」, 서울시립대 박사논문, 1998.2, 65~66쪽.

64) 京城居留民団役所, 『京城発達史』, 日韓印刷株式会社, 1912, 385~392쪽; 이연식, 『서울의 공원』, 서울역사편찬원, 2023, 77~82쪽; 박준형, 「용산 지역 일본인 사회의 형성과 변천(1882~1945)」, 『서울과 역사』 98호, 2018, 277~283쪽; 양승우, 「일제시대 일본인의 용산 점유 과정」, 『보이는 용산, 보이지 않는 용산』, 마티, 2009, 23~25쪽.

65) 서울역사편찬원, 『국역 경성부사』 제2권, 2013, 846~847쪽.

66) 「賣りに出た鮮銀社宅, 十七萬圓で鮮鐵へ手渡す」, 『京城日報』, 1924.9.4; 「朝新案内 -女中募集」, 『朝鮮新聞』, 1929.9.22; 「群山鮮銀舍宅 侵入窃盗犯 全州에서 逮捕」, 『毎日新報』, 1930.1.16.

67) 「京日案内 -住宅」, 『京城日報』, 1936.3.29; 「朝新案内 -住宅」, 『朝鮮新聞』, 1938.3.5.

68) 국사편찬위원회 DB, 「반민자 대공판기」, "노덕술 편: 호위경관을 둔 노덕술".

69) 「朝新案内 -住宅」, 『朝鮮新聞』, 1924.12.18; 「또 학동유괴사건」, 『경향신문』, 1950.1.26.

70) 이연식, 「패전 후 한반도에서 돌아간 일본인 여성의 귀환체험」, 『한일민족문제연구』 17, 2009, 169~170쪽; 이연식, 「해방 후 본토로 돌아간 일본인의 경성 인식」, 『향토서울』 79호, 2011, 254~250쪽; 서울역사편찬원, 『또 다른 서울사람들』, 2023의 제2장 도미이 마사노리, 제3

장 시모카와 마사하루 구술자료 참조.

71)「牧の島遊廓から龍山へ駈落」,『朝鮮新報』, 1924.12.18;「一圖に憤った評判の大工, 龍山彌
生遊廓の惨劇後報」,『京城日報』, 1926.8.15;「戀慕튼 美人娼婦가 同棲에 不應한다 刺殺 남자
도 즉시 신사 압혜가서 자살 창부는 수히 해방될 얌잔한 녀자 龍山遊廓의 惨劇」,『매일신보』,
1926.8.15;「신정유곽을 이전하고 경전과 보상계약하라!」,『동아일보』, 1936.3.14;「유곽도박
단 11명 포진」,『조선일보』, 1939.12.2.

72) 이연식,『서울의 공원』, 서울역사편찬원, 2023, 136~139쪽.

73) 양승우,「일제시대 일본인의 용산 점유 과정」,『보이는 용산, 보이지 않는 용산』, 마티, 2009,
22쪽.

74) 손정목,『한국개항기 도시사회경제사연구』, 일지사, 1982, 324~325쪽.

75)「신정유곽을 이전하고 경전과 보상계약」,『동아일보』, 1936.3.14.

76)「사회명랑화를 위한 부정부패 추방 캠페인」,『조선일보』, 1966.5.3;「고건 신임 서울시장 인
터뷰」,『한겨레』, 1988.12.7;「서울시는 아직도 복마전인가」,『동아일보』, 1989.9.22;「조순 서
울시장 복마전 이미지 꼭 씻어낼 것」,『경향신문』, 1995.9.28.

5장 비정하기만 했던 나의 조국, 조선

1)「그때 그 일들, 김종삼(2) '다난했던 취조주임 시절'」,『동아일보』, 1976.10.11.

2)「행실 나쁜 4미병, 강간죄로 종신역」,『한성일보』, 1946.4.13;「비행 미군에 중형, 강간범
에 종신징역」,『중앙신문』, 1946.3.13;「脫獄한 美軍逮捕 警察廳의 初陣凱旋」,『대동신문』,
1946.3.16.

3)「수사에 이천 명 출동, 탈옥한 셋 미군 어제 체포」,『동아일보』, 1946.3.16.

4)「牧の島遊廓から龍山へ駈落」,『朝鮮新報』, 1924.12.18;「一圖に憤った評判の大工, 龍山彌
生遊廓の惨劇後報」,『京城日報』, 1926.8.15;「戀慕튼 美人娼婦가 同棲에 不應한다 刺殺 남자
도 즉시 신사 압혜가서 자살 창부는 수히 해방될 얌잔한 녀자 龍山遊廓의 惨劇」,『매일신보』,
1926.8.15;「신정유곽을 이전하고 경전과 보상계약하라!」,『동아일보』, 1936.3.14;「유곽도박
단 11명 포진」,『조선일보』, 1939.12.2.

5) 서울역사편찬원, 『또 다른 서울사람들』, 2023. 도미이 마사노리富井正憲 구술의 일본어 녹취록 원문 전문과 음성 파일은 현재 서울기록원으로 이관됐고, 인터뷰는 2019년 8월 6일 (14:00~17:00) 경복궁 부근 카페 '스몰 하우스'에서 필자가 진행했다.

6) 富井正憲, 『日本·韓国·台湾·中国の住宅営団に関する研究: 東アジア4カ国における居住空間の比較文化論的考察』, 東京大学 (工学)博士學論位文, 1996.

7) 『朝鮮年鑑』, 京城日報社, 1935, 83쪽.

8) 「일인 소유 가옥 사용 조사 후에야 정식 허가」, 『조선일보』, 1946.1.12; 「공정하게 처리, 조흥은행 특수업무과」, 같은 신문, 1946.4.4.

9) 「응접실」, 『동아일보』, 1946.7.23.

10) 「살림하기에 부적, 전재민건축주택에 물의」, 『경향신문』, 1946.11.17; 「전재민 위해 움집 건축」, 『조선일보』, 1946.11.19; 「전재민가주택 건설에」, 『동아일보』, 1946.12.1.

11) 「전재동포의 과동조치로 유곽, 요정 등 개방」, 『동아일보』, 1946.11.26; 「삼십일 후라니! 개방한다든 요정」, 같은 신문, 1946.12.24; 「요정을 개방하라」, 『조선일보』, 1946.12.8; 「요정개방 한 달 유예」, 같은 신문, 1946.12.25.

12) 「도색영화의 요정에 분격」, 『동아일보』, 1946.12.10.

13) 「2500 재민 23일부터 수용코저 13 요정, 댄스홀 개방」, 『동아일보』, 1946.12.21.

14) 「요정개방에 말성(말썽)」, 『조선일보』, 1946.12.24.

15) 「유휴건물은 전재민의 집」, 『한성일보』, 1946.12.21.

16) 「금일부터 전재민 입주」, 『한성일보』, 1947.1.7.

17) 「적산요정 유휴가옥에 전재민 입주케 하라」, 『조선일보』, 1946.12.11.

18) 「전재민 일부 입주」, 『경향신문』, 1947.1.8.

19) 「요정개방에 괴변 속출, 거듭되는 추태에」, 『동아일보』, 1947.1.23.

20) 「요정, 여관을 개방. 전재민 114세대 수용」, 『동아일보』, 1947.3.27.

21) 「중국인 협력 요망」, 『경향신문』, 1947.2.7; 「전재민주택 개방을 중지」, 『동아일보』, 1947.6.8.

22) 「전재민 수용에 김 시장담, 사찰과 공가를 개방겠다」, 『경향신문』, 1947.5.29.

23) 「개방요정은 삼류뿐」, 『한성일보』, 1947.1.9.

24) 「社說, 戰災同胞를 再論」, 『독립신보』, 1947.1.14.

25) 「탐관오리 모리배의 심담을 서늘케 하는 이만종 특무과장」, 『경향신문』, 1947.2.23; 「임청사

건 송국」, 같은 신문, 1947.4.10; 「오리(汚吏) 모리배 소탕에 심혈을 경주하겠다」, 『조선일보』, 1947.11.8; 「관기 숙청 노력, 이만종씨 취임담」, 『동아일보』, 1947.11.9.

26) 「정운용씨 구인장?」, 『조선일보』, 1946.8.31; 「정 조흥은행 두취를 해임」, 『경향신문』, 1947.10.18.

27) 재미한국연합위원회, 『解放朝鮮』, 김남식 외, 『한국현대사자료총서』 10, 1986, 돌베개, 640 쪽.

28) 「상무국장 취조 임청사건 관계로」, 『경향신문』, 1947.3.15; 「임청사건 송국」, 같은 신문, 1947.4.10; 「문제의 임청사건, 한 상무국장 소환」, 같은 신문, 1947.5.10; 「수수꺼끼가 하나 더 는 임청의 얼굴도 모른다고, 주목되는 이 농무부장의 발표」, 『동아일보』, 1947.5.20; 「임청사건 관련자 곽우경 취조 체포」, 『조선일보』, 1947.6.1; 「임청사건 진상공개 육백만 원 행방은?」, 같은 신문, 1947.6.29.

29) 「노덕술 반민자로 체포」, 『조선일보』, 1949.1.26; 국사편찬위원회 DB, 「반민자 대공판기」, "노덕술 편, 호위경관을 둔 노덕술".

30) 김남식, 『남로당연구』III -자료편, 돌베개, 1988, 281쪽; 「반역자, 친일파, 전범, 간상 등」, 『경향신문』, 1947.4.24; 「부일반역배조례, 입의」, 『동아일보』, 1947.7.5.

31) 송광렴, 「간상배와의 투쟁문제」(1947.9.10), 『문명상업과 소비조합』, 제1권 6호, 1947(국사편찬위원회, 『북한관계사료집』 제31권의 자료-19번).

32) 「서울보경회, 역원에 박홍식 등」, 『중외경제신보』, 1947.3.16; 「보강회 공적으로 노덕술과 절친 이두철」, 『조선일보』, 1947.4.14.

33) 「동화백화점 분규 진상」, 『국제신문』, 1948.9.9; 「동화백화점 돌려주시오. 전 관리인이 진정」, 『경향신문』, 1960.11.13; 「동화백화점 관리권 문제로 여전히 진통」, 『연합신문』 1950.5.9.

34) 「비화한 세대 268회, 귀속재산(49) 민우회」, 『경향신문』, 1977.12.1.

35) 「험란한 부산공기 23일 제3파 시위」, 『조선일보』, 1952.5.25; 「30여 기술공 파면」, 『동아일보』, 1952.8.20; 「중앙 직할대기업체를 불하, 조방 양 공장, 삼척세멘트 등 입찰」, 같은 신문, 1955.8.27.

36) 「동화백화점 관리인 강을 구속」, 『조선일보』, 1960.11.3; 「속출하는 박찬일, 곽영주의 죄상, 조방 불하에 압력」, 『동아일보』, 1960.5.25.

37) 「융자편중을 경고, 태창에의 특혜조치를 예로」, 『경향신문』, 1955.6.9; 「특혜파동 그 밑바닥,

재벌, 관료, 정치세력 '권력줄' 타는 곡예사」, 『조선일보』, 1965.2.16.

38) 「서울보경회, 역원에 박흥식 등」, 『중외경제신보』, 1947.3.16.

39) 국사편찬위원회 한국현대사자료 DB, '박흥식 반민족행위 특별조사위원회' 피의자신문조서 (1949.2.14, 검찰관 노일환), 증인신문조서(1949.1.13, 조사관 이덕근).

40) 「친일 거두 박흥식 보석에 말썽」, 『자유신문』, 1949.4.22.

41) 「상공부 수산국, 원양어업 발전 위해 무경험자 진출 허용」, 『부산일보』, 1951.3.14.

42) 「국회 모독 기사로 논의」, 『조선일보』, 1948.11.30.

43) 「首都廳副廳長 李九範氏 任命」, 『한성일보』 1948.9.20; 「李 부국장 사표 제출」, 『자유신문』, 1948.12.31; 「이구범에 체포령」, 『동아일보』, 1949.1.12; 「日本이로 逃走計劃하든 李九範도 被逮? 特委서 連日活動繼續」, 『한성일보』, 1949.1.30; 「이구범 관련 일녀(日女)를 소환」, 『경향신문』, 1949.3.6; 「이구범 도피지 일본이 유력시」, 『경향신문』, 1949.3.13.

44) 「먼저 치안 확보, 이 강원경찰국장 담」, 『조선일보』, 1952.8.23.

45) 「각 도 치안책임자 내무장관이 표창」, 『동아일보』, 1953.1.12.

46) 「친일파 악질통역 부정관리 등 한미공동회담서 전면적 검토」, 『조선일보』, 1946.11.8; 「전봉관의 해방 거리를 걷다: 친일파와 친 직업인은 다르다, 조병옥이 일제 경찰을 등용한 이유」, 같은 신문, 2023.12.05; 「비화한 세대(144) 군정경찰(75) 10.1 폭동사건」, 『경향신문』, 1977.6.8.

47) 연재 기사 「비화한 세대(110회), 군정경찰(41회), 고문경찰의 발탁」, 『경향신문』, 1977.4.15.

48) 「신구 부정경관, 현직에서 총퇴진하라, 최능진씨의 성명, 조·장 양 씨를 반박」, 『경향신문』, 1946.12.14.

49) 「사설: 일인재산 처분문제를 재론함」, 『동아일보』, 1946.3.10.

50) 「적산 소규모 불하방침, 공보부서 속속 발표」, 『동아일보』, 1947.7.16; 「시가기준, 일시불, 적당하다고 인정하면 신용매매」, 『서울신문』, 1947.7.16.

51) 「적산불하는 임정 수립 후, 각 방면에서 반대성명」, 『동아일보』, 1947.4.18.

52) 「적산은 민족의 고혈, 단독처분은 법적으로 위반」, 『조선일보』, 1947.4.18.

53) 「적산불하 만부당, 임정이 인민 위해 처리」, 『경향신문』, 1947.6.18.

54) 「소규모의 적산사업장과 가옥 불하에 관한 계획안」, 『경향신문』, 1947.7.16; 「연속기사(3)」, 같은 신문, 1947.7.17(前承), 1947.7.18.

55) 「독촉, 적산처리 반대」, 『동아일보』, 1947.8.1; 「적산소규모사업기관 급 주택불하 세칙, 현시가 기준으로 대금은 수립될 정부로 이관」, 『조선일보』, 1947.7.16; 「적산불하 만부당, 각계각층의 여론 비등」, 같은 신문, 1947.7.17.

56) 「적산이관은 가급 추진, 충북이 효시로 3가옥을 불하」, 『조선일보』, 1947.1.21; 「적산주택 처분」, 『동아일보』, 1947.1.21.

57) 「적산가옥상점 등, 판매를 일절로 중지」, 『서울신문』, 1948.9.30.

58) 「공장 가옥 등을 공개로 조리 따라 공정히, 이대통령, 방매원칙을 단명(斷明)」, 『서울신문』, 1949.12.22.

59) 『독립신보』, 1946.8.2; 『조선일보』, 1946.11.19; 『동아일보』, 1946.12.4; 『서울신문』, 1947.1.29.

60) 『서울신문』, 1947.7.18.

61) 『한성일보』, 1946.11.24,

62) 『조선일보』, 1946.12.11.

63) 『독립신보』, 1947.10.15.

64) 『독립신보』, 1947.8.29.

65) 『독립신보』, 1947.11.21.

66) 조선은행조사부, 『경제연감』, 1949, 표-262.

67) 『독립신보』, 1947.12.21; 『동아일보』, 1948.6.4.

68) 『경향신문』, 1947.4.30.

69) 『독립신보』, 1947.8.29; 『조선일보』, 1947.5.29.

70) USAMGIK, *G-2 Periodic Report*, 1945.11.11; 1945.12.23; 1946.1.24; 1947.7.17; 1847.8.8.

71) 『독립신보』, 1946.12.19.

72) 『조선인민보』, 1946.3.19.

73) *Summation 26*, 1947년 11월, 4~5쪽; 이연식, 「해방 직후 우리 안의 난민·이주민 문제에 관한 시론」, 『역사문제연구』, 2016, 제2장; 李淵植, 「韓国における戦後人口移動と引揚者の初期定着」, 蘭信三 外, 『引揚·追放·残留』, 名古屋大学出会, 2019, 272~273쪽 참조.

74) 『독립신보』, 1946.5.11.

75) *Summation 32*, 1948년 5월, 6~7쪽.

76) 김춘선, 「중국 연변지역 전염병 확산과 한인의 미귀환」, 『한국근현대사연구』 43, 2007,

129~131쪽.

77) G-2 보고서, 1947.7.19.

78) 『한성일보』, 1946.4.21.

79) 『독립신보』, 1946.8.4.

80) 『경향신문』, 1947.5.15

81) 『한성일보』, 1946.4.11.

82) 「재일조선인의 요구 조건」, G-2 보고서, No. 194, 1946.4.

83) 「가라쓰 재일한인 검거」, G-2 보고서, No. 305, 1946.8.

84) 「CIC 조선인단체 조사」, G-2」 보고서, No. 294, 1946.8.

85) 「밀항자 8할은 피검, 일본의회서 취체방침 강구」, 『조선인민보』, 1946.8.19.

86) G-2보고서, 1946.8.6; 1946.9.27; 1945.11.3; 『독립신보』, 1946.7.1.

87) 이연식, 「해방 직후 우리 안의 난민문제에 관한 시론 -국민국가의 시공간을 초월한 인구이동의 역사적 함의」, 『역사문제연구』 제35권 1호, 2016의 제2장 2절 "전승국과 패전국의 전후 인구이동" 참조.

88) 이연식, 『조선을 떠나며』, 2012, 168쪽의 '캄차카 고기잡이와 노동귀족'.

89) 李淵植, 「韓国における戦後人口移動と引揚者の初期定着」, 蘭信三 外, 『引揚・追放・残留』, 名古屋大学出会, 2019, 271~279쪽.

90) 「引揚者問題のサボ」, 『読売新聞』 1946.11.20; 引揚者5連合会調査部, 『民主革命と引揚者 : 引揚者生活実態調査報告』, 1947(Prange Collection, ID: 026240486); 衆議院第1回国会, 本会議第23号(1947.8.18); 衆議院第1回国会, 在外同胞引揚問題に関する特別小委員会第2号(1947.10.2);第10号(1948.4.14)에서 北条秀一, 中村常太郎, 田村文吉, 金岩伝一의 발언.

91) 村上貴美子, 『占領期の福祉政策』, 勁草書房, 1987, 58~59쪽; 이혜원 외, 위의 글, 321~326쪽.

92) 이연식, 「종전 후 한·일 양국 귀환자의 모국 정착과정 비교 연구 -포스트콜로니얼 관점에서 본 식민자와 피식민지민의 전후실태 비교」, 『한일민족문제연구』 31호, 2016의 제4장 참조.

93) 비서처, 『과도입법의원속기록』 제146호, 1947.9.18의 김지봉, 안동원 의원 발언 참조.

94) 이연식, 『조선을 떠나며』, 역사비평사, 2012, 207쪽.

에필로그 남은 자, 남겨진 자, 돌아오지 못한 자의 그림자

1) 이연식, 「1950~1960년대 재일한국인 북송문제의 재고」, 『전농사론』 7권, 2001; 이연식, 『사할린한인 귀환문제에 대한 전후 일본의 대응』, 『동북아역사논총』 46호, 2014; 이연식·오일환·방일권, 『책임과 변명의 인질극 사할린한인문제를 둘러싼 한러일 3국의 외교협상』, 채륜, 2018; 李淵植, 「韓国における戦後人口移動と引揚者の初期定着」, 蘭信三 外, 『引揚·追放·残留』, 名古屋大学出会, 2019; 일제강점하강제동원피해진상규명위원회, 『우키시마호사건소송자료집』 1·2권, 2007.12(필자 편저); 이연식, 「우키시마호사건, 특별한 남북일 시민연대」, 『한겨레21』 1275호, 2019.08; 이연식, 『해방 후 강제동원 피해자의 귀환 및 귀환 과정 실태 조사』, 일제강제동원피해자지원재단 연구 용역 보고서, 2021.12; 이연식, 『전후 일본의 우키시마호사건 진상조사 과정의 문제점 -사실관계의 해석과 논의를 중심으로』, 일제강제동원피해자지원재단 연구 용역 보고서, 2023.12.

2) 『조선을 떠나며』(2012, 역사비평사)를 저본으로 제작한, KBS 광복절 특별기획 〈조선총독부 최후의 25일〉(2013), 일본 종전기념일 특별기획 NHKスペシャル 〈忘れられた引き揚げ者〉 2부작(2013), 가토 기요후미加藤聖文 교수와 종전 후 소련 점령지의 억류자 문제 대담, KBS 파노라마 〈북송(Repatriation)〉 2부작(2013), 호주국립대학교 텟사 모리스 스즈키(Tessa Morris-Suzuki) 교수 및 오일환 중앙대 교수 등과 재일동포의 북송 문제의 역사적 배경과 전개 과정 코멘트, KBS 광복절 특집 다큐 〈사할린, 광복은 오지 않았다〉(2019), 한국외국어대 방일권 교수와 사할린 한인의 감시 체제와 종전 전후의 학살 문제 코멘트 등.

3) 川喜田敦子, 「第二次世界大戦後の人口移動 -連合国の構想にみるヨーロッパとアジアの連関」, 蘭信三·川喜田敦子·松浦雄介 編, 『引揚·追放·残留 −戦後国際民族移動の比較研究』, 80~82, 85~87쪽.

4) UNHCR, *The State of the World's Refugee: Fifty Years of Humanitarian Action*, Oxford Univ. Press Inc, 2000, pp. 13~17.

5) 『전후 일본의 우키시마호사건 진상조사 과정의 문제점 -사실관계의 해석과 논의를 중심으로』, 일제강제동원피해자지원재단, 2023.12(연구책임자 이연식).

6) 「광복 78돌에도 빛 못 찾은 우키시마호 영령」, 『부산일보』, 2023년 8월 15일.

7) 김찬정, 『우키시마호, 부산항으로 향하지 않았다(浮島丸 釜山港へ向かわず)』, 講談社, 1984;

『신동아』, 1985.3에 발췌 보도.

8) 이들 자료는 다시 『浮島丸事件訴訟資料集』 1권(2006, 원고준비서면의 사실관계), 『浮島丸事件訴訟資料集』 1권(2006, 정부관련자료), 『浮島丸事件訴訟資料集』 8권(2008, 한국시민운동단체 조사), 靑柳敦子 編, 『浮島丸事件訴訟と全承烈さん -遺骨問題の新たな展開に向けて』(2013, 유골문제) 등으로 보완되었다. 한국 정부는 이들이 기증한 자료를 정리해 자료집으로 발간했다(일제강점하강제동원피해진상규명위원회, 『우키시마호사건소송자료집』 1·2권, 2007.12. 사건 담당 이연식 편저).

9) 이연식, 「우키시마호사건, 특별한 남북일 시민연대」, 『한겨레21』 1275호, 2019.8.

10) 이연식·오일환·방일권, 『책임과 변명의 인질극 -사할린한인 문제를 둘러싼 한러일 3국의 외교협상』, 채륜, 2018, 19~20쪽.

11) 李淵植, 「韓国における戦後人口移動と引揚者の初期定着」, 蘭信三 外, 『引揚·追放·残留』, 名古屋大学出会, 2019의 제11장 2절.

12) 서울역사편찬원, 『또 다른 서울사람들』, 2023. 도미이 마사노리富井正憲 구술의 일본어 녹취록 원문 전문과 음성 파일은 현재 서울기록원으로 이관됐고, 인터뷰는 2019년 8월 6일(14:00~17:00) 경복궁 부근 카페 '스몰 하우스'에서 필자가 진행했다.